LÉON PASCHAL

Esthétique Nouvelle

fondée sur la

Psychologie du Génie

I. PRÉLIMINAIRES
II. LE GÉNIE, SA PSYCHOLOGIE ET SES MODES DE CRÉATION
III. LES PROBLÈMES DE L'ART ET DE LA BEAUTÉ

PARIS

MERCVRE DE FRANCE

XXVI, RVE DE CONDÉ, XXVI

MCMX

ESTHÉTIQUE NOUVELLE

DU MÊME AUTEUR

JEUNESSE INQUIÈTE, roman (G. Balat, Bruxelles, 1900).
1 vol.

JEANNOT, d'après *De kleine Johannes* de Frederik van
Eeden (Paul Weissenbruch, Bruxelles, 1903).
1 vol.

En préparation :

LA MACRALLE DE WAHARSTER, roman.
HÉLIE, drame.
LES HEURES TENDRES ET PENSIVES, poésies.

LÉON PASCHAL

—

Esthétique Nouvelle

fondée sur la

Psychologie du Génie

I. PRÉLIMINAIRES
II. LE GÉNIE, SA PSYCHOLOGIE ET SES MODES DE CRÉATION
III. LES PROBLÈMES DE L'ART ET DE LA BEAUTÉ

PARIS

MERCVRE DE FRANCE

XXVI, RVE DE CONDÉ, XXVI

—

MCMX

JUSTIFICATION DU TIRAGE

LIVRE PREMIER

PRÉLIMINAIRES

CHAPITRE I

I

A l'origine de toute œuvre et malgré des apparences qui pourraient persuader du contraire, gît un sentiment personnel. Lui et lui seul fut le secret ressort d'où partit le branle sans lequel l'œuvre serait demeurée dans les limbes de l'esprit. Il en est ainsi des œuvres d'art, où ce mobile sentimental reste apparent, et il en est entièrement de même des ouvrages de science, dans lesquels il est tu, dissimulé ou caché. Mais quelles que soient les fins générales auxquelles l'œuvre de science se conforme, il persiste toujours quelque trace de cette fin première à laquelle avant aucune autre l'œuvre était appelée à répondre et qui n'était que de satisfaire aux exigences d'un sentiment intime.

Rien plus que ce sentiment n'est à même d'éclairer l'œuvre. Il projette de la lumière dans ses replis obscurs et jusque dans l'âme de celui qui la conçut et où les idées ont puisé leur sève et d'où elles se sont épanouies.

Comme écrivain, le problème de l'art ne cessa de me préoccuper. Il n'est pas dans le goût de notre époque de se consacrer à des tâches inutiles. Or l'art en était-il une peut-être ? Je me redisais parfois ces lignes découragées de Flaubert : « Nous manquons de levier ; la terre nous glisse sous les pieds, le point d'appui nous fait défaut à tous, littérateurs et écrivailleurs que nous som-

mes. A quoi ça sert-il? A quel besoin répond ce bavar-
dage? » (*Corr.* T. II, p. 92.) Moi aussi je me demandai:
Qu'est-ce que l'art? Quelles sont sa place et son importance dans l'ensemble des activités humaines? Qu'est-ce
que la beauté?

Je ne manquai pas de chercher des réponses dans les
travaux contemporains. Mais, à part les doctrines de
Taine et de Guyau, aucun des ouvrages qui ont l'art pour
matière ne me satisfit entièrement. Je ne parle pas des
doctrines inacceptables de Spencer, de Groos sur l'art
et ses origines, de Lombroso sur le génie. J'en ferai la
critique approfondie dans le chapitre suivant et en montrerai les vices et les erreurs. La science ne me procurant donc aucune réponse capable de contenter mon
esprit, j'essayai d'édifier moi-même une doctrine qui
résolût les problèmes que je m'étais proposés.

Comme je l'ai dit, rien n'éclaire autant une œuvre que
l'aveu des sentiments qui ont sollicité à l'entreprendre.
Rien aussi n'est plus utile que le récit des vicissitudes
par lesquelles l'esprit a passé avant que l'œuvre aboutît
à son état définitif.

Dès le premier moment où je m'étais demandé: qu'est-
ce que l'art? il me paraissait évident que l'étude des
phénomènes sociaux permettrait seule d'aboutir à quelque résultat. Mon but n'était-il pas de savoir quelle
place l'art occupe, quelle importance son rôle revêt?
C'était l'époque où se publiaient les travaux de Spencer,
d'Espinas, de Schæffle. Je fus séduit par leur doctrine
qui, pour parvenir à la connaissance des sociétés humaines, les rapprochait des corps vivants de façon à tirer,
au profit des premières, bénéfice de l'avance obtenue
dans l'étude des seconds: tous deux, sociétés et corps
vivants, étant constitués d'éléments semblables que l'action de mêmes lois avaient organisés, de part et d'autre,
sur un plan identique.

Le succès de cette doctrine aux environs de 1890

apparaît un signe de l'état arriéré dans lequel se trouvaient alors et les études sociales et les études mentales. En effet, pour fondre en un même objet le développement de la société et celui d'un organisme individuel, il fallait que l'un et l'autre ne fussent que très vaguement définis. Cette considération ainsi que des excès tels que ceux de Lilienfeld dans lesquels tomba la doctrine organistique expliquent son discrédit. Mais un moment son empire fut sans conteste. Elle avait l'avantage de placer devant l'esprit une image presque matérielle de la société. Ce mot vague, incertain, dont la pensée s'efforce en vain de concevoir la substance acquérait non seulement un sens précis, mais représentait une forme vivante. Je pouvais, pour ainsi parler, l'étendre devant moi, la disséquer, séparer ses organes, reconstituer l'histoire de son développement. Préoccupé de mon problème, je me dis que, pour me rendre compte du rôle que remplissait l'art, il me suffisait de recréer imaginairement une société où l'art fût absent, de comparer l'état ainsi obtenu avec l'état existant et, à la différence, constater quelle est l'importance de l'art et quelle est l'étendue du rôle qui lui est dévolu. C'était là se comporter avec la société comme avec les animaux de laboratoire auxquels on ampute un organe afin que les troubles qui s'ensuivent révèlent à quelles nécessités de la vie il répondait. Par une suite de raisonnements qu'il serait oiseux de reproduire, j'arrivai à conclure que l'art, en inscrivant, dans des œuvres douées de beauté et durables par l'éternel ascendant qu'elles gardent sur l'esprit des hommes, les idées, les croyances et jusqu'aux aspects les plus délicats de la sensibilité de chaque époque, se comportait, dans la société, de façon analogue à la mémoire chez l'homme qui, elle aussi, conserve une empreinte de chacun des instants de la vie. Grâce à la suite ininterrompue de ses souvenirs, l'homme acquiert la connaissance de son être et de son identité. Il m'en

paraissait de même de l'humanité : grâce aux œuvres
d'art, à ces tableaux mémorables que lègue le passé et
que leur beauté habille d'un charme toujours jeune, elle
peut dérouler devant soi son existence ancienne, prendre conscience de ce qu'elle est et concevoir quelle
sera sa destinée : car l'avenir résulte des mêmes lois
qui ont engendré le présent. Privée des arts, la société
eût été comparable à un homme dépouillé de sa mémoire,
ignorant de ce qu'il est lui-même et impuissant à projeter aucun acte. Les arts étaient, ainsi conclus-je (1),
la base sur laquelle s'élabore la conscience générale.
Les grands poètes, les grands artistes quels qu'ils soient
représentent, selon la belle parole d'Anatole France sur
la tombe d'Émile Zola, des moments de la conscience
humaine.

Malgré les attraits que m'offraient ces idées et le contentement qu'elles pouvaient me procurer en me satis-
faisant sur différents points, je n'y restai pas longtemps
attaché. D'abord je vis s'écrouler les assises sur lesquelles j'avais élevé mon système entier. L'hypothèse organistique, attaquée et battue en brèche, révélait ses insuffisances. Moi-même je reconnus quelle erreur je
commettais en bâtissant tout un système interprétatif de
l'art sur une prétendue fonction qu'il était sensé remplir.

Il convient de s'accorder sur le sens de ce mot: fonction. Évidemment, dans la société, il n'existe un seul
fait, une seule activité qui n'ait sa raison d'être. Seulement la raison d'être d'un fait réside dans la cause qui
le produit, non dans la fonction qu'il revêt.

Si l'art véritablement avait pour mission de retracer l'époque en une image destinée, dans l'avenir, à
servir de document afin que les hommes pussent re-

1. Cf. Revue-Journal, n** des 7 oct. et 11 nov. 1894. Essais d'Esthétique positive.

constituer cette période révolue et connaître de la sorte les événements et les circonstances dont leur propre état social n'est qu'un prolongement, il faudrait qu'entre l'époque et le contenu des œuvres qui la dépeignent il y eût une fidèle ressemblance. Or celle-ci n'existe pas. Je sais bien qu'elle est généralement acceptée. Je sais aussi que le roman moderne se dit documentaire et que les romanciers posent à l'historien (1). Nous recevons, comme des tableaux véridiques, les peintures que la littérature nous retrace et, alors que, dans la science, aucun témoignage ne s'accueille sans qu'il ait été vérifié et qu'on ait déterminé la part de vérité et d'erreur qu'il renferme, on admet les œuvres romanesques comme des documents incontestables sans leur faire subir aucune critique, aucune appropriation.

Deux écrivains, MM. Marius et Ary Leblond (2), désireux de donner « une vision d'ensemble et une philosophie de la société », et, sans mettre un moment en doute que la littérature fût le reflet de la société contemporaine, recoururent au roman moderne comme s'il avait vraiment, ce sont leurs termes, « une valeur d'histoire et de science ». Leur travail n'aboutit qu'à mettre

1. Edmond Biré, dans son volume *L'Année 1817*, a, d'après les journaux du temps, publié un récit attachant et véridique de la vie de Paris à cette époque. « Or, dit à ce propos Pierre Lasserre, dans le *Mercure de France* du 16 août 1907, p. 585, il se trouve qu'au chapitre 13 du Livre III de la première partie des *Misérables*, Victor Hugo a donné un tableau historique en raccourci de cette même année 1817. Le poète multiplie les faits, les anecdotes, les détails et fait sentir partout sa prétention à l'exactitude. Malheureusement presque tout ce qu'il allègue est inexact, presque chaque phrase est une erreur. En nous donnant d'après des documents de première main les annales de 1817, Biré ne fait pas seulement œuvre d'historien, il nous fournit la matière d'une féconde leçon d'esthétique et de littérature. »

2. *La Société Française sous la troisième République* (Alcan), 1905.

en lumière le mal-fondé du principe qu'ils adoptaient pour base. Ils acceptèrent, comme autant de portraits fidèles, les personnages romanesques, sans s'informer s'ils n'étaient point des figures dans lesquelles le romancier avait incorporé ses idées; s'ils n'étaient agencés pour répondre aux préférences du lecteur; s'ils n'étaient de ces personnages poncifs qui, en si grand nombre, encombrent les romans. Croit-on que le baron Saffre et Isidore Lechat nous représentent l'homme de finance de notre époque? Dans ces types, les mêmes à-peu-près, les mêmes grossissements ne subsistent-ils pas que dans les héros imaginaires des romans d'autrefois? Que dirait-on si quelqu'un s'avisait de faire une étude du monde criminel en prenant comme source les romans de Gaboriau et de Montépin? L'insuffisance et les lacunes de la méthode apparaissent ici en pleine évidence.

Ainsi le « corps social » sur lequel je m'étais fondé n'était qu'une conjecture aventureuse et bientôt démodée; les fonctions que j'y avais attribuées à l'art ne constituaient à leur tour qu'une déduction erronée. La parfaite concordance entre les œuvres d'art et l'époque dont elles devaient être le miroir — ce qui eût été la condition nécessaire d'une telle fonction — n'était qu'un préjugé et n'existait point, à preuve les résultats inacceptables auxquels aboutirent Marius et Ary Leblond en s'appuyant sur cette prétendue identité. Le système tout entier que j'avais édifié sur mon analogie s'écroulait.

Mais bientôt je me persuadai que cet insuccès n'avait pas de raison de m'affliger ni de me faire abandonner mes poursuites. Il me restait la ressource de découvrir de meilleures voies. Prendre l'étude de la société pour point de départ, c'était rechercher le facteur de l'art là où il n'existait point. Il convenait d'envisager l'artiste, le poète, puisque, à son activité seule, l'œuvre d'art doit sa naissance.

« Que la règle, dit Émile Waxweiler, soit, se cramponner à l'individu agissant dans son milieu. Donc observer des activités plutôt que des résultats d'activité, surprendre la vie dans ses manifestations agissantes, expliquer le passé par le présent (1). » C'est l'artiste qui crée l'œuvre. En rattachant l'œuvre à l'individu qui la produit, peuvent seulement apparaître les lois intimes qui la régissent, ainsi que le secret de ses rapports avec l'époque.

Mais, objectera-t-on, de tels principes sont ceux de la critique. Sainte-Beuve les a exprimés dans des pages fameuses de ses *Nouveaux Lundis*. En effet, les principes de la critique servent également d'assises à l'esthétique. Celle-ci n'est qu'une généralisation de celle-là. La critique est faite de jugements particuliers présupposant une doctrine. L'analyse d'un Sainte-Beuve recherche le rapport entre l'œuvre et le poète; l'esthétique, les rapports de l'art dans son sens le plus vaste avec cet ensemble de facultés créatrices qu'est le génie.

Pour connaître le fruit, étudions l'arbre, sa croissance, son développement, les sucs dont il se nourrit. Ainsi également de l'œuvre d'art. Celle-ci, une fois détachée du génie qui l'a produite, devient, à son tour, dans la société, le point de départ d'une série nombreuse de phénomènes, lesquels ne sauraient s'apprécier si, au préalable, l'œuvre n'a pas été étudiée dans son rattachement à l'esprit qui l'a enfantée. Prenons donc les facultés créatrices, analysons-les en elles-mêmes et pour elles-mêmes, sans arrière-pensée aucune. Après que ce travail aura été accompli, nous constaterons que la définition de l'art, de la beauté et la solution de tous les problèmes que l'art comporte se dégageront spontanément.

1. *Esquisse d'une sociologie* (Misch et Thron). Brux., 1906, p. 35.

II

Avant d'entreprendre ce travail, il importe de donner
un aperçu critique des différentes doctrines qui ont été
professées sur le génie et sur l'art.

Soit dit dès maintenant, des doctrines de Groos sur
l'art-jeu, de Ribot sur l'art-plaisir, de Lombroso sur le
génie, il ne demeurera rien debout. Il sera nécessaire de
les battre en ruine, puis d'en faire le déblai. Mais ensuite
les *Mémoires*, de Gœthe, qui constituent une admirable
auto-analyse du génie ; la *Préface de Cromwell*, dans
laquelle Victor Hugo affirma le premier que les lois de
l'art résultent des modes d'activité du génie ; les théories de Sainte-Beuve ; la *Correspondance* de Flaubert,
cette vivante doctrine d'art ; Taine, malgré une part
considérable d'erreurs systématiques ; et surtout Guyau,
auquel ma pensée s'apparente le plus, offriront des œuvres précieuses et fertiles en enseignements.

CHAPITRE II

I

Cette critique des différents systèmes d'esthétique exige un continuel recours à la méthode.

En effet, quand un système est erroné, c'est que, à sa base, on a enfreint quelque loi de la logique ou quelque règle de la méthode. Or, pour réfuter un système et ce de façon décisive, il n'existe de meilleur procédé que de remonter jusqu'à cette erreur. Là est le point où le système entier porte à faux, et le plus léger effort suffit à le faire écrouler.

La méthode consiste dans les règles qu'il appartient d'observer dans l'étude d'un certain ordre de phénomènes pour arriver à définir leurs lois avec le plus d'exactitude. Ces règles dépendent de la nature des faits et, quoique les principes fondamentaux demeurent les mêmes, elles sont différentes qu'il s'agisse d'une science relativement simple comme la physique ou d'une science aussi complexe que les sciences sociales. Même ces règles peuvent se modifier avec le degré d'avancement d'une science. Il y eut un temps, encore récent, où les sciences sociales avaient une matière si vaste et si confuse qu'il n'y avait d'autre moyen pour l'envisager que de partir d'un concept général et d'interpréter ensuite les faits particuliers. Tandis qu'aujourd'hui nos connaissances sont suffisamment avancées pour abandonner cette marche dangereuse et appliquer les procédés plus

lents, plus minutieux et plus sûrs des sciences naturelles
et physiques.

C'est Auguste Comte qui a fondé la méthodologie ou
philosophie des sciences. Il les a rangées dans l'ordre où
elles s'engendrent l'une l'autre, de manière que leur succession nous représente l'histoire phénoménale de l'univers. Il a indiqué quelles règles il importait d'observer
dans l'investigation des phénomènes et des lois. Mais
ces règles émanent des phénomènes eux-mêmes, de sorte
que tout homme de science, qu'il le veuille ou non,
sciemment ou à son insu, s'y soumet du moment qu'il
étudie les faits avec tout le scrupule et tout le soin qu'il
faut pour les connaître dans leur nature, dans leur cause
et dans leurs effets.

Adhérer à la méthode positive n'est donc qu'un simple acte de conscience scientifique et ne veut point dire
que l'on se range du même coup parmi les disciples
directs du grand philosophe et qu'on acquiesce à la
partie doctrinale que Comte a ajoutée à sa philosophie
des sciences.

Je tiens à m'attarder quelque peu à cette méthode et
à dégager la logique qui y est impliquée, car il m'y faut
recourir pour juger les différentes théories par lesquelles on a tenté jusqu'ici d'expliquer les problèmes
esthétiques.

La méthode d'Auguste Comte est un fait historique,
un de ces faits nécessaires qui apparaissent suscités par
les circonstances mêmes. Le développement du domaine
des sciences allant de pair avec la division infinie du
travail scientifique exigeait l'établissement d'une méthode logique, sans quoi le morcellement des études,
l'indiscipline des esprits, la divergence des points de
vue auraient engendré le désarroi et la confusion.

Jusqu'à l'entrée du xix* siècle, il était en effet possible à un savant d'embrasser l'ensemble des sciences,
non seulement dans leur superficie mais dans leurs

données détaillées, et de travailler soit à l'avancement de l'une d'elles, soit au coordonnement de leurs résultats généraux. Quand Dalembert, dans sa *Préface* de l'*Encyclopédie*, traça un tableau des sciences, il ne fit que reprendre le plan dont s'était servi Bacon et les rangea selon la faculté dont chacune d'elles était tributaire. Ordre tout arbitraire, plus apparent que réel et qui, pour le savant, ne présentait d'autre avantage sinon de pouvoir embrasser d'un seul coup d'œil le groupement des connaissances humaines.

Mais, sur ces entrefaites, la science, avec le siècle nouveau, élargit brusquement son champ. Bientôt, un savant ne put sortir de l'horizon de ses propres études, tellement il lui fallait, pour être au courant de sa seule matière, rassembler des données nombreuses. A chaque pas, de si multiples problèmes surgissaient et tant de facteurs entraient en compte pour les résoudre, qu'une vie d'homme risquait d'y suffire à peine. Chaque savant était obligé, par une nécessité impérieuse, de s'enfermer dans une recherche étroite, incessante et obstinée. Le progrès avait, dans la science de même que dans l'industrie, eu pour conséquence le morcellement du travail. Il devenait donc urgent que les savants, dans leurs études, adhérassent à des règles et à un plan communs de travail.

En remplaçant le système subjectif de Dalembert par un système logique, qui impliquât par conséquent une méthode, Auguste Comte a procuré, à tous les savants épars et isolés dans le vaste univers, un plan et des règles si parfaits que leurs travaux concordent et se complètent. Chacun peut s'enfermer dans les limites restreintes d'une étude et mettre tout son loisir à l'approfondir; les résultats auxquels il aboutit s'inscrivent d'eux-mêmes dans le répertoire qu'Auguste Comte a dressé. Ce répertoire a son principe dans la dépendance des faits et leur enchaînement causal.

Je ne me propose point d'exposer la hiérarchie des sciences d'Auguste Comte. Seulement, dans ces quelques pages que j'eusse désirées plus longues, je vais tâcher de dégager la logique qui est l'âme même du système.

Les sciences se succèdent les unes aux autres dans l'ordre de leur complexité croissante, en partant de la mécanique céleste, la plus simple, pour aboutir aux sciences humaines, à la sociologie. Je me les représente comme des cercles concentriques dont les aires sans cesse diminuantes se superposent. La mécanique céleste a une aire immense dont il n'est même possible de déterminer les limites. La physique terrestre a une aire moins étendue et, tout en étant indépendante, elle s'inscrit dans la mécanique céleste à qui elle doit son existence et par qui elle est conditionnée. Ce même rapport entre la mécanique céleste et la physique existe entre la physique et la science suivante, la chimie. L'aire de cette science est plus restreinte ; mais, d'autre part, les phénomènes dont elle s'occupe sont plus complexes et l'affinité moléculaire ne peut s'effectuer que dans des conditions physiques déterminées. Les phénomènes de la vie sont, à leur tour, avec les phénomènes chimiques dans les mêmes relations que ceux-ci avec les phénomènes physiques. Et ainsi de suite jusqu'au phénomène social qui, conditionné par tous les ordres de phénomènes antérieurs, est aussi le plus tributaire.

Chaque science trouve donc sa condition d'existence dans la science qui la précède.

Les conditions d'existence, la loi dite de Galilée de l'indépendance des forces et la loi du milieu se confondent en une seule et expriment un même genre de rapport.

Quand le milieu est constant, il représente un facteur qui n'entre pas en compte. Est-il instable, chaque déséquilibre qui se produit en lui agit de proche en pro-

che sur l'ensemble des phénomènes qu'il conditionne
et il les fait varier dans une même mesure. Ainsi les
lois qui gouvernent les corps célestes sont immuables
et les mouvements de ces corps n'ont aucun effet sur les
phénomènes physiques. Mais, dans l'activité solaire, il
s'offre des changements pouvant influencer les ordres
successifs de phénomènes et modifier, l'un après l'autre,
les milieux dans lesquels ils se produisent. Quelque iné-
galité dans l'intensité solaire suscite des troubles dans
l'état physique et magnétique de la terre et peut, par
ses effets sur le climat, transformer les conditions économiques et sociales d'une partie du monde.

Comme, dans l'étude des faits, l'esprit de l'homme va
du simple au composé, on en peut déduire que les sciences ont acquis un caractère méthodique dans l'ordre où
elles se compliquent. Ainsi il fallut connaître l'homme au
point de vue physiologique avant de pouvoir envisager
son activité mentale. Et, tant que cette dernière étude
n'était point achevée, la connaissance des sociétés a manqué de toute base solide. L'étude anticipée d'un certain
groupe de faits, quoique l'homme, dans sa curiosité
avide, ne puisse se l'interdire et que sa facilité à s'abuser lui fasse toujours croire qu'il détient la vérité, aboutit nécessairement à des résultats inexacts. Voilà une
source générale d'erreur qu'il nous est permis de dégager tout d'abord du système des sciences.

Dans son effort pour explorer le domaine des faits,
l'homme a l'air d'avancer dans une contrée où, à chaque
pas, un mystère plus touffu l'environne. De la route qu'il
a parcourue, il connaît les aspects et les détours; mais
ce qu'il a devant lui, il l'ignore. Ces terres nouvelles
échappent en partie à son regard. Pourtant il essaye de
les considérer et cherche à découvrir quelles lois les
gouvernent. Il ne le peut. Jamais cependant il ne confesse l'incapacité dans laquelle il se trouve, mais il se
laisse plutôt décevoir par les mirages auxquels il est en

butte. En d'autres mots, pour quitter ce langage imagé, lorsque l'homme aborde une science nouvelle, il ne saurait envisager les phénomènes dans ce qu'ils ont de particulier. Il n'est pas en état, dès le début, de les considérer de la sorte, mais seulement dans leur rapport avec les phénomènes immédiatement antérieurs — j'ai en vue ici l'ordre de classement des phénomènes dans la hiérarchie des sciences — qu'il connaît déjà. Il tente naturellement d'établir une dépendance immédiate entre ces phénomènes, qui lui sont familiers, et les nouveaux qu'il étudie. Or les premiers, en vertu de ce que j'ai dit plus haut, remplissent à l'égard des seconds le rôle de milieu déterminant, non celui d'élément causal. Ainsi il est inévitable que, dans une science encore dans sa période d'ébauche et de tâtonnement, les actions déterminantes soient faussement prises pour des causes.

Une autre source d'erreur, c'est qu'en abordant un domaine nouveau, on ne le fait jamais que par un de ses côtés, tout en se figurant par ignorance l'embrasser tout entier. Les données que l'on recueille de la sorte ne sont donc que d'une portée restreinte; mais, par un penchant à généraliser, qui est inné dans tout homme, on étend ces conclusions à l'ensemble du domaine.

Une source d'erreur encore et des plus fréquentes réside dans la division extrême de la science actuelle. Chaque savant est contraint de se spécialiser. Cependant il peut être dans la nécessité de faire, pour ses travaux particuliers, des emprunts à l'une ou l'autre science voisine. La règle exigerait qu'il n'acceptât aucune donnée sans la vérifier. Mais cette critique, il la néglige par un excès de confiance. De la sorte, le progrès a ramené, par un détour imprévu, le *magister dixit* des temps scolastiques.

Enfin une dernière source d'erreur consiste à ranger un certain groupe de faits sous les lois d'une science dans laquelle ils ne rentrent point. Ce n'est jamais de propos délibéré que se commet cette erreur, mais par suite de l'impuissance à définir les faits dans ce qu'ils ont de particulier. Certains peuvent être d'une grande complexité et, à ce titre, avoir des caractères qui les apparentent à différentes sciences. Tel est surtout le cas des faits sociaux, les plus complexes de tous. Dans le cours des cinquante dernières années où la société est devenue une matière d'étude, il est digne de remarque que les faits sociaux se sont toujours interprétés par analogie avec celle-là des sciences qui s'était constituée en dernière date. Ainsi la doctrine sociologique de Spencer consista à envisager dans les phénomènes sociaux les analogies le plus souvent forcées qu'ils présentaient avec les phénomènes biologiques. Lorsque, quelque peu plus tard, sur les bases de la physiologie, la psychologie put s'édifier — et il n'était pas admissible qu'elle s'édifiât plus tôt — Tarde vint, renversa le système de Spencer sans s'apercevoir qu'il ne faisait que suivre les mêmes errements. Là où Spencer avait cru discerner des lois biologiques, Tarde aperçut des lois mentales. Spencer avait prétendu que la société était un organisme ; Tarde affirma qu'elle était un cerveau. A mes yeux, leurs doctrines sont fraternelles et affligées du même vice fondamental : ils ont négligé de définir l'objet de leur étude ou, pour mieux dire, ils l'ont défini par une comparaison, ce qui est insuffisant.

Ainsi donc il est essentiel, pour connaître avec exactitude les lois qui régissent un groupe déterminé de faits, que ceux-ci soient considérés de façon indépendante et non rattachés abusivement à un ordre de faits connexes ou voisins. De là, la nécessité de faire la critique de tout phénomène afin de savoir à quelle science il ressort. Un phénomène social n'est pas de la compétence de la biologie ni de la psychologie, qui ne sauraient l'expliquer que de façon partielle, autant dire inexacte. Il rentre dans une science spéciale, la sociologie, qui a un domaine indépendant, strictement délimité et ses propres méthodes de recherche. La même remarque est, en tous points, applicable aux phénomènes esthétiques.

Je viens de déterminer un certain nombre de conditions d'erreur, pour une grande part mal évitables parce qu'elles résultent, pour un ordre de faits et une époque donnés, de l'état de développement de la science générale. Je les énumère : 1° Aborder l'étude d'un fait anticipativement et sans que soient organisées les sciences dont il est tributaire; 2° Étudier un groupe de faits et ériger en lois intrinsèques les influences extrinsèques qu'il subit; 3° Aborder un groupe de faits par un de ses côtés seulement et étendre à l'ensemble les résultats de cette étude; 4° Emprunter sans contrôle à une science connexe l'explication ou les éléments d'explication d'un fait; 5° Soit un groupe de phénomènes ayant un caractère autonome, partager ces phénomènes entre des sciences différentes qui ne peuvent chacune qu'incomplètement connaître les faits qu'elles étudient; ou bien subordonner tout le groupe des phénomènes à une science qui n'est que partiellement à même de les interpréter.

La contre-partie de ces conditions d'erreur constitue les conditions auxquelles un ordre de connaissances doit satisfaire pour acquérir un caractère méthodique.

Envisageons les différentes doctrines actuelles d'esthétique et soumettons à la critique les bases mêmes sur lesquelles elles reposent. Chez elles, nous découvrons toutes les conditions d'erreur que j'ai énumérées. Or, une seule suffit à ruiner sans rémission la doctrine tout entière.

1° Un ordre de faits ne peut se connaître que si la science qui le conditionne, c'est-à-dire la science qui le précède dans le système général des sciences, s'est

constituée. Les phénomènes esthétiques sont, pour la
plus grande part, tributaires de la psychologie. Je n'entends pas par là que l'esthétique soit une partie de la
psychologie (1) et j'y insiste de crainte de voir mal interpréter ma pensée. Or la psychologie vient à peine de
s'organiser. L'esthétique a donc été jusqu'à ces dernières années dans l'incapacité absolue de revêtir un caractère méthodique.

2° Confondre les influences extrinsèques avec les lois
intrinsèques. Telle est l'erreur qu'a commise Taine.
Quand il se proposa d'élucider le problème de l'art, il
subordonna de façon immédiate les phénomènes à l'époque et à la race, milieux historiques et ethnologiques
dans lesquels le phénomène se produit mais non le principe qui produit le phénomène. C'est l'artiste créateur,
l'individu, le génie qui crée l'œuvre, tout en subissant
l'influence de son entourage. Mais Taine, de son temps,
ne put envisager ce véritable principe — quoiqu'il en
eût le pressentiment — la psychologie n'en étant encore
qu'à l'étude des sensations et ne lui procurant pas les

1. Je tiens à être plus explicite car, si l'on ne saisit pas cette distinction qui est, il est vrai, délicate, la lecture de cet ouvrage
n'engendrera qu'une succession de malentendus. Soit, pour antici-
per sur la matière des deux livres suivants, la systématisation. Un
psychologue y verra le témoignage d'un progrès car, plus un acte
mental devient conscient, plus cet acte, selon lui, est achevé et
parfait. Pour un esthéticien, la systématisation, dès qu'elle a pour
résultat une prédominance de l'élément ou du caractère conscient
sur l'élément émotionnel de l'acte, devient un mal. De même de
l'imagination. Le psychologue la considère uniquement comme un
agencement d'images. L'esthéticien voit en elle une modalité de
la personnalité parce que cet agencement d'images, *pour avoir une
valeur esthétique*, doit comporter à la fois des éléments émotifs,
sentimentaux et intellectuels, c'est-à-dire représenter le même
tableau que le phénomène de la personnalité. Je pourrais résumer
ma pensée en disant que le psychologue étudie le mécanisme des
phénomènes mentaux, tandis que l'esthéticien, qui doit être psychologue aussi, en envisage et en apprécie le contenu.

éléments nécessaires à l'analyse des facultés créatrices.

3° Parmi les phénomènes esthétiques, le jeu occupe un rôle infime. Groos s'est persuadé qu'il était essentiel et, en l'envisageant, il a étendu à l'esthétique entière les résultats de ses recherches. Même remarque pour Ribot, pour qui l'esthétique n'est rien qu'une partie de la psychologie « étudiant une certaine forme de plaisir (1) ».

4° Ribot assume la doctrine de Groos sur les émotions esthétiques et l'accepte telle quelle sans la soumettre à la moindre critique et malgré qu'elle fût contraire, je le démontre dans la suite de ce chapitre, aux observations qu'il avait faites sur les émotions en général.

5° L'ensemble des phénomènes esthétiques n'a été ni défini ni hiérarchisé. Les phénomènes que je nommerais passifs ont été mis à l'avant. On étudia les caractères de l'émotion esthétique sans se préoccuper qu'il fallait au préalable une œuvre d'art qui les produisît et qu'il importait auparavant de connaître. Ensuite le domaine des phénomènes esthétiques a été morcelé entre diverses sciences. La psychologie pathologique s'annexait l'étude du génie ; la psychologie animale, si ce terme est permis, étudiait les phénomènes du jeu ; la physiologie étudiait les émotions de plaisir. Jusqu'à ce jour, l'esthétique a ressemblé à une sorte de Pologne, démembrée, sans unité, sans frontières bien tracées et où se sont autorisés les pires abus de pouvoir.

Passons maintenant en revue, dans leur détail, les opinions et les doctrines qu'ont professées Auguste Comte, Lombroso, Spencer, Groos, Ribot.

1. *Préface* de la *Revue philosophique*, 1876.

II

> Quant aux philosophes et aux sa
> vants, leur incompréhension de l'ar-
> pur devient quelque chose de véri-
> tablement incroyable et qui fait
> rêver...
>
> OCTAVE MIRBEAU.

Si, peut-on dire, Auguste Comte a fondé la science
contemporaine parce qu'il en a le premier tracé le champ
et défini les méthodes, il y a un grand nombre de points
sur lesquels le peu d'avancement des connaissances l'in-
duisit à exprimer des jugements prématurés. Les sciences s'établissent pas à pas. Quand Auguste Comte éla-
bora son système des sciences, c'est à peine si la biologie
commençait à s'organiser. Il ne pouvait se représenter
aucune idée exacte des sciences qui viennent après elle
et qui sont la psycho-physique, la psychologie et la sociologie. Comte exagéra le rôle des sciences biologiques
et, s'abandonnant à une espèce de rancune qu'il nourrissait à l'égard de la vieille psychologie spiritualiste
cantonnée en des spéculations, selon lui, stériles, raya
la psychologie du tableau des sciences et décréta qu'elle
ne pouvait être qu'une recherche vaine, parce que son
objet est insaisissable à nos procédés d'étude.

Or, comme le problème de l'art est tributaire de la
psychologie et de la sociologie, il s'entend qu'Auguste
Comte fut dans l'incapacité de se former de l'art aucune
idée raisonnée. Celles qu'il se fit, rassemblées en corps (1),

---

1. Voir *Système de politique positive*, t. II, p. 280-288. Auguste
Comte (p. 281), assigne « à la poésie sa position systématique entre

représentent, d'une part, des points de vue qui lui sont personnels et, de l'autre, des idées d'emprunt dont il est redevable à l'époque.

Esprit dogmatique, il entrevoyait dans le système dont il était imbu la promesse d'une ère de bonheur pour tous les hommes, d'une sorte de paradis reconquis où la communauté des sentiments, le dévouement de chaque homme au bonheur de tous, feraient régner sur la terre une félicité définitive. Persuadé d'un tel avenir, Comte considéra les arts comme un moyen, rien d'autre qu'un moyen, pour hâter l'avènement de cet âge d'or.

Il voulait que les hommes, afin d'atteindre à l'entière conscience de leur être, pussent concevoir et revivre, de tout leur cœur et de toute leur pensée, les siècles du passé. Il prescrivit donc aux œuvres littéraires de retracer les tableaux des temps écoulés. Or nous trouvons là, avec une légère variante, les doctrines qui avaient cours dans le monde littéraire romantique. Contemporain de Walter Scott, Comte partageait l'engouement de Victor Hugo et d'Alfred de Vigny pour le genre historique. La *Préface* de *Cinq-Mars* exprime, sur le roman et sur le rôle et le devoir des écrivains, des idées entièrement conformes à celles d'Auguste Comte, sans qu'il y ait eu, que je sache, de rapport entre Comte et Alfred de Vigny ni entre leurs entourages. Pourtant Comte, avec son esprit systématique, allait beaucoup plus loin que Vigny et découvrait dans le roman historique un moyen de faire traverser aux hommes les diverses époques qui ont marqué le passé de l'humanité. (*Op. cit.*, t. II, p. 304). Cette idée si familière à Auguste Comte, que nous sommes solidaires de l'humanité et ne représentons, nous et notre vie si brève, qu'un moment de son existence immortelle, mérite d'être

la philosophie et la politique, comme émanée de l'une et préparant l'autre ».

rapprochée du plan et de l'objet de la *Légende des siècles*. Il est bien singulier que le même point de vue ait inspiré Auguste Comte dans le plus grand nombre de ses considérations morales et sociales, et Victor Hugo dans la principale de ses œuvres.

Ce dont il faut savoir gré à Auguste Comte et par quoi il se distingue de la plupart de ses adeptes, c'est son respect profond, sa déférence même pour l'art. Il sut en ressentir vivement et entièrement le charme et comprendre l'ampleur et la beauté des œuvres. Il était persuadé que l'art avait rempli et continuait de remplir un rôle prépondérant dans le développement de l'esprit humain. Mais, ayant voué sa vie à un apostolat, il commit l'erreur de subordonner l'art à l'idéal nouveau qu'il prétendait instaurer. Par là, s'il avait réussi, il eût perverti l'art dans son essence même.

Parmi les esprits qui, dans la seconde moitié du XIXᵉ siècle, se rattachent de quelque façon à Auguste Comte, on peut en distinguer trois sortes. D'abord ceux qui se tinrent strictement à la lettre de sa doctrine morale et qu'on pourrait appeler les orthodoxes du positivisme. Puis ceux qui, connaissant par ouï-dire l'œuvre de Comte ou l'ayant lue sans en saisir le sens ni l'esprit, se servirent à leur guise de ses formules. Enfin les esprits qui, par préjugé, furent hostiles à Comte tout en s'inspirant dans leurs travaux des mêmes principes que lui, ainsi que le fit Taine (1). Il méconnut Comte, le

1. On trouve, dans le *Journal des Débats*, du 6 juillet 1864, à la rubrique *Variétés*, un article de Taine sur la seconde édition du *Cours de philosophie positive* avec une préface de Littré (Chez Baillière). Cette édition paraissait vingt-deux ans après la première. Taine dit que Comte n'était connu que par parcelles et était dédaigné du public. « Entre les mauvais écrivains, il est probablement un des pires. » Son discrédit provint de ses attaches avec Saint-Simon, du ridicule de son dieu nouveau, de son calendrier. Cet article tout entier, qui n'a pas été recueilli dans les œuvres de

jugea de la façon la plus partiale et cependant lui-même,
subissant l'influence des positivistes anglais, allait, dans
son *Traité des sensations* — le livre de l'*Intelligence*
mériterait de porter ce titre qui lui était primitivement
destiné, — donner à la psychologie cette assise physiologique que réclamait Comte et sur laquelle Ribot, continuant de bâtir, édifia toute une science nouvelle.

Au premier rang des disciples indirects d'Auguste
Comte totalement inaptes à comprendre les méthodes

Taine, est du plus grand intérêt. Il exprime le jugement d'un des
esprits les plus à même d'apprécier Auguste Comte et cependant
ne sut le faire sans parti pris. Il commence par adresser à Comte
beaucoup de reproches immérités, celui d'être étranger aux spéculations métaphysiques — c'est un reproche auquel Lévy-Bruhl a
répondu à la fin de son ouvrage consacré à la philosophie d'Auguste Comte — à la critique historique et au sentiment psychologique. Après avoir développé ces deux points, à propos desquels
il faut rappeler que, comme réformateur, Comte devait forcément
interpréter l'histoire par rapport à ses propres vues et que nécessairement son sentiment psychologique se trouvait en défaut
parce qu'il n'admettait que des faits et que les données de la psychologie étaient, de son temps, restreintes et fautives, Taine passe
aux éloges. « Il semble, dit-il, en toutes choses un esprit absolu,
exclusif, étroit, enfoncé énergiquement et irrémédiablement dans
son propre sens, dans une culture bornée, dans une conception
unique. Mais cette conception est digne de l'attention universelle, et il a fait preuve, en la développant, d'une vigueur et d'une
persistance admirables. A ce titre, il est inventeur, et, si je ne me
trompe, une partie de son œuvre restera inébranlable. Pour la
première fois un homme a examiné ce que c'est que la *science*,
non pas en général, d'après une idée spéculative, et pour ainsi dire
en l'air, comme ont fait les autres philosophes, mais d'après les
sciences existantes et effectives : l'astronomie, la mécanique, la
géométrie, l'optique ; d'où il arrive qu'il a dit non pas ce que la
science pourrait ou devrait être, mais ce qu'elle *est* en effet, à
quelles conditions elle naît, quelles hypothèses elle rejette, de
quels précédents elle dérive, quel développement elle suit, quelle

dont ils invoquent sans cesse les formules et dénués de ce tact scientifique qui, indispensable au savant, n'est en somme que la forme la plus élevée du bon sens, se place Lombroso. Il incarne en sa personne toute une école dont il assume les erreurs. En quoi, demandera-t-on, Lombroso peut-il avoir le moindre rapport avec l'art? En rien sinon qu'il s'avisa d'étudier le génie et qu'il empiéta ainsi sur le terrain de l'esthétique où il n'avait que faire.

L'école, dont Lombroso fut sinon le chef du moins la figure familière, prétendit expliquer par la maladie les plus hautes facultés de l'esprit.

rigueur elle exige, quelle certitude elle comporte... La gloire durable de M. Comte est d'avoir le premier esquissé à grands traits cette théorie (des sciences) ; ses deux premiers volumes surtout sont remplis d'idées neuves, vraies et grandes; il avait la faculté de saisir les ensembles et d'apercevoir, avec autant de justesse que d'originalité, le caractère, la position, les dépendances propres d'une science. En cela il s'élevait au-dessus de tous les érudits spéciaux, et c'est là un mérite unique. On n'a qu'à lire les premiers chapitres de la *Géométrie analytique* pour comprendre la différence d'un savant qui pense et d'un savant qui sait ; c'est celle d'un ouvrier et d'un architecte. La véritable logique moderne se trouve dans son ouvrage, et non dans la compilation scolastique de Port-Royal, ni même dans les jolies analyses de Condillac ; ce sont de pareils livres qui peuvent nous tirer de notre routine; j'y en ajoute trois autres: *La Logique*, de M. Stuart Mill, *l'Histoire des sciences inductives*, de M. Whewell et *le Traité de l'enchaînement des idées fondamentales*, de Cournot. S'ils ne sortent pas de la même école, ils sont tous deux suscités par la même tendance. Cette tendance, toujours croissante aujourd'hui, et visible dans toutes les parties de l'observation et de la spéculation humaine, consiste dans un sentiment plus vif des faits, dans un besoin plus grand de la preuve, dans une attache plus étroite à l'expérience, dans un contrôle plus minutieux et plus continu de toutes les affirmations antérieures, et surtout dans la résolution d'évaluer, coûte que coûte, sans aucun égard aux conséquences agréables ou désagréables, non seulement l'objet connu, mais encore l'instrument de la connaissance. Nous ne sommes pas simplement observateurs, nous sommes critiques... »

L'esprit est dans la dépendance du corps, le fait es
incontestable. Il y a cinquante ans, le domaine de l'esprit
était encore une terre inconnue et l'on se refusait de
recourir aux méthodes dont les psychologues idéalis-
tes avaient fait autrefois usage. La seule ressource était
donc d'étudier les phénomènes mentaux dans leurs rapports avec les phénomènes physiologiques. On partait
de ceux-ci, les mieux connus, et, par leurs concordances avec les phénomènes mentaux, on s'efforçait d'élucider ces derniers. Cette méthode entraînait de multiples
risques d'erreur, car une telle concordance n'implique
aucun rapport causal et, d'autre part, les phénomènes
mentaux étant plus complexes que les physiques, ils
comportent des facteurs dont l'action ne saurait se discerner par ce procédé. Lombroso, qui suivit les errements de cette école, s'en prenant aux facultés les plus
hautes de l'esprit, qu'il ne définit point et se représente
d'une façon confuse, les rattache à des états morbides.

Son livre sur l'homme de génie semble, à cet égard,
le recueil des erreurs les plus monstrueuses et des inepties les plus déconcertantes qu'un homme eût été capable de commettre. Il désarme la colère et commande la
pitié.

Définir le génie est une peine que Lombroso ne se
donne guère. Il range, je le suppose, parmi les hommes
de génie, toute personne aux nerfs un peu surexcités.
Autrement je ne puis comprendre que tels départe-
ments, en France, comptent plus de deux cents hommes
de génie par dix mille habitants(1). Cela fait, seulement
pour Paris, soixante mille génies. Ces renseignements se
trouvent dans un petit ouvrage consacré aux assassins.
Lombroso mélange agréablement les genres.

L'insuffisance et les lacunes des travaux de Lombroso

1. C. Lombroso. *L'Anthropologie criminelle et ses récents progrès* (Alcan), 1890, p. 142.

PRÉLIMINAIRES

31

ressortent du caractère absurde de pareilles conclusions
et aussi de la critique à laquelle peut se soumettre son
procédé de documentation.

Il groupe donc, sous le nom de génie, un pêle-mêle
de personnages fort étonnés du titre qu'ils reçoivent et
des compagnonnages où ils sont placés. Puis il rassemble
sur eux, en guise de documents, les anecdotes les
plus saugrenues.

Ce genre de document n'a jamais qu'une valeur des
plus relatives. Il convient de l'interpréter en le rapportant
à l'existence tout entière du personnage. Mais il
se peut même qu'un tel fait soit emprunté à des Mémoires,
des lettres, sans que cette origine comporte aucune
garantie de vérité. M. A. Boschot (1), en étudiant la vie
de Berlioz, montra que ses *Mémoires* sont un roman, un
roman sincère peut-être, mais un roman. Un écrivain,
en relatant sa propre existence, décrit, sous l'effet d'illusions
dont je traite précisément dans le cours de cet
ouvrage, son passé sous un jour tout autre que le véritable.

Il se peut aussi qu'un homme adopte certaines manières
d'être, des attitudes souvent même des plus particulières
et qu'il ne soit cependant permis de les considérer
comme partie intégrante de sa personnalité. C'est
que chaque époque a ses manies, ses poses, dans une
certaine mesure communes à tous les contemporains. Ces
sentiments d'emprunt et ces airs de façade, qui forment
souvent la moitié des sentiments d'un homme, ne peuvent
s'envisager dans une étude ayant en vue le caractère
mental dans ce qu'il a de foncier.

Voilà des circonstances dont il faut tenir compte et
qui peuvent grandement infirmer la portée des faits,
alors qu'ils ont l'apparence d'être de sûrs documents.

Mais les matériaux dont se sert Lombroso ne sont

1. *La Jeunesse d'un Romantique* (H. Berlioz) (Plon).

même pas de celte valeur. Ce sont des assertions vagues ; des récits controuvés accueillis sans une ombre
de contrôle ; une méconnaissance de tous les scrupules
qu'un savant doit avoir ; une rage de prouver à tort ou
à raison ; des doctrines échafaudées sur les bases les
plus chancelantes ; un énoncé des signes crâniens ca-
ractérisant les criminels politiques élucubrés d'après
un crâne apocryphe de Charlotte Corday ; des pages
littéraires mécomprises, interprétées avec le sens obtus
dont aurait pu faire preuve un vétérinaire de village,
traitées comme des documents cliniques alors qu'elles
constituent des documents personnels, historiques ou
sociaux ; tout un fatras qui est à la science ce qu'un
roman-feuilleton est à la littérature.

Ayant pris pour des documents cliniques des œuvres
d'art, des œuvres où l'âme d'un poète et l'image entière du monde sont reproduites, il a autorisé de faire
subir le même examen à ses propres ouvrages. De là,
ces lignes de Jacques Mesnil dans le *Mercure de France*
(juin 1900, p. 635) qui n'ont rien d'excessif : « Nous découvrons ici le trait caractéristique de la mentalité de
Lombroso, dit Jacques Mesnil après avoir excellemment
montré la niaiserie et l'incohérence des procédés de
cet auteur : l'association des idées est chez lui accidentelle, c'est-à-dire que ses idées ne se succèdent pas
dans un ordre logique, qu'elles ne suivent pas un même
courant, que leur enchaînement n'est pas déterminé
par les liens qui existent naturellement entre elles, mais
bien par de vagues similitudes d'aspect, par le hasard
de rapprochements momentanés, par des analogies entre les mots qui les représentent. A la différence d'intensité près, l'état mental de Lombroso est semblable à
celui des maniaques. »

Historiquement, l'erreur de Lombroso, comme je l'ai
dit, s'explique. Il était naturel de la commettre aux
environs peut-être de 1860, avant qu'eussent paru l'*In-*

telligence de Taine et les travaux de Ribot. Mais il nous
est aujourd'hui difficile d'admettre que, même à la
suite des analogies les plus trompeuses, on ait pu confondre la dispersion d'esprit du fou avec la concentra-
tion de pensée de l'artiste ; la manie du doute, cet état
d'inquiétude de l'homme qui se préoccupe sans cesse
de vétilles, avec le doute d'un penseur comme Renan.
« Comment (1), se demande le Dr Pierre Janet, un psychologue comme Moreau(de Tours) a-t-il pu écrire cette
phrase étonnante : « En devenant idiot, un sujet passe
par un état psycho-cérébral qui, en continuant à se développer, devrait en faire un homme de génie. » Comment
a-t-il pu croire que les maladies du système nerveux
et la folie même favorisaient puissamment le développement de l'intelligence ? C'est, sans doute, à cause de ce
mot « excitation » qu'il emploie sans cesse pour désigner
la folie. Non, quelles que soient les analogies dans les
circonstances extérieures, la folie et le génie sont les
deux termes extrêmes et opposés de tout le développement psychologique. Toute l'histoire de la folie, comme
l'a soutenu Baillarger et, après lui, beaucoup d'aliénis-
tes, n'est que la description de l'automatisme psychologique livré à lui-même, et cet automatisme, dans toutes ses
manifestations, dépend de la faiblesse de synthèse qui
est la faiblesse morale elle-même, la misère psychologique. Le génie, au contraire, est une puissance de synthèse capable de former des idées entièrement nouvelles qu'aucune science antérieure n'aurait pu prévoir,
c'est le dernier degré de la puissance morale. Les
hommes ordinaires oscillent entre les deux extrêmes,
d'autant plus déterminés et automates que leur force
morale est plus faible, d'autant plus dignes d'être considérés comme des êtres libres et moraux que la petite

1. *L'automatisme psychologique* (Alcan), 3e éd., 1899. Conclusion, p. 477.

force morale qu'ils ont en eux et dont nous ignorons
la nature grandit davantage. »

    Dans cette matière, il ne s'obtiendra de résultats que
par l'étude directe. C'est l'homme même qu'il convient
d'envisager. Car, prendre une œuvre, la travestir pour
y découvrir les pires inepties, que l'on traduit ensuite
en termes pédantesques, est un jeu assez vain, capable
d'en imposer quelque temps aux badauds de la science,
mais sans autre résultat. Aussi est-ce en présence des
données absurdes auxquelles aboutirent Lombroso et
Nordau, que le Dr Toulouse résolut d'instituer son enquête médico-psychologique (1). Je la considère comme
une œuvre capitale. Elle nous offre un enchaînement
coordonné de faits dûment constatés qui prévalent sur
toutes les doctrines. Le Dr Toulouse, se défiant des dia-
gnostics indirects (2) qu'avaient établis Lombroso et
Nordau, s'avisa de soumettre la personne même de
l'écrivain à une étude directe. Il s'adjoignit des savants
spéciaux de façon que chaque domaine de la psychologie de son patient fût étudié par quelqu'un habitué
de longue date à l'application des méthodes et au maniement des procédés. Lui-même a fait précéder ce long

    1. Enquête médico-psychologique sur les rapports de la supé-
riorité intellectuelle avec la névropathie. I. Introduction générale.
Émile Zola (Paris, Société d'édition scientifique), 1896.
    2. Diagnostics superficiels et nécessairement erronés. Dans une
étude, Balzac ignoré (Charles), Paris, 1899, p. 17, le Dr Cabanès,
sur quelques témoignages, déclare Balzac atteint de manie ambu-
latoire. Un tel procédé est tout à fait défectueux. Il aurait d'abord
fallu démontrer que Balzac était névropathe, ensuite seulement
ces actes de Balzac avaient quelque chance de revêtir un caractère maniaque, une manie n'étant jamais que la manifestation
d'un état névropathique général. Que de peine un médecin n'a-
t-il pas, dans la pratique journalière, à fonder son diagnostic ?
Comment veut-on qu'un diagnostic ait quelque valeur quand il
concerne un personnage décédé depuis un quart de siècle et plus
longtemps encore ?

rapport d'une préface qui réfute définitivement l'œuvre de Lombroso. La conclusion dans laquelle le Dr Toulouse résume les faits contredit la théorie entière de l'école lombrosienne, d'après laquelle la névropathie et l'épilepsie sous ses formes larvées seraient la cause efficiente du génie : « Or M. Zola, dit en finissant le Dr Toulouse, qui a aussi certaines qualités au-dessus de la moyenne, a surtout l'avantage d'un développement égal, harmonique entre ses diverses facultés — en dehors de quoi il semble n'être rien que d'incomplet — et un pouvoir merveilleux d'utilisation. Ses qualités sont : la finesse et l'exactitude des perceptions, l'intensité de l'attention, une grande éducabilité, la clarté dans les conceptions, la sûreté du jugement, l'ordre dans le travail, l'esprit de coordination, une ténacité extraordinaire dans l'effort, et, par-dessus tout, l'utilitarisme psychologique poussé à l'extrême... Ce qui me paraît, déclare le Dr Toulouse, la cause la plus immédiate de la supériorité intellectuelle, c'est plutôt l'heureux agencement de toutes les facultés qui permet leur meilleure utilisation. »

Cette supériorité n'implique d'ailleurs nullement que le génie soit, de sa nature, indemne de toute tare ou maladie. Les conditions de vie auxquelles sont astreints les écrivains et les artistes affectent leur santé, et ils en subissent les dommages. L'âpreté des luttes, la dureté des débuts et les misères endurées dans ces années-là où le corps et la pensée ont le plus besoin de réconfort, l'inquiétude d'un esprit à l'affût des promesses de succès, l'exaltation du travail qui épuise secrètement la santé, les continuelles alertes d'une vanité irritée, ces causes prédisposent à l'énervement, sans compter qu'une aisance à accueillir toutes les influences de l'entourage et de l'époque ouvre l'esprit à maint germe malsain. D'autre part, le génie et la maladie peuvent coexister. Comte vécut sous la constante menace

de la folie. Son mal, sous lequel il fléchit un moment,
il sut le dompter à force de maîtrise de soi-même. Pourquoi le génie ne pourrait-il aller de pair avec certaines
tares mentales, tout comme il peut aller de pair avec la
gastrite ou la goutte ?

Ce qui est inacceptable, c'est de voir, dans la maladie,
l'origine de la supériorité de la pensée. Quiconque presque s'est occupé d'un écrivain n'a pu éviter le travers
d'attribuer, à force de vouloir tout expliquer, son talent
à quelque circonstance adventice. Si, vers sa vingtième
année, un homme célèbre a eu la fièvre, c'est cette
fièvre qui lui a procuré son génie, et l'on néglige tous
les jeunes hommes qui eurent la fièvre et qui demeu-
rèrent des imbéciles. Balzac eut à ses talons une horde
de créanciers; c'est donc à eux qu'il dut d'écrire la
Comédie humaine. Pourquoi tous les gens endettés
n'ont-ils pas accouché de chefs-d'œuvre? Qui nous dit
que si Balzac avait eu la vie assurée de Flaubert, son
génie n'aurait pas pris un essor plus beau encore, qu'il
ne nous eût pas donné le couronnement qui manque à
son œuvre et que beaucoup de romans où la part du
mélodrame prédomine ne nous auraient pas été épar-
gnés? Si Edgar Poe n'avait pas été malade, il n'aurait
pas produit ses poèmes. Qu'en savez-vous? Connais-
sez-vous tellement et jusque dans ses plus intimes
replis l'intelligence de l'homme pour être en état de prévoir tous les aspects que son esprit eût pu revêtir, et
prédire que, sa vie ayant été autre qu'elle ne fut, son
génie en devait être amoindri?

Une autre erreur à laquelle je vais m'en prendre a
consisté à prétendre que l'art est une activité à la veille
de disparaître.

Au temps où Lombroso s'occupait si malencontreuse-

ment de l'homme de génie, la sociologie n'était pas
beaucoup plus avancée et les savants sociologues, placés devant le problème de l'art, se sentaient fort embar-
rassés de le résoudre. Ils tranchèrent la difficulté à la
manière d'Alexandre, le nœud gordien. Si l'art, à leurs
yeux peu perspicaces, semblait n'avoir que faire dans
cette société, s'ils ne réussissaient à découvrir aucune
raison à son existence, il y avait à cela une réponse fort
simple : l'art ne constituait plus qu'une survivance du
passé et n'avait présentement aucune raison d'être.

On connaît la loi des trois états que Comte a formulée.
La pensée humaine a traversé trois états : religieux, métaphysique et enfin positiviste. Nous sommes dans le
dernier, qui se caractérise par la connaissance expéri-
mentale et raisonnée. D'autre part, les sociologues, il
y a une vingtaine d'années, avaient coutume d'assimiler
l'être humain et la société. Ils devaient, par un agencement d'idées assez naturel, retrouver, dans le développement organique de la société, ces trois états et les
rapprocher de l'enfance, la jeunesse et la maturité. Joi-
gnez à cela l'influence de la théorie du jeu, qui confon-
dait l'art avec un jeu. Le jeu est propre à l'enfance.
L'homme adulte s'en désintéresse. De même la société,
qui avait atteint l'âge adulte, se détacherait de l'art qui
n'est qu'un divertissement. On en arrivait à conclure
que l'art-jeu n'est plus autre chose aujourd'hui qu'un
vestige du passé. S'il continue d'exister c'est au même
titre que ces organes devenus inutiles qui, dans le corps,
datent d'un état de développement antérieur et dont il
ne subsiste plus qu'une forme dégénérée. L'art qui
peint les choses selon les apparences qu'elles reflètent
dans l'esprit des hommes ou selon le rêve qu'ils en
conçoivent a désormais cédé le pas à la science. De
même, du moins le croyait-on avant les récents travaux
de Joseph Bédier, l'épopée jadis, qui relatait les événements d'après les aspects mensongers qu'ils avaient

revêtus dans la croyance du peuple, avait été supplantée, et pour toujours, par l'histoire, qui est la science.

Guyau a consacré à la réfutation de cette erreur, dont
l'énoncé seul met suffisamment en relief l'absurdité, une
partie de son ouvrage: *Les Problèmes de l'esthétique
contemporaine.*

Je crois que c'est ici aussi la place d'envisager brièvè-
ment la doctrine que Spencer a exposée dans son article
l'Utile et le Beau et qui parut dans les *Essais de Morale,
de Science et d'Esthétique* (1). Il y part d'une remarque
d'Emerson : « Ce que la nature a jadis créé afin de pourvoir à un besoin, ensuite elle s'en sert comme d'ornement ; et il (Emerson) cite en exemple la structure d'un
coquillage de mer, chez lequel les organes qui, à une
certaine période, ont été la bouche, se trouvent à une
autre période de la croissance rejetés en arrière, et deviennent des nœuds et des épines dont le coquillage est
paré. » Cette remarque appartient à un poète qui incorpore une âme dans les faits qu'il envisage et ainsi les
vivifie ; mais, considérée en tant qu'argument pour démontrer ou faire admettre une thèse quelconque, elle
constitue un non-sens. Quelle est cette entité, sorte de
divinité confuse qui s'appelle ici la nature et qui se
préoccupe de donner une parure aux coquillages? Gros-
sissons un tel raisonnement pour faire ressortir les défauts qui y sont inhérents et nous aboutissons aux di-
vagations d'un Bernardin de Saint-Pierre pour qui la
nature avait côtelé les melons afin qu'ils fussent mangés
en famille. Les raisonnements d'Emerson et de Bernardin de Saint-Pierre sont entachés du même vice. Et puis
pourquoi ce mot « paré » dont l'emploi suppose, chez le

1. Traduits par Burdeau (Alcan), 1891, p. 251.

mollusque, un dessein prémédité de s'embellir, de plaire ?
Ce mot est inacceptable, à moins que quelqu'un ne s'a-
vise de me prouver l'existence d'un sentiment de co-
quetterie chez ces animaux. Nous touchons ici à l'absurde ; mais, cet absurde, ce n'e st pas moi qui l'invente,
je le dégage de la phrase d'Emerson, et il est partout
épars dans l'article de Spencer qui n'en est qu'un développement. Selon Spencer, la beauté serait la qualité
des objets et des choses qui ont cessé d'être utiles. Les
exemples qu'il donne à l'appui de sa thèse sont dénués
de valeur et je ne connais d'article qui, autant que celui-ci, fasse apparaître le marasme et le désarroi dans
lesquels se débattent les études esthétiques. Le phénomène, auquel Spencer se plaît à donner une valeur considérable au point même de s'en inspirer pour soumettre aux peintres et aux artistes des conseils dont ils
n'ont que faire, est d'une portée tout à fait secondaire.
Soit un objet, une vieille bassinoire au couvercle de
cuivre ajouré. Autrefois la vue d'un tel objet n'évoquait
d'autre idée que celle de l'office auquel il était destiné.
Lorsque les bassinoires ne furent plus en usage et que
même on eut cessé de se représenter à quoi elles servirent, alors ce qu'il put y avoir d'attrayant dans leur aspect captiva seul la pensée. D'objets utilitaires, elles pas-
sèrent au rang d'objets d'ornement. Mais ce changement
provient uniquement du nouveau cours d'idées que la
vue de l'objet éveille et il faut encore un élément, c'est
que l'objet, par la matière dont il est fait, et le travail de
l'artisan, manifeste vraiment en lui une certaine beauté.
   Ainsi, dans tous les cas d'un tel genre, il peut s'observer que deux ordres d'idées se sont, à un moment
donné, intervertis. Il n'y a rien de plus dans ce phénomène, dont le rapport avec l'esthétique est des plus éloignés. Peut-être, dans l'architecture, joue-t-il un certain
rôle. Des éléments, qui avaient cessé de servir, furent
gardés à titre d'ornement ; mais c'est surtout parce

qu'on leur avait déjà donné auparavant une valeur ornementale.

Si Lombroso faisait, en s'occupant du génie, de l'esthétique comme Monsieur Jourdain faisait de la prose, c'est-à-dire sans s'en douter, Karl Groos prétend faire de l'esthétique, alors qu'en réalité ses travaux n'ont aucun rapport avec cette étude et ces soi-disant rapports ne reposent que sur des malentendus qu'il est temps de dissiper.

On entend généralement répéter que Groos a repris le système esthétique de Schiller et qu'il l'a soit renouvelé, soit consolidé en l'étayant de tout un appareil de preuves. J'ai vainement essayé de me rendre compte de ces mérites et n'y suis point parvenu. J'acquiesce au contraire de toute mon énergie au reproche que Wallaschek adresse au système de Groos et que Groos cite lui-même au commencement de son ouvrage: *Die Spiele der Thiere:* « Put in our times into scientific form by Mr. Herbert Spencer (1), it (the theory of play-impulse) has nothing in common with its earlier presentment beyond the name, the grounds being quite different. » A quoi Groos réplique que Wallaschek n'a probablement pas lu Schiller, réponse qui ne tranche rien, car on pourrait tout aussi bien la retourner contre M. Groos.

Il s'agit de reprendre les doctrines de Schiller, de les résumer ici et de montrer combien leur sens a été déformé, mutilé, interprété à rebours; combien les mots mêmes de Schiller et ses formules ont été mécompris.

---

1. Herbert Spencer donna, à notre époque, une forme scientifique à la théorie du jeu, mais elle n'a rien de commun avec la théorie ancienne à part le nom, les fondements, de part et d'autre, sont tout à fait différents.

J'exposerai en regard la doctrine de Groos en résumant ses ouvrages le plus impartialement qu'il me sera possible. Il résulte de cette comparaison que Groos n'a absolument aucun droit d'affilier ses idées à Schiller. Cette tentative semble n'avoir d'autre but que de pallier l'insuffisance de la doctrine de Groos, qui n'a réussi en somme qu'à expliquer d'une façon partielle des faits esthétiques qui sont eux-mêmes tout à fait subalternes. De là à une philosophie de l'art, il y a loin !

Schiller (1), dans ses *Lettres sur l'éducation esthétique*, débute en commentant la double nature de l'homme qui s'est manifestée à tous les âges. Le progrès, depuis l'état primitif dans lequel ont jadis vécu les hommes, a consisté à concilier ces deux natures, l'une sensible et l'autre rationnelle. Il est dangereux pour l'homme de se livrer tout entier à l'une d'elles et elles font choir l'esprit soit dans la sécheresse de la raison abstraite, soit dans la versatilité des impressions sensibles. Combinées, elles se corrigent et leur harmonie sans cesse plus intime constitue le développement de l'esprit humain. Schiller laisse entendre que cette harmonie est de la beauté. L'art est fille de la beauté, laquelle ne reçoit ses lois ni des nécessités de l'esprit ni des fatalités de la matière, et toute prédominance quelque légère qu'elle soit de l'une des natures rationnelle ou sensible sur l'autre est pernicieuse. Le poète emprunte la matière de son œuvre à son époque ; mais la forme, il doit la demander à un temps plus noble et la faire participer de toutes les époques. Les manifestations de l'acte esthétique dans la société préoccupent Schiller. Il considère le progrès humain comme sollicité sans cesse par l'idée de beauté, qui est la discipline émanée de l'idée éternelle

---

1. Pour un exposé plus détaillé et le commentaire de la doctrine esthétique de Schiller, je renvoie à Victor Basch : la *Poétique de Schiller*. Alcan, p. 55-60.

et soumettant à sa loi le monde agité et changeant des
phénomènes. Dans la onzième lettre, Schiller quitte les
points de vue généraux où il s'est agi surtout de la
société et il distingue, dans l'homme même, l'*être* et les
états. L'homme, dans son image la plus parfaite, est une
unité éternelle qui, dans le cours incessant de ses transformations demeure éternellement la même — die
beharrliche Einheit, die in den Fluten der Veraenderung
ewig dieselbe bleibt. Mais l'être seul n'est qu'une abstraction, et les états de l'homme ne sont que des apparences incoordonnées. Il importe que les deux s'agencent
et se complètent. Ici Schiller emploie le mot : *Trieb*,
Formtrieb, instinct formel, qui correspond à l'être ou
à la personne, et *sinnlicher Trieb*, ou instinct sensible qui correspond aux états. Il est évident que *Trieb*
n'a pas ici le sens que nous donnons présentement au
mot : instinct. Le mot : faculté le rendrait plus exactement et Schiller entendait certainement ce que nous
désignerions par : faculté innée. Maintenant intervient
une troisième faculté, la faculté d'accommodement, ou
Spieltrieb, littéralement : l'instinct du jeu. J'emploie ce
mot, mais je tiens à insister qu'il serait erroné de voir,
dans le mot : Spiel, notre mot : jeu et les idées qui lui
sont apparentées. Le *Spieltrieb* crée une entente entre
les deux facultés fondamentales en les parfaisant l'une
par l'autre. A l'être, qui est éternel mais privé de
toute existence effective, il en prête une et, aux états
de l'homme qui n'ont pas de constance, il en donne une
— die Form, ainsi que s'exprime Schiller, in die Mate-
rie und Realitaet in die Form bringen. Or, c'est cet
accommodement qui fait l'homme et cet accommodement, en quoi s'unissent le hasard et la nécessité,
l'asservissement et la liberté, est la beauté. Elle
devient, dans le langage de Schiller, l'objet et le résultat du jeu ; elle représente l'alliance de la forme et de
la vie et, seulement lorsque l'homme accomplit en lui

cette union, il mérite vraiment le nom d'homme. Cependant l'alliance ne se réalise jamais d'une façon achevée et l'un ou l'autre élément a, dans quelque mesure, toujours la prédominance. Par son double aspect, la beauté apaise les penchants exaltés de l'homme et anime ses pensées trop indifférentes et, cet état d'entière harmonie, Schiller l'appelle la liberté esthétique. La faculté sensible de l'homme est beaucoup plus précoce que la faculté formelle, qui est tardive. L'homme passant lentement de l'une à l'autre est amené à traverser un état, ou elles se balancent et il se trouve alors placé dans l'état esthétique. Dans la vingt-deuxième lettre, Schiller envisage l'influence du beau sur l'homme. Ceci implique que précédemment, en poète pour qui naturellement l'art et la beauté apparurent avant tout comme une *activité* esthétique, Schiller s'occupa des facultés créatrices. L'état esthétique éveille, chez l'homme, le sentiment de toutes ses facultés et comporte en même temps un complet apaisement de l'esprit. Mais cet état si difficile, les circonstances de la vie ne l'offrent presque jamais dans sa plénitude. Chaque art lui-même a des lacunes et sur lui pèsent des entraves inévitables. Il ne faut pas non plus que l'œuvre ait une tendance didactique ou moralisatrice, car tout ce qui assujettit l'œuvre à un but déterminé fait tort à la beauté. Cependant elle est indispensable pour élever l'homme à un état moral, mais c'est là une conséquence seconde. En le délivrant des liens matériels auxquels il est asservi, la beauté élève son esprit jusqu'aux considérations générales. Schiller développe ce point de vue en des pages admirablement éloquentes. Il montre l'homme, avant que l'art l'ait policé, en proie au tumulte de ses passions. Il emploie ici le mot: thierisch, dans l'acception de sensible, inférieur, pour désigner l'état de l'homme avant que la raison l'ait décillé. Pour être capable de combiner librement les formes, l'homme doit les abstraire de la

matière et les considérer comme des apparences. Enfin,
c'est dans la lettre 27 que se trouve le seul passage qui
pourrait servir de maillon entre la doctrine de Schiller
et celle de Groos. *A titre de comparaison littéraire*, Schiller évoque le monde des animaux......et des plantes. Ici
je traduis en me tenant le plus possible à la littéralité.

La nature, il est vrai, a aussi, au-dessus du nécessaire,
donné aux êtres inintelligents une apparence de liberté.
Quand la faim ne tourmente pas le lion et qu'il n'attaque
aucun animal, alors sa force désœuvrée trouve en elle-
même son objet. De son rugissement puissant, il emplit le
désert retentissant et sa force superflue s'exalte sans but.
Avec une vivacité joyeuse, l'insecte vole dans le rayon de
soleil. Ce n'est pas non plus le cri du désir que nous en-
tendons dans les accents mélodieux des oiseaux chanteurs,
mais non pas une liberté dégagée du besoin, mais seulement d'un certain besoin extérieur. L'animal agit quand
quelque privation le pousse et il joue quand la vie sura-
bondante l'y excite. Même dans la nature inanimée, se
manifeste ce surplus de force en même temps que le relâchement de la nécessité que l'on pourrait aussi, dans le
sens matériel, nommer un jeu. L'arbre porte d'innombrables germes qui succombent sans s'épanouir et développe
pour sa nourriture beaucoup plus de racines, de rameaux
et de feuilles qu'il ne lui en faut pour l'entretien de sa
personne et de son espèce. Toute la surabondance de vie
qu'il restitue aux éléments sans s'en servir et sans en profiter, la vie peut l'absorber dans une activité joyeuse.
Ainsi, dans son règne inanimé, la nature nous donne déjà
un préexemple de l'illimitation et lève parfois ici les entraves, qui ne se défont entièrement que dans le monde de
la raison. Partant du joug de la nécessité ou du besoin
physique et passant par la contrainte de la surabondance
ou du jeu physique, elle parvient au jeu esthétique et,
avant qu'elle atteigne la haute liberté du beau en s'élevant
au-dessus des entraves de toutes nécessités, elle approche
de cette indépendance, du moins de loin, dans cette libre
activité qui est à la fois pour elle un but et un moyen.

De même que les membres corporels, ainsi l'imagination a aussi déjà, chez l'homme, ses libres mouvements et
ses jeux matériels où, sans aucun rapport avec les formes
(raison), elle satisfait sa propre force et son indépendance.
Pour autant qu'aucune forme n'intervient dans ce jeu fantaisiste et qu'une succession d'images en constitue le seul
attrait, il ne participe, quoiqu'il ne puisse se produire que
chez l'homme, que de sa vie animale et ne prouve la libé-
ration que de toute servitude sensible étrangère, sans per-
mettre de conclure encore en lui à une force formatrice
indépendante. De ce jeu de la libre association des idées,
qui est encore entièrement de nature matérielle et explicable par de simples lois naturelles, l'imagination fait enfin,
en tâchant d'atteindre une forme libre, un saut dans les
jeux esthétiques. On doit le nommer un saut, car une force
toute nouvelle se manifeste dans ce fait et, ici, pour la première fois, une puissance légiférante intervient dans l'activité d'un aveugle instinct.

Telle est cette page. Groos a édifié sur elle sa doctrine
entière comme si Schiller avait fait, de cette page, le résumé de ses idées. C'est déjà là une première erreur. Ce
passage constitue une comparaison littéraire et rien de
plus. Pour l'apprécier à son exacte valeur, il convient
de le placer dans l'ensemble des *Lettres sur l'éducation esthétique*. Alors il apparaît avec évidence qu'en in-
terprétant le passage comme une part intégrante du
système on aboutit à des résultats en contradiction formelle avec les idées de Schiller. Il n'admet la liberté
que chez l'homme dont la raison (forme) s'est émanci-
pée du joug de sa nature sensible; et le jeu n'est qu'un
accommodement entre l'une et l'autre. Il y a donc là
un principe qui est inconciliable avec l'être animal, chez
qui la raison est absente et qui est entièrement assujetti à ses appétits. Cependant il est des circonstances
où ces appétits font trêve et l'animal jouit alors d'un simulacre de liberté. Il m'a frappé que ces mots de : Kraft

Ueberfluss, qui remplissent un rôle si considérable dans
la théorie actuelle, n'apparaissent que dans cet unique
passage de Schiller et s'appliquent seulement aux animaux. Jamais il ne lui serait venu à la pensée de prétendre que l'homme eût besoin de ce facteur ni que le
travail esthétique fût une activité de luxe. Il lui attribue pour cela une portée trop essentielle dans le développement moral de la société et de l'homme. Schiller
n'invoque cette surabondance de force que pour expliquer l'inconséquence qu'il commet en douant l'animal
d'une apparence de liberté. D'ailleurs, qu'il n'ait écrit cette
page dans aucun autre dessein que d'illustrer son idée
par quelques analogies, ressort des exemples qu'il emprunte à l'insecte et à l'arbre. Il se fût bien gardé de
citer de pareils témoignages, s'il s'était agi d'établir
une ressemblance foncière entre ce genre d'activité et
celle de l'homme raisonnable et pensant qui produit une
œuvre de beauté.

On dirait même que, dans la seconde partie de ce
passage, il a eu un pressentiment des interprétations
abusives qu'on ferait un jour subir à sa pensée. Craignant
d'avoir rabaissé l'acte de libre combinaison qui constitue le jeu esthétique, il prévient de ne pas confondre
avec lui ces enchaînements d'images auxquels l'homme
peut se plaire en des instants d'indifférence et de loisir. Pour aborder aux jeux esthétiques, il faut *un saut*,
et *une force toute nouvelle* (eine ganz neue Kraft) doit intervenir.

Ceci interdit de façon absolue tout rapprochement
entre ce passage de Schiller et les théories évolution-
nistes. Chez l'animal, la liberté n'était pas une vraie liberté, car elle ne découlait que d'un relâchement momentané des contraintes, comme la liberté d'un prison-
nier pendant le sommeil de son gardien. Au contraire,
cette *ganz neue Kraft*, qui est la puissance formelle ou
rationnelle, implique en soi la liberté comme une de ses

qualités inhérentes ou, pour mieux dire, sa qualité essentielle et constante.

Ici se terminent les *Lettres* de Schiller. Les dernières pages montrent quelles sont, chez l'homme, les activités esthétiques élémentaires et comment la libre combinaison formelle, car je veux éviter maintenant les mots si dangereux de jeu esthétique, élève l'homme à sa pleine dignité en conciliant ses deux natures contraires: car il n'est complet que quand il conçoit en beauté ses actes, ses sentiments et ses pensées.

Un de mes plus grands amusements, au cours de la lecture des *Lettres esthétiques*, fut de constater le continuel accord qui se manifestait, non pas entre les idées de Schiller et celles de Groos, mais entre les idées de Schiller et les miennes. Schiller applique, il est vrai, la méthode déductive, mais l'art lui était une chose trop familière pour qu'il se bornât à dégager et à agencer de vains concepts. Il s'est observé lui-même et il a médité concrètement, si je puis dire, les problèmes de l'art: on le constate à chaque pas de son œuvre. Si maintenant je rapproche la doctrine de Schiller de celle que je vais exposer dans les deuxième et troisième livres de cet ouvrage, je puis signaler les analogies suivantes : ce que Schiller appelle *Formtrieb*, je le nomme systématisation; *sinnlicher Trieb* est, chez moi, l'émotivité. La systématisation doit corriger l'émotivité ou la spontanéité et les coordonner. La parfaite beauté réside dans l'équilibre de ce que je nomme ces deux modes de création. L'émotivité précède la systématisation et l'homme passe de l'une à l'autre; c'est littéralement ce que dit Schiller. La spontanéité pure engendre des œuvres incoordonnées, mais la systématisation pure produit des œuvres froides et mortes. Le génie consiste dans un pouvoir de coordination, et les progrès de l'esprit humain résultent des coordinations sans cesse plus nombreuses qu'il établit. L'image de la beauté met harmonieusement en branle toutes nos facultés. L'artiste ne doit avoir d'autre but que d'être sincère, car la moindre tendance morale ou didactique fait déchoir son œuvre. Telles sont les idées qui sont communes à Schiller et à moi. Je me suis plu à ce rapprochement quoique ce fût une tâche que j'eusse plutôt laissée à d'autres ; mais, puisque Schiller est un parentage auquel tant de gens prétendent qui n'y ont aucuns droits, il ne me semblait pas déplacé de faire en passant aussi valoir les miens.

Je prends maintenant les ouvrages de Groos pour en exposer la teneur. Le lecteur, qui est ici l'arbitre, ne doit qu'à bon escient édifier son jugement. Il faut, dit Groos, étudier l'animal afin, par là, de connaître ce qu'il y a d'animal et d'instinctif chez l'homme. Au monde des jeux appartient aussi l'art et, pour l'étudier de façon parfaite, il importerait d'être à la fois... explorateur, directeur de jardin zoologique, un chercheur de vérité et un esthéticien au courant de toute l'esthétique moderne. Le caractère fondamental du jeu et de l'art est la *Freude am Ursache-sein*, la joie d'être cause. Groos défend sa filiation avec Schiller et cite partiellement la page des *Lettres* que j'ai reproduite. Il reproche à Spencer d'avoir joint au principe du surplus de force celui de l'imitation et de s'être, par là, écarté de la théorie de Schiller. Cette querelle d'orthodoxie est quelque peu réjouissante. L'animal, d'après Groos, n'imite pas ; ses actes sont antérieurs à la connaissance du fait. Groos n'admet pas que le jeu soit primitivement un délassement quoiqu'il puisse y servir. Il peut consister dans un excès d'énergie motrice qui se dégage selon des schémas ataviques. Groos souscrit à une phrase de Paul Souriau qui voit dans le jeu une préparation aux actes que l'animal aura à exécuter plus tard et une activité régie par les besoins généraux de l'espèce. Il me paraît assez audacieux de supposer chez l'animal une telle prescience et les besoins généraux de l'espèce constituent un principe métaphysique, un mot vide de sens. Les jeux dans l'enfance résultent d'instincts qui président plus tard aux luttes pour l'existence auxquelles, en jouant, l'animal s'adapte. Je saute les différentes catégories de jeux d'animaux, que Groos analyse d'une manière des plus subtiles et en faisant usage d'une quantité remarquable de documents, pour aborder le chapitre de la psychologie des jeux d'animaux. Le jeu est désintéressé et s'accompagne d'un plaisir provenant du rehaussement du ton vital. Prenant, comme exemple, les jeux d'un jeune chien de plus en plus compliqués au fur et à mesure qu'il avance en âge et signalant, l'un après l'autre, les instincts qui interviennent, Groos, par un saut un peu brusque, aboutit (p. 300) à l'art qui est un moyen pour le créateur d'imposer par la suggestion son ascendant spirituel — je montrerai par des documents directs que le travail artistique n'eut jamais un tel mobile. Groos admet, chez les animaux supérieurs, la conscience du caractère illusoire de leurs jeux. Ici est le joint entre le jeu et l'art qui sont tous deux des auto-illusions conscientes. Groos aborde le dédoublement de la personnalité. Il touchait ici à la véritable question, hélas ! il ne s'y arrête point et invoque aussitôt...la psychologie morbide, cet éternel recours des psychologues dans l'embarras. Groos conclut, sans avoir rien établi qui nous convainque, que la production esthétique et la jouissance esthétique ne sont *pas autre chose* que le plus haut aspect de la faculté du jeu (p. 319). Groos définit la faculté esthétique par la faculté du jeu et ensuite constate leur identité, et les exemples qu'il donne sont des faits de suggestion tributaires seulement de l'esthétique subalterne. Enfin il revient à Schiller ; mais Groos, qui fut si abondamment documenté quand il s'agit des animaux, est singulièrement vide et dépourvu lorsqu'il s'agit des

facultés esthétiques, et il prend le mot de liberté dans
un sens auquel Schiller a toujours été étranger.

Dans son livre sur les jeux des hommes (*Die Spiele der
Menschen*), le plus gros du livre concerne les jeux en
eux-mêmes et Groos ne mentionne qu'en passant les faits
esthétiques. Il dit des choses fort justes à propos du
comique, et fort incomplètes à propos du tragique. Seulement dans les dernières pages, il s'occupe du jeu au
point de vue esthétique. Il consent que les rapports
entre le jeu et la jouissance artistique soient plus nombreux qu'entre le jeu et la création esthétique. Après
cette réserve il traite — une page durant — les rapports
du jeu et de la création, qu'il rattache aux jeux expé-
rimentaux et imitatifs.

Mettez en regard ces deux doctrines de Schiller et de
Groos et quelles concordances découvrez-vous entre
elles? Si ces pages, où j'ai exposé le contenu des deux
ouvrages de Groos, semblent fort vides d'idées, ce n'est
point que j'en aie passé sous silence. Après la lecture
des *Lettres sur l'éducation esthétique*, on détient une
définition de la beauté, de la faculté créatrice; on sait
quels caractères doit nécessairement posséder une œuvre d'art, quels effets elle produit sur le spectateur,
quelle influence elle exerce sur le développement moral de l'homme et des sociétés. Chez Groos, rien. L'intérêt de l'ouvrage réside dans les jeux d'animaux et
dans les jeux humains. Dans ces pages, nous sommes
accablés par une multitude de documents, mais la question même, la question essentielle n'est pas abordée.
Cette manie de rechercher dans le règne animal l'origine confuse des faits les plus compliqués de la nature
humaine en se figurant qu'après avoir évoqué quelques
lointaines ressemblances on aura résolu l'énigme rappelle ces plaideurs, dont parle Sainte-Beuve dans *Port-
Royal*, qui, pour une affaire de mur mitoyen, citaient

Aristote et toute l'histoire romaine. Le ridicule, de part et d'autre, est le même.

On se demande comment la doctrine de Groos a réussi à en imposer au point de passer pour incontestable chez un certain groupe de savants. J'attribue cet ascendant au fait que personne ne s'est avisé de vérifier quelles concordances il y avait entre la doctrine de Groos et celle de Schiller. On a cru Groos sur parole et l'on n'est pas allé voir si le sens dont il revêtait les mots de Schiller s'ajustait avec les idées de Schiller. Comparez ces doctrines et l'une apparaît un travestissement de l'autre. Le mot : jeu, dans les *Lettres sur l'éducation esthétique*, n'a nullement le sens usuel. Schiller lui-même, a pressenti quels malentendus le mot ne manquerait de créer et il ne cesse de le définir et d'insister (lettre 15) sur la portée qu'il lui prête « ... unter allen Zustænden des Menschen gerade das Spiel, und nur das Spiel es ist, was ihn vollstændig macht *und seine doppelte Natur auf einmal entfaltet.* » Le jeu n'est donc qu'une activité conciliatrice qui présuppose, dans l'esprit humain, un état rationnel, abstrait et éternel, et un état sensitif sans cesse mouvant. La beauté, par le compromis qu'elle établit, fait s'accorder ces deux natures et les complète l'une par l'autre : « Alle andre Formen der Vorstellung trennen den Menschen, weil sie sich ausschlieszend entweder auf den sinnlichen oder auf den geistigen Teil seines Wesens gründen ; nur die schœne Vorstellung macht ein Ganzes aus ihm, *weil seine beiden Naturen dazu zusammenstimmen müssen* (lettre 27). » Ce n'est pas qu'il n'ait suffisamment insisté sur sa pensée et quiconque a lu Schiller doit avoir compris le sens précis qu'il attribuait au mot jeu. Or, voici comment M. Arréal, certes pas le premier venu, et dans la *Revue philosophique* (XLVIII, 1899), une revue qui fait autorité, dénature les idées de Schiller. Il s'agit d'un compte rendu de *Die Spiele der Menschen* de Groos et nous

avons ici lieu de constater sur le vif par quelles compli-
cités d'ignorances un malentendu peut s'établir et s'imposer : « Un plus grand nombre d'instincts existent en
lui (dans l'homme), dit Arréat, mais il est, à sa naissance,
un être inachevé, qui doit faire l'éducation de ses aptitudes. La première période de la vie y est réservée ; le
jeu est la forme d'exercice des dispositions naturelles
de l'être humain. Il n'existe pas, en somme, un instinct
général du jeu; mais des instincts particuliers se révèlent dans le jeu, qui n'auraient pas d'autre occasion
ne se manifester et de s'exercer... La valeur éducative du
jeu se montre d'ailleurs même chez l'adulte, dans l'art
par exemple, dont l'influence biologique et sociologique n'est pas niable. Schiller aurait donc eu raison
de dire que « l'homme n'est complet que quand il joue. »

Donc, la plénitude de la puissance humaine telle que
Schiller la concevait et provenant de l'harmonieux accord de ses facultés antagonistes se trouve confondue
par Arréat avec l'état de l'homme que les jeux — disons
les sports — ont mis « en forme »! N'est-ce pas un com-
ble? Et si de telles méprises se rencontrent sous la
plume d'un recenseur attitré, de l'homme choisi entre
tous comme le plus compétent pour juger en la matière,
que sera-ce chez la multitude des autres lecteurs ?

Ainsi livres, articles qui se rapportent à la doctrine
du jeu et commentent les phénomènes de l'art ne font
que ressasser à l'infini et se transmettre des contresens,
Et voilà cinquante ans qu'on ergote de la sorte. N'est-il
pas temps que « ce jeu » finisse ?

Et puis que nous importent ces jeux d'animaux! Schiller nous avait transportés dans le monde des dieux et des
pures images de Platon. Il nous montrait le rayonnement de la beauté sur le front des divinités qui, libérées
des lois auxquelles doivent se conformer les hommes,
vivent une existence de splendeur, et le poète était l'égal
d'un de ces dieux dans l'ivresse créatrice de son génie.

On entre chez Karl Groos ; l'on s'attend, à en croire le boniment de la porte, au commentaire érudit et profond de ces magnifiques visions, et l'on tombe dans une ménagerie, un cirque de chiens savants. Ce sont des simagrées de jeunes chats, des tours de caniches, des danses d'ours et, à la fin, quand il va s'agir de nous entretenir de l'art, notre personnage reste à court et le rideau tombe.

Groos se figure observer des jeux chez les animaux ; les enfants aussi jouent et il prétend — à tort — que joue également le poète quand il crée ses œuvres. Parce qu'il y a là trois faits soi-disant ressemblants dans des ordres de phénomènes différents, il affirme que ces faits s'engendrent l'un l'autre, se tiennent par des mailles ininterrompues; que les jeux des animaux se continuent dans les jeux des enfants, qui se prolongent à leur tour dans les travaux des poètes. Mais rien, rien ne permet d'enchaîner de la sorte les faits. Leur rapprochement ne résulte que de certains aspects généraux, à la suite de quoi notre esprit les a enfermés, pour l'unique facilité du langage, dans un seul groupe, sans que ce mot: jeu puisse, au point de vue phénoménal, supposer une identité entre des faits si différents et si éloignés. Le premier souci d'un savant devrait être de se défier des mots qui, vagues et précaires, reflètent toujours en eux des erreurs de jugement familières à la foule et qui joignent, en vertu d'apparences superficielles, dans un même vocable, des phénomènes foncièrement étrangers l'un à l'autre.

Je vais même jusqu'à contester l'emploi du mot: jeu pour les animaux. Il s'accompagne de notions accessoires qui ne permettent de l'appliquer qu'à l'enfant. Quand le jeune chat poursuit une pelote, il ne joue pas comme joue l'enfant, parce que, de part et d'autre, agissent des mobiles différents. Chez l'enfant, il existe tout un ordre de représentations mentales qui constituent l'élément essentiel de son jeu et qui sont absentes chez l'animal. Chez ce dernier, il n'y a que la pétulance, la surabondance de mouvements particulière aux êtres jeunes. Il semble que, dans le premier âge, l'activité motrice prédomine. C'est à la physiologie qu'il est donné de nous expliquer ce fait. En lui et rien qu'en lui, réside le phénomène du jeu chez l'animal. Naturellement cette activité met en mouvement ces groupes de muscles qui, dans cette espèce animale, sont, par une longue hérédité, habitués à agir et à agir de concert. Le jeune chat simule la chasse et la poursuite. Que, de la sorte, s'exercent du même coup ces muscles, il n'en résulte pas que nous soyons autorisés à dire que ces actes sont prédestinés à exercer le chat à la chasse et à la poursuite.

En somme, le monde animal est un monde fermé qu'il est interdit d'interpréter selon nos vues humaines.

Il y a vingt cinq ans environ, l'on s'avisa de rechercher dans les groupements des animaux les formes rudimentaires des sociétés humaines. Mais bientôt l'on reconnut qu'on n'était nullement — malgré les nombreuses apparences qui rendaient séduisant un tel rapprochement — autorisé à considérer comme de véritables sociétés les agrégats instinctifs des abeilles, des fourmis et des castors. Le même vice qui entachait cette doctrine infirme aussi la théorie des jeux d'animaux. Si cette dernière a pu si longtemps s'imposer, alors que l'autre eut une durée si courte, ce n'est pas qu'elle s'étaye plus solidement ; mais le marasme des études esthétiques lui a permis de s'implanter, de s'épanouir comme les ronces et les broussailles dans une terre négligée.

Le principe si fréquemment invoqué du surplus de force est encore une fois un vain mot. Il est la condition d'existence du jeu et pas davantage.

Groos avance, comme un argument décisif en faveur de sa thèse, que tous les instincts du jeu trouvent à se

satisfaire dans le plaisir esthétique et la création esthétique, malgré qu'il fasse quelques réserves sur ce dernier point. Or la jouissance et la production esthétiques
sont deux actes d'une complexité extrême et, par définition — voir Schiller, Wundt, Guyau et le troisième livre
de cet ouvrage, — supposent l'activité de *toutes* les puissances de l'esprit. Que les instincts du jeu y aient également leur part, est donc une chose évidente, mais
n'implique point qu'ils aient le rôle prépondérant. Au
contraire, inférieurs par leur nature, ils ne représentent
qu'un facteur des plus subalternes.

Une des distinctions fondamentales entre Groos et
Schiller, c'est que celui-ci eut en vue l'activité créatrice
du poète. Que les vingt-deux premières lettres de Schiller concernent l'activité créatrice du génie, est, pour moi,
un fait sans conteste. La faculté d'accommodement ou
Spieltrieb est le pouvoir de synthèse qui met le poète en
état de concevoir ses œuvres; et, libre des contraintes
que le despotisme des faits impose à ses volontés, pareil
aux divinités, il traduit dans une forme durable les
sentiments qui constituent le fonds de son être. Ce fait si
capital, si primordial, la naissance, le développement
et l'épanouissement de l'œuvre d'art, Groos ne l'envisage même pas. Avant qu'il puisse y avoir une jouissance d'art, il faut cependant qu'il y ait une œuvre qui
la procure. C'est ce que Groos ignore ou semble igno-
rer. Dans son ouvrage *Einleitung in die Æsthetik*, il
fait résider le phénomène esthétique dans l'*innere Nach-
ahmung* ou imitation intérieure, qu'il considère comme
un jeu mental s'apparentant directement aux différentes sortes de jeux qu'il étudie dans ses autres livres.
Mais cette imitation intérieure que représente-t-elle si
l'on néglige de nous dire sur quel objet elle s'exerce ?

Le pire défaut ou, pour mieux dire, le danger de cette
imitation intérieure, c'est qu'elle réduit le phénomène
esthétique à un acte qui n'est assujetti à d'autres lois

que le bon plaisir de celui qui l'accomplit. C'est la porte
ouverte à l'arbitraire et à la fantasmagorie (1).

Ainsi donc cette esthétique de Groos, si présomp-
tueuse dans ses promesses et avec ses airs de parade,
demeure précisément en défaut au moment où se pose
le problème essentiel qu'elle a à résoudre. Quand je
disais que Lombroso fit de l'esthétique sans le savoir,
mais que Groos n'en fit guère en prétendant en faire,
c'est que ses livres méritent seulement de passer — en
taisant les réserves qui pourraient être de mise — pour
de copieuses et consciencieuses études du jeu chez l'animal et l'enfant, mais ils sont nuls pour ce qui regarde
l'esthétique. Les trente pages tout au plus où il traite
de l'art proprement dit ne procurent que des notions
insuffisantes.

C'est un lien des plus étroits qui apparente la théorie
esthétique du jeu à celle du plaisir (2). Cet accord ressort avec évidence du passage suivant, que j'emprunte à

1. Voir Ch. Lalo: *Le nouveau sentimentalisme esthétique*, *Revue
philosophique*, nov. 1908. « Le philosophe ne peut voir dans l'Ein-
fühlung qu'un premier pas vers le mysticisme ; que le rejet de
toute possibilité d'explication rationnelle et scientifique » (p. 469),
et, comme conclusion, Ch. Lalo dit en soulignant : « C'est pourquoi
la *tendance exclusivement subjectiviste du nouveau sentimentalisme est à l'opposé de la véritable science esthétique.* » (p. 476).
2. Voici un passage de la *Psychologie des sentiments*, p. 322
qui détermine dans quelle mesure M. Ribot adhère à la doctrine
de Groos : « Dans un livre récent et très riche en observations sur
le jeu des animaux (la seule monographie qui existe sur ce sujet)
Groos substitue à la thèse d'une surabondance d'énergie celle d'un
instinct primitif dont le jeu, sous toutes ses formes, serait l'expression. Je ne vois pas qu'une thèse exclue l'autre. Les uns s'en tiennent aux manifestations extérieures ; Groos les rattache à un instinct, c'est-à-dire à une disposition motrice *sui generis*. J'incline

la *Psychologie des sentiments* de Ribot: « Tandis que toutes les émotions énumérées jusqu'ici ont leur origine et leur raison d'être dans la conservation de l'individu comme individu ou être social, l'émotion esthétique, *on le sait*, diffère des autres en ce que l'activité qui la produit a pour but non l'accomplissement d'une fonction vitale ou sociale mais le plaisir même de s'exercer. Plus une tendance est liée directement à la vie, plus elle est nécessaire, exigeante, sérieuse ; moins elle prête à l'émotion esthétique pour qui il faut un surplus à dépenser. » (p. 320).

Ailleurs, M. Ribot s'exprime de la sorte: « Je rappelle sommairement que, sur l'origine du sentiment esthétique, il existe un *accord* assez rare parmi les auteurs. Sa source est dans un superflu de vie, dans une activité de luxe, désintéressée : l'art est une forme du jeu (1). »

Il est heureux, pour la gloire de M. Ribot, à qui la psychologie contemporaine est redevable de son existence, que, lorsqu'il commet une erreur, celle-ci soit d'emprunt. N'est-il pourtant pas pénible, dans de si beaux ouvrages, de voir s'en référer à l'opinion commune: « on le sait » et à un prétendu « accord » entre des auteurs dont le crédit est des plus suspects ? Je suis persuadé que si M. Ribot avait soumis les émotions esthétiques à une étude personnelle, s'il avait entrepris à leur propos une enquête fondée sur de nombreux documents et témoignages, il eût constaté qu'elles participent de la même nature que les émotions en général. Elles rentrent dans la catégorie des émotions intellectuelles et sociales et ont, de même que les autres, un caractère de

dans le sens de Groos, d'autant plus que l'idée fondamentale du présent ouvrage est de réduire finalement la vie affective à une somme de tendances fixées dans l'organisme. »

1. *Essai sur les passions* (Alcan), 1907, p. 96.

nécessité, quoiqu'il faille que l'homme, pour les ressentir, atteigne un certain degré de culture.

Définissons l'émotion: elle est un état agréable ou pénible accompagnant une réaction organique par laquelle l'individu manifeste l'intérêt qu'il a dans sa propre conservation et dans le maintien de sa personnalité.

J'insiste sur ces deux termes: sa propre conservation et le maintien de sa personnalité. Notre personne, ce n'est pas seulement notre corps, c'est notre moi tout entier, notre personne morale, sociale non moins chère que notre personne corporelle: l'intégrité de chacune d'elles étant, pour nous, d'une égale importance.

De l'intérêt de notre propre conservation, dépendent les émotions organiques; de notre intérêt dans le maintien de notre personnalité dépendent les émotions intellectuelles et sociales, parmi lesquelles se placent au premier rang les émotions d'art.

En présence d'une œuvre dont le charme et la beauté nous captivent, nous nous substituons au héros du roman au point de revêtir sa destinée et d'assumer ses sentiments (1). Cette identification est le facteur essentiel de la jouissance d'art. Dès lors, ce que le lecteur éprouve, le touche sinon autant, du moins de la même manière que le font ses propres sentiments. Cette identification se constate dans les émotions esthétiques les plus élémentaires. Ainsi, devant un fronton massif porté sur de frêles colonnes, il nous semble que ce fardeau pèse sur nos épaules et nous en sommes affectés.

Ce sentiment n'est pas facultatif. La personne placée dans un tel cas est impuissante à se soustraire au trouble qui s'impose à elle. Bien plus impérieux sera cet ascendant quand il s'agira d'une œuvre d'art, c'est-à-

1. Voir, dans cet ouvrage, le chapitre II du deuxième Livre, au § les *Émotions*.

dire d'un système entier d'émotions agencé par un artiste
dans le dessein d'amener le lecteur ou le spectateur sous
son emprise. Or, depuis l'âge où notre être s'est éveillé
à la vie sentimentale et morale, nous nous sommes
nourris d'émotions de ce genre. Elles nous ont formés et
modelés, nous ont révélé la vie du cœur et de la pensée.
Notre personnalité spirituelle, notre moi, dans ses éléments les plus nobles et les plus précieux, non seulement
s'est formé par ces émotions, mais a sans cesse besoin
d'elles pour puiser des forces nouvelles, croître et se
développer. De la sorte elles sont nécessaires au même
titre que les aliments qui restaurent notre corps et que
l'air qui irrigue nos poumons.

Certes les émotions d'art répondent à un besoin qui
n'est pas impérieux dans la même mesure que les
besoins corporels. Notre existence prime tout autre intérêt et les émotions dépendantes de la vie animale sont
les plus urgentes. Puis viennent les émotions égoïstes.
Les autres viennent en dernier lieu. Mais, si elles sont,
généralement parlant, moins exigeantes que leurs devan-
cières, elles n'en ont pas moins le même caractère.

Cependant cet ordre de valeur, dans lequel je viens
de ranger les émotions, peut s'intervertir. L'homme, dans
la réalité de la vie, ne s'en tient pas à l'échelle qu'ont
dressée les physiologues. Pour lui, la valeur d'une émotion se mesure à l'intensité avec laquelle il ressent le
besoin qui est à sa base. Pour le pauvre diable, la faim
est un sentiment qui fait taire tout autre ; mais elle est
presque inconnue à l'homme aisé qui n'a jamais dîné
qu'à ses heures. Le besoin de paraître et de tenir un rang
pourra être d'un tel prix aux yeux de certaines personnes que, pour y satisfaire, elles se priveront du nécessaire. Enfin j'ai connu des jeunes gens qui, voulant se
consacrer tout entiers à l'art, avaient sacrifié les perspectives du plus bel avenir. Ces jeunes gens n'étaient,
je puis en être garant, affligés d'aucune tare pathologi-

que, comme pourrait, en guise d'échappatoire, le prétendre quelque psychologue embarrassé (1). Ainsi donc
chaque personne attribue aux émotions des valeurs
différentes selon que sa nature la porte à donner à l'une
d'entre elles la préférence. Même les émotions esthétiques, dont l'objet semble sans aucun lien avec notre
être corporel ou moral, pourront avoir sur toutes les
autres le pas sans qu'il s'agisse là d'un cas morbide.

Si généralement les besoins d'art, de jouissance littéraire, de lecture sont peu intenses, c'est uniquement
parce que notre existence journalière les apaise sans
qu'il y paraisse, d'une façon constante et inaperçue.
Mais dès qu'il y a privation, le besoin vivement se fait
sentir. Ainsi une personne musicienne qui, de tout un
hiver, n'aura assisté à aucun concert finira par éprouver
une véritable faim de musique. N'importe quel homme
ou femme de culture ordinaire vivant dans les solitudes
de quelque colonie lointaine sont en ne peut plus dou-
loureusement sevrés de ces mêmes livres qu'ils n'ou-
vraient peut-être jadis que d'une main oisive et noncha-
lante. Non qu'il leur faille occuper leur esprit pour se
prémunir contre l'ennui ; mais ils sentent s'affaiblir les
liens d'intime solidarité qui les attachaient à la communauté des hommes. Il y a, chez eux, des sentiments qu'ils
éprouvaient autrefois presque à leur insu et qui maintenant languissent. Ils se sentent diminués dans leur personne et une mélancolie, qui a sa source dans le désœu-
vrement des éléments les plus nobles de leur esprit, les
accable. J'ai parlé à un grand nombre d'administrateurs
coloniaux qui avaient passé de longs mois dans quelque
district perdu du centre de Java, de Sumatra, de Célèbes
ou de Bornéo, sans aucun être à qui s'adresser sinon des
indigènes dont les sentiments et les pensées leur étaient

1. « *On sait* combien facilement la passion esthétique glisse dans
la pathologie. » *Essai sur les passions.* Ribot, p. 104.

étrangers; pour eux, la lecture des livres, des revues, des journaux de l'Europe était aussi nécessaire que le pain. Ils attendaient, chaque semaine avec impatience la petite caisse de volumes et de revues pour l'achat desquels ils se cotisent et qu'ils s'expédient de l'un à l'autre. A leurs yeux, ces livres représentent la société moderne avec le mouvement de ses idées, ses sentiments, et ses rêves de bonheur dans lesquels ces idées et ces sentiments atteignent à leur plus haute intensité. C'est être donc de bien courte vue que de prétendre que les émotions esthétiques, dans le sens le plus large de ce mot, soient dénuées d'un caractère impérieux. L'être souffre de ne pas les satisfaire. Dans les cas que je viens de citer, il y eut de ces hommes qui, dans leur isolement, lentement « s'ensauvageaient » pour traduire leur propre terme, et on en cite qui devinrent la victime de la folie.

Les émotions esthétiques ont donc d'étroites attaches avec l'homme en tant qu'être social et ne revêtent point un caractère de luxe.

CHAPITRE III

Le tableau des erreurs que j'ai tracé dans le précédent chapitre suggère de soi-même à quelles disciplines devraient se soumettre les études esthétiques pour être fructueuses.

Le mot : esthétique n'a pas un sens suffisamment précis. On entend généralement, par ce mot, la science qui recherche les conditions de la beauté. La *Revue philosophique*, dans sa préface, la définissait de la sorte en l'accolant à la logique : « Il y a donc là un ample champ de recherche, surtout si l'on y joint (à la psychologie) la logique et l'esthétique qui ne sont que des parties de la psychologie, l'une étudiant le mécanisme de la raison humaine, l'autre une certaine forme de plaisir que nous cause le Beau. » L'esthétique n'aurait donc point en vue l'art ni la beauté, mais seulement l'étude des sensations particulières que la beauté produit. De la beauté même, faut-il croire, l'esthétique ne s'en préoccupait point, laissant cet objet à la philosophie de l'art. Raison pour laquelle, sans doute, Taine appela de ce nom ses ouvrages sur la peinture. Mais, après lui, Guyau rendit au mot son sens le plus usuel en intitulant un de ses ouvrages : *Les Problèmes de l'esthétique contemporaine:* Lorsque je constatai que Ribot rangeait à part les émotions esthétiques et ne leur reconnaissait rien de commun avec les émotions intellectuelles et sociales, je me suis demandé en quoi pouvaient bien consister ces émotions. N'est-il pas indéniable que

les émotions qu'une œuvre d'art produit sont nécessairement intellectuelles et sociales dans leurs parties
essentielles? Le vocabulaire scientifique laisse donc ici
infiniment à désirer.

Il est aussi des plus urgent que l'esthétique soit éri-
gée en une science à part. Il va de soi que, lorsqu'un
groupe de faits intimement solidaires se trouve partagé
entre des sciences diverses, elles sont incapables de
formuler les lois fondamentales de ces phénomènes que
chacune d'elles ne connaît que partiellement.

Encore faudra-t-il, avant de ranger un fait dans le
groupe des phénomènes qui sont du ressort de la science
esthétique, qu'on lui fasse subir une critique scrupuleuse, afin de déterminer s'il est qualifié d'y entrer. Il
ne s'agira pas qu'un esthéticien soit, ainsi que le réclamait Groos avec une naïveté un peu grotesque, un
explorateur ou un directeur de ménagerie, mais un critique à même d'apprécier la valeur des œuvres soumises à son étude. Qu'il n'aille pas prendre un chromo ou
une enseigne pour un tableau, ni mettre sur une même
ligne une « machine » de Sardou, un poème d'Edgar
Poe et un roman de Zola (1). Or, sans faire injure à la
mémoire de Spencer et de Lombroso, ni à la personne de
MM. Groos et Ribot, je crois que leurs ouvrages témoignent d'une manière évidente de leur parfaite incompétence en matière de littérature et d'art. Combien
Mirbeau avait raison en écrivant les lignes que j'ai
mises en épigraphe au précédent chapitre!

Mais il ne suffit pas encore que l'esthétique ait été
tirée des assujettissements qui entravaient son développement ni que les faits qui sont de son ressort aient subi
un contrôle scrupuleux, il faut encore délimiter avec
exactitude les sphères de l'esthétique élémentaire et de
l'esthétique proprement dite. En réalité je parle ici con-

1. Paulhan. *Psychologie de l'invention* (Alcan), 1901, p. 80.

tre ma pensée. Je voudrais que ces deux parties de l'esthétique fussent traitées comme des sciences différentes et baptisées chacune d'un nom qui consacrât leur
indépendance. Ici, de nouveau, l'insuffisance du vocabulaire est un grave écueil.

Je recours, pour montrer combien ces deux provinces
de l'esthétique sont étrangères l'une à l'autre et régies
par des méthodes d'étude particulières, à un exemple
que j'emprunte à mes souvenirs. C'était en Suisse, sur
les flancs du Titlis. Je voyais, à mes pieds, sur une des
terrasses de la montagne, les vastes pâturages où pais-
saient des troupeaux épars. Les vaches, en broutant
l'herbe, agitaient à leur cou leur clarine. Le tintement
sourd des plus grosses, le son cristallin des plus petites,
les unes proches, les autres lointaines, malgré la mélancolie monotone de ces sons, formaient, dans le décor
immense des montagnes abruptes aux sommets éblouis-
sants de neige, un concert dont le charme pénétrait
mon âme jusqu'aux sources les plus intimes de l'émotion. Pourtant ce concert n'était pas de l'art. Les rencontres de ces sons pouvaient varier à l'infini, jamais le
hasard le plus heureux ne donnerait naissance à une
œuvre d'art. Cela ne m'empêchait pas de trouver dans
les sonneries de ces clarines un agrément profond.
J'éprouvais « une certaine sorte de plaisir » susceptible
d'être soumis à une analyse, qui eût été tout à fait du
ressort de l'esthétique élémentaire. Mais, entre ces sons
confus et un morceau d'orchestre, demeurait cette même
différence qu'entre les sons incohérents que balbutie
un enfant et la période sonore et cadencée d'un beau
vers. Cette différence fait que l'analyse de ces sons,
quelque approfondie qu'elle soit, n'eût jamais procuré,
pour l'étude du problème de l'art, que des notions insuffisantes. Ainsi en est-il aussi de l'esthétique élémentaire. Elle pénétrerait les secrets les plus subtils des
sons et des couleurs, qu'elle serait incapable de nous

éclairer sur ce qu'est un morceau d'orchestre ou un tableau.

Dans l'œuvre d'art se manifeste un facteur entièrement nouveau — eine ganz neue Kraft — le génie créateur de l'artiste. Dès qu'il apparaît, s'aborde aussi un domaine nouveau, celui de l'esthétique proprement dite. Il y s'agit encore de sons et de couleurs, mais ces éléments agencés selon certaines lois et dans un but défini, servent de moyens expressifs par lesquels l'artiste traduit ses sentiments, sa pensée, sa personnalité tout entière. Ils ne possèdent pas par eux-mêmes cette valeur expressive, mais l'acquièrent grâce aux dispositions dans lesquelles l'artiste les a placés. Donc, ce n'est plus sur ces éléments que doit désormais porter notre étude, mais sur les modes d'activité de l'artiste, en d'autres mots sur le génie, en qui ces activités se groupent et se résument. En procédant de la sorte, nous relions tous les phénomènes de l'art à leur cause immédiate. Avant qu'il y ait eu un art, il y eut un artiste. L'étude des facultés créatrices embrasse un ensemble de phénomènes on ne peut plus complexes et nombreux: ce sont le développement de ces facultés et leur constitution, les apports du milieu social dans ce développement, les différents modes de cette activité, spontané et systématique. Il convient d'envisager ici l'activité artistique comme un phénomène de la vie et de l'étudier sans aucune idée préconçue et dans ce qu'il a d'individuel. Cette étude seule est en état de nous révéler quelles sont les lois naturelles de l'art et quelles solutions il doit être donné aux différents problèmes de l'art et de la beauté.

Mais je me laisse entraîner à tracer le plan même que je me suis proposé dans cet ouvrage.

Il conviendrait donc d'envisager comme des sciences différentes, ces deux esthétiques. Leurs points de contact sont peu nombreux, et elles ne sont dans aucune dépendance l'une à l'égard de l'autre. L'étude qualitative des

sensations recourt principalement à la physiologie des
sens et n'est que très peu tributaire des sciences psychologiques et sociales. L'étude de l'œuvre d'art, au contraire, emprunte la plus grande partie de ses lumières à
ces deux dernières sciences et particulièrement à des
travaux de critique ou d'histoire, tels que ceux de Boschot, de Ch. M. Des Granges, de Maurice Souriau, de Biré,
de Bédier (sur Chateaubriand) etc. D'autre part, l'esthétique élémentaire, dont le terrain ne dépasse pas celui des
sensations ou des combinaisons de sensations rudimentaires, pourrait pousser jusqu'à l'extrême ses investigations sans contribuer en rien à la connaissance de l'œuvre d'art proprement dite. C'est pourquoi je désirerais,
afin d'éviter les malentendus du passé (1), que ces deux
sciences fussent désignées par des appellations distinctes.

Voilà une belle matière pour les débats d'un Congrès.

Je tiens à résumer ma pensée en ces trois points :

1° Nécessité d'une critique préalable établissant la
qualité esthétique ou artistique des faits (2) ;

1. « Cet auteur (Guyau), dit Ribot, par crainte du dilettantisme,
substitue à la théorie du jeu celle de la vie, comme source de
l'art. Je ne vois pas ce qu'on gagne à remplacer une formule précise par une autre plus vague, d'ailleurs toutes les émotions ne se
rattachent-elles pas à la vie. » (Psych. des sent., 322.) Il me paraît
évident que Ribot, lorsqu'il parle d'art, n'entend ici que les sensations esthétiques les plus élémentaires ; car il est inconcevable
qu'on veuille rendre tributaires du ou des œuvres telles que celles
d'un Beethoven, d'un Gœthe, d'un Balzac. Par contre, Guyau a en
vue l'art dans son sens le plus complet et le plus élevé. Je suis
persuadé qu'il s'agit ici d'un malentendu.

2. Ceci est la condition primordiale pour que l'esthétique ait
quelque valeur. Quiconque accumulerait les plus savants commentaires sur des faits ou des ouvrages étrangers à l'art et pris abusivement pour des œuvres d'art — il faut, pour ne pas se tromper dans cette matière, un tact extrême — accomplirait un travail
dénué, en dépit des apparences, de tout caractère scientifique. Dans
les sciences, ordinairement tant vaut la méthode, tant vaut l'homme.
En esthétique par contre, tant vaut l'homme, tant vaut la méthode.

2° Érection de l'esthétique en une science autonome sans aucun assujettissement étranger et étudiant selon

L'esthétique demeurera donc toujours un art de même que la critique à laquelle elle est si étroitement apparentée. Car il ne faut pas s'en laisser imposer par ce terme de « scientifique » qu'on se plaît actuellement à accoler à la critique. On doit être né critique, ensuite on peut se munir de quelques notions et surtout d'un vocabulaire scientifiques : la critique elle-même se fonde avant tout sur une finesse de jugement qui ne s'apprend pas. Ainsi aussi de l'esthétique. Pour la pratiquer, il importe d'être un artiste. Un savant tout court tombera d'autant plus vite dans des erreurs qu'il aura plus de peine à se persuader de sa propre incompétence. L'histoire de l'esthétique met ceci en lumière. Schiller créa une esthétique scientifique répondant aux conditions que j'énumère ci-dessus. Sa qualité de grand poète, à elle seule, suffisait pour qu'il exprimât sur l'art et la beauté des vérités profondes. Malgré son habillement métaphysique, sa théorie s'appuie sur des observations intimes longuement méditées et admirablement enchaînées. Or, qu'est devenue cette doctrine entre les mains d'un Groos? Plus près de nous, Guyau remet en honneur les études esthétiques et, dans une doctrine qui, en son principe, s'affilie à celle de Schiller car, pour l'un et l'autre, la beauté exprime en elle la plénitude de la vie, explique l'art dans ses formes les plus hautes. Or quelle influence a-t-il eue? Aucune. Ribot le lit sans le comprendre et Groos qui, après l'avoir lu, aurait dû venir à résipiscence n'en a rien fait. Maintenant, dira-t-on, le savant n'a pas à s'occuper de l'Art — par une majuscule, — il peut se borner à étudier quelques aspects restreints du phénomène esthétique. Nullement. Le phénomène esthétique constitue un tout dont les parties sont entre elles dans une dépendance organique. Les isoler, c'est s'interdire de les envisager dans ce qu'elles ont de vivant. Le savant qui s'y prendrait de la sorte serait ensuite porté, par un travers naturel, à étendre à l'esthétique entière les conclusions particulières qu'il aurait tirées et il retomberait dans un genre d'erreur que j'ai signalé précédemment.

En esthétique, le « champ visuel », pour ainsi parler, du savant sera toujours dans l'exacte mesure de sa compréhension de l'art ; la justesse de ses investigations, dans la mesure de son sens critique.

Cette nécessité de la critique préalable oblige l'esthéticien à ne soumettre à son étude qu'un art particulier. En effet, tel qui est

ses propres méthodes les phénomènes dûment contrôlés
qui rentrent dans son domaine ;

3° Délimitation très nette entre l'esthétique en tant
qu'elle s'occupe de l'étude qualitative des sensations et
l'esthétique en tant qu'elle étudie l'œuvre d'art.

compétent dans la peinture verra son sens critique en défaut dans
la musique. Quant à moi, je me suis strictement borné à la littérature parce que, de par ma nature, je ne suis à même de comprendre que des œuvres littéraires. Il s'y ajoute une autre raison.
Les phénomènes de l'art, disais-je, ne sauraient s'étudier avec profit
que si on les envisage comme un tout organique. On risque, en
étudiant plusieurs arts à la fois, de perdre de vue cette dépendance
intime que tous les phénomènes d'un même art ont entre eux.
D'ailleurs les concordances ou les désaccords qui apparaîtront entre ces diverses études seront l'épreuve la plus sûre où se mar-
queront leurs mérites et leurs défauts ; et ensuite les conclusions
générales qu'on en pourra tirer seront d'autant plus valables.

CHAPITRE IV

Pour bien parler de l'art, il faut l'aimer et, ce qui mieux vaut encore, être du métier. Aussi les seuls documents de valeur pour mon sujet sont les documents directs, Mémoires, lettres, essais, manifestes rédigés par des poètes ou des artistes. Un artiste, par sa pratique même, en sait plus sur les voies et les fins de l'art qu'une académie tout entière de savants. Cette connaissance n'est point arbitraire ni le produit d'une fantaisie qui brode au gré des sentiments — et j'insiste tout spécialement sur ce point pour qu'on n'aille pas m'attribuer l'une ou l'autre doctrine mystique ou sentimentale — non, c'est le résultat de son expérience et d'une étude inaperçue que fait l'artiste en réfléchissant journellement sur son art. L'esthétique, en tant que science, ne fera jamais que confirmer les formules qui sont courantes parmi les écrivains et les artistes. Aussi, autour d'une table de cabaret, dans un débat entre peintres ou poètes, il se dit des choses plus justes, s'échangent plus de vues profondes que n'en renferment cent doctes traités. Sur le même rang que les documents directs se placent les ouvrages d'un Sainte-Beuve, d'un Taine, d'un Guyau. Ils furent d'ailleurs des poètes. C'est à quoi ils sont redevables d'avoir compris ce qu'était l'art et d'avoir pu en parler de façon compétente. Chez Taine, le sens de la beauté et le tact de son esprit critique compensent et au delà les erreurs expresses que ses tendances systématiques lui ont fait

commettre et qu'Hennequin, en réagissant contre lui, a
corrigées. A ces ouvrages, se joint aussi le *Génie dans
l'art*, de G. Séailles, qui a envisagé le premier le génie
comme une puissance harmonieuse de l'esprit. Les documents directs sont : les *Mémoires*, de Gœthe (1) ; les
Lettres sur l'éducation esthétique, de Schiller dont j'ai
parlé déjà ; la *Défense de la poésie*, de Shelley ; la *Préface de Cromwell* (2) ; les *Essais*, d'Edgar Poe ; la *Correspondance* de Flaubert ; le *Journal* des Goncourt ; les
Lettres de Wagner (3), etc.

Les *Mémoires* de Gœthe sont d'une inappréciable
valeur, particulièrement pour ce qui regarde le génie.
Généralement, dans les Mémoires, la part prépondérante
revient aux faits, aux événements et même l'écrivain se
plaît parfois à embellir, comme le fit Berlioz, le canevas monotone de sa vie. Chez Gœthe, les faits n'ont
qu'un intérêt fort subordonné. Ils pourraient être controuvés que la valeur de l'œuvre demeurerait intacte.
Sa portée réside en effet tout entière dans l'analyse que
Gœthe a tracée de ses sentiments et de ses facultés. D'un
regard réfléchi et en se détachant presque de sa propre
personne, au point, lorsqu'il parle de lui-même dans
son jeune âge, d'écrire : l'enfant, il a suivi les progrès
de ses sentiments, de ses idées, il a discerné ses énergies intimes et les éléments que les événements de son
entourage et les idées de son époque lui apportèrent
comme une matière que son esprit avait à façonner. De

1. Trad. Porchat, Hachette, 1862.
2. *La Préface de Cromwell* (Société française d'imprimerie et de
librairie). Paris. Édition critique par Maurice Souriau.
3. *Correspondance de Wagner et de Liszt*, trad. de L. Schmitt.
Breitkopf et Hærtel (Leipzich), 1900 ; 2 vol.

chaque cas qu'il considère, il dégage la pensée générale, le fait essentiel. Lui, une des intelligences les
plus puissantes qui aient été, sondant sa pensée avec les
lumières de son propre génie, nous a procuré, dans ses
Mémoires, des renseignements d'une valeur si précieuse
que l'œuvre d'aucun autre homme n'en pourrait donner
de pareils.

La *Préface de Cromwell* présente pour mon étude une
importance considérable. A tort, s'accorde-t-on, dans
les milieux littéraires, à la juger avec trop de dédain.
Ayant servi de manifeste à un art qui a perdu maint de
ses attraits, elle nous apparaît un peu surannée et même
absurde tellement les arguments dont Victor Hugo se
sert pour édifier sa doctrine sont outrés et puérils. L'état
d'esprit des hommes de 1827 les rendait accessibles à
un genre de preuves qui nous laissent indifférents. Mais,
à peine dégage-t-on les idées de dessous cet appareil
qui leur nuit et qui les déforme, qu'elles se montrent
neuves et puissantes. Victor Hugo, le premier, a pro-
clamé la liberté de l'art, la prééminence de la loi sur la
règle, de la nature sur l'artifice. Bien plus, il a démon-
tré que les lois de l'art découlent uniquement des
modes d'activité du génie et c'est là la base même de
la doctrine que je tente de développer dans cet ouvrage. Enfin la *Préface de Cromwell* révèle encore par
quelles étapes, par quel lent et sourd travail d'acquisi-
tion et de choix, sous l'empire de quels mobiles la personnalité d'un homme de génie se constitue. Maurice
Souriau, en publiant son édition critique et en éclairant
la provenance de chacune des idées de la *Préface*, a montré du même coup de quelle façon un homme de génie
élabore sa doctrine et organise les idées dont il s'inspirera dans la suite de ses œuvres. Ainsi, par son travail,

M. Maurice Souriau a attribué à la *Préface de Cromwell* une portée nouvelle. Il en a fait un document psychologique qui nous renseigne sur le moment le plus
décisif de la carrière d'un grand écrivain, celui où
ses idées font corps et où, par leur entente, son génie
acquiert tout à coup le plus haut degré de puissance
qu'il soit à même d'atteindre.

La *Correspondance* de Flaubert est peut-être la source
la plus riche, la lecture la plus édifiante et la plus pro-
fitable qui soit. Elle est à l'esthétique ce que la vie d'un
saint est à la morale. Ceci traduit dans le moins de mots
ma pensée tout entière.

Sainte-Beuve établissant que l'œuvre d'art est le
produit de l'homme, a exprimé sous un aspect particulier et individuel ce que je m'efforce de démontrer
dans un sens tout à fait général. Il étudia jusque dans
les plus intimes détails de leur vie les hommes afin de
comprendre leurs œuvres et il s'est ainsi placé d'emblée
sur le véritable terrain de la critique. « Je m'applique,
dit-il, à étudier la nature sous bien des formes vivantes.
L'une de ces formes étudiée et connue, je passe à la
suivante. Je ne suis pas un rhéteur se jouant aux sur-
faces et aux images, mais une espèce de naturaliste des
esprits tâchant de comprendre et de découvrir le plus
de groupes possible en vue d'une science plus générale, qu'il appartiendra à d'autres d'organiser. J'avoue
qu'en mes jours de plus grand sérieux, c'est là ma prétention. »
Dans *Port-Royal*, une œuvre dans laquelle il a pu
exercer tous les talents de son esprit et, sans encombre

ni tempérament, appliquer sa méthode, nous constatons
que ce qui a le plus grand attrait pour Sainte-Beuve ce
sont les esprits, les caractères. Il part toujours de l'individu et c'est agir conformément à la meilleure des
disciplines, car celle-là seule conduit à des notions exactes. L'intelligence de la mère Agnès est exposée dans
son intégrité et avec tout le détail de ses tourments, de
ses inquiétudes, de ses grandeurs. Dans l'histoire de
l'époque, la mère Agnès, peut-être, n'occupe point le
rang qu'y ont pris des rois ou des hommes d'État ; en
revanche par la qualité de son esprit, elle fut une des
premières de son siècle. Sainte-Beuve n'a tenu compte
que de cela. Après avoir exposé la « scène du guichet »,
il commente *Polyeucte* et *Saint-Genest*. Ce n'est pas
l'œuvre d'art qui lui a servi à éclairer, d'un jour qui risque si souvent d'être trompeur et auquel Taine s'est trop
fié, les vicissitudes et les troubles auxquels fut en butte
l'âme de la mère Agnès, mais, inversement, ces vicissitudes et ces troubles qui, par un rapprochement tout à
fait légitime et grâce à des concordances nombreuses
entre les faits et les sentiments, servent, pour ainsi dire,
de clef afin de nous expliquer le chef-d'œuvre. Une
telle marche dans le travail n'est pas toujours possible mais, dès qu'elle l'est, le critique n'en peut suivre d'autre. C'est l'individu qu'il nous faut connaître.
Sainte-Beuve se consacre à son étude seule. On le voit
transporté de joie lorsqu'il trouve le détail qui, par un
contraste imprévu, complète la physionomie d'un homme.
Il est tout heureux quand il peut signaler quelques
actes de duplicité chez Arnaud le père, parce qu'en
regard des grandes qualités d'Arnaud ils jettent plus de
clarté dans l'âme humaine et la représentent dans les
extrêmes du bien et du mal que toute âme embrasse en
soi. Sainte-Beuve a agi de même à l'égard des écrivains
de son temps et on l'a accusé à tort de tendances ca-
lomnieuses et d'envie dénigrante. Ce procédé, qui con-

siste à rechercher dans l'étude de l'individu le secret de ses actes et de ses ouvrages, est la seule méthode légitime. Sainte-Beuve l'a appliquée pratiquement dans ses travaux de critique.

Et il me prend, dit à ce sujet Sainte-Beuve (*Nouveaux Lundis*, t. III, 13), l'idée d'exposer une fois pour toutes quelques-uns des principes, quelques-unes des habitudes de méthode qui me dirigent dans cette étude déjà si ancienne, que je fais des personnages littéraires. J'ai souvent entendu reprocher à la critique moderne, à la mienne en particulier, de n'avoir point de théorie, d'être tout historique, tout individuelle... J'ai une méthode pourtant, et quoiqu'elle n'ait point préexisté et ne se soit point produite d'abord à l'état de théorie, elle s'est formée chez moi de la pratique même, et une longue suite d'applications n'a fait que la confirmer à mes yeux.

La littérature, la production littéraire n'est point pour moi distincte ou du moins séparable du reste de l'homme et de l'organisation : je puis goûter une œuvre, mais il m'est difficile de la goûter indépendamment de la connaissance de l'homme même ; et je dirais volontiers : *Tel arbre, tel fruit.* L'étude littéraire me conduit ainsi tout naturellement à l'étude morale.

Avec les Anciens, on n'a pas les moyens suffisants d'observation. Revenir à l'homme, l'œuvre à la main, est impossible avec les véritables Anciens, avec ceux dont nous n'avons la statue qu'à demi brisée. Un grand fleuve, et non guéable dans la plupart des cas, nous sépare des grands hommes de l'antiquité. Saluons-les d'un rivage à l'autre.

Avec les modernes, c'est tout différent ; et la critique, qui règle sa méthode sur les moyens, a ici d'autres devoirs. Connaître et bien connaître un homme de plus, surtout si cet homme est un individu marquant et célèbre, c'est une grande chose et qui ne saurait être à dédaigner.

L'observation morale des caractères en est encore au détail, aux éléments, à la description des individus et tout au plus de quelques espèces : Théophraste et La Bruyère ne vont pas au delà. Un jour viendra, que je crois avoir entrevu au cours de mes observations, un jour où la science sera constituée, où les grandes familles d'esprits et leurs principales divisions seront déterminées et connues. Alors le principal caractère d'un esprit étant donné, on pourra en déduire plusieurs autres. Pour l'homme sans doute on ne pourra jamais faire exactement comme pour les animaux et pour les plantes : l'homme moral est plus complexe ; il a ce qu'on nomme *liberté* et qui, dans tous les cas, suppose une grande mobilité de combinaisons possibles. Quoi qu'il en soit, on arrivera avec le temps, j'imagine, à constituer plus largement la science du moraliste ; elle en est maintenant au point où la botanique en était avant Jussieu, et l'anatomie comparée avant Cuvier, à l'état pour ainsi dire anecdotique. Nous faisons pour notre compte de simples monographies, nous amassons des observations de détail : mais j'entrevois des liens, des rapports et un esprit plus étendu, plus lumineux, et resté fin dans le détail, pourra découvrir un jour de grandes divisions naturelles qui répondent aux familles d'esprits.

Mais même quand la science des esprits serait organisée comme on peut de loin le concevoir, elle serait toujours si délicate et si mobile qu'elle n'existerait que pour ceux qui ont une vocation naturelle et un talent d'observation : ce serait toujours un *art* qui demanderait un artiste habile...

S'agit-il d'étudier un homme supérieur ou simplement distingué par ses productions, un écrivain dont on a lu les ouvrages et qui vaille la peine d'un examen approfondi ? Comment s'y prendre, si l'on veut ne rien omettre d'important et d'essentiel à son sujet, si l'on veut sortir des jugements de l'ancienne rhétorique, être le moins dupe possible des phrases, des mots, des beaux sentiments convenus et atteindre au vrai comme dans une étude naturelle ?

Il est très utile d'abord de commencer par le commencement, et, quand on a les moyens, de prendre l'écrivain supérieur ou distingué dans son pays natal, dans sa race... On reconnaît, on retrouve à coup sûr l'homme supérieur,

au moins en partie, dans ses parents, dans sa mère surtout, cette parente la plus directe et la plus certaine, dans
ses sœurs aussi, dans ses frères, dans ses enfants même...

Quand on s'est bien édifié autant qu'on le peut sur les
origines, sur la parenté immédiate et prochaine d'un écrivain éminent, un point essentiel est à déterminer, après
le chapitre de ses études et de son éducation ; c'est le premier milieu, le premier groupe d'amis et de contemporains dans lequel il s'est trouvé au moment où son talent
a éclaté, a pris corps et est devenu adulte... Entendons-
nous bien sur ce mot *groupe* qu'il m'arrive d'employer
volontiers. Je définis le groupe non pas l'assemblage for-
tuit et artificiel de gens d'esprit qui se concertent dans
un but, mais l'association naturelle et comme spontanée
de jeunes esprits et de jeunes talents, non pas précisément semblables et de la même famille, mais de la même
volée et du même printemps, éclos sous le même astre et
qui se sentent nés, avec des variétés de goût et de vocation, pour une œuvre commune...

Les très grands individus se passent de groupe; ils
font centre eux-mêmes et l'on se rassemble autour d'eux...

Chaque ouvrage d'un auteur vu, examiné de la sorte,
à son point, après qu'on l'a placé dans son cadre et en-
touré de toutes les circonstances qui l'ont vu naître,
acquiert tout son sens, — son sens historique, son sens
littéraire, — reprend son degré juste d'originalité, de nouveauté ou d'imitation, et l'on ne court pas risque, en le
jugeant, d'inventer des beautés à faux et d'admirer à côté,
comme cela est inévitable quand on s'en tient à la pure
rhétorique...

Il n'importe pas seulement de bien saisir un talent au
moment du coup d'essai et du premier éclat, quand il
apparaît tout formé et plus qu'adolescent, quand il se
fait adulte ; il est un second temps non moins décisif
à noter si l'on veut l'embrasser dans son ensemble ; c'est
le moment où il se gâte, où il se corrompt, où il déchoie,
où il dévie. Prenez les noms les moins choquants, les plus
doux que vous voudrez, la chose arrive à presque tous...
Après le premier moment où le talent dans sa floraison

brillante s'est fait homme et jeune homme éclatant et superbe, il faut bien marquer le second et triste moment où il se déforme et se fait autre en vieillissant...

On ne saurait s'y prendre de trop de façons et par trop de bouts pour connaître un homme, c'est-à-dire autre chose qu'un pur esprit.

Très souvent un auteur en écrivant, se jette dans l'excès ou dans l'affectation opposée à son vice, à son penchant secret, pour le dissimuler et le couvrir; mais c'est encore là un effet sensible et reconnaissable quoique indirect et masqué...

Les disciples qui imitent le genre et le goût de leur modèle en écrivant sont très curieux à suivre et des plus propres, à leur tour, à jeter sur lui de la lumière. Le disciple, d'ordinaire, charge ou parodie le maître sans s'en douter...

S'il est juste de juger un talent par ses amis et ses clients naturels, il n'est pas moins légitime de le juger et de le *contre*-juger (car c'est bien une contre-épreuve en effet) par les ennemis qu'il soulève et qu'il s'attire sans le vouloir, par ses contraires et ses antipathies, par ceux qui ne le peuvent instinctivement souffrir. Rien ne sert mieux à marquer les limites d'un talent, à circonscrire sa sphère et son domaine que de savoir les points justes où la révolte contre lui commence.

C'est à ces mêmes procédés d'étude et de recherche que l'esthétique doit recourir dans ses travaux.

Il y a peu d'œuvres plus malaisées à juger que celles de Taine comme esthéticien. Professeur à l'école des Beaux-Arts, il eut à cœur d'exposer, sous une forme concise et facilement accessible, les résultats essentiels de ses recherches personnelles. Une tendance innée à systématiser ses idées, à les réduire en des formules qu'il exprimait, dans un dessein de netteté, en des ter-

mes absolus l'ont amené à exposer une doctrine qu'il ne
convient pas d'accepter telle quelle, mais d'atténuer et
de compléter au moyen de diverses idées qui se rencontrent dans sa *Correspondance* (1).

Pour ce qui est de la méthode, Taine encourt le reproche d'avoir méconnu l'individu (2) que Sainte-Beuve
avait pris comme point de départ et comme base, ainsi
qu'il ressort du passage que je viens de reproduire.
Mais on peut aussitôt dire à sa décharge qu'il ne s'est
guère occupé que de peintres ou de poètes sur lesquels
tout document faisait défaut qui fût de nature à reconstituer leur être intime. Pourtant, sur Racine et sur
La Fontaine, il disposait de renseignements suffisamment nombreux et détaillés pour recréer leur caractère
et leur esprit et y rattacher ensuite l'œuvre qui, sans
doute, reflète en elle le siècle où ils vécurent, mais qui
est, en tout premier lieu, une production de leur génie
et non une production de l'époque. Voici le sommaire
de l'article sur Racine dans les *Nouveaux Essais* : « Esprit de son théâtre ; Mœurs de son théâtre ; Bienséances
de son théâtre ; Sa vie, son esprit et son caractère. »
En bonne critique, il eût fallu ranger les matières dans
l'ordre inverse et commencer par la vie, l'esprit et le
caractère. Le portrait de Racine eût dû servir de point
de départ à l'étude et tout expliquer. Ce reproche, Taine
l'adressait lui-même en 1873 au critique danois Georges Brandès : « Vous mettez presque toujours la biographie et le portrait moral d'un auteur après l'examen
de ses écrits, il me semble que l'inverse est meilleur. »

1. *Taine, sa vie et sa correspondance* (Hachette), 1905, 4 vol.
2. Dans une de ses dernières lettres, Taine expose, à propos du
Génie dans l'art de G. Séailles, le procédé dont il se fût servi pour
étudier le génie : prendre une légende telle que celle de Faust, la
comparer au *Faust* de Gœthe et, à la différence, constater ce qu'y
avait ajouté le génie du poète. Je crois que ce procédé n'aurait
procuré que des données incomplètes.

Taine a exposé sa doctrine esthétique dans son volume : *L'Idéal dans l'art*. L'artiste, quand il conçoit une œuvre, reproduit en les accusant les caractères du modèle ou des modèles qu'il a eus sous les yeux. De la sorte, l'image qu'il donne n'est pas un décalque du réel mais elle l'interprète et en elle l'artiste révèle quelles qualités son talent est porté à distinguer et à mettre en relief. Les caractères que l'œuvre exprime sont de différents ordres et Taine part de ce point pour ranger les œuvres dans une échelle de valeurs dépendant de l'excellence de ces caractères et de leur convergence.

La définition de la beauté que donne Taine, à part les termes et la forme dans laquelle il l'exprime, se ramène à celle de Schiller, de Guyau, de Wundt. L'on peut bien dire que l'esthétique moderne tout entière fait dépendre le sentiment de beauté de l'activité la plus haute, la plus complète et la plus harmonique de l'esprit.

La préface des *Essais de critique et d'histoire* expose la doctrine historique et critique de Taine qui se trouve appliquée dans ses livres sur l'art en Italie, dans les Pays-Bas, en Grèce et sur la littérature anglaise. Voici le passage essentiel de la préface : « Dans un même siècle, par exemple, la philosophie, la religion, l'art, la forme de la famille et du gouvernement, les mœurs privées et publiques, toutes les parties de la vie nationale se supposent les unes les autres de telle façon que nulle d'elles ne pourrait être altérée sans que le reste ne le fût aussi... D'où vient cette dépendance mutuelle et invincible et par quelles attaches tant de fils séparés s'unissent-ils en un seul faisceau ? Si vous décomposez tour à tour chaque partie du groupe, vous trouverez qu'elles sont toutes gouvernées et formées par un petit nombre de forces, le plus souvent par une force unique, laquelle produit leur concert et maintient leur union... Dans un même siècle, par exemple, la philoso-

phie, les arts, la famille et l'État reçoivent leur caractère de quelque inclination ou faculté dominante... De
sorte que, pour connaître l'homme, ce ne sont pas des
remarques qu'il faut entasser mais une force qu'il faut
démêler... Là-dessus on répondra : « Cela ne se peut,
l'homme est trop complexe, une formule ne suffit pas à
l'exprimer... » Cela est concluant contre un critique
qui voudrait peindre mais non contre un critique qui
essaye de philosopher... Pour tout groupe naturel d'événements humains, certains traits sont essentiels, le reste
est accessoire. Le groupe reçoit son unité, sa nature et
son être d'une loi ou force laquelle produit, façonne toutes ses parties, et les cent mille hasards qui viennent le
choquer ne font qu'altérer son apparence sans rien
changer à son fonds. »

Ainsi en considérant une période de l'art d'un peuple,
Taine n'envisage pas les individus, mais les variations
concomitantes qui, à chaque époque, se sont manifes-
tées sur tout le terrain artistique et intellectuel et dont
chaque individu a, dans quelque mesure, subi l'effet.
Ces variations sont régies par le milieu, et tout ce que
ce mot renferme en lui de forces innombrables, et par
le moment historique. Leur double influence empreint
son caractère dans tous les phénomènes. De là, Taine
déduit, entre ces phénomènes, une interdépendance qui
n'existe pas dans la réalité. Il s'oblige en outre à ne tenir compte que des aspects par lesquels ils se ressemblent entre eux et qui ne sont sans doute que secondaires. Le milieu et l'époque conditionnent les phénomènes,
mais ne les produisent point. Ces errements le cèdent
de beaucoup à la méthode de Sainte-Beuve. Quand ce
dernier eut critiqué l'*Histoire de la littérature anglaise*,
Taine lui écrivit pour réfuter ses reproches : « J'ai essayé de peindre des individus dans mon livre : Bunyan,
Shakespeare, Byron, Fielding. Ils n'en sont pas moins
individuels, quoiqu'ils soient d'une classe, et cela parce

qu'une classe se compose d'individus. » (T. II, 309) Soit,
mais, pour constituer une classe, ils ont dû aliéner précisément ce qui faisait leur individualité. Ces parties-
là de leur personnalité morale se sont amalgamées qu'ils
avaient en commun et qui formaient, chez chacun d'eux,
l'élément inférieur de son individualité. Conscient des
défauts de son procédé, Taine, quand il s'avisa d'étudier des personnalités, fut porté à n'envisager jamais
que celles qui pussent représenter plus ou moins fidèlement leur époque. Par d'heureuses conjonctures, l'esprit d'un écrivain se trouve parfois dans une conformité
presque entière avec l'esprit de son époque. Tels Racine
pour le xvii⁰ et Balzac pour le xix⁰ siècle. En aidant un
peu à la lettre, en outrant dans le sens où les complai-
sances de sa matière l'engageaient, Taine finissait par
incarner dans l'écrivain la figure de son temps.

Les lacunes de la doctrine de Taine frappèrent ses
contemporains. Sainte-Beuve tout le premier signala
quel danger il y avait à accepter les œuvres d'un écrivain pour l'image de ses pensées, de son esprit, de ses
sentiments. Taine cite son avertissement : « Vous croyez
que les hommes sont tels qu'ils le disent, vous concluez
de l'écrit à l'homme, prenez garde. » (T. II, 241) Taine
aurait dû au préalable faire la psychologie de l'écrivain
afin d'interpréter la mesure dans laquelle une œuvre
d'art exprime la personnalité véritable. Mais en considérant l'artiste comme un produit de son milieu, il éta-
blissait une égalité de nature et de valeur entre l'un et
l'autre et s'interdisait toute analyse individuelle. C'est
ce que dit Flaubert et ce qu'il exprima dans ce passage
d'une de ses lettres : « Son ouvrage (*de la Littérature
anglaise*) est élevé et solide, bien que j'en blâme le point
de départ. Il y a autre chose dans l'art que le milieu où
il s'exerce et les antécédents physiologiques de l'ouvrier. Avec ce système-là, on explique la série, le groupe,
mais jamais l'individualité, le fait spécial qui fait qu'on

est *celui-là*. Cette méthode amène fatalement à ne faire aucun cas du *talent*. Le chef-d'œuvre n'a plus de signification que comme document historique. Voilà radicalement l'inverse de la vieille théorie de La Harpe. Autrefois on croyait que la littérature était une chose toute personnelle et que les œuvres tombaient du ciel comme des aérolithes. Maintenant on nie toute volonté, tout absolu. La vérité est, je crois, dans l'entre-deux. » (3ᵉ sér., 195)

Les successeurs de Taine ont surtout aperçu dans sa doctrine ces côtés qu'il était aisé de pousser jusqu'à l'extrême. J'ai montré au début de ce livre dans quels abus MM. Marius-Ary Leblond étaient tombés en exagérant jusqu'à l'absurde les idées de Taine. Un penseur est toujours châtié dans ses disciples, et c'est ici plus que jamais le cas. Si Taine se place entre Sainte-Beuve et Hennequin, c'est que, le premier, il remit en honneur des problèmes généraux, dont Sainte-Beuve, dans sa recherche du détail, n'avait pu se préoccuper. Mais j'oserais dire presque qu'il représente un recul de la science critique et esthétique parce qu'il a négligé le facteur essentiel des phénomènes qu'il étudiait: la personnalité. D'ailleurs il ne s'est occupé que d'époques éloignées où plus aucun document ne permet de restaurer l'individu. Là où la légende règne en souveraine, où la personne, comme pour Shakespeare, se perd dans une ombre et n'est plus qu'une figure déformée et embellie à laquelle tout un peuple a ajouté quelque chose de sa propre âme, le procédé de Taine et les résultats auxquels il aboutit sont légitimes. Il est certain qu'ayant affaire à des contemporains il s'y serait pris différemment. Parlant de Stendhal et de Balzac, il met en avant l'individu (1). Il insiste sur le caractère individuel de

1. Trouvé dans un carnet (1862-63) (Taine, *op. cit.*, 2ᵉ vol. 386): « Le premier ou deuxième chapitre expose le fait typique de chaque ordre : industrie, famille, état, art, religion, philosophie. Ce

Julien Sorel(1). Il est le premier à noter avec une clairvoyance parfaite que l'écrivain ne met que soi-même
dans son ouvrage et qu'il ne le produit que pour se
plaire (2) et ce sont là deux des vérités fondamentales,
à mon sens, de l'esthétique. Ainsi le *Rouge et le Noir*
n'est pas le tableau de l'époque après la chute de Napoléon, mais l'histoire de Beyle, et le problème qui s'offre est de savoir quels éléments de cette époque Beyle
incorporait en lui. Tout ce que je dis là est la contre-
partie de la doctrine de Taine et cependant on peut le
déduire de ses *Lettres*.

La doctrine de Taine devait susciter après elle une
doctrine opposée. L'individu que Taine méconnut prend,
chez Hennequin, la place prépondérante.

Tandis que Taine montrait le groupe créant l'écrivain,
Hennequin montre l'écrivain créant le groupe. Quant à
la race, jamais, objecte-t-il, elle n'est pure. Son caractère
subit une multitude d'influences économiques et poli-

n'est pas dans l'histoire ni dans les masses qu'il faut le chercher,
mais dans la molécule intégrante qui est l'*individu agissant* ou la
biographie, l'ouvrier à son établi, Luther ou Cromwell cherchent
sa foi, La Fontaine écrivant, tel jeune homme anglais se mariant.
C'est par l'observation actuelle qu'on peut le démêler. »

J'ai souligné : l'*individu agissant*, c'est la même expression dont
se sert Émile Waxweiler. Si Taine a méconnu ce facteur ce n'est
donc pas qu'il l'ait ignoré.

1. Julien est Beyle; je le prouverais par mille traits du roman,
de la biographie, par dix anecdotes que j'ai recueillies ailleurs.
Seulement il s'est peint en laid et a supposé les circonstances qui
révoltent l'homme contre la société et lui font considérer la vie
comme une guerre. (*op. cit.*, 2ᵉ vol. 66)

2. Le but d'un artiste est-il d'être lu? Oui, s'il cherche la gloire,
l'argent, l'utilité publique; non s'il aime le beau purement et uniquement. Beyle a écrit pour se faire le plus grand plaisir possible,
abstraction faite du public. (*op. cit.*, 2ᵉ vol. 62)

tiques. Toute littérature est, avant tout, une littérature
d'idiome, reproduisant souvent séparément les mille
nuances dont la race est faite. On ne peut guère savoir
qui, de Chateaubriand ou de Renan, est le Breton; de
Flaubert ou de Barbey d'Aurevilly, le Normand. En outre les ressemblances morales n'existent même pas dans
une même famille. Si certains courants peuvent entraîner l'artiste, il peut aussi leur être réfractaire; car, au
fur et à mesure qu'une civilisation progresse, l'indépendance individuelle s'accroît. Et ce dernier facteur, Hennequin est le premier à le mettre en compte. Tout vrai
artiste est orgueilleux de ses facultés, il n'y aura donc
que les médiocres qui consentiront, pour un prompt
succès, à flatter telle ou telle préférence du public. Si
l'influence de l'époque est peu notable, celle de l'habi-
tat ne l'est pas davantage. La Fontaine et Bossuet sont
du même pays. Rabelais, Descartes, Vigny, Balzac sont
tous quatre Tourangeaux. Si le système de Taine, con-
cède Hennequin, parut triompher dans plusieurs de ses
ouvrages, c'est que, dans l'*Art en Grèce*, il étudie une
époque primitive où l'influence du milieu est prépondérante. *L'Histoire de la littérature anglaise* retrace
l'art d'une nation où l'esprit de race s'est maintenu
longtemps intact. Ailleurs, les défauts de la méthode
sont évidents. Dans la *Peinture aux Pays-Bas* et la
Peinture en Italie, il explique Rubens et le Titien, mais
n'a rien de pertinent à nous dire de Rembrandt et de
Léonard de Vinci.

Dans son ouvrage, Hennequin avec un scrupule extrême, dresse le cadre et les rubriques suivant lesquelles il convient d'étudier les écrivains. Ce plan est établi
d'après une méthode si exacte et si stricte qu'il n'y a
aujourd'hui encore rien à y ajouter ni rien à y reprendre. Des œuvres comme la *Critique scientifique* (1) et les

1. (Perrin) Paris, 1888.

Écrivains francisés (1) font amèrement regretter qu'une
mort accidentelle et prématurée ait enlevé aux lettres
et à la science un tel homme. Ce qui a manqué à la
littérature française, dans ces trente dernières années,
c'est un critique, un vrai critique, un esprit dans lequel
se fussent, dans la mesure du possible, réincarnés le
tempérament et le talent d'un Sainte-Beuve.

Dans la magnifique interprétation du monde et de la
vie qu'expriment les œuvres de Guyau, l'art occupe
une place capitale. Il y est représenté comme la manifestation la plus complète et la plus élevée de la vie,
comme le véhicule des plus hautes et des plus grandes
idées, celles où s'épanouit, dans sa magnificence, la vie
mentale du siècle.

Guyau distingue les différents facteurs dont l'ensemble détermine le sentiment esthétique. Ils sont trois,
le sensoriel, l'individuel et le social. Du dernier, Guyau
s'est seulement occupé et à bon droit, vu la longue méconnaissance dans lequel il était demeuré. « L'émotion
produite par l'artiste, dit Guyau, sera d'autant plus vive
qu'au lieu de faire simplement appel à des images vi-
suelles et auditives indifférentes, il tâchera de réveiller
en nous, d'une part les sensations les plus profondes de
l'être, d'autre part, les sentiments les plus moraux et
les idées les plus élevées de l'esprit. » (*Probl...*, 77)

Rien, en sérieux, ne dépassant la vie, il va de soi que
Guyau ne pouvait adhérer à la doctrine du jeu ni à
celle du plaisir. La première réduisait l'art à n'être
qu'un divertissement vain et stérile, la seconde de même ;
et elles n'expliquaient l'art que dans ce qu'il avait d'inférieur et d'élémentaire.

1. (Perrin) Paris, 1889.

Il montre comment l'art élargit peu à peu les sentiments de solidarité, recule sans cesse les bornes de la cité humaine jusqu'à y faire entrer la nature immense et, ce faisant, développe aussi le champ de nos idées et de nos émotions. Puisque la vie est soumise à un éternel recommencement et qu'elle s'enrichit et se déploie, l'art, qui est la vie, est comme elle immortel.

CHAPITRE V

A toutes reprises, il est apparu dans les pages qui précèdent que seule la connaissance des modes d'activité de l'artiste, disons plutôt de l'écrivain, car je m'occupe uniquement de la littérature, pouvait procurer une réponse aux questions que nous nous sommes soumises. Les lois de l'art résultent naturellement de cette activité ; les caractères de l'œuvre d'art ne sont qu'un de ses produits ; les rapports de l'œuvre et de l'époque dépendent des aspects sous lesquels l'artiste a transposé les tableaux et les sentiments qu'il a vus et éprouvés. N'est-il pas de toute évidence d'ailleurs, qu'avant qu'un art existât, il dût y avoir, comme je l'ai dit déjà, un artiste? Et ce mot désigne aussi, dans mon esprit, ces hommes qui, dans le lointain des temps, s'avisèrent de dessiner sur la paroi de la caverne où ils gîtaient quelque signe ou quelque profil d'animal. Dans quel but ils marquaient ainsi leur demeure ou leurs armes, n'importe pas. Mais il est certain qu'avant qu'on pût grouper sous le nom d'art un ensemble de manifestations, quelque rudimentaires qu'elles fussent, il y eut des hommes, des individus qui les accomplirent. Ce sont les états d'esprit, les mobiles, les sentiments de ces hommes que nous devons connaître préalablement.

Jusqu'ici l'étude du génie a été considérée comme inabordable. Ainsi pensait Guyau (1), ainsi s'exprimait

1. Guyau, n'étudie pas le génie mais, dans *L'Art...*, 28, 29, il

tout récemment encore Victor Basch dans son *Essai critique sur l'esthétique de Kant* (1). Pourtant il n'y a, pour l'esthétique proprement dite, aucune issue en dehors de cette étude. Gabriel Séailles l'a tentée et nos thèses sont identiques.

Si je m'occupe uniquement, dans cet ouvrage, de l'art littéraire, je tiens à dire qu'à mes yeux il ne fait que l'office d'un substitut qui me permet de disserter de l'art en général. Il n'y a de loi que je constate qui ne puisse s'appliquer aux peintres et aux musiciens, car tous les artistes sont égaux quel que soit le truchement dont ils se servent. Les œuvres d'un Dante, d'un Michel-Ange, d'un Rembrandt sont équivalentes par la somme d'humanité qui est en elles. Mais le génie littéraire, outre qu'il m'offrait plus de convenances, est aussi le plus accessible. D'ailleurs la frontière qui sépare les arts réside non dans les idées qu'ils expriment et qui sont communes à tous, mais dans le sens auquel ils s'adressent. Schumann prétendait, pour son art, s'inspirer d'une Vierge de Raphaël. Baudelaire affirmait que le meilleur compte rendu d'un tableau pouvait être un sonnet. Les mots, les sons et les couleurs ne sont que des procédés de traduction d'un même fonds de sentiments et de pensées. Pour moi, ce fonds est l'essentiel.

déterminé les caractères principaux de sa nature et de son influence. Il le considère comme une puissance de sociabilité ou de coordination et de synthèse. Il met en relief l'importance des facultés émotives et de la polypersonnalité. Le génie complet est puissance et harmonie.

1. (Alcan), p. 478.

LIVRE DEUXIÈME

LE GÉNIE, SA PSYCHOLOGIE
ET SES MODES DE CRÉATION

.... cette réunion des plus
hautes facultés de l'homme qu'on
nomme le *Génie* !

Berlioz. *Mémoires*, XVI.

AVANT-PROPOS

I

Avant tout, ces pages ont pour matière de définir quelques termes de la psychologie. Mais, par là même qu'ils se rangent dans leur ordre nécessaire, ces termes et leur définition constituent un résumé de la psychologie générale. J'indiquerai les faits de la manière la plus succincte et sans tenir compte des controverses dont ils ont été l'objet.

Il n'est pas admis d'envisager le cerveau comme un organe isolé. Il est, au moyen des nerfs, en liaison étroite avec le corps et, par les organes des sens, en rapport avec le monde dont ils perçoivent les images diverses.

Par la voie des nerfs, notre vie physique a une influence incessante sur notre esprit. On a appelé du nom de cénesthésie ce sentiment confus, ce sentiment corporel, pouvant être de l'aise ou du malaise et qui résulte de l'état de notre organisme. Le degré d'énergie des échanges nutritifs, l'état viscéral, l'activité sécrétoire des glandes, le fonctionnement des organes d'élimination ont, dans la cénesthésie, le rôle prépondérant. De la sorte, il n'y a de modalité de notre état organique qui n'aille de pair avec une modalité mentale.

Il appartient de dire qu'en retour toute modalité mentale a, dans sa dépendance, une modalité corporelle. Cette phrase exprime le mécanisme des émotions. Dans

la peur, l'angoisse, la colère, la honte, la joie, différents
organes, surtout le cœur, les organes respiratoires et
digestifs, le système artériel sont affectés et, chaque fois,
d'une manière spéciale. L'angoisse s'accompagne d'un
serrement de gorge et inversement, dans l'asthme, la
difficulté de respirer éveille de l'anxiété. De l'apparie-
ment qui existe entre ces deux ordres de phénomènes,
le physique et le mental, résulte un jeu de réciprocité
fort obscur. Par exemple, la joie s'accompagne d'une
dilatation vasculaire tout comme, en certains états ma-
ladifs, la dilatation vasculaire s'observe concurremment
avec des sentiments de joie.

Notre sentiment corporel (changeant. Tant d'éléments y concourent et des ac vités si subtiles que pas
deux jours ne se suivent où il soit identique. Pourtant,
parmi ces éléments, il en est de stables. Ces derniers
forment l'assise du tempérament, lequel est une manière
d'être, d'agir et de réagir qui, chez chacun, demeure
sensiblement ressemblante à elle-même.

Le tempérament est, à son tour, l'assise de la personnalité. L'un est la permanence d'un certain état organique ; l'autre représente la continuité et l'identité d'un
certain état mental. Mais, de même que notre sentiment
corporel est inconstant, de même aussi notre personnalité peut l'être, au point parfois que disparaisse la notion
de son identité.

J'ai considéré quels aspects offraient les liaisons entre
le cerveau et le corps. Par les sens d'autre part, le cerveau est également en rapport avec le monde qui l'environne.

Parmi les sens, se discernent deux classes. D'une part,
ce sont le goût, le tact et l'odorat ; de l'autre l'ouïe et
la vue. Les premiers ne renseignent que d'une manière
rudimentaire sur le monde et seulement sur les objets
à portée. Les seconds ont un champ vaste et lointain.
Une même sensation peut se présenter à eux sous des

modalités diverses. Ainsi chaque couleur comporte quantité de nuances et de tons ; chaque son varie en timbre, en ton, en hauteur. Les sons et les couleurs sont innombrables. Aussi le domaine des deux sens destinés à les percevoir est-il des plus étendus.

Chaque image de la vue et de l'ouïe a, dans quelque mesure, la propriété d'affecter l'esprit et d'y créer un état particulier de sentiment. Les sensations du toucher, de l'odorat et du goût ne comportent que de l'agrément ou du déplaisir sans rien au delà ; tandis que les couleurs de même que les sons peuvent être tristes ou joyeux, et, entre ces deux extrêmes, présenter une échelle de sentiments infiniment riche. Ces dernières sensations s'apparient donc avec des états de sentiment, lesquels, à leur tour, ainsi que je l'ai dit, s'apparient avec des états corporels. Un orchestre jouant une marche guerrière inspirera des sentiments d'allégresse et de bravoure que l'individu qui les éprouve manifestera aussitôt par divers mouvements. Un point d'une importance considérable c'est que non seulement chaque image visuelle ou auditive a le don d'évoquer un état de sentiment, mais que, chez tous les hommes, cet état est identique. Cette constance a pour résultat que des images de la vue et de l'ouïe, ayant une valeur universelle d'emblème, peuvent servir d'éléments de langage. Afin d'exprimer ses sentiments, l'homme usera de sons et de couleurs. Il les combinera de telle sorte que ses sentiments soient traduits en entier et dans toute leur délicatesse. L'effet est tellement certain que tout autre homme quel qu'il soit, en entendant ces sons ou en apercevant ces couleurs, éprouvera les mêmes sentiments que ceux qui présidèrent à leur agencement. Ces langages sont la peinture et la musique.

C'est à leur généralité et à leur constance que ces sensations emblématiques doivent de servir de langage. D'autre part, leur gamme si riche, leurs nuances infinies et la variété avec laquelle on peut les assembler permettent de figurer des modes de sentiment et jusqu'à des idées qui leur paraîtraient interdits. Au contraire, les images du toucher, du goût (1) et de l'odorat n'ont aucune valeur expressive. Ils n'en acquièrent une que par suite de liaisons toutes fortuites et qui sont personnelles à celui qui les a faites.

S'il est vrai que les hommes ont ces deux sens : l'ouïe et la vue, ces sens ne sont guère chez chacun également exercés et presque toujours l'un des deux a le pas sur l'autre. C'est tantôt sous l'apparence seulement des sons, tantôt seulement sous l'apparence des couleurs, des lignes ou des formes que le monde se manifeste. De là les deux grandes classes dans lesquelles, à cet égard, les hommes peuvent se ranger. D'une part, ceux qui ne prennent connaissance du monde que par la vue et ce sont les visuels ; et, de l'autre, ceux qui ne prennent connaissance du monde que par l'ouïe, ce sont les auditifs. Les uns et les autres ne pouvant se servir d'aucun autre langage que celui dont ils ont perçu par eux-mêmes les éléments sensoriels, il en découlera que, pour un visuel, le seul langage naturel sera le dessin ou la peinture et, pour un auditif, la musique.

Je ne saurais reconnaître que ces deux sortes de types sensoriels : les auditifs et les visuels, parce qu'il n'existe que ces deux voies : l'ouïe et la vue, au moyen desquelles l'esprit se fournit d'éléments pour se traduire lui-même. Le type moteur ne saurait être qu'un type composite.

Chaque type sensoriel ne fait pas toujours usage du langage sensoriel correspondant. Le cas ne se présente que lorsque le type est extraordinairement prononcé

1. Guyau, dans les *Probl...*, p. 64 (La beauté dans les sensations), commit l'erreur d'attribuer une valeur esthétique aux sensations du goût.

comme chez un Mozart ou un Rubens, ou lorsque le ha,
sard de l'existence a perm s à l'homme jeune de s'exercer précisément dans l'art qui lui était approprié. Mais
il se pourra que le contraire se présente. Des circons-
tanc s dépendantes de la personne, de son hérédité, de
son milieu pourront lui faire adopter un procédé autre.
Un homme dont les sentiments se rendent naturellement
en tableaux vibrants et en scènes de drame, comme
Berlioz, se servira de la musique et trouvera dans cet
art assez de ressources pour traduire de manière satisfaisante ce qu'il conçut. Il en sera de même pour tel
peintre. Des lignes de ses figures, du nuancement de
ses teintes, il pourra faire émaner une grâce chantante
et presque musicale.

Donc il n'existe pas toujours une corrélation parfaite
entre le type sensoriel et le mode sensoriel d'expression.
Ceci provient, ainsi que je viens de le dire, de ce que
les sons peuvent suggérer des couleurs et que les couleurs et les lignes, par les émois qu'elles suscitent, peuvent rendre des nuances de sentiment généralement propres à la musique. Quant aux mots, les aspects sensoriels
qu'ils comportent sont plus nombreux encore. De cette
richesse de ressources, il résulte que, par leur moyen,
n'importe quel type sensoriel peut se traduire dans toute
sa plénitude.

Tout d'abord les artistes qui expriment leur vie intérieure par le moyen des mots ont le choix entre la langue orale et la langue écrite. Il existe en effet une langue orale dont usent les dramaturges et les orateurs, un
Molière et un Brunetière, et une langue écrite, comme
celle d'un Zola pour qui exprimer sa pensée dans un
discours était un supplice. Cérébralement, chez ces deux
classes de personnes, se présente certainement le fait
que des centres moteurs différents agissent. Mais ces
deux classes peuvent encore se sous-partager en personnes qui, dans les mots qu'ils emploient, ne sentent

que l'élément formel et coloré et en celles pour qui,
dans les mots, prédominent l'idée et le son. Ainsi l'on
reproche à Molière d'écrire négligemment parce qu'il
offre des images dont les éléments, dans leur sens formel et pictural, ne s'ajustent pas les uns aux autres. Ce
défaut provient de ce qu'il ne considérait dans les
mots que l'idée qui y était renfermée et non pas la forme
imagée dans laquelle l'idée était représentée. L'école
romantique eut un style pictural et le goût désormais
régnant voulut qu'il y eût entre les images un accord
aussi rigoureux qu'entre les idées qu'elles servaient à
traduire. Il y a donc en vérité, dans une langue, plusieurs sortes de langages que les hommes parlent à leur
insu. Pour chacun d'eux, les mots, outre ce sens que
relatent les glossaires, éveillent dans l'esprit une multitude de sens accessoires et d'images diverses. Les mots,
pour un écrivain, ont une vie pleine d'occultes magies
comme une fleur ou une pierrerie. Chaque écrivain, à
cet égard, a sa vision particulière. « N'existe-t-il pas,
demande Balzac dans un passage de *Louis Lambert*,
lequel pour son intérêt pourrait prendre place ici tout
entier, dans le mot « vrai », une sorte de rectitude fantastique ? Ne se trouve-t-il pas dans le son bref qu'il
exige une vague image de la chaste nudité, de la simplicité du vrai en toute chose ? Cette syllabe respire je
ne sais quelle fraîcheu   . » Verhaeren écrivait dans la
Jeune Belgique, aux environs de 1890 : « Le vers n'est
plus un escalier à degrés massifs et uniformes. Il est ser-
pentin, insinuant, bref, scintillant, brisé, effleurant, tar-
dif, rapide, lourd parfois et incorrect s'il le faut. Il
s'adapte plus intimement à la pensée et surtout au sens
intime et évocateur de la pensée, à ses lointains, à ses
horizons. Il s'adresse à l'ouïe, à l'odorat, à la vue. Les
lettres, dans leur agencement boiteux ou régulier, avec
leurs majuscules en tourelles, baldaquins, pointes de
es, aiguilles d'obélisques et leurs minuscules en

ronde bosse, pignons, toits de chaume ne sont pas indifférentes au poète chercheur qu'on s'entête encore
après trois mille ans à nommer un nourrisson des muses. Tout mot a sa silhouette et une phrase est un paysage. »

Il résulte de ces faits, communs dans une mesure
variable à tous les hommes, que chaque écrivain exprime
sa pensée dans une langue qui lui est propre et qui ne
révèle complètement ses valeurs et ses nuances qu'aux
êtres qui ont la même façon que lui de percevoir le
monde. Ceci ressort bien de ce fragment d'une lettre
de Liszt à Wagner du 4 mars 1852 : « Herwegh a exactement la même impression que moi à propos de cet
article. Ton style ne peut pas être compris par celui
qui ne comprend pas la *musique*. Quant à la *manière*
dont tu sais exprimer par des mots précis et frappants
les sensations que la musique seule peut faire naître en
nous, elle enchante tous ceux qui ont éprouvé eux-mêmes ces sensations sans trouver de mots pour les rendre. » (*op. cit.*, t. I, 170)

Si l'on songe que chaque homme, et ici j'ai surtout
en vue les écrivains, parle sa langue, une langue qui
peut être vibrante de lumière ou sculpturale, s'ériger en
lignes monumentales ou chanter un chant harmonieux
et cadencé, on conclut que la littérature à elle seule
représente un résumé des autres arts et que la distinction des arts en différentes classes n'est qu'arbitraire.

Bref, chaque homme ne dégage de l'univers que le
seul aspect que ses sens lui révèlent. Ces aspects en se
réfléchissant dans son esprit forment la matière de sa
personnalité. L'intelligence ne possède que ce qu'elle a
reçu par les sens et ne peut rendre que ce qu'elle possède. Un géomètre, par exemple, est un homme que sa
naissance a doué d'un œil qui ne perçoit que les dimen-
sions et qui est apte à les situer dans l'espace. Un Poin-
caré est un grand poète qui goûte dans ses combinaisons

nouvelles le même plaisir actif que le peintre, le sculp-
teur, le musicien, le poète en élaborant leurs œuvres.

Chaque homme ne percevant du monde que certaines
images, sa mémoire ne renferme d'autres éléments que
ces mêmes images. Ainsi chaque type sensoriel a une
mémoire qui lui correspond.

La mémoire consiste dans la renaissance des images.
Il semblerait qu'elles ne dussent se reproduire que dans
l'ordre strict où elles furent recueillies. Cette sorte de
mémoire existe et on l'appelle la mémoire brute ou
fondamentale. Mais, dans la vie, une telle mémoire
serait sans usage et constituerait un don plutôt regrettable. Il ne sert à rien de lire un livre et de le pouvoir
répéter littéralement ni de se rappeler les événements
et les spectacles de la vie comme si les souvenirs ne
formaient qu'un livre d'annales. L'intelligence n'a de
l'utilité et de la valeur que parce qu'elle interprète, non
parce qu'elle reproduit. Il faut qu'elle dégage certains
aspects au détriment d'autres. Elle dégage en effet
ceux-là qui s'accordent avec le ton corporel et le tempérament. Ce ton corporel et affectif nous prédispose à
préférer et à ne recevoir que des images d'une nature
particulière. Ainsi nous constatons dans la mémoire un
acte ou le corps et les sens ont leur part et non plus un
acte concernant seulement les rapports du cerveau
avec le corps ou du cerveau avec le monde extérieur.
Le ton corporel se manifeste donc à nous par un état
de sentiment. Dans la mesure où les images perçues
par nos sens s'accordent avec notre état ou nos états
de sentiment habituels, elles se rangent dans une échelle
de valeurs. Les images indifférentes s'effacent aussitôt
et les autres sont précieusement conservées. Chaque
image a la propriété de se grouper avec toute autre
image présentant avec elle quelque ressemblance, soit
que la ressemblance concerne des qualités inhérentes à
ces images elles-mêmes, soit des circonstances tout étran-

gères de temps et de place où les images se sont produites. Le grand nombre de ces cas entraîne donc un grand nombre de groupes possibles. Mais c'est principalement par la ressemblance de leur ton affectif que les images sont mues à se rapprocher et à se lier. Nous verrons, dans le commencement de la seconde partie de ce livre, le rôle considérable de ce fait dans la conception de l'œuvre d'art.

Sans vouloir attribuer à l'image mentale une « volonté de vivre », il est permis d'affirmer qu'ayant d'autant plus de chance de durée qu'elle est dépendante d'un plus grand nombre d'autres images, elle est avide de s'associer avec ces dernières et de constituer un groupe ; lequel de même tend à s'intégrer dans un groupe plus vaste. Dans les intelligences puissantes et les grands caractères, elles s'inscrivent toutes dans une synthèse unique.

Cette synthèse, le « moi », est donc un ton affectif prédominant, qui est le prolongement du ton corporel et qui tient dans une mutuelle dépendance une multitude de sensations, d'images et d'idées.

Toujours la vie implique le changement. Aussi le moi varie-t-il sans cesse malgré qu'il ait pour principe de demeurer semblable. Je le comparerais volontiers, dans son développement, à un pas de vis dont chaque plan présente l'aspect d'une ellipse ; deux plans successifs jamais ne sont superposables ; pourtant ces ellipses ont un centre identique et en commun un cercle formé autour de ce centre par le plus petit diamètre.

Un moi passé ne peut revivre que si, en même temps, se réveille l'état de sentiment qui lui a servi de base. Ce réveil a été l'objet d'études de ' part de M. Ribot sous le nom de mémoire affective.

La sensation, au moment où elle nous « affecte », ainsi que ce dernier mot le montre, éveille en nous une émotion, c'est-à-dire un mouvement qui a pour pen-

chant de manifester, de satisfaire ou de réaliser le sentiment qui nous domine. Mais ce mouvement peut être
doué d'un degré plus ou moins grand d'énergie dépendante généralement du tempérament, au point que cette
énergie peut servir de caractéristique à la nature de
celui-ci. Ce mouvement a donc une tendance à réaliser
l'image. Cependant, entre cette dernière et l'acte, il y a
de la marge. Elle peut aussi se dépouiller de ses éléments moteurs et même s'annuler par l'éveil dans l'esprit
d'autres images contrastantes. Ce dernier cas est celui
de Hamlet chez qui le doute entrave l'action. Don Quichotte, au contraire, accomplit l'acte aussitôt qu'en lui
l'image en surgit. C'est le propre des natures frustes.
Don Quichotte et Hamlet sont, à cet égard, les deux
extrêmes de la nature humaine.

L'image a nécessairement une forme. Cette forme
n'est pas toujours fidèle à l'objet qu'elle représente. Le
vivant miroir qu'est l'esprit, dans le trouble des sentiments, reflétera souvent les choses sous des aspects
autres que les véritables. Le sentiment momentané qui
l'anime fera saillir dans les événements des faces dont
le relief exagéré dénaturera entièrement l'événement
lui-même. Ou bien encore, dans une série d'événements,
l'esprit supposera un agent qui les fît se succéder ou
quelque cause qui les fît naître, alors que l'un et l'autre
n'ont d'existence que dans l'esprit qui les inventa. Par
une telle conjecture, les faits, en nous, se trouvent alté-
rés dans le mode de leur enchaînement. La raison consiste dans la conformité entre l'image ou les images et
les faits extérieurs qui les ont causées. Cette qualité nous
la nommons logique. Il y a donc une logique des sens
qui n'est autre que la fidélité de nos perceptions, de
même qu'il y a une logique de notre pensée qui consiste en ce que, entre nos perceptions, doit exister le
même lien de dépendance qu'entre les faits eux-mêmes.
Si les hommes éprouvent des sentiments et, sous l'em-

pire de cet intérêt affectif dont j'ai parlé déjà, sont
induits à interpréter partiellement la vie, un autre intérêt exige cependant que l'homme sauvegarde sa clairvoyance et interprète les événements et les faits qui le
concernent sous leur aspect le plus exact. Il y va de son
salut car, sous l'ascendant des fausses apparences qu'il
aura conçues, l'homme immanquablement aboutirait à
sa perte. Ainsi il arrive à surveiller ses sens et à exercer son jugement en corrigeant sans cesse les erreurs
dans lesquelles ses habitudes affectives le font choir.

On oppose abusivement la raison et l'imagination.
L'imagination, loin de pouvoir s'opposer à la raison, ne
peut même pas se comparer avec elle. La raison n'est
qu'une qualité des images. La logique, en tant que
science, apprécie cette qualité et elle étudie la sensation
dans son rapport avec la réalité, le rapport des sensations entre elles ainsi que des idées et cela à chaque
âge de l'esprit et dans chacun de ses états affectifs ;
enfin elle établit la méthode pour arriver, dans les sciences, à l'exactitude la plus grande des résultats.

Si telle est la raison, l'imagination, elle, consiste non
dans l'ordre où les images s'agencent, mais dans
ces images mêmes. Elle n'est qu'une forme dissociée
de la mémoire. Entre elles deux, n'existe pas de
limite rigoureuse. S'il s'agit d'un homme rassis, son
moi groupera ses idées en un faisceau rigide dont
sera exclue toute idée n'ayant pas avec les autres un
rapport de convenance, et cet homme sera incapable
d'imagination. Mais s'agit-il, à quelque degré, d'un versatile, d'un passionné, d'un « circulaire », chez qui alter-
nent la tristesse et la joie ou qui, dans un entraînement
passager ou avec une énergie aveugle, changent de
pôle fréquemment dans un espace relativement court,
alors nous obtiendrons des synthèses d'images et d'idées
brusquement surgies et brusquement disparaissantes.
Ces synthèses semblent, à cause de leur variété, sans

cesse nouvelles et passent pour être le produit d'une
faculté particulière mais elles ne témoignent que des
diverses manières d'être du moi. Ces synthèses ne sont
pas, dans leur ordonnance, ressemblantes aux réalités
quoique chaque sensation ou image qui les constituent
doivent être adéquates au fait qui leur correspond. En
somme l'imagination est une façon de mémoire propre
aux tempéraments instables. Elle n'invente pas, elle n'inventa jamais et ne fait que ranger des sensations en
séries nouvelles.

La volonté est l'énergie dont est mue l'image, la raison est sa conformité, la mémoire sa durée. De ce qu'il
est impossible de dissoudre cette trinité : force, forme,
identité, en ce sens qu'une forme sans force serait un
néant, qu'une force sans forme serait une abstraction
inexistante, qu'enfin une image dont les éléments n'auraient aucune conformité avec les réalités serait fausse
et irréalisable, il résulte que la volonté, la mémoire,
dans laquelle se fond l'imagination, et la raison sont
inséparables les unes des autres. L'isolement de ces
facultés n'est qu'un procédé de la psychologie analytique, non l'affirmation d'une existence particulière. Chez
certains hommes, la volonté paraîtra avoir le premier
pas, mais ne faudra-t-il pas que leurs représentations
concordent avec les réalités au risque que leurs volontés
aillent au-devant d'un échec? Ces hommes ne devront-ils
pas être doués d'imagination, sans quoi, leurs représentations étant adéquates à la réalité, il n'importerait plus
qu'elles fussent accomplies? A son tour, l'imaginatif,
chez qui les éléments de ses synthèses seraient agencés
contrairement à la logique, ne serait qu'un esprit chimérique, et, privé de volonté, l'imaginatif devient un
songe-creux.

Nous avions déjà les types organiques ou tempéraments,
puis les types sensoriels, voici donc maintenant les
types mentaux : le volontaire, l'imaginatif, le logicien.

La distinction de ces types mentaux importe, chacun ayant un genre d'entendement qui lui est propre. « Ma tête pour concevoir et retenir les idées positives, dit Alfred de Vigny dans son *Journal*, est forcée de les jeter dans le domaine de l'imagination et j'ai un tel besoin de créer qu'il me faut dire en allant pas à pas : Si telle science ou théorie politique n'existait pas, comment la formerais-je ? Alors le but, puis les détails apparaissent, et je vois et je retiens pour toujours. » Ainsi, chez chacun, comprendre c'est transposer, adapter à ses propres modes de penser. Personne ne comprend ni ne se laisse persuader si on ne lui offre les choses sous l'aspect où son esprit est accoutumé de se les représenter. Le volontaire ne comprend que ce qui peut servir d'adjuvant à ses volontés. L'imaginatif seulement, ce qui apparaît comme un sentier fleuri où puisse s'ébattre sa fantaisie. Pour l'esprit abstrait, une idée claire est celle qui peut se réduire en formule. En somme, si, dans le domaine affectif, il existe une loi de l'intérêt, variant d'après chaque individu, c'est une loi de l'intérêt tout aussi variable qui préside à l'entendement. Nous ne nous donnons la peine de comprendre, c'est-à-dire de soumettre à notre analyse, que ces idées-là dont les éléments une fois désagrégés, assimilés par nous, peuvent servir à notre enrichissement mental.

Tous ces phénomènes ont pour caractère commun d'être spontanés. Ils ont lieu sans que la personne intervienne en quoi que ce soit. Aucun commandement ne préside à l'enregistrement des images dans l'esprit ; c'est secrètement que se fait le triage qu'elles subissent et ce sont d'occultes attirances qui les assemblent. Si un groupe d'images s'impose avec un ascendant tout puissant et veut se réaliser en acte, l'individu obéit et fait le geste dont le dessein a surgi dans son esprit. Ces phénomènes, ces actes sont spontanés. Ils se produisent d'eux-mêmes. Mais la personne, *après s'être avisée d'eux*, et après surtout que, par un acte dont la nature demeurera sans doute un mystère, elle s'est rendu compte de la façon dont ces phénomènes se sont élaborés et accomplis, peut désormais les régir, leur prescrire un but à sa convenance. Cette liberté cependant n'est pas absolue. Le but auquel il est donné de faire aboutir les phénomènes doit toujours correspondre avec les fins qui leur eussent été naturelles. Toutefois, dans une certaine mesure dont il est inutile de débattre ici les latitudes, l'individu peut, pour autant que ces phénomènes aient émergé dans le champ de sa conscience, les prévenir, les surveiller et les conduire. Dans ces cas, ces phénomènes perdent leur caractère spontané, qui est primitif et essentiel, et deviennent des actes systématiques. Les facultés supérieures sont des activités systématisées.

Ce mot de systématisation n'a pas le sens exclusif qui serait désirable et, dans le cas présent, j'eusse fort désiré un autre terme. Il faut distinguer l'acception dans laquelle je le prends de celle qu'à un tout aussi bon droit lui a donnée M. Paulhan pour désigner la tendance qu'ont les images à se grouper en synthèses.

Dans la seconde partie de ce livre, j'envisage, sous leur aspect spontané et systématique, tous les actes de l'esprit en rapport avec la création de l'œuvre d'art. Comme, à cet acte, il n'y a aucune puissance mentale qui ne prenne part dans toute sa plénitude, ces chapitres pourront sans doute, au point de vue purement psychologique, valoir comme un exposé des modes spontanés, systématiques et aussi artificiels sous lesquels apparaissent les activités mentales.

Je note ici brièvement ce qui caractérise ces trois modes et en quoi ils se distinguent.

Quand un romancier, pour m'en tenir au genre d'exemple dont je ferai uniquement usage, écrit pour amuser sa verve et suit, selon l'humeur de l'instant, sa fantaisie tantôt joyeuse, tantôt mélancolique, puis, après maint méandre, arrive, au bout de ses trois cents pages, à un dénouement quelquefois arbitraire, alors il n'a fait qu'obéir aux impulsions de son esprit sans les arrêter, sans les contraindre ni les diriger vers un but. Son activité est toute spontanée.

Un second écrivain s'y prend d'une façon autre. Après des tâtonnements, des scénarios et des ébauches, il « tient » son dénouement. Puis, avant de se mettre à écrire, il refait son sujet à rebours et dispose les événements de manière que le dénouement apparaisse comme leur aboutissement, leur résultat nécessaire. Cet écrivain a systématisé son travail.

Dans ce dernier exemple, nous constatons que l'écrivain ne fait que coordonner sur un plan nouveau les idées en partie imprévues que ses sentiments lui inspirèrent ou que le hasard lui procura. Jamais la systématisation n'est autre chose que le rangement *après coup* et d'une manière nouvelle et rigoureuse des éléments d'un acte en vue d'une fin déjà spontanément poursuivie et envisagée.

Edgar Poe, dans *The Philosophy of composition*, en décrivant le procédé dont il usa pour concevoir le *Corbeau* a donné le plus bel exemple et la théorie la plus complète qu'il y ait de la systématisation.

Quand la systématisation devient une routine, en quoi elle a un penchant à dégénérer, ou qu'elle n'est qu'une recette apprise, comme lorsqu'un auteur rédige un roman ou met sur pied un drame non en s'inspirant de choses vues et ressenties mais d'après des procédés de métier, alors nous avons affaire à un acte tout artificiel.

Les psychologues, qui se préoccupèrent plus du mécanisme des actes de l'esprit que de leur contenu ou de leur résultat, ont confondu jusqu'ici les phénomènes systématiques et artificiels. Si c'est par des degrés insensibles qu'on passe d'un acte spontané à un acte sys-

tématique et d'un acte systématique à un acte artificiel,
cependant leur distinction s'impose. En art, un écart
très grand sépare l'œuvre créée dans un débordement
de verve, de l'œuvre où se manifeste une stricte discipline et un abîme s'étend entre celles-ci et l'ouvrage
fait sur patron. M. Paulhan a commis l'erreur ici incri-
minée. Il plaça sur un même rang le procédé de Poe
dans le *Corbeau*, procédé nettement systématique, ainsi
que je le montrerai dans la suite, et le procédé qu'ex-
ploita Victorien Sardou dans *Patrie*. Mais ce serait anti-
ciper sur la matière de ce livre que de m'étendre davantage sur ces points.

Donner un aperçu de la systématisation, ce serait
reprendre à rebours tous les phénomènes spontanés et
ce travail déborderait les limites que je me suis ici
prescrites.

II

Dans une matière telle que le génie, il semblerait que
l'hérédité dût jouer un rôle considérable et qu'en premier lieu il se fût agi d'élucider ce rôle. Il est loin
d'en être ainsi et, s'il le paraît, c'est qu'on a fait de
l'hérédité, dans ces derniers temps, un abus et qu'on la
chargea de répondre de tout ce que les phénomènes
de l'esprit ont de déconcertant et de mystérieux. On ne
manqua pas de l'invoquer pour le génie et de le faire
résulter de ces dons que l'enfant apporte au berceau
et que de lointaines ascendances auraient préparés.

Expliquer le génie par l'Hérédité, par l'Innéité, c'est,
à proprement parler, se livrer à une sorte de métaphysique et recourir à de prétendues causes qui ne sont que
des faux-fuyants. Ce sont de vains mots au moyen des-

quels nous pallions notre ignorance. L'hérédité pourrait expliquer dans quelles circonstances naissent des génies, mais ne nous révélera jamais la nature ni les lois de leur activité.

Il n'est nullement dans mes vues de contester l'existence de l'hérédité, mais je combats l'usage qu'on en fait surtout en ce qui concerne les phénomènes de l'esprit, où son rôle est moindre que partout ailleurs. Dans le règne végétal, le type héréditaire se maintient généralement sans s'altérer. Dans le règne animal, il en est encore de même quoique l'organisme animal, plus compliqué et soumis à des influences nombreuses, puisse présenter des variations, mais non telles cependant que nous ne sachions les prévoir et, dans l'élevage, par exemple, les provoquer de façon à obtenir un résultat proposé d'avance. Chez l'homme intellectuel, l'appareil mental est tellement complexe que les phénomènes de l'hérédité ne peuvent plus se contrôler. L'on n'est jamais en état de formuler aucune loi ni de constater aucune constance dans la succession des faits. L'hérédité existe, mais cette existence même est difficile à établir à cause des cas, que je signalerai, de fausse hérédité. En d'autres mots, la critique des phénomènes d'hérédité, critique qui doit précéder toute étude, offre à elle seule des difficultés insurmontables. Chez l'homme, l'hérédité aura aussi une part d'autant moindre ou, pour mieux dire, d'autant moins déterminable que l'intelligence sera plus développée. Chez la brute, l'hérédité est le plus proche de ce qu'elle peut être chez les animaux; mais, à mesure que l'homme s'élève à un degré plus haut, l'importance de l'hérédité diminue. Enfin le plus haut stade concevable du développement mental, le génie, peut, en soi, s'envisager comme démentant toute hérédité puisqu'il apparaît comme un cas isolé et singulier. L'hérédité aide à expliquer certaines manifestations du caractère mais rien de plus.

Pour instituer une enquête sur l'hérédité mentale, il faudrait commencer par distinguer les différents éléments de l'esprit, le tempérament corporel, le type sensoriel, le mode d'expression des idées, leur association, etc., et déterminer la fréquence des cas où ces éléments passent des parents aux enfants. Mais il s'agit du père et il s'agit aussi de la mère et les éléments de l'une et l'autre origine peuvent, en se transmettant, s'affaiblir réciproquement, s'anéantir, se renforcer. Il y a là une gamme entière de combinaisons dont la variété est telle qu'elle met l'esprit en défaut. Une difficulté encore c'est que si l'homme se fait connaître dans la plénitude de ses divers aspects et si, par conséquent, on peut déterminer avec assez d'exactitude la part de ses qualités dont ses enfants héritent, il n'en est nullement de même pour la femme. Beaucoup de facultés et de caractères demeurent en puissance chez elle sans se développer, sans même souvent se manifester parce que les circonstances sociales d'aucune époque et non plus d'aujourd'hui ne la sollicitent à cultiver ses aptitudes. Ces qualités ignorées, l'enfant pourra les recevoir, et, plus tard, les déployer. Voilà un cas d'hérédité qui risque de demeurer méconnu. La vie de la femme pendant la grossesse est également un facteur qui doit s'envisager. De violentes secousses morales qu'éprouve la mère retentissent sur le fruit qu'elle porte. Des enfants affligés de tares mentales le doivent à de pareils contrecoups. Des influences d'une nature moins forte n'en ont pas moins leurs effets: influences et effets qui se dérobent à toute enquête.

Les seuls signes d'après lesquels l'hérédité s'est étudiée jusqu'ici et les seuls aussi qui se prêtent à l'étude sont des signes secondaires. Ainsi l'on s'est borné à prendre comme exemples des hommes notoires ayant légué leur talent à leur enfant. Or que le fils d'un peintre soit peintre, cela signifie uniquement que le père et le fils présentaient le même type sensoriel et, quoique ce soit là une ressemblance fort apparente, elle est bien subalterne.

La seule expérience dont il pourrait résulter quelque évidence consisterait à répéter celle que fit, au dire d'Hérodote, un roi d'Égypte désireux de connaître la langue primitive des hommes. Pour ce, il éleva des enfants dans le plus grand isolement et sans qu'ils pussent ouïr aucune parole humaine, dans la croyance que les premiers mots qu'ils prononceraient, appartiendraient à cette langue. Ainsi il s'agirait d'élever des enfants dans l'isolement et à l'abri de toute influence quelle qu'elle fût afin de constater quels traits de caractère se développeraient qu'ils auraient en commun avec leurs parents. En parlant d'hérédité, on entend naturellement le développement d'une ressemblance déjà en germe dans l'enfant à sa naissance comme la plante l'est dans la graine, et non une ressemblance pouvant provenir de l'ascendant journalier des parents.

Tout ascendant quel qu'il soit marque dans l'âme de l'enfant une empreinte qui ne s'efface point et, provenant des parents ou des proches, passe communément pour un signe d'hérédité, sans l'être. L'exemple des parents ramène incessamment l'esprit des enfants sur des activités qui peu à peu s'imposent. Des aptitudes pourront grandir au détriment d'autres qui sommeillent et demeurent étouffées. Il y a des familles où certains sentiments, certaines manières d'être persistent d'âge en âge. Rien ne permet de contester que ce ne soit l'effet de l'éducation.

L'ascendant moral des parents sur les enfants produit donc des effets qui sont entièrement analogues à ceux de l'hérédité. Cet ascendant peut émaner d'étrangers et produire des cas que j'appellerais de fausse hérédité. L'exemple de fausse mémoire héréditaire que je signale plus loin et qui concerne Paul Adam me paraît présenter les caractères les plus complets du fait.

Voici comment je m'explique ces phénomènes de pseudo-hérédité. L'homme ne ressent une émotion qu'en s'identifiant momentanément avec l'objet ou la personne qui lui inspire cette émotion. Si je suis ému, j'incorpore en moi, pendant la durée de mon trouble, le fait, l'acte, l'événement ou l'être qui fut l'objet de mon émoi. Or un tel moment peut laisser dans l'esprit des vestiges si profonds que le demeurant de la vie en subit l'influence. Dans le *Rouge et le Noir*, apparaît le personnage de Mlle de la Mole, qui est sans doute le portrait de la cérébrale le plus achevé qu'aucun romancier ait tracé. Elle a lu, dans les Mémoires du xvi° siècle, des événements romanesques qui ont d'autant plus profondément affecté son esprit qu'un de ses ancêtres, qui fut l'amant de Marguerite de Navarre, y revêtit le principal rôle. Ce qui l'a frappée (Mlle de la Mole) dans cette catastrophe politique, dit Stendhal, c'est que la reine Marguerite de Navarre, cachée dans une maison de la place de Grève osa faire demander au bourreau la tête de son amant. » Lorsque Mlle de la Mole éprouva un intérêt si ardent pour la reine, elle et Marguerite de Navarre ne faisaient qu'un seul être. Mathilde de la Mole est transportée tout entière dans cette figure imaginaire qu'elle a conçue et qu'elle vit par la pensée. Cela suffit, comme le montre d'ailleurs le roman, pour qu'elle conforme désormais à cette figure une partie de ses actes.

Supposons un enfant dont le sentiment soit influencé par certains faits, certaines personnes au point qu'ils deviennent une part intégrante de son être. Toute son existence pourra, dans la suite, en éprouver les retentissements et ces effets donneront le change par leur ressemblance avec les phénomènes d'hérédité.

Paul Adam, dans son enfance, entendit souvent conter les campagnes d'un de ses grands-parents qui fit les guerres de l'Empire. Or cette avidité commune aux enfants pour les contes, laquelle, chez un jeune esprit

aussi imaginatif que le dut être Paul Adam, fut plus
vive encore qu'elle ne l'est d'ordinaire, à quoi se joi-
gnait un sentiment d'orgueil filial, firent que ces récits
creusèrent dans l'esprit de Paul Adam une profonde
empreinte. Les épisodes de ces contes n'apparurent pas
comme des événements étrangers, mais s'incorporèrent
tellement à la vie mentale de Paul Adam que, plus tard,
pour s'expliquer à lui-même cette identification, il l'at-
tribua à une mémoire atavique, que, jusqu'à plus ample
informé, il m'est difficile d'admettre. « Beaucoup de
critiques, disait un jour Paul Adam dans un article du
Journal, s'étonnent d'une certaine faculté évocatrice
mise en usage par moi dans mes livres où je raconte les
guerres du premier et du second Empire. Je n'ai point
assisté à la guerre. Mais mon bisaïeul et mon aïeul suivirent les armées de la République, de Napoléon. Or je
crois à la mémoire atavique. Je pense que le sang de
mes ancêtres revit en moi avec certaines particules mné-
moniques de leurs existences. L'Inconscient garde,
nourrit ces particules, les développe et sous l'influence
d'une excitation cérébrale continue, les produit » (la
Seconde âme, 18 juin 1899). S'émouvoir au na; ré d'une
bataille c'est, imaginairement, y avoir pris part. De là
à croire, comme Paul Adam, à une mémoire héréditaire,
il n'y a qu'un pas.

Les sentiments qu'expriment ces lignes de la *Correspondance* de Flaubert ont certainement une origine analogue : « ... je possède des souvenirs qui remontent aux
Pharaons, je me vois à différents âges de l'histoire très
nettement, exerçant des métiers différents et dans des
fortunes multiples. Mon individu actuel est le résultat
de mes individualités disparues. J'ai été batelier sur le
Nil, *leno* à Rome du temps des guerres puniques, puis
rhéteur grec dans Suburre, où j'étais dévoré de punai-
ses. Je suis mort, pendant la croisade, pour avoir mangé
trop de raisin sur la plage de Syrie. J'ai été pirate et

moine, saltimbanque et cocher. Peut-être empereur d'Orient, aussi. » (3ᵉ sér., 301)

J'aurai lieu de revenir encore, dans la suite de ce livre, sur cet acte d'identification qui est un des éléments essentiels de l'émotion. Il remplit un rôle important dans le plaisir esthétique et dans la création.

Pour ces diverses raisons, l'hérédité mentale, dont l'existence est indubitable mais où des facteurs innombrables interviennent selon des modes impossibles à déterminer, cette hérédité, dont se fit un grand abus dans des problèmes tel que celui que je me suis posé ici, ne peut être d'aucun recours dans l'étude du génie.

PREMIERE PARTIE

LE GÉNIE

—

CHAPITRE I

I

Dans cette partie, je me propose de montrer par quel lent travail s'élabore le génie, d'abord chez l'enfant — quoiqu'il ne puisse jamais, chez lui, s'agir de génie — puis chez l'adolescent chez qui la formation du génie ne fait qu'un avec la formation de la personnalité.

Tous les dons du génie, dans leurs formes rudimentaires et dans les diverses étapes de leur croissance, sont partagés, sinon dans leur intégrité du moins à quelque degré, par les hommes du commun. Aussi, quoiqu'il n'y ait aucun des faits que je cite qui n'ait été emprunté à la jeunesse d'un grand poète, il n'y en a aucun non plus qui n'eût pu s'attribuer au premier homme venu. C'est qu'en effet entre un homme de génie et les autres, il n'existe nullement une différence de nature, mais une différence de qualité.

C'est un point qui mérite que j'insiste, car sans cesse on parle du génie comme d'une faculté. Alors même

8

qu'on est convenu que les facultés ne sont qu'un mot servant à grouper un certain ordre de faits, on persévère cependant à voir dans le génie une activité particulière, quelque chose en soi et d'ajouté à l'homme et par quoi il surpasse son prochain. Penser de la sorte, c'est être dupe du mot. Nous faisons usage, par une habitude de langage qui renferme une erreur de jugement, du mot génie et nous ne pouvons ensuite nous résigner à reconnattre que le génie n'a pas plus d'existence formelle que la chaleur, laquelle également, parce qu'elle affecte nos sens de façon particulière, passe pour un phénomène en soi tout différent du froid qui est son opposé, alors qu'en réalité ni chaleur ni froid n'ont d'existence n'étant que des états de la matière. De même le génie est un état de l'intelligence, sans que rien ne soit autre dans la nature de cette intelligence.

Quand, ainsi que je le disais, aucun des phénomènes que je relate dans le paragraphe sur l'enfance et sur la personnalité ne s'écarte de la norme, il en résulte tout d'abord que le génie n'est pas une monstruosité, mais une suprématie qui demeure harmonieuse dans tous les éléments qui la constituent. Il n'est pas une tare comme le porterait à croire un préjugé populaire que Lombroso a repris à son compte. Non, les caractères si saillants par lesquels le génie se distingue ne sont jamais que des caractères de force qui transfigurent et attribuent des aspects de prodiges à des actes de l'esprit qui sont cependant journaliers.

Après avoir rédigé ce chapitre, j'ai craint d'avoir trop négligé les caractères qui, sans appartenir en propre au génie, sont cependant son apanage à cause de l'énergie avec laquelle ils se manifestent chez lui; et j'ai cru nécessaire, afin de rétablir la balance, d'envisager ensuite, dans un chapitre particulier, les dons du génie, ces activités dont seuls, grâce à leur puissance mentale, sont capables ces athlètes de l'esprit, et dont les autres hommes ne peuvent offrir que des exemples avortés ou précaires. Ensuite peut-être sera-t-il permis de définir le génie ou du moins de concevoir sur sa nature et sur ses causes quelques conjectures probables.

II

Il n'a jamais existé d'enfant de génie. Il ne saurait donc s'agir ici d'étudier le génie chez l'enfant.

Aucun enfant n'a accompli des œuvres ayant en elles cette force intime et émouvante qui est le propre des œuvres géniales. Un enfant doué d'une habileté de virtuose peut apparaître un prodige, mais ceci n'est pas du génie. Un enfant prodige peut plus tard se révéler — le fait est rare — un génie ; cela n'entraîne pas qu'enfant il ait eu du génie déjà.

Il n'entre pas dans ce cadre de présenter une étude de la mentalité de l'enfant ni d'envisager ses diverses facultés depuis le moment où elles manifestent leurs premiers signes ni d'envisager les diverses étapes de leur développement. Il y a suffisamment d'ouvrages sur cette matière. Ce chapitre comprend seulement l'étude dans l'enfance de ce que je nommerais, d'un mot qui me semble rendre avec fidélité ma pensée, les rétroactes du génie. Ayant à l'esprit les matières des chapitres qui suivent et où il s'agit du génie dans sa plénitude, je recherche ici quels durent être, chez l'enfant, l'éveil et les prémices de ces rares facultés.

Les documents dans une telle matière sont naturellement peu sûrs. Rien ne signalant, dans l'enfance, l'homme de génie futur, il ne fut et il ne sera jamais permis de l'observer. Ce n'est guère qu'au moyen d'inférences et de données que procurent les Mémoires, les

confidences et les aveux des grands hommes — malgré
que ces données soient sujettes à critique — qu'il sera
permis de reconstituer la jeunesse du génie et de concevoir de quelle manière il se forma.

L'enfant vit par ses sens. Son intelligence, qui demeure passive, reçoit comme une cire les empreintes du
monde environnant, toutes indifféremment car aucun
ton affectif ne leur fait subir de triage. En effet, rarement l'enfant se trouve sous l'empire d'un sentiment
constant. S'il y a des enfants mélancoliques qu'affectent
seules les images de tristesse et les aspects douloureux,
ils souffrent de quelque tare dont l'aboutissement est
parfois la démence. Sans aucun intérêt capable d'attacher son esprit à un seul objet, l'enfant est continuelle-
ment distrait. Mais, parce que rien ne l'attache, tout le
captive et il n'y a de spectacle auquel il ait assisté qui
ne se grave en lui. Les images qu'il recueille de la sorte
sont étonnamment vivaces et durables aussi. Elles forment, de même que le terreau pour la plante, l'assise
et l'aliment dont se servira la personnalité pour se créer.
Ce point est trop établi pour qu'il faille insister. Mais
l'étude du fait chez les écrivains, outre l'intérêt du cas
en lui-même, a l'avantage de mettre en évidence combien considérable est le rôle de ces images. Non seulement elles meublent l'esprit des images qui serviront
d'éléments expressifs aux idées, mais, malgré la secousse
profonde qu'apporte avec elle la puberté, l'éveil en ce
moment de désirs nouveaux et les horizons qui se
découvrent à la pensée, ces images continuent à régir
l'esprit et ce sont elles qui servent à constituer l'aspect
sous lequel l'homme adulte conçoit le monde et l'univers. Victor Hugo, lui qui subit tant d'influences, put
dire: « C'est mon enfance qui a fait mon esprit ce qu'il
est (1). » Ce sont des souvenirs d'enfance et de jeunesse

1. « ... on passa les Alpes et les Apennins, Rome fut entrevue,
Naples traversée. Victor Hugo avait alors cinq ans. A cet âge la

qui prêtent leur ton et leur couleur aux tableaux où l'artiste croit inscrire les pensées de sa maturité. Il se figure, à chaque pas qu'il fait dans la vie, découvrir des aspects inconnus, quand il ne fait en réalité que s'émouvoir devant ceux-là qui s'apparentent ou ressemblent aux décors qui enchantèrent ses premières années.

Le graveur et critique Philippe Zilcken a, par des inférences, qui seules peuvent être de mise dans ce cas, fait à propos de la personnalité de Rembrandt une conjecture que le grand peintre Jozef Israëls, un des meilleurs connaisseurs de Rembrandt, a trouvée extrêmement vraisemblable et que Raffaëlli a citée dans ses *Promenades d'un artiste au musée du Louvre.*

Les moulins de Hollande, dit Philippe Zilcken (1), ne sont pas en général, comme dans d'autres pays, destinés à moudre le blé, mais, juchés sur les digues, ils servent, comme l'a dit Verlaine dans ses *Quinze jours en Hollande,* « à élever l'excédent d'eau dans des canaux qui vont généralement à la mer par quelque grand fleuve ». Nos polders sont le plus souvent des terrains situés au-dessous du niveau de la mer, et il faut un « pompage » presque continu et très considérable pour maintenir un niveau régulier, sans lequel ils seraient rapidement submergés. Ces nombreux et pittoresques moulins aux vastes ailes coloriées ont servi de motifs à bien des tableaux... Il y a quelques années, le hasard me conduisit, par un beau

vue est un éblouissement, et le voyage est un songe; qui sait pourtant si les reflets de ces grands spectacles ne contribuèrent pas à la coloration de son génie naissant? Qui sait s'il ne dut pas, à la chaleur et à la lumière du Midi, le prodigieux éclat qu'il devait montrer? La formation des intelligences est aussi mystérieuse que celle des diamants. Le poëte l'a dit lui-même quelque part: «C'est mon enfance qui a fait mon esprit ce qu'il est. » Paul de Saint-Victor, *Victor Hugo* (C.-Lévy), 1885, p. 3, cité par Maurice Souriau, *op. cit.,* 6.

1. Dans l'*Art Moderne* du 19 juillet 1903 : *A propos de la lumière de Rembranpt.*

jour de juin tout bruissant de blonde lumière, jusqu'à
l'étage élevé d'un de ces moulins où, sauf le meunier, personne ne va. Dès le premier étage, au-dessus du rez-de-
chaussée, je fus surpris de remarquer qu'à l'intérieur du
moulin il flottait une buée subtile ; la femme du meunier,
qui me servait de guide, me dit qu'il n'existait dans ces
moulins entièrement recouverts de chaume, aucune che-
minée, et que la fumée du foyer, comme dans certaines
maisons de pêcheurs, s'élevait librement de l'âtre vers la
toiture. Cette fumée flottante, très légère et continuelle,
recouvre à la longue toutes les boiseries, poutres, solives,
plafonds et planchers, d'une belle teinte d'un blond doré,
léger, transparent, et qui paraît lumineux au travers de
la buée bleuâtre, presque couleur d'aubergine. A chaque
étage, de rares et très petites fenêtres éclairaient seules ces
locaux assez vastes. A certains moments de la montée,
lorsqu'on vient de dépasser une de ces fenêtres et qu'on se
retrouve dans la pénombre, la lumière qui entre ne vient
pas *du ciel*, mais est une lumière *de reflet*, qui, par un
temps de soleil, crée un jour faux, chaud, couleur peau de
lion, venant des prairies ensoleillées. Cette lumière frap-
pant brusquement de côté la tête de la vieille meunière,
coiffée d'un bonnet blanc, me fut une révélation : immobile un instant devant une de ces lucarnes, elle fut un
vivant *Rembrandt*, absolument exact, sonore, rutilant,
étincelant, s'harmoniant avec son fond aux profondeurs
violacées, mystérieuses, baignées d'atmosphère. Et, dans
ces pénombres du fond, les moindres objets — sacs en
grosse toile, planches, meubles frustes — prenaient ces
tons roussis et lumineux des objets dans les fonds du
maître, dans ce que l'on nomme son clair-obscur, — par
exemple de la *Ronde de nuit*, de son *Siméon*, des *Pèle-
rins d'Emaüs*, de ses eaux-fortes : *Résurrection de Lazare*,
Christ guérissant, etc. — de presque toutes, si pas de
toutes ses œuvres. Plus tard dans la journée, lorsque le
soleil, plus bas, approche de l'horizon, touche presque les
cimes des arbres, et que ses rayons pénètrent horizontale-
ment par une de ces petites fenêtres, un rai d'or pur —
cet effet de lumière en quoi réside l'âme même des œu-

vres de Rembrandt -- traverse le poudroiement d'or sombre. Sur les *blancs* des vêtements de la vieille femme se projettent alors des « ombres portées » violentes, *plus foncées* que les ombres profondes et transparentes du fond, qui s'estompent en architectures de rêve, mystérieuses et vagues comme en tant de tableaux du grand peintre. Ici, dans ce moulin datant d'un siècle et demi, sans aucun doute semblable en tous points à celui où Rembrandt passa son enfance, moulin identique à ceux du xvii° siècle, je vis en un instant, et si clairement ! toute la genèse de son œuvre. Enfant, il avait passé sa vie dans ce milieu très spécial, d'une couleur et d'une lumière si particulières et si harmonieuses. Il avait vu son entourage, sa mère, son père, son oncle souvent éclairés ainsi, et il est bien probable que sa vision individuelle des êtres et des choses, qu'il développe avec un talent tout à fait unique, provient de ces impressions premières, d'enfance et d'adolescence, si durables. Plus tard, dans son atelier, il a eu le goût de créer un éclairage analogue, semblable un peu aussi à celui des appartements de son époque, à fenêtres relativement petites — mais le point de départ, l'origine même de sa conception de la lumière dans ses œuvres doit, selon moi, être cherchée à l'intérieur du moulin où il naquit, ou d'un moulin pareil où, enfant, il joua. Tout ceci, pour détruire cette légende de lumière fantastique, irréelle et spectrale, conçue par son cerveau seul, tandis qu'en vérité cette lumière n'est que celle toute naturelle du milieu où il vécut ses premières années, — lumière et couleur dont alors inconsciemment il s'imprégna et dont il subit l'influence durant toute sa vie.

Cette conjecture a toute apparence d'être juste. La personnalité picturale de Rembrandt proviendrait de cette lumière particulière qui émut ses yeux d'enfant et dont plus tard il enveloppa ses drames bibliques et ses visages de femmes, de vieillards, de guerriers. C'est, dans le cadre et la lumière faits des souvenirs de leur passé,

que les artistes, poètes aussi bien que peintres, font se
dérouler les grands drames de leur pensée et de leurs
sentiments.

Le fait, chez les écrivains, ressort avec évidence. Georges
Rodenbach me contait un jour, de la façon pittoresque
et charmante qui était la sienne, combien, en esprit, il
revivait dans le passé. « Ma plume, me disait-il, est pour
moi une aile qui me reporte dans mon enfance. » A
propos d'Émile Zola, un romancier qui semblerait avoir
pris seulement dans sa vie d'homme les éléments de ses
œuvres, le Dr Toulouse écrit : « ... élevé dans le souci
quotidien de la vie, assistant aux petites opérations du
ménage, habitué à tenir compte du prix de l'argent et
de sa nécessité, il acquit de bonne heure une maturité
d'expérience, s'intéressant à tous les détails de l'existence, et recueillant des faits qu'il sut plus tard utiliser
dans ses romans. Ayant vécu pauvre dans les faubourgs
de Paris, mêlé aux commérages de ses parents et de
ses voisins, il put voir de très près le monde qu'il a
plus tard décrit dans l'*Assommoir*. Enfin son séjour en
province lui avait laissé des souvenirs tout différents et
tout aussi précieux pour un romancier. Voilà les sources principales de documents où M. Zola puisa plus
tard. » (*op. cit.*, 123)

Gœthe disait à Eckermann que ces parties-là des Mémoires sont les plus belles, les plus vivantes où l'écrivain
décrit son enfance. Il songeait aux *Confessions* de saint
Augustin et aux *Confessions* de J.-J. Rousseau. Qu'on
lise les *Mémoires d'outre-tombe*, de Chateaubriand. Quel
enchantement, quelle flamme intime dans ces pages où
il relate sa jeunesse à Saint-Malo, à Combourg, charme
qui se dissipe quand il aborde sa vie d'homme ! Alors
ses regards ne voient plus la nature dans sa pureté ingénue. Un voile qu'ont tissé ses soucis d'homme et
d'érudit s'interpose entre lui et le monde. Dans son *Iti-
néraire de Paris à Jérusalem*, il ne considère plus les

paysages de l'Italie et de la Grèce avec les yeux qui s'éblouirent devant la mer bretonne et les forêts de Combourg ; mais des rappels de lectures classiques, d'histoire ancienne viennent sans cesse en les défigurant se surajouter aux décors qu'il contemple.

Un de mes amis, un compositeur de talent, Constant van de Wall, qui passa son enfance dans l'île de Java, me disait, à propos de sa *Suite d'orchestre* : « Dans ce premier morceau, je me suis inspiré d'une chanson admirablement triste et douce qu'un soir j'entendis chanter dans un village javanais. Cet autre morceau est un cortège nuptial dont je me rappelle toujours l'allure et les chants. Je n'ai pas reproduit la chanson de cette jeune fille, dont j'ai oublié les notes, ni le chant de ce cortège, mais j'ai rendu le trouble délicieux que leur souvenir éveille encore dans mon esprit. » Je cite ces paroles parce qu'elles expriment excellemment dans quelle mesure et de quelle manière les images de l'enfance servent dans la création artistique. A leur appui et pour les confirmer, peuvent se citer ces lignes de A. Boschot : « Ces chapitres des *Mémoires* de Berlioz, dira-t-on, peuvent renseigner sur l'âme de l'enfant. Hélas ! bien peu. Ses propres souvenirs, après que Berlioz les eut repensés cent fois et cent fois racontés, leur donnant ainsi un reflet de ses plus récents avatars, — tout à coup, dans un moment de crise, dans un « volcanisme », il en improvisa le récit fantasque (Londres, 1848 ; j'analyserai cela à sa date). Aussi les états de sensibilité, indiqués en 1848 par le musicien ruiné et volcanique, ne sont pas ceux de l'enfant, mais ceux de l'homme qui pense à son enfance et la recrée avec sa sensibilité d'homme (1). »

Mais l'artiste peut user d'un autre procédé. Il se place devant les spectacles nouveaux et, par un artifice dont

1. *La Jeunesse d'un Romantique* (H. Berlioz) (Plon), 525.

il a le secret, il envisage ces spectacles avec l'âme pleine
d'émerveillements et de simplicité qui fut l'âme de son
enfance. « Recommencer toujours à vivre, tel serait,
dit Guyau, l'idéal de l'artiste: il s'agit de retrouver, par
la force de la pensée réfléchie, l'inconsciente naïveté de
l'enfant. » (l'*Art*... 73.) C'est là ce que fit peut-être Chateaubriand quand il traça de chic tant de paysages
d'Amérique qu'il n'avait point contemplés, mais, pour
la peinture desquels, il s'était servi des écrits d'autres
voyageurs. Joseph Bédier, à l'École Normale, avec ses
élèves, en contrôlant sans cesse sur la carte les dires de
Chateaubriand, étudia son voyage en Amérique (1). Il
vint à se convaincre que Chateaubriand n'avait pu visi-
ter les pays qu'il avait décrits et retrouva les relations
d'autres voyageurs lui ayant servi à se documenter. Or,
pour parvenir, pendant un siècle, à en imposer à ses
lecteurs et à faire admirer, pour leur pittoresque et leur
vie, des pages rédigées en réalité selon les pires procédés d'école, il faut que Chateaubriand ait disposé d'une
virtuosité inouïe et qu'il ait eu en soi un trésor de couleurs et d'émotions, dont seulement dans la vie contemplative de son enfance il avait pu se pourvoir.

Ce procédé de « retrouver, par la force de la pensée
réfléchie, l'inconsciente naïveté de l'enfant » est, si
nous le soumettons à l'analyse, un acte de systématisation. Celui-ci consiste à prendre comme point de départ
un état mental qui, dans le mode spontané, aurait servi
de point d'aboutissement et de repasser ensuite, mais en
sens inverse, par ces mêmes états qui se fussent succédé dans l'acte spontané. L'enfant s'émerveille, mais
sans avoir aucun dessein préconçu de s'émerveiller.
L'artiste a le propos de s'émerveiller pour les besoins
de son art. Afin d'y atteindre, il évoque, et il faut pour

1. *Chateaubriand en Amérique*, par Joseph Bédier. *Revue d'Histoire littéraire de la France*, 1899 et 1900.

cela quelque souplesse, les états de sentiment par lesquels, enfant, il aurait passé.

Les spectacles que l'enfant considère sont, outre leur
éclat et leur puissance, doués d'un autre prestige, celui
de la vie. Les décors qui l'environnent ne sont pas inertes; ils vivent. A ses yeux, les choses s'animent, c'est-
à-dire qu'elles ont une âme. L'enfant est amené à tout
juger par ressemblance avec lui-même et ainsi le monde
lui apparaît un être aux formes sans cesse nouvelles
qui agit et se meut comme l'enfant lui-même agit et se
meut, poussé par les mêmes mobiles et les mêmes sentiments. Bernard Pérez, dans ses ouvrages sur l'enfance,
a donné beaucoup d'exemples de ces faits dont quelques-uns ont un charme de poésie tout à fait exquis.

En présence de deux faits se suivant, l'enfant les relie et le second lui apparaît nécessairement comme une
conséquence du premier. Pour s'expliquer ce rapport,
il n'invente point, mais il trouve dans sa mémoire déjà
riche quelque ressemblance entre ces faits inconnus
qui le sollicitent et d'autres qui lui sont familiers. Or,
comme, dans le monde, c'est surtout sa personne qu'il
connaît, ce sera à l'image de ses propres sentiments,
de ses propres manières d'être qu'il appréciera l'univers.
L'enfant commet, de la sorte, de continuelles erreurs
de jugement en inférant de lui aux choses et en géné-
ralisant de façon arbitraire. Dans le spectacle de la
nature, dans la nuit qui succède au jour, dans le soleil,
les étoiles, dans le bruit du tonnerre, il discerne quelque drame humain qui est ici, dans l'occurrence, un
drame puéril. C'est le trouble que l'enfant éprouve
devant les choses qui lui fait concevoir des images erronées. L'enfant est naturellement peureux et la peur
est la mère des fantômes.

Si l'éducation ne venait à la traverse, l'enfant finirait
par se créer une image du monde absolument semblable à celle que s'en sont faite les peuples primitifs et

telle qu'on la trouve dans les religions anciennes, dans les légendes. Mais l'enfant, dès qu'il est apte à comprendre les paroles humaines, apprend bientôt à concevoir les choses sous leur aspect réel. La peur, il l'éprouve toujours, mais les fantômes qu'elle éveille n'ont pas le temps de s'organiser. Quant à la vénération, qui est si immédiatement apparentée à la peur, l'éducation se sert de ce sentiment pour s'y appuyer et le détourne entièrement à son profit.

Ces aspects fantastiques sous lesquels l'enfant conçoit le monde s'attribuent à l'imagination mythique. Il me semble impropre d'employer ce mot quand il s'agit des enfants et des peuples primitifs, parce qu'il suppose la croyance à une faculté spéciale. Or ces aspects du monde ne sont pas dus à une faculté, mais résultent des images illusoires des sens coordonnées selon une logique tout instinctive.

Les poèmes antiques et religieux, où s'exprime cette fraternité qui faisait de la nature entière la compagne des hommes, leur amie propice ou redoutable, sont demeurés des sources inépuisables de poésie. Un grand poète, quand il mérite ce nom, doit retrouver, en présence des spectacles du monde, cette même âme avec laquelle les peuples anciens les contemplaient ; même les mots dont il se sert, il doit les animer d'une étincelle vivante. Ainsi non seulement les sujets de ses poèmes seront des mirages de son âme dans les choses, mais ses moyens d'expression devront procéder des sentiments qu'il éprouve. L'enfant agit de même. Mais qu'on n'aille pas, du fait d'un tel rapprochement, quelque légitime qu'il soit, déduire que les enfants sont des grands poètes et que les grands poètes ne sont que des enfants. Il y a, entre les deux, l'éloignement qui sépare un balbutiement d'une parole puissante et profonde. Le poète se sert de propos délibéré de son procédé pour traduire mieux et de manière plus intense sa pensée. C'est devenu une faculté réfléchie (1). Que l'on considère le *Lac* de Lamartine ou la *Cloche* de Victor Hugo pour se rendre compte de quelle rigueur dans la conduite de la pensée et de quelle souplesse à la fois il faut faire preuve afin de rendre par ce moyen ses conceptions poétiques.

Le fait, pour l'enfant, de sentir une âme éparse dans les choses et de découvrir en elles un prolongement de son propre être, provient de la faiblesse chez lui de la personnalité morale. C'est parce qu'il ne dégage pas sa personne du milieu qui l'environne qu'il les confond l'un et l'autre. Sa personnalité, existante dès le début, se précise en se restreignant peu à peu. Diffuse d'abord, elle se réduit et se condense. La personnalité de l'enfant au début paraît ne pas exister, mais c'est qu'elle peut prendre toutes les formes. Même la personnalité du jeune homme demeure encore, dans une certaine mesure, souple et malléable ; mais elle acquiert, avec l'âge, une forme de plus en plus rigide.

La faiblesse sinon l'absence de cette personnalité interdit absolument à l'enfant tout génie. Les traits que l'on rapporte de l'enfance des grands hommes ne diffèrent de ceux que l'on pourrait citer de la part des hommes du commun si l'on s'était avisé aussi d'en tenir registre. Tous les enfants font preuve de la même spontanéité. Chez les uns, elle est le signe d'un riche fonds, qui ira en se fécondant ; tandis que, chez les autres, elle ne témoigne que d'une vivacité passagère de l'esprit.

Il faut se garder de considérer les vocations précoces comme étant du génie ou un signe de génie. Je traiterai de la vocation dans des pages ultérieures. Ces vocations précoces dénotent uniquement qu'on a affaire à un type sensoriel très pur. Ainsi, pour un auditif, ce n'est pas la parole qui sera le véritable langage mais

1. Voir : *Victor Hugo. Le poète*, ch. III et IV, par Ch. Renouvier.

la musique. De fait, si ce n'était que la parole est
le moyen véhiculaire propre à la généralité des hommes, un auditif, livré à sa seule nature, s'exprimerait
sur un mode musical avant de s'exprimer par des mots.
La précocité s'offre souvent sans que, dans la suite,
aucun génie ne se révèle.

Si j'ai quelque répugnance à considérer comme inné
le génie, qui se constitue avant tout d'intelligence et
d'un matériel d'idées que la vie seule procure, il en est
tout autrement de certaines manières de sentir, de certains goûts et penchants qui se manifestent très tôt chez
l'enfant. Ils ne constituent pas sa personnalité, mais
aident à l'édifier parce qu'ils commandent bientôt toutes
les formes de la pensée et des sentiments. Chacun, dans
son entourage, peut observer chez des enfants des mouvements d'humeur et des façons d'être dans lesquels se
dessine avec évidence ce que sera plus tard le caractère. Voici, sur ces faits, des documents très explicites
empruntés à l'enfance de Benjamin Constant et de
Flaubert.

Suit la lettre qu'écrivit Benjamin Constant à l'âge
de douze ans. Elle est datée de Bruxelles et adressée
en 1779 à sa grand'mère. Sainte-Beuve la croyait apocryphe, mais l'original se trouve à la Bibliothèque de
Genève. « Je voudrais, écrit Benjamin Constant, qu'on
pût empêcher mon sang de circuler avec autant de
rapidité et lui donner une marche plus cadencée. J'ai
essayé si la musique pourrait faire cet effet, et je joue
des *adagio*, et des *largo* à endormir trente cardinaux.
Les premières mesures vont bien, mais je ne sais par
quelle magie ces airs lents finissent par devenir des
prestissimi. Il en est de même de la danse. Le menuet
se termine toujours avec moi par quelques gambades. Je
crois donc que le mal est incurable et qu'il résistera
même à la raison, car, à douze ans, je devrais en avoir
quelque étincelle; mais je ne m'aperçois pas de son

empire et, si son œuvre est faible, que sera-t-elle à vingt-
cinq ans? Savez-vous, ma chère grand'mère, que je
vais dans le monde deux fois par semaine? J'ai un bel
habit, une épée, un chapeau sous le bras, une main
sur la poitrine, l'autre sur la hanche. Je vois, j'écoute!
Jusqu'à ce moment, je n'envie pas les plaisirs du grand
monde. Il ont tous l'air de ne pas l'aimer beaucoup.
Cependant, le jeu et l'or que j'y vois rouler me causent
quelque émotion ; je voudrais en gagner pour mille
besoins que l'on a tort de traiter de fantaisies (1). »

Si Sainte-Beuve pensa que cette lettre avait été écrite
à une époque plus tardive et antidatée ou même entièrement forgée, c'est qu'il lui était difficile d'admettre
qu'un enfant pût déjà à cet âge révéler des traits
qui devaient être plus tard les plus saillants de son
caractère. Pour ceux à qui la figure du publiciste est
familière, une grande partie de Benjamin Constant se
découvre dans cette lettre.

Mais plus évidentes sont encore les lettres de Flaubert.
Les signes de sa personnalité se manifestent dans les
lettres allant de 1830 à 1835, quand Flaubert avait moins
de quatorze ans. Flaubert avait douze ans quand il
écrivait : « Louis-Philippe est maintenant avec sa
famille dans la ville qui vit naître Corneille. Que les
hommes sont bêtes, que le peuple est borné... courir
pour un roi, voter 30,000 francs pour les fêtes, faire
venir pour 2,500 francs des musiciens de Paris, se donner
du mal et pour qui? pour un roi ! Faire queue à la porte
du spectacle depuis trois heures jusqu'à huit heures et
demie, pour qui? pour un roi ! Ah !! que le monde est
bête. » (1re sér., 7) Toute la correspondance n'est-elle pas
déjà dans ce thème et dans celui-ci (1834)? « Tu crois
que je m'ennuie de ton absence, oui tu ne te trompes

1. Cité par D. Melegari dans son Introduction au *Journal Intime*
de Benjamin Constant (Paul Ollendorf), 1895, p. xiv.

point et si je n'avais pas dans la tête et au bout de ma
plume une reine de France au xv⁰ siècle, je serais totalement dégoûté de la vie et il y a longtemps qu'une balle
m'aurait délivré de cette plaisanterie bouffonne qu'on
appelle la vie! » (id., 10) Qu'à ces caractères se joignent
un goût très vif pour l'indépendance et un dédain absolu
de la praticité de la vie et l'on aura tout Flaubert. Mais
Flaubert seulement en tant que caractère. Nous avons les
humeurs qui régiront le cours de ses pensées, des penchants qui deviendront des habitudes sentimentales, des
goûts où se décèlent en germe sa haute probité et la
fierté littéraire de l'écrivain ; déjà il a entrevu le rêve
d'éternité qui sera la chimère hautaine de sa vie. Nous
détenons bien des choses sans avoir encore son génie,
cette puissance faite d'expériences douloureuses, de
méditation et de travail, faite surtout de force et de
maturité, naturellement les deux qualités les plus man-
quantes à l'enfant.

Au point de vue émotif, je n'ai trouvé de faits qui semblent particuliers à l'enfance des hommes de génie. Il
est naturel qu'ils aient été très impressifs et plus que
les autres enfants. Mais les faits cités dans les *Mémoires*
de Gœthe, de Rousseau, de Chateaubriand pourraient
tout aussi bien se rapporter à quelque enfant que ce
soit. Lamartine dit, dans ses *Confidences*, livre VI : « La
taille déjà haute pour mon âge, les mouvements lestes
et flexibles, seulement une extrême délicatesse de peau
qui me venait aussi de ma mère et une faculté de rougir
et de pâlir qui trahissait la finesse des tissus, la rapidité
et la puissance des émotions du cœur sur le visage. »

Les émotions de l'enfance ont une grande force qui
provient de l'abandon avec lequel les enfants se livrent.
Mais il manque à leurs sentiments la persistance nécessaire pour devenir le centre d'un système d'images ou
d'idées. Le souci de sa propre existence, que l'enfant
manifeste dans la peur, et l'attachement à la mère sont

assez profonds, assez constants pour qu'autour d'eux se groupent des images ; mais la nature de ces sentiments et le nombre des images qu'ils tiennent dans leur dépendance ne sont pas tels qu'ils puissent fonder un moi stable et durable.

Si la peur ou le sentiment filial n'aboutissent point à procurer ni la base, ni le lien nécessaires pour qu'une personnalité s'établisse, les sentiments sexuels y parviennent et leur rôle, même dans l'enfance, est prépondérant. On pourrait représenter le développement des sentiments sexuels et celui de la personnalité par deux courbes constamment parallèles. Dans les premières années, les sentiments sexuels n'ont qu'une existence occulte. Ils ne se manifestent guère, quoiqu'il paraisse cependant que, dans l'enfance déjà, se produise un éveil des sens très précoce. Ce réveil même peut demeurer insoupçonné et, s'il se révèle, ce sera à la suite d'incidents semblables à ceux que relatent Rousseau et Chateaubriand dans leurs *Mémoires*. Je crois ce point assez peu approfondi et je ne compte pas m'attarder à une matière qui n'importe pas beaucoup à mon sujet. L'étude d'ailleurs touche à un domaine délicat où les documents sont difficiles à rassembler. Telle personne gardera secrets, par mauvaise honte, des faits certains dont elle se souvient ; tandis que telle autre sera très explicite par un sentiment opposé ; et le témoignage de toutes deux méritera le même degré de confiance. D'autre part, il sera malaisé de ne pas choir dans des malentendus sur le sens qu'il s'agit de donner à ce mot « sexuel » chez l'enfant. Il est très important que la puberté manifeste déjà dans l'enfance des signes avant-coureurs et qu'ayant présenté antérieurement de nombreux prodromes, la soudaineté avec laquelle elle semble se produire ne soit qu'apparente. Ce que j'appelle ici sentiments sexuels n'est autre chose que ces prodromes de l'adolescence. S'ils restaient absents, le

passage de l'enfance à la puberté serait tellement brusque qu'il y aurait lieu de voir, dans l'âme puérile et
dans l'âme adulte, deux âmes étrangères l'une à l'autre. Il n'en est pas ainsi. Des ferments lents et secrets
transforment dès longtemps d'avance l'âme de l'enfant,
de sorte que le passage de l'adolescence s'accomplit
sans secousse.

Une lecture des *Mémoires d'outre-tombe* montre ces
troubles que l'enfant traverse et dans lesquels toute sa
vie se décide. Voici ce que Chateaubriand rapporte de
son enfance, car il avait alors onze ans seulement : —

Le hasard fit tomber entre mes mains deux livres bien
divers, un *Horace* non châtié et une histoire des *Confessions mal faites*. Le bouleversement d'idées que ces deux
livres me causèrent est incroyable : un monde étrange
s'éleva autour de moi. D'un côté, je soupçonnais des secrets incompréhensibles à mon âge, une existence différente de la mienne, des plaisirs au delà de mes jeux, des
charmes d'une nature ignorée dans un sexe où je n'avais
vu qu'une mère et des sœurs ; d'un autre côté, des spec-
tres traînant des chaînes et vomissant des flammes m'an-
nonçaient des supplices éternels pour un seul péché dissimulé... Dès lors, je sentis s'échapper quelques étincelles
de ce feu qui est la transmission de la vie. J'expliquais le
quatrième livre de l'*Énéide* et je lisais le *Télémaque :*
tout à coup je découvris dans Didon et dans Eucharès des
beautés qui me ravirent ; je devins sensible à l'harmonie
de ces vers admirables et de cette prose antique... Je dé-
robai un *Tibulle :* quand j'arrivai au « Quam juvat immi-
tes ventos audire cubantem », ces sentiments de volupté
et de mélancolie semblèrent me révéler ma propre nature.
Les volumes de Massillon qui contenaient les sermons de
la *Pécheresse* et de l'*Enfant prodigue* ne me quittaient
plus. On me les laissait feuilleter, car on ne se doutait
guère de ce que j'y trouvais... Je m'endormais en balbu-
tiant des phrases incohérentes où je tâchais de mettre la
douceur, le nombre et la grâce de l'écrivain qui a le mieux

transporté dans la prose l'euphonie Racinienne... Si j'ai dans la suite, peint avec quelque vérité les entraînements du cœur mêlés aux syndérèses chrétiennes, je suis persuadé que j'ai dû ce succès au hasard qui me fit connaître au même moment deux empires ennemis. Les ravages que porta dans mon imagination un mauvais livre eurent leur correctif dans les frayeurs qu'un autre livre m'inspira, et celles-ci furent comme alanguies par les molles pensées que m'avaient laissées des tableaux sans voiles... Ce qu'on dit d'un malheur, qu'il n'arrive jamais seul, on peut le dire des passions : elles viennent ensemble, comme les muses ou comme les furies. Avec le penchant qui commençait à me tourmenter, naquit en moi l'honneur : exaltation de l'âme qui maintient le cœur incorruptible au milieu de la corruption...

Trois années plus tard environ, car Chateaubriand ne se soucie pas de donner d'âge ni de dates exactes, nous trouvons dans le chapitre : *Passage de l'enfant à l'homme*, ces lignes :

A peine étais-je revenu de Brest à Combourg, qu'il se fit dans mon existence une révolution ; l'enfant disparut et l'homme se montra avec ses joies qui passent et ses chagrins qui restent. D'abord tout devint passion en attendant les passions mêmes... La vie que nous menions à Combourg, ma sœur et moi, augmentait l'exaltation de notre âge et de notre caractère. Notre principal désennui consistait à nous promener côte à côte dans le grand Mail... Ce fut dans une de ces promenades que Lucile m'entendant parler avec ravissement de la solitude, me dit : « Tu devrais peindre tout cela. » Ce mot me révéla la muse ; un souffle divin passa sur moi. Je me mis à bégayer des vers, comme si c'eût été ma langue naturelle... Un voisin de la terre de Combourg était venu passer quelques jours au château, avec sa femme, fort jolie. Je ne sais ce qui advint dans le village ; on courut à l'une des fenêtres de la grand'salle pour regarder. J'y arrivai le pre-

mier, l'étrangère se précipitait sur mes pas, je voulus lui
céder la place et je me tournai vers elle ; elle me barra
involontairement le chemin, et je me sentis pressé entre
elle et la fenêtre. Je ne sus plus ce qui se passa autour
de moi. Dès ce moment, j'entrevis que d'aimer et d'être
aimé d'une manière qui m'était inconnue, devait être la
félicité suprême... L'ardeur de mon imagination, ma timi-
dité, la solitude firent qu'au lieu de me jeter au dehors,
je me repliai sur moi-même ; faute d'objet réel, j'évoquai
par la puissance de mes vagues désirs un fantôme qui ne
me quitta plus... Au sortir de ces rêves, quand je me re-
trouvais un pauvre petit Breton obscur, sans gloire, sans
beauté, sans talents, qui n'attirerait les regards de personne, qui passerait ignoré, qu'aucune femme n'aimerait
jamais, le désespoir s'emparait de moi... Ce délire dura
deux années entières, pendant lesquelles les facultés de
mon âme arrivèrent au plus haut point d'exaltation.

Cet intervalle de deux ou trois années entre les premiers signes et ceux, décisifs, qui suivirent permit aux
éléments qui formaient l'âme puérile de s'intégrer dans
cette âme nouvelle qui deviendra celle de l'homme jeune.

Je tiens à insister sur la façon dont l'âme de l'enfant
se fond dans celle de l'adolescent et comment en même
temps celle-ci absorbe l'âme de l'enfant. Ce passage,
dont les pages que je cite de Chateaubriand dépeignent admirablement les troubles, s'accompagne d'un
travail obscur qui s'effectue dans l'intimité la plus profonde de l'esprit, travail incessant qui, pour cette raison, demeure inaperçu. Mais nous pouvons le dégager
et, ramassant ses principaux caractères, le mettre en
lumière.

La puberté probablement distille dans le sang des
humeurs qui fomentent ces inquiétudes, ces transports
que Chateaubriand décrivit. Précédemment l'enfant
subissait l'empreinte de la vie ou n'éprouvait contre elle
que de vaines et courtes rébellions. Mais l'homme

jeune, imbu et enivré de ses forces nouvelles, veut accomplir dans le monde les plans de sa volonté. Prenant connaissance de lui-même parce que chacun de ses actes est une épreuve et un essai de sa puissance, il conçoit de vastes rêves, des visées lointaines. Il le peut, car il sait que demain il sera ressemblant à ce qu'il est aujourd'hui, que le pouvoir dont il dispose, il pourra demain le mettre en œuvre et ces vœux qu'aujourd'hui il a conçus, son âme demain les partagera encore. Dans son ardeur, il réclame toutes les joies, toutes les voluptés, tous les bonheurs. Mais, persuadé déjà ou ayant pressenti que rien ne s'obtient ici-bas qui ne soit un échange, il apprend quelle valeur ont les rapports entre sa personne et les autres hommes et quels sont les rapports des êtres entre eux. Ceci détermine, dans son esprit, des idées générales qui agissent à leur tour sur ses idées particulières, de sorte que, tout comme se sont épanouis ses sens et ses sentiments, s'épanouit aussi son intelligence.

Ce long développement, qui s'opère, à certaines heures, avec quelque violence, est d'une telle lenteur que, grâce à elle, la part la plus importante de l'âme puérile peut s'assimiler à l'âme nouvelle en train de se former. Si l'on pouvait se figurer que ce changement eût lieu dans l'espace entre le coucher et le réveil, l'homme, au sortir de ce sommeil, se trouverait sans mémoire du passé et comme si, adolescent, il renaissait une seconde fois à la vie. Loin de là, les sentiments de son enfance persistent, tels le sentiment filial et quelquefois le sentiment religieux. Cet ensemble de goûts, de penchants, de préférences, ces manières d'être, par lesquelles l'enfant laisse déjà entrevoir ce qu'il sera un jour, et dont j'ai montré des témoignages empruntés à B. Constant et à Flaubert, non seulement persistent mais même se prononcent davantage parce que la puberté ne fait souvent que les renforcer.

Supposons qu'une idée, une image ayant fait partie de la personnalité enfantine s'éveille dans la mémoire de l'adolescent. Si cette image ne s'accommode pas avec l'état de sensibilité nouveau provenant de la puberté et si donc elle ne suscite aucun émoi, cette image, à qui manquera dorénavant tout élément émotif capable de la faire ressusciter, car c'est cet élément par quoi s'effectue le réveil des images dans l'esprit, va languir, s'épuiser, et finira par disparaître dans ce néant qui s'appelle l'oubli. Si, au contraire, quelque conformité se révèle entre cette image ou idée ancienne et le ton émotionnel qui sert de base à la personnalité adolescente, alors elles vont s'unir avec ce ton affectif, acquérir par là une vitalité nouvelle et former désormais une part constitutive de cette personnalité. Le fait cité par Ribot dans sa *Psychologie des sentiments*, page 153, offre le cas d'une image qui renaît dans la mémoire et qui là s'associe avec un état de sentiment qui lui était auparavant étranger. Nous voyons Littré se rappeler la mort d'une sœur, rappel qui jusqu'alors ne l'avait jamais ému. Or, un jour, par suite de quelles circonstances? ce souvenir le troubla si profondément qu'il fondit en larmes. Ce même fait d'une image autrefois neutre et maintenant liée à un ton émotionnel nouveau dont elle demeure désormais imprégnée s'accomplit dans le cours de l'adolescence d'une façon continue et inaperçue.

Mais cette sorte d'amalgame, qui se produit surtout dans le domaine des sentiments et chez cette sorte d'idées qui leur sont étroitement apparentées, — car un sentiment de l'enfance en se nuançant chaque jour peut prendre lentement un caractère viril — cet amalgame n'est pas aussi aisé dans le domaine des idées proprement dites. Entre les idées qui sont le bagage mental de l'enfant et celles que l'homme jeune élabore existe une différence absolue de nature telle que les unes et les autres mises en présence ne sauraient se concilier.

En effet l'enfant n'a que des idées de commande. C'est par une contrainte, il est vrai souvent persuasive, mais cependant par contrainte que les idées lui sont imposées. Or la première prérogative que s'attribue l'homme jeune est de n'accepter que ces idées-là dont il a fait la critique. Plus clairvoyant et se fondant sur ses lumières, il passe au crible toutes les manières de penser que l'enfance lui a léguées et qui sont souvent opposées à celles qu'il vient ou qu'il est en train d'acquérir. Il arrive que, dans l'enivrement de sa force et de son indépendance, il rejette en groupe toutes les idées de son enfance, toutes ses croyances. Il y aura de ces idées qui lui auront été inculquées par des intérêts de caste et de famille contraires à ses convictions nouvelles, auxquelles il donne la préférence pour la seule raison qu'il se les est faites lui-même. De cette différence entre l'évolution des sentiments et l'évolution des idées dans l'adolescence résulte souvent, chez l'homme jeune, une mésentente douloureuse entre son cœur et son esprit. Ces combats engendrent des inquiétudes, des tourments. Parfois, à la fin de l'adolescence, l'accord se fait ; les sentiments s'assujettissent aux idées ou bien ce sont les idées qui capitulent. Quelquefois la mésentente se prolonge et tout le monde a rencontré de ces personnes qui, joignant une intelligence inquiète et scrutatrice aux sentiments les plus nobles et les plus profonds qui servent de base à la croyance et à la foi, sont sans cesse à la recherche d'un compromis. Le plus bel ainsi que le plus haut exemple d'un tel esprit est peut-être Sully-Prudhomme.

L'homme jeune en proie aux troubles que sa puberté suscite, se plaît aux livres d'art qui offrent, sous des aspects d'enchantement et embellis de tous les prestiges, les tableaux de ses agitations. Il arrive presque à croire que ce sont les œuvres des poètes qui lui ont révélé l'amour avec son cortège innombrable de joies

et d'inquiétudes, alors que ces œuvres n'ont été qu'un
miroir. C'est dans l'*Énéide* et dans *Télémaque*, que Chateaubriand apprend les premières douceurs de la volupté
et de la mélancolie. Ainsi, entre les jouissances du sentiment, les tendresses, les rêves et en général toutes les
images qu'apportent avec eux les mouvements du cœur
et l'art d'autre part, il s'établit une liaison profonde qui
les rend pour jamais solidaires. Shelley, dans ses *Three
Fragments on Beauty*, a écrit une phrase exquise où la
qualité de cette liaison apparaît pleinement quand il dit
que, s'il est doux d'admirer dans une profonde ferveur
la beauté de la nature et du monde, il est d'une douceur
plus grande encore de faire partager ce sentiment à un
être qu'on aime. Cependant il faut se garder de donner
à ces rapports fort rapprochés, qui résultent de ce que
le cœur et l'esprit s'éveillent en même temps, des caractères de dépendance arbitraires. J'entends parler ici
de ces théories qui font de l'art une sorte d'équivalent
cérébral de ce qu'est l'amour au point de vue charnel.
Les mêmes mots en usage dans l'un et dans l'autre
ordre d'idées, les transports de l'inspiration si ressemblants aux troubles de l'amour ont contribué à accoupler
les deux faits. On a montré que les courbes de la puissance créatrice, chez les artistes, et des facultés affectives se cotoyaient. Tarde, quelque part, fait le même
rapprochement dans le domaine des activités sociales et
affirme, sans probablement trop y croire, que l'art accomplit dans la société un rôle analogue à l'amour. Tout
cela est de la fantaisie. La seule chose à laquelle nous
devions nous tenir, c'est que l'activité affective et l'activité poétique se produisent concurremment. Les rapports exacts qui existent entre elles ressortiront pleinement dans la suite de cet ouvrage où j'envisage la
part considérable que prend l'élément émotionnel dans
tous les phénomènes de la jouissance et de la production esthétiques.

Revenons à la puberté. Au point de vue purement psychologique, elle n'est pas autre chose que le développement et l'établissement de la personnalité. Ce développement parcourt maintes étapes qu'il importe de considérer sous tous leurs aspects possibles et dont chacun nécessite une étude approfondie. Pour le dire dès à présent, à charge de le démontrer dans la suite, je considère le génie comme une grande et puissante personnalité. En étudiant la personnalité, je recourrai de préférence à des exemples empruntés aux hommes de génie et j'aurai, par là même, étudié le génie.

III

La personnalité en se formant présente deux ordres de faits qu'il faut dès l'abord distinguer. D'un côté, l'esprit a une tendance à s'accroître incessamment, à faire siennes les images du monde qui se reflètent en lui, à grandir dans tous les sens. C'est un mouvement qui, s'il durait, aboutirait à annuler la personnalité en la dispersant. Mais un second mouvement se constate, ayant pour effet de ramener en de strictes limites les activités de l'esprit et à ne les diriger que dans une seule voie. Ce sont deux tendances qui se contrebalancent en agissant tour à tour jusqu'à ce que l'équilibre s'établisse.

J'appelle du nom de polypersonnalité cette aptitude qu'a l'esprit de s'accommoder à divers états, car chacun de ces états auquel l'esprit s'adapte représente l'ébauche d'une personnalité nouvelle, quoique cette nouveauté soit plus apparente que réelle et qu'il ne s'agisse, ainsi que nous le verrons, que de variations qui n'intéressent pas le fond. Ensuite, j'envisagerai les phénomènes qui tendent à prescrire à la personnalité ses limites, enfin restera à considérer l'instant où la personnalité s'établit.

LA POLYPERSONNALITÉ. — Si son rôle passe parfois inaperçu chez les hommes en général, il est de la plus grande importance chez les hommes de génie. Grâce à elle, la personnalité s'enrichit et prend connaissance de tous les aspects et des aspects les plus divers du monde extérieur. Cette polypersonnalité existe déjà chez l'enfant, mais là elle est un signe de faiblesse. Elle existe aussi chez l'homme fait, mais c'est chez l'adolescent que son rôle et ses effets sont le plus considérables. Elle consiste dans l'aisance à s'adapter aux milieux les plus divers et, ce faisant, de changer momentanément de personnalité. Je pourrais la comparer à une sorte de mimétisme mental. Dans l'entre-temps, la personnalité morale, qui n'a jamais d'unité rigide, et cela surtout dans l'adolescence, persiste malgré l'avatar qu'elle traverse. Ainsi, par l'effet de la sympathie, un des sentiments essentiellement propres à l'adolescence, l'homme jeune se mêle à une autre existence sans que se perde, pour cette raison, la notion de son moi ; même plus, pour que de la sorte une personnalité adventice se crée, il faudra que la personnalité véritable soit déjà puissante sans quoi elle serait effacée et même supplantée ; également elle doit être riche, car ce n'est qu'au moyen d'une partie de ses éléments que cette personnalité adventice se constitue.

Comme toute activité de l'esprit, la polypersonnalité est sujette à se systématiser. Mais nous sommes alors en présence d'un procédé dont se servent sciemment des écrivains pour créer les personnages de leurs œuvres. Je m'occuperai de ces procédés dans la seconde partie de ce livre.

L'homme peut, de même que l'enfant, présenter un genre de polypersonnalité due au manque de stabilité de sa personnalité propre. Son esprit se livre alors à tous les empires qui agissent sur lui et quelques gens même, par un jeu dangereux, se complaisent à se laisser ainsi tour à tour dominer par des influences étrangères au risque de perdre le sentiment de leur moi et de voir s'anéantir leur volonté. Amiel souffrit de ce mal et y puisa aussi des délices. Son *Journal* est la continuelle plainte d'un esprit versatile qui ne sait où ni à quoi s'attacher. Voici un passage d'Amiel, qui a, pour moi, l'avantage de décrire la polypersonnalité, quoique sous son aspect maladif, avec un scrupule et une délicatesse de détails tels qu'après sa lecture le phénomène en lui-même n'a plus aucune obscurité : « Toute individualité caractérisée se moule idéalement en moi ou plutôt me forme momentanément à son image, et je n'ai qu'à me regarder vivre à ce moment pour comprendre cette nouvelle manière d'être de la nature humaine. C'est ainsi que j'ai été mathématicien, musicien, érudit, moine, enfant, mère, etc... Dans ces états de *sympathie* universelle, j'ai même été animal et plante, tel animal donné, tel arbre présent. Cette faculté de métamorphose ascendante et descendante, de déplication et de remplication a stupéfié mes amis même les plus subtils. Elle tient sans doute à une extrême facilité d'objectivation impersonnelle. »

La personnalité propre d'Amiel n'avait pas assez de force en elle pour maîtriser et surmonter ces avatars et les exploiter en quelque sorte à son profit Elle s'adonnait entièrement à eux et cela à son détriment.

Tout autre est la polypersonnalité quand elle constitue la curiosité d'un esprit robuste qui ne se transforme, dirai-je, qu'à bon escient, pour connaître plus intimement les hommes et pénétrer leurs destinées en se fondant un instant en elles. Et c'est de celle-là qu'il convient de tenir compte ici. Il ne s'agit plus d'un ascendant que l'homme subit ; mais un véritable exercice auquel il se livre avec la conscience très nette de sa force et même, quoiqu'on ne puisse parler ici de systé-

matisation, tout en sachant qu'il y trouve son profit pour
le développement normal de son moi.

Voici, de tous, l'exemple le plus précoce emprunté à
Daudet dans *Trente ans de Paris*. Déjà s'y montre, chez
un enfant, une polypersonnalité presque systématisée,
cas qui doit être extrêmement rare. On peut même se
demander si Daudet, en écrivant ces lignes, ne s'est pas
abusé soit sur l'époque, soit sur le phénomène lui-même,
d'autant plus que le passage a d'étranges ressemblances
avec un autre de Balzac dans *Facino Cane*. « J'avais
dix ans, écrit Daudet, et déjà tourmenté du désir de sortir de moi-même, de m'incarner en d'autres êtres dans
une manie commençante d'observation, d'annotation
humaine, ma grande distraction pendant mes promenades était de choisir un passant, de le suivre à travers
Lyon, au cours de ses flâneries ou de ses affaires, pour
essayer de m'identifier à sa vie, d'en comprendre les
préoccupations intimes. »

Montaigne, qui sut si subtilement et si sincèrement
s'étudier soi-même pour arriver ainsi à la connaissance
de l'homme, dit dans ses *Essais*, L. III, V: « Or j'ay une
condition singeresse et imitatrice: quand je me meslois
de faire des vers et n'en fis jamais que des latins, ils
accusoient evidemment le poete que je venois dernière-
ment de lire: et de mes premiers Essays, aucuns puent
un peu l'estranger. Qui que je regarde avec attention
m'imprime facilement quelque chose du sien. Ce que
je considere je l'usurpe: une sotte contenance, une
desplaisante grimace, une forme de parler ridicule ;
les vices, plus: d'autant qu'ils me poingnent, ils s'accro-
chent à moy et ne s'en vont pas sans secouer. »

Faisons remarquer que Montaigne, et cette phrase le
prouve : « d'autant qu'ils me poingnent », a saisi que le
phénomène est intimement dépendant de l'émotion et
que c'est l'intensité de celle-ci qui mesure l'intensité du
phénomène lui-même.

Les vers suivants de Chénier — c'est de l'imagination qu'il parle — valent d'être cités et commentés :

> Par vous, la rêverie errante, vagabonde,
> Livre à ses favoris la nature et le monde;
> Par vous, mon âme, au gré de ses illusions,
> Vole et franchit les temps, les mers, les nations,
> *Va vivre en d'autres corps*, s'égare, se promène
> Est tout ce qui lui plaît, car tout est son domaine.

Donc, selon ces vers, l'imagination et la polypersonnalité se confondraient. Et, en effet, pour rappeler ce que j'ai dit précédemment de l'imagination, elle n'est point une faculté, mais un acte par lequel les éléments constitutifs du moi se dissolvent pour momentanément se ranger dans un nouvel ordre. Tout acte d'imagination se ramène donc à une variation de la personnalité. Variation qui ne va pas jusqu'à offusquer la personnalité véritable, car ces variations ne sont que relatives et le sujet qui les accomplit joue un rôle tout comme un acteur qui, lui aussi, malgré ses changements d'âme, ses sentiments d'emprunt et son souci de s'adapter à son personnage demeure cependant lui-même.

« Il arriva pourtant, écrit Chateaubriand au commencement de ses *Mémoires*, que je devins assez tôt un centre de réunion; j'exerçai dans la suite, à mon régiment, la même puissance; simple sous-lieutenant que j'étais, les vieux officiers passaient leurs soirées chez moi et préféraient mon appartement au café. Je ne sais d'où cela venait, n'était peut-être ma faculté à entrer dans l'esprit et à prendre les mœurs des autres. »

Mais Gœthe sera le plus explicite. « J'arrivai..., dit Gœthe, dans presque tous les ateliers, et... c'était mon instinct de m'identifier avec les positions étrangères, de sentir chaque forme particulière de la vie humaine et d'y prendre part avec plaisir... J'apprenais à con-

naître la façon de faire de chacun, et les joies, les
souffrances, les maux et les biens qu'entraînent avec
elles les conditions inhérentes à tel ou tel genre de vie...
La vie de famille dans chaque métier, laquelle recevait
du genre de travail une forme et une couleur, était également l'objet de mon attention secrète.»(*Op. cit.*, 127.)

J'insiste sur ces mots: « Sentir chaque forme particulière de la vie et y prendre part avec plaisir...» En effet
c'est le signe d'une activité dans laquelle l'être mental trouve son contentement et pressent continuelle-
ment un renforcement de lui-même. Cette activité, si
elle était maladive, s'accompagnerait de fatigue et de
mélancolie.

Se pourrait-il qu'une de ces personnalités fortuites
auxquelles l'esprit s'est plu comme à un déguisement,
devienne durable et s'invétère? Peut-être. Ainsi Gaston
Paris, dans ses *Penseurs et Poètes*, parle de Sully-Prudhomme qui, à l'âge de vingt ans, après s'être à Paris
occupé de mathématique, alla à Lyon, la ville mystique,
préparer son examen de lettres et, là, malgré son doute,
fut pris, dans le milieu familial, d'une crise religieuse
qui l'entraîna presque dans les Ordres. Rappelé à Paris,
la crise se dissipa.

Ainsi, l'homme de génie, altéré de tout connaître, de
tout éprouver, veut que ne lui demeure inconnue aucune
des formes de la vie. Si les limites marquées à toute
puissance humaine ne l'obligeaient à se borner, il arriverait à embrasser dans son âme toute son époque, et, à
force d'élargir son être et d'y enfermer ce que son intelligence est à même de comprendre, finirait par s'identifier avec son siècle. A-t-il été accordé à aucun être
humain de contenir en soi toutes les manières de penser
et de sentir de son temps? On est amené à admettre parfois que les grands hommes, dans le passé, ont inscrit en
eux leur siècle entier. Mais il faut se garder ici d'une
erreur de jugement. Si Dante semble à nos yeux incarner

le moyen âge et l'exprimer, c'est que nous-mêmes nous nous sommes représenté les sentiments et les croyances du moyen âge d'après la *Divine Comédie* et la *Vita nuova.* Nous sommes ici dupes d'une illusion. Nous savons très bien que Gœthe, Balzac, Victor Hugo, malgré l'étendue et la richesse de leur œuvre, ne représentent aucunement de façon complète leur époque.

Il n'en peut être autrement car la personnalité, quelque abondants que semblent ses éléments, a bientôt épuisé les changements dont elle est capable et les combinaisons dans lesquelles peuvent se grouper ces éléments.

Il est déjà apparu de ce qui précède que je considère la polypersonnalité et l'imagination comme une seule et même aptitude. J'aurais tout aussi bien pu faire usage du mot: imagination pour désigner le phénomène dont le rôle dans la formation de la personnalité m'occupe ici. Mais, pour un point de vue nouveau, rien ne convient mieux qu'un mot nouveau. D'ailleurs le mot: imagination a revêtu un sens étroit. En elle, on ne voit couramment qu'un pouvoir grâce auquel il serait donné d'inventer, ou, pour mieux dire, de rassembler dans un ordre imprévu des éléments épars dans la mémoire. Cela peut être exact. Mais, *en art*, l'ouvrage obtenu par un tel procédé sera comparable à un habit d'arlequin et ne constituera jamais, au grand jamais, une œuvre de mérite et même le nom d'œuvre d'art ne lui conviendra pas. A part M. Paul Souriau, dans son beau livre, la *Suggestion dans l'art*, tous les auteurs ont attribué et attribuent encore la création artistique à cette unique aptitude de broder sur un canevas des images dont auparavant s'était meublée la mémoire. Non, l'artiste, dans un tel acte, met de soi. Il se donne, il se livre. Il s'incarne dans le rêve qu'il conçoit. Lorsqu'un poète ne « vit » pas le sujet qu'il chante ou décrit et ne met, dans son livre, rien de ressenti, son livre, dépourvu de tout attrait, de tout frisson, ne sera qu'un enchaînement parfois habile, mais qu'importe, d'images usagées.

J'ai montré la polypersonnalité ou l'imagination contribuant grandement au développement de l'esprit. C'est elle qui accroît la puissance de l'âme en multipliant les aspects sous lesquels cette âme est à même de considérer l'univers et la vie. Au lieu d'être bornée à un seul destin, elle en connaît un grand nombre, de sorte qu'avant même d'avoir souffert et goûté les voluptés, elle sait cependant déjà les douleurs et les joies que les hommes peuvent avoir en partage. Ainsi l'imagination n'a point pour résultat une vaine dissipation de l'esprit, mais elle est une activité qui le mûrit anticipativement.

Dans l'acte, tel que Gœthe le décrit dans la page reproduite plus haut, entrent en jeu maints facteurs qui se sont entr'aidés. J'employais tantôt le mot imagination, mais, dans l'acte que ce mot recouvre ici, intervient un ensemble d'activités auxquelles participent la raison et la volonté. D'abord il fallut que Gœthe éprouvât une profonde sympathie pour la personne dont il voulait en quelque sorte pénétrer la destinée, sympathie jointe à un vif discernement qui lui faisait deviner, pour les partager ensuite, les sentiments essentiels de cette personne. Considérant ensuite l'entourage dans lequel elle passait sa vie, il devait reconstituer logiquement l'existence qu'elle y menait puis, par un jeu volontaire, se persuader que cette existence était la sienne à lui. Cet acte du transfert du moi, ainsi que le nomme Paul Souriau, est rien moins que simple à l'analyse (1).

Si l'esprit se livrait sans répit à ce penchant qu'il a de se répandre et de revêtir des aspects sans cesse changeants, il n'y trouverait d'autres profits que le plaisir qu'il tirerait de ces continuels travestissements. Certes ils ont

1. Voir, pour plus de détails: *La Suggestion dans l'art*, par Paul Souriau, 300-344.

leur utilité parce qu'ils procurent une expérience illusoire de la vie qui tient lieu en attendant de l'expérience
véritable. L'intelligence acquiert de la sorte une maturité précoce qui, pour le dramaturge, le romancier, le
poète, est un avantage précieux mais qui ne contreba-
lance pas l'inconvénient qu'il y aurait dans cet incessant
dispersement. Il faudra qu'entrent en œuvre des influences toutes contraires tendant à déterminer, à définir la
personnalité à la fois en lui traçant des bornes et en
marquant un but à son activité. Ces influences pousse-
ront l'intelligence dans une voie dont il ne lui sera
bientôt plus loisible de s'écarter et c'est d'elles que je
vais m'occuper maintenant.

LA DÉTERMINATION DE LA PERSONNALITÉ. — Les facteurs devant produire cet effet sont d'abord l'imagination elle-même, c'est-à-dire le transfert du moi. L'homme
jeune qui s'ignore lui-même finira fatalement par ressentir l'ascendant d'un autre esprit déjà mûr, ayant avec
lui des ressemblances foncières et dans lequel il se
reconnaîtra. Cet homme sera le modèle sur lequel
l'homme jeune se formera.

Le second facteur ayant pour résultat de pousser dans
une voie bien définie réside dans l'étroite liaison qui, chez
tout être, existe ou s'établit, quelquefois tardivement,
entre les facultés émotives et un certain genre d'activité mentale. Il en résulte bientôt une contrainte obli-
geant l'esprit à ne se livrer qu'à cette activité-là qui,
pour lui, s'accompagne de plaisir.

Prenons le premier de ces facteurs, dont il est d'autant plus aisé de nous occuper que, ce faisant, nous
reprenons simplement l'exposé de la polypersonnalité.
Mais, au lieu de ce mot, j'userai d'un autre terme : le

transfert du moi. Car il ne s'agit plus maintenant d'avatars accomplis en grand nombre et au gré du sujet,
mais de l'emprise d'un seul maître, d'un grand écrivain
ou grand artiste, sur l'âme de l'homme jeune de sorte
que, sous l'ascendant qu'il subit, il vive mentalement
de la vie de ce maître et ait en lui momentanément
transféré son moi.

On s'est déjà rendu compte que, pour que le transfert du moi se produise, il faut préalablement que le
sujet éprouve, pour l'objet en présence duquel il se trouve,
un sentiment de sympathie. Amiel parlait d'un « état
de sympathie universelle. » Communément ce sentiment
découle d'une ressemblance, d'une conformité entre
l'être qui le partage et celui qui en est l'objet. L'homme
qui a beaucoup souffert est plus enclin à la pitié que
celui qui n'a connu que des prospérités. Une mère s'intéresse aux joies comme aux misères d'une autre mère.
Rien ne prépare mieux deux personnes à l'amitié que
d'avoir subi les mêmes maux. Plus nous découvrons en
nous de ressemblances avec un autre être, plus est
impérieux le penchant à nous sentir vivre dans cet
être. Or, nécessairement, le jeune homme, ici le jeune
homme de génie, un jour, se trouvera en présence d'un
maître avec lequel il ne s'agira pas seulement de ressemblances mais d'une véritable identité de nature. Quand
je dis : en présence, je n'entends naturellement pas que
l'homme jeune ait approché de fait le maître qu'il admire. Il suffit qu'il ait pris connaissance de lui par ses
œuvres. Voilà donc ce jeune homme inexpérimenté encore, qui ne connaît les forces qui sont en lui que par le
vain tumulte de ses désirs, qui envie un destin illustre et
qui brusquement découvre l'homme qui, lui, a réalisé ce
rêve. Le jeune homme va être ébloui, transporté, concevoir pour lui un culte admirant, et, en pensée, vivre
de sa vie, et je parle ici de sa vie morale telle qu'elle
peut apparaître à travers les ouvrages du maître. En

vivant de cette existence, le jeune disciple vit véritablement, à son insu, de sa propre vie à lui-même. Certes
il n'affirme jamais qu'il est l'égal du maître qu'il révère,
mais certainement il existe entre eux une parenté d'âme
et d'intelligence et cette sorte de sentiment fraternel
d'un cadet pour un aîné. Admirer avec l'entière ferveur
dont il est capable est, pour le disciple, destiné à devenir plus tard à son tour un maître, un véritable exercice propre au développement de sa personnalité. On
n'admire que ce qu'on rêve d'imiter et admirer c'est
déjà imiter. Vivre ainsi c'est donc, pour l'homme jeune,
se préparer à vivre, à penser, à travailler, à entreprendre de grands labeurs, à endurer des tourments, à partager un destin semblable à celui du maître. Il profite
de l'immense trésor d'expérience dont le maître a eu
besoin pour édifier ses ouvrages et, de cette expérience,
il récolte les fruits sans avoir eu aucune part à la peine.
Ainsi, d'une part, le disciple n'a plus à hésiter, à tâ-
tonner : un sûr instinct lui indique sa voie ; et, d'autre
part, le fait d'arriver jeune, dispos, prêt au combat pour
la gloire et la beauté, à l'endroit où le maître dut s'arrêter sous le poids des lassitudes, le met à même de
poursuivre avec de jeunes énergies la route ouverte
devant lui. Il sait par comparaison les hostilités, les
rebuts qu'il aura à surmonter et il est préparé aussi aux
gloires qu'en ses enivrements il a déjà pressenties.
N'est-il pas certain que, lorsqu'il écrivit sur un de ses
cahiers de classe : « Être Chateaubriand ou rien ! » Victor Hugo, tout enfant, épris de la grande figure de son
contemporain, exalta son âme et partagea en esprit une
destinée semblable à celle de Chateaubriand sinon celle
de Chateaubriand. Voici un document, une lettre (1) de

---

1. *Correspondance de Berlioz,* publiée par Daniel Bernard (Lettre
à Kreutzer, 67). La date est d'Ad. Boschot.
   La valeur de ce document s'amoindrit considérablement s'il est

Berlioz datée du 17 mars 1823. Il en existe peu d'aussi
admirantes et on y voit une âme exaltée dans toute sa
plénitude, faisant ensuite un retour sur elle-même,
preuve que, dans ce trouble, plus affecté que réel il est
vrai, Berlioz, au fond, ne cessait d'être préoccupé de sa
propre personne.

« O ! Génie ! Je succombe ! je meurs ! les larmes
m'étouffent ! La *Mort d'Abel* ! Dieu ! »

« Quel infâme public ! il ne sent rien ! que faut-il donc
pour l'émouvoir ? »

« O ! Génie ! et que ferai-je, moi, si un jour ma musique peint les passions ; on ne comprendra pas, puisqu'ils
ne couronnent pas, qu'ils ne portent pas en triomphe,
qu'ils ne se prosternent pas devant l'auteur de tout ce
qui est beau ! »

« Sublime, déchirant, pathétique ! »

La sujétion, si elle était absolue dans le sens strict
du mot, serait néfaste et anéantirait la personnalité.

---

vrai, comme il apparaît d'ailleurs, que la lettre fut écrite non sans
quelque arrière-pensée ainsi que l'expose Ad. Boschot (*op. cit.*,
112). Berlioz avait mis en musique une scène de *Beverley* qu'il
désirait vivement voir représentée à l'Opéra. « Qui donc, dit M. Boschot, pourrait intervenir en faveur du jeune inconnu?... Si, Lesueur, si Lays même (que Lesueur emploie depuis longtemps à la
chapelle royale) pouvait parler à quelqu'un d'influent à l'Opéra...
Or au printemps de 1823, l'influence de Kreutzer est très grande ;
on reprend sa *Lodoïska* à l'Opéra-Comique ; à l'Opéra, il est chef
d'orchestre, dirige les Concerts Spirituels (fin mars) ; et le 17 mars,
on reprend sa *Mort d'Abel*. Hector, avec une rouerie enfantine
lui écrit donc : « Oh ! Génie !... » et mettant sous sa signature :
« élève de Lesueur », il souhaitait que Kreutzer lui fixât un ren-
dez-vous. »

Il me semble permis, malgré ces circonstances, de faire usage
de cette lettre comme document psychologique. Berlioz n'était pas
sincère, mais il s'est efforcé, pour toucher l'esprit de Kreutzer,
de décrire de la façon la plus frappante, la plus achevée, les sentiments qu'il affecte d'éprouver. D'ailleurs je ne cite la lettre qu'avec
des réserves.

Mais le génie, quand il existe, est à l'abri de ce danger. D'abord le disciple est nécessairement d'une autre génération que le maître et a donc meublé son esprit et son cœur d'autres spectacles, d'autres idées, d'autres sentiments. Ensuite la personnalité est la résultante de facteurs si nombreux, organiques, affectifs, intellectuels qu'il n'existe pas deux hommes parfaitement ressemblants. Enfin, cette ferveur admirante, aimantant l'âme jusqu'en ses profondeurs, aide à révéler des capacités et des puissances encore ignorées. Il suffit que le branle soit donné pour qu'elles s'éveillent et grandissent Tandis qu'un élève servile, dénué de tout don natif, voulant se mettre à l'école d'un maître, en adopte les caractères purement externes, le disciple, au contraire, parce qu'il est de naissance l'égal, pénètre bien au delà des apparences jusqu'à ce sanctuaire de la pensée intime où s'enfantent les œuvres. Là il s'initie à elles et apprend comment à son tour il devra agir pour l'accomplissement des œuvres qu'il a déjà conçues. Puis il est rare qu'on se fasse l'homme lige d'un seul maître. L'homme subit de coutume maintes influences successives. Plus elles sont nombreuses, plus peut-être sa propre personnalité sera tardive à s'établir, mais plus elle sera ample et riche.

PARENTHÈSE SUR L'ORGUEIL. — Quand Victor Hugo écrivit : « Être Chateaubriand ou rien ! » quand Berlioz s'écrie : « O ! Génie ! et que ferai-je, moi, si... » se trahit, dans ces phrases, le sentiment d'un puissant orgueil. L'orgueil n'est pas indifférent au développement de la personnalité. Même son importance est telle que certains ont fait résider en lui tout entier le génie comme si ce sentiment eût été capable de susciter par magie les forces créatrices de l'esprit. C'est une erreur, car un orgueil qui n'a pas pour contre-poids une intelligence robuste verse dans la démence ou, pour mieux dire, un sain, orgueil ne doit être que le témoignage d'une grande intelligence, sans être pour rien dans cette intelligence.

On n'a pas manqué de confondre le sain et légitime orgueil avec le maladif. Il était aisé de le faire à ceux que possédait la manie de tout ramener à des états morbides, car les deux orgueils présentent les mêmes dehors. Mais l'orgueil, chez le forcené ou le maniaque des grandeurs, se manifeste par un délire dont la teneur est toujours puérile et résulte d'un déséquilibre ; tandis que, par contre, chez l'homme de génie, l'orgueil cadre avec l'ensemble de l'intelligence et la complète. Sans lui, il manquerait à l'esprit le branle qu'il faut pour que ses conceptions s'accomplissent. Le ressort qui pousse le poète à la réalisation de ses œuvres doit être en concordance avec elles, sans quoi elles demeureraient à l'état de rêve ou de projet.

L'orgueil, dans l'adolescence de l'homme de génie, consiste dans une connaissance préalable des aptitudes de son esprit. Celui-ci n'a pas encore donné des preuves de ce qu'il peut, mais il le pressent grâce à un ton mental qui a pour analogue le ton vital dans le domaine corporel. En effet, il existe aussi bien une cénesthésie mentale qu'une cénesthésie physique, et l'orgueil est, chez l'homme de génie, un sentiment cénesthésique par lequel se révèlent à lui les capacités de son esprit.

L'importance de ce ton mental, accompagnement obligé d'une puissante intelligence et sans lequel aucune intelligence n'est véritablement grande, se jugera à ce fait que, dans l'absence de tout orgueil, la personnalité est arrêtée aux premiers pas de son développement. Qu'on se ressouvienne des pages précédentes où nous avons vu le disciple plein de ferveur pour le maître dans lequel il a découvert une image achevée de sa propre destinée. Sans le désir impérieux de réaliser à son tour cette destinée, l'émoi que le disciple éprouve ne produira qu'une admiration inefficace et stérile. L'orgueil est l'aiguillon poussant le disciple à s'égaler au maître.

Cette sorte d'orgueil est, comme il va de soi, aussi rare que le génie lui-même, et ne doit se confondre avec d'autres sentiments qu'on affuble du même nom. Il peut aller de pair avec la modestie. De coutume, les grands orgueilleux sont modestes. L'homme qui connaît sa force vit tellement imbu d'elle, qu'il lui importe peu qu'autrui la reconnaisse. Il sait que, dans un terme plus ou moins éloigné, elle éclatera dans toute sa splendeur. La vanité se repaît au contraire d'apparences. Avec l'égoïsme non plus, l'orgueil n'a rien de commun, puisque, sous sa poussée, le génie se vouera à des tâches qui lui feront négliger souvent ses plus valables intérêts.

Gœthe a montré l'influence de l'orgueil adolescent et encore presque ignoré : « Nos désirs, dit-il, sont les pressentiments des facultés qui sont en nous, les précurseurs de ce que nous sommes capables de faire ; ce que nous pouvons et ce que nous désirons s'offre à notre imagination hors de nous et dans l'avenir ; nous aspirons à ce que nous possédons déjà sans le savoir. C'est ainsi qu'une anticipation ardente transforme une possibilité véritable en une réalité imaginaire. Quand une pareille tendance existe en nous bien prononcée, à chaque degré de notre développement, s'accomplit une partie de ce premier désir, par la voie directe dans les circonstances favorables, et, dans celles qui sont contraires, par un détour, qui nous ramène toujours à l'autre chemin. » (*Op. cit.*, 335.)

Lamartine parle de même, quoiqu'il s'agisse chez lui d'un état moins déterminé. « Il n'y a pas de rôle, quelque héroïque, dit-il, qui n'eût trouvé nos âmes au niveau des situations. Nous nous préparions à tout et, si la fortune, un jour, ne réalisait pas ces grandes épreuves où nous nous précipitions en idée, nous nous vengions d'avance en la méprisant. »

Dans le passage de Gœthe, l'orgueil n'est qu'un penchant, une voix menant le débutant dans les chemins qu'il est voué à parcourir. Cette voix, à l'entendre souvent, il finit par la connaître. Il acquiert une vue de sa destinée. Sous l'empire de cette image, il bande ses énergies afin que se dégage sa personnalité dans l'entier éclat dont elle est susceptible, cela malgré les obstacles, les hostilités. Rapportons-nous encore à Gœthe : « Lors même, dit-il, que mes productions ne m'inspiraient pas une entière confiance, je pouvais bien les considérer comme défectueuses, mais non comme tout à fait rejetables. Si l'on y condamnait ceci ou cela, je n'en restais pas moins secrètement persuadé que je ferais toujours mieux par la suite et qu'un jour je serais nommé avec honneur à côté de Hagedorn, de Gellert et de leurs pareils. » (*Op. cit.*, 209.) Dégageons aussi cette sorte d'orgueil où l'artiste arrive à dédaigner ses œuvres parce qu'il ne les juge pas au niveau de son propre mérite. C'est l'orgueil des esprits tourmentés et inquiets, jamais satisfaits de leurs travaux et qui luttent sans répit pour atteindre à un plus haut degré de beauté.

Passé l'adolescence, l'orgueil demeure le soutien pour persévérer dans les grandes entreprises. L'écueil de l'artiste, c'est le doute de soi : l'orgueil l'en préserve. Dans ces instants où l'écrivain, le penseur, sentent faiblir la foi dans leur labeur, ils appellent leur orgueil à leur aide, ils l'objurguent, ils l'exaltent et le font servir comme adjuvant de leur volonté défaillante. « Il travailla quatorze ans, dit G. Dumas d'Auguste Comte (1), à la première partie de cette œuvre (le *Cours de philosophie positive*) sans jamais cesser de croire en lui ni au succès final de sa cause. Pendant ces quatorze an-

---

1. *L'État mental d'Auguste Comte*. *Revue philosophique*, XLV., 54.

nées, il eut à vaincre des difficultés sans nombre, à lutter contre les hommes et les choses, et ce qui le soutint, ce fut le sentiment très haut de son devoir social et l'orgueil de sa destinée. » Zola s'exprima de même sur la tombe d'Edmond de Goncourt : « Un jour, dans son *Journal*, ce document si mal compris et d'un intérêt si poignant, il a jeté le cri sublime de toute sa vie donnée aux lettres, le cri de détresse que la terre un jour croulera et que ses œuvres ne seront plus lues. On a pu sourire, il n'en est pas moins vrai que je ne connais pas de cri plus admirable et que, ce jour-là, je l'ai aimé davantage pour son orgueil, le puissant et divin orgueil qui est notre foi à nous, dans l'amer enfantement des œuvres. »

D'autres sentiments, tels que le désir de séduire la femme, de lui en imposer par la gloire conquise, de même que l'orgueil, peuvent exciter les hommes — et les poètes sont, par leur nature, les plus accessibles à ces mobiles — à développer leurs germes de talent. Un mobile de ce genre n'est pas dédaignable quoiqu'il en ait l'air, car il agit avec une énergie des plus grandes précisément à l'époque décisive de la vie, c'est-à-dire pendant l'adolescence. Certains artistes sont même durant toute leur existence sous son empire, tel Berlioz. Dans son exaltation romanesque, il ne composa ses *Huit scènes de Faust* que pour en imposer à Harriett Smithson. « Je reste obscur, écrit-il à son ami Ferrand, et tous les journaux anglais retentissent de cris d'admiration pour son génie... Quand j'aurai écrit une composition instrumentale, immense, que je médite, je veux pourtant aller à Londres la faire exécuter ; que j'obtienne sous ses yeux un brillant succès. » (Boschot, *op. cit.*, 337.) Dès l'abord, il semblerait que l'amour ait asservi à son joug les puissances de l'esprit, mais l'amour en réalité n'a d'autre effet que de déga-

ger des aptitudes et de les féconder. Il a, de même
que l'orgueil, placé l'homme dans un de ces états exaltés qui portent à concevoir de vastes projets et rendent
à même de les accomplir.

DÉTERMINATION DE LA PERSONNALITÉ (suite). — Ces
pages sur l'orgueil n'ont été qu'un biais, après quoi il
faut revenir aux facteurs par lesquels la personnalité se
détermine.

Le transfert du moi était le premier de ces facteurs
et j'ai fini de l'envisager. J'aborde maintenant le
second.

Tout homme est doué de facultés émotives. C'est-à-
dire qu'il est à même de s'éprendre, d'être captivé,
entraîné et, dans ces mouvements auxquels il est en
proie, il éprouve de l'aise, de la joie. Or cette faculté est
toujours dans une dépendance étroite et exclusive avec
un certain mode d'action qui, chez chaque homme, diffère. En d'autres mots, pour chaque être, il existe un
travail ou activité, une occupation à laquelle il se livre
avec plaisir, pour laquelle il ressent donc un penchant
qui pourra être impérieux et dont l'effet sera de rendre
la personne incapable de toute autre application.

Cette liaison entre les facultés émotives et un mode
quelconque d'action est le second facteur qui aide à
déterminer la personnalité.

Dans les cas les plus divers, les phénomènes émotifs
sont toujours ressemblants et sont, quels que soient le
travail, le labeur ou simplement l'occupation en cause,
les mêmes chez le savant qui se livre aux études qui lui
sont chères et surveille, haletant, les expériences d'où va
se révéler le secret qu'il poursuit, ou chez l'oisif qui rassemble des potiches et des tableaux. L'on se demande
quelles suites de circonstances préparent et décident de

tels penchants. Souvent le hasard en est cause ou bien
l'ascendant de certaines influences, de certains exemples.
Un homme, par la nature de son esprit, peut être porté
à cultiver une science, puis, obligé de restreindre l'horizon de ses recherches, il se concentre et ne s'occupe
plus que d'un point spécial auquel il consacre toutes ses
facultés. Ayant un jour interrogé un jeune homme qui
présentait un goût très marqué pour les sciences naturelles, il me déclara qu'enfant la myopie qui l'affligeait
était telle qu'il ne voyait les choses que confuses et ter-
nes. A l'aspect des oiseaux aux belles couleurs peints
sur les estampes, il ne pouvait croire que ce fût vrai.
Quand, pour la première fois, il porta des lunettes, le
monde avec ses fleurs et ses bêtes fut, pour lui, une
découverte qui l'éblouit et qui captiva désormais toute
sa pensée. Voilà pour le hasard. Mais maintenant voici
l'exemple d'un goût très particulier — et c'est ce caractère qui constitue l'étrangeté du fait et son intérêt —
qui se déclare à un âge des plus précoces et sans nulle
influence préalable. « Que de joie, dit un savant dans
la préface d'un ouvrage de zoologie publié dans les derniers jours de sa vieillesse et auquel il avait voué les
travaux d'une vie entière, je ressentis un jour (j'avais
alors 5 ou 6 ans) après avoir pris un grand animal noir
(hydrophilis piceus) dans l'étang au bout de notre jardin, lorsque j'appris du jardinier que cet animal était
nommé insecte. Glorieux de ma connaissance acquise,
j'allais raconter à qui voulait m'écouter que cette bête
était un « insecte », ignorant naturellement que ce
n'était là que le nom collectif de beaucoup d'animaux
à six pattes. Cette prédilection pour la connaissance des
noms d'animaux m'est restée durant toute ma vie (1) ».
Ce goût, on le remarque, se manifeste très tôt, à 5 ou

1. R. I. Maitland. *Notice sur les animaux rares des Pays-Bas et
de la Belgique flamande*, p. 17.

6 ans. Avant cet âge, d'autres préférences auraient pu
naître tout aussi bien. Pourquoi fallut-il que ce fussent
précisément les noms d'animaux pour quoi ce penchant
se déclara? Notons le mot prédilection, c'est-à-dire un
plaisir surpassant tout autre, lequel est lié à une connaissance, c'est-à-dire à un acte purement intellectuel,
et cette connaissance concerne un fait des plus spéciaux:
les noms d'animaux.

Comme toute émotion peut, en suscitant un état durable qui tient sous sa dépendance toutes les activités spi-
rituelles, engendrer une passion, de même ce que j'ai
montré comme un penchant, un goût, une simple préférence est capable d'atteindre à l'intensité la plus
grande et de ne laisser aucun répit à l'homme soumis
à ses exigences. « Penser, ordonner ses pensées, est
une chose délicieuse, dit Taine dans une de ses lettres
de jeunesse, c'est le tête-à-tête de l'amour. » (Op. cit.
t. I, 234.) Les termes d'une langue sont toujours précaires et Taine pour dépeindre la joie qui transporte son
esprit ne trouve de meilleur terme; « le tête-à-tête de
l'amour... » Proudhon avait déjà déclaré : « Mes passions se confondent avec mes idées. »

S'émouvoir pour un genre de travail, c'est être capable de s'y adonner sans éprouver jamais ni dégoût ni
lassitude. Car, si l'émotion va de pair avec des mouvements qui épuisent l'esprit qui y est en proie ou le corps
qui les accomplit, le plaisir ressenti concurremment
apporte un nouvel aiguillon et renouvelle comme par
miracle les capacités de l'intelligence. Ce sentiment de
jouissance, joint à cette ardeur inlassée, apparaît presque
à chaque page dans la Correspondance de jeunesse de
Taine. Il est de fait que, dans ces circonstances, un
homme est en état de produire toutes les puissances
qui sont en lui et de réaliser des prodiges.

Mais, dans ce paragraphe, il s'agit de considérer l'influence de ce phénomène sur la personnalité. Il est évi-

dent qu'elle en subit une empreinte profonde. La personnalité se manifeste par des actes. Si un penchant impérieux nous asservit à certains actes, ce penchant de même régit notre personnalité entière. Il préside aussi au tri des images et des idées destinées à être conservées par le souvenir. Pour qu'elles survivent, il faut qu'elles aient quelque rapport de conformité proche ou éloigné avec l'objet de nos dispositions affectives; les autres sont non avenues ou aussitôt bannies et effacées. Ainsi la personnalité, dans ses actes et dans la mémoire, qui est pour ainsi dire sa substance même, se voit tracer des limites rigoureuses. L'esprit, qui autrement était avide des spectacles changeants et divers du monde et porté à se transfigurer sans cesse dans sa curiosité de connaître toutes les formes de la vie et son désir de développer toutes les virtualités qu'il renfermait en soi, maintenant se voit ramené dans une voie dont il ne peut guère s'écarter. Il n'y perd point car l'écueil le plus grand pour lui est le dispersement. S'il a su, par la polypersonnalité, multiplier les éléments dont il se constitue, il faut aussi qu'une force nouvelle coordonne ces éléments, les discipline en les faisant servir, de façon directe ou indirecte, à l'atteinte de quelque but. La disposition affective dont j'ai traité ici détermine ce but, prescrit cette activité et aide ainsi le plus puissamment à l'acte définitif par lequel la personnalité se constitue et que j'envisage plus loin, après avoir défini la vocation et étudié le rôle et l'influence du milieu historique sur la personnalité.

LA VOCATION. — Aucun des phénomènes dont je me suis occupé ne constitue la vocation, quoiqu'il puisse paraître au premier abord que tout facteur amenant la personnalité à se déterminer aide par là même la voca-

tion à se produire. Mais, à mes yeux, la vocation consiste dans la découverte soit lente, soit brusque du mode
de langage, peinture, musique, littérature, dans lequel
la personnalité pourra le mieux s'exprimer.

Il est rare que le phénomène se présente sous cet
aspect décisif et parfait. Pourtant cette définition est
applicable aux cas les plus troubles et les plus complexes, excepté celui où l'artiste aurait, avant même que
sa personnalité fût constituée, fait choix fortuitement
d'un langage approprié à sa personnalité, auquel cas il
ne peut plus s'agir d'une découverte.

De même que ces corps doués d'affinités vives et
nombreuses avec d'autres corps et que la nature n'offre
jamais à l'état pur, ainsi le phénomène de la vocation,
si étroitement affilié aux autres phénomènes de la personnalité qui s'enchevêtrent en lui, ne s'observe guère
dans sa plénitude dans les circonstances habituelles de
la vie. Je suis donc obligé, pour établir un exemple qui
serve de point de départ, de me figurer un cas imaginaire, un cas limite.

Je me représente un berger dans ses montagnes na-
tales. Il a vu la nature souriante ou mélancolique, toute
fleurie, odorante, avec ses jeunes verdures qui laissent
transparaître l'or du soleil, ou bien tragique et meur-
trie, tel un vieillard qui a souffert, quand l'automne a
tari les sèves et défeuillé les arbres. Il a joui avec une
sensibilité inconnue des mille nuances d'un ton, des
jeux délicats de la lumière et de l'ombre. Le soleil, les
nappes de clarté blonde flottant sur les champs d'été, la
magnificence des couchants, les diaprures que la rosée
met aux verdures et où les rayons s'irisent ainsi que
dans un prisme, ces spectacles transportent son âme
d'un bonheur pour lui indicible. S'il veut faire partager
ses émois à d'autres, pour qui ces enchantements demeurent inconnus, il ne trouve point de mots. Or, un
jour qu'il s'est rendu à la ville, il s'est trouvé devant

un tableau et cette vue lui fut une révélation. Les images innombrables de splendeur et de lumière qui s'étaient amassées dans son cerveau et qui y demeuraient vouées au silence et à l'oubli, allaient pouvoir revivre et se traduire par la magie des couleurs. Et une joie folle le saisit dont la véhémence est pareille à un délire.

Si jamais il n'arrivera que les faits réels se présentent de la sorte, pourtant jamais non plus aucun d'entre eux ne manquera de s'en rapprocher dans quelque cas que ce soit, même fût-ce sous une forme affaiblie, et avec des variantes qui résulteront des circonstances où il se produit. La justesse du cas ci-dessus va ressortir des commentaires qui suivent et qui constituent après coup des preuves à son appui.

La vocation se révélera avec d'autant plus d'imprévu et de soudaineté, avec d'autant plus de transports aussi, qu'il y aura un plus grand éloignement entre le langage nouveau convenant à la personnalité et le langage employé précédemment par méprise. Il en résultera, dans la peinture et la musique, de brusques vocations plus fréquemment que dans la littérature, parce que l'enfant et le jeune homme, très tôt, dans leurs jeux d'abord et ensuite dans leurs études, se familiarisent avec les formes littéraires, de sorte qu'un artiste appelé à s'exprimer dans ce mode acquiert, sans presque s'en douter, le truchement qui lui convient. Est-il avide des contes dont on le divertit ; se plaît-il à inventer, comme Wolfgang Gœthe et comme Flaubert, des drames et des comédies, ce sont là des témoignages d'un esprit capable de créer un jour dans cet ordre. Puis viennent les lectures des poètes, Virgile que l'on traduit dans les classes et qui eut tant d'influence sur Victor Hugo. Ainsi la vocation littéraire peut se développer, s'affirmer sans secousses, sans à-coups, au fur et à mesure que le jeune homme avance dans ses études classiques.

On a fait la remarque que, dans la musique, les

vocations sont précoces et que les vocations littéraires sont généralement tardives. En effet, pour que vocation il y ait, il importe un parfait accord entre le contenu de la personnalité et les ressources du mode d'expression. Or une personnalité dans laquelle les éléments intellectuels ne sont guère développés mais où prédominent les sentiments et les émotions peut très tôt, pourvu que l'artiste ait triomphé des difficultés techniques, trouver dans la musique un instrument qui lui soit adapté. Si l'esprit n'est meublé que d'images et de formes, la peinture offrira plus de convenances. Mais, dès que les idées prévalent, et, pour cela, l'esprit doit avoir acquis un haut degré de maturité qui ne s'offre jamais avant un certain âge, la prose seule peut servir d'interprète.

Non seulement le phénomène de la vocation ne se présente que rarement sous une forme pure, mais jamais non plus, il n'est définitif. Il ne suffit pas, pour un artiste, de découvrir le mode de langage qui lui convient, il faut encore qu'il cultive le genre d'art le plus adapté à sa personnalité. Un peintre peut vainement s'acharner à faire des tableaux d'histoire ou de genre, quand sa nature le destinait au paysage. Jozef Israëls reconnut sa voie en fréquentant les pêcheurs de Noordwyk et découvrit alors la sorte de sujet où son tempérament pouvait avec le plus d'éclat se produire. Comme la personnalité s'altère sans cesse, il se déclarera, après un certain temps, un désaccord entre le procédé d'expression ancien et la personnalité nouvelle. Il s'agit alors qu'ils s'accommodent l'un à l'autre. Ainsi les diverses « manières » d'un peintre constituent une suite de vocations partielles dans lesquelles se manifestent les personnalités successives qui furent les siennes.

Les débuts de Wagner sont des plus probants. Il trouva sa voie après avoir entendu une symphonie de Beethoven. Déjà auparavant il s'était épris de Shakes-

peare. Mais quand, pour rendre dans toute leur magnificence les drames qu'il concevait, il enviait des ressources plus puissantes, plus complètes surtout que celles
dont il disposait, alors soudain Beethoven lui révéla les
richesses du poème symphonique. Un opéra de Doni-
zetti, qui est aussi de la musique, aurait laissé Wagner
indifférent : il n'y aurait pas discerné le moyen qu'il
cherchait de toutes ses forces et qui devait servir à
accomplir ses conceptions.

Le phénomène apparaît en ses traits les plus saillants
dans le cas de Fromentin. Pourquoi, après la peinture,
recourut-il à la littérature pour s'exprimer? C'est qu'à
un moment donné le pinceau ne fut plus l'instrument
qu'il fallait pour traduire sa personnalité. Quand j'use
de ce mot de personnalité, j'ai en vue naturellement
son contenu d'idées et d'images. Or, dans l'ensemble de
ces idées, il se peut que des groupements nouveaux se
créent ou bien que des éléments qui étaient précédemment
effacés acquièrent peu à peu la prédominance. Il se peut
que ces groupements, ces images aient besoin, pour se
rendre, d'un nouveau mode d'expression. Fromentin
expose, dans la préface d'un *Été dans le Sahara* (3ᵉ éd.,
1874), les raisons qui, alors qu'il était peintre, firent
de lui un écrivain. Il constate qu'un genre nouveau
d'impressions requérait aussi un procédé nouveau pour
se traduire : « Le hasard, dit-il, m'avait fourni le
thème; restait à trouver la forme. L'instrument que
j'avais dans la main (c'est-à-dire le pinceau) était si
malhabile, que d'abord il me rebuta. Ni l'abondance, ni
la vivacité de mes souvenirs ne s'accommodaient des
pauvres moyens de rendre dont je disposais. C'est alors
que l'insuffisance de mon métier me conseilla, comme
expédient, d'en chercher un autre, et que la difficulté de
peindre avec le pinceau me fit essayer de la plume... »
« ... je me demandais s'il était nécessaire d'ajouter aux
ressources d'un art qui vivait sur son propre fonds et s'en

était trouvé si bien. En définitive, il me parut que non...
Il y a des formes pour l'esprit, comme il y a des formes
pour les yeux ; la langue qui parle aux yeux n'est pas
celle qui parle à l'esprit. Et le livre est là, non pour répéter l'œuvre du peintre, mais pour exprimer ce qu'elle
ne dit pas. »

Des transports, des troubles violents ne manquent
jamais de se manifester au moment où la vocation se
révèle.

Il est admis que toute idée composant notre bagage
mental est faite pour une part d'éléments moteurs et renferme en quelque sorte en elle un mouvement. Ce mouvement est le vestige de l'intérêt affectif que nous avons
éprouvé en percevant cette idée, laquelle serait demeurée
non avenue pour nous si nous n'avions ressenti aucun
intérêt. La renaissance de l'idée dans la mémoire dépend
tout d'abord de la reviviscence de l'élément moteur.
Quand une ou plusieurs idées s'offrent à notre esprit, les
phénomènes moteurs ne sont généralement guère appréciables. Mais si le nombre est considérable, ils peuvent être tellement énergiques qu'ils se traduisent, sans
compter les mouvements viscéraux et vasculaires, par
des transports de joie, par des danses, des rires, des
pleurs. Dans la vocation et les phénomènes qui lui sont
apparentés, nous avons affaire à l'apparition brusque de
tout le contenu de la personnalité suscité par la découverte inattendue du moyen propre à sa traduction. Nous
devrons donc constater des mouvements qui iront depuis
le simple pâlissement et les larmes jusqu'aux crises de
la plus haute violence. Voici ce que dit Berlioz d'une
lecture de Shakespeare : « J'étais tout à fait rétabli, je
passais des journées sur les bords de l'Arno, dans un
bois délicieux, à une heure de Florence, à lire Shakespeare. C'est là que je lus pour la première fois le *Roi
Lear* et que j'ai poussé des cris d'admiration devant
cette œuvre de génie : j'ai cru crever d'enthousiasme,

je me roulais (dans l'herbe à la vérité), mais je me roulais convulsivement pour satisfaire mes transports (1). » Nous avons là un phénomène comparable à la vocation. Admirer, c'est découvrir entre soi et ce qu'on admire une identité. Cette identité, Berlioz n'a pu la constater que si, sous l'ascendant de Shakespeare, tous ses sentiments, ses images, ses idées n'avaient soudain surgi dans son esprit ; de là ses transports.

J'ai cité, avec certaines réserves, le commencement de la lettre de Berlioz à Kreutzer. Voici comment Berlioz continuait : « Ah! je n'en puis plus : il faut que j'écrive! A qui écrirais-je? Au génie? Non, je n'ose, c'est à l'homme, c'est à Kreutzer... il se moquera de moi,... ça m'est égal... Je mourrais si je me taisais. »

C'est pour ces derniers mots que je reproduis ce passage. Guyau a affirmé que lorsque le génie n'obéissait pas à son impérieux penchant, il se sentait tourmenté par un remords esthétique comparable au remords moral. Il n'en peut être autrement. Aucun pouvoir, une fois la personnalité formée, n'est capable de refréner ces poussées intérieures qui obligent un homme à s'exprimer.

L'ÉPOQUE ET LE GÉNIE. — Le milieu dans lequel les hommes se développent a, pour leur destinée, une importance prépondérante et constitue un facteur qu'il convient d'envisager. Dans le hasard des circonstances et des époques où ils naissent, gît le secret de leur grandeur ou de leur misère. La dépendance de l'homme à l'égard de son temps et de la société dont il est le membre est évidente et, selon les temps, les circonstances néfastes ou propices étouffent l'éveil d'un grand esprit ou exaltent ses dons jusqu'à leur plus haute magni-

1. *Mémoires* d'Hector Berlioz (Michel Lévy). Paris, 1370.

ficence. Il y a un âge où ces rares qualités capables un jour en s'épanouissant de former le génie, sont aussi chétives, aussi asservies dans leur débilité que cette obscure étincelle de vie qui sommeille dans une graine. Pour que la graine germe, il faut un sol aux sucs nourriciers, la tiédeur de la terre en travail, puis le soleil ; mais elle eût pu tomber dans une ornière, sur le roc, se dessécher, se perdre ; son sort a dépendu d'une multitude de conjonctures heureuses et fortuites. Ces conjonctures peuvent s'étudier, s'énumérer pour la plante et le peuvent aussi pour l'homme. Il y a des époques qui anéantissent le génie en étouffant les premiers signes par lesquels il aurait pu se montrer. L'homme qui, dans une société ou un entourage favorables, se serait développé librement et aurait atteint le plus haut degré de la puissance d'esprit demeure un pauvre être méconnu, agité par des énergies qui ne trouvent d'issue et ne sont que des sources de tourments. D'ailleurs si précédemment j'ai représenté l'homme jeune faisant son aliment des spectacles divers du monde, enrichissant son patrimoine de toutes les idées qu'il recueille, qu'il fait siennes, empruntant sa force aux occultes effluves qui, de leur poussée, animent son époque, il est certain que ces spectacles, ces idées, ces forces auront une part considérable dans l'épanouissement de son esprit. Il s'agit donc d'étudier ces forces, d'envisager, à travers les époques, le cours et le décours des idées...

Quand une idée change de forme ou, ce qui revient au même, lorsque d'elle se dégage une idée ayant un aspect nouveau, c'est que les éléments qui constituaient la première se sont désagrégés pour ensuite se ranger dans un ordre différent. Ceci s'applique aux idées qui incessamment s'engendrent dans notre esprit aussi bien qu'à celles qui règnent dans la société ; car ces dernières ne sont autre chose que des idées élaborées par un groupe de personnes et devenues communes en se répandant. Supposons maintenant que, dans une certaine époque, il y ait *n* idées. En se désagrégeant et en se réagrégeant successivement, ces *n* idées pourront se muer en d'autres idées. La variété des combinaisons sera extrême et dépendra du nombre des éléments que ces idées renferment. Mais, quelque grandes soient-elles, ces combinaisons seront strictement limitées et, une fois leur série épuisée, d'anciennes combinaisons devront nécessairement se répéter. Elles forment un cycle plus ou moins étendu mais borné, et comparable en tout aux images également bornées du kaléidoscope qui résultent de la position d'un nombre strict de morceaux de verre et de leur réfraction dans des miroirs. Donc, pour que le nombre des idées, qui sont le patrimoine intellectuel de l'humanité, s'accroisse, il faut que des éléments nouveaux s'ajoutent aux anciens, que des éléments anciens se détruisent et disparaissent. Cette action, les événements de l'histoire l'accomplissent, également certaines découvertes rendant surannées des bases de raisonnement que l'homme avait crues évidentes ou l'accession à la vie sociale d'une classe qui fait intervenir et souvent prédominer ses vues, ses sentiments, ses idées. Les éléments introduits de la sorte désagrègent les idées régnantes, ou s'associent avec elles, les supplantent ou les absorbent.

M. Paulhan, dans ses ouvrages, a montré que les éléments des idées ainsi que les idées entre elles ont une tendance à se coordonner en des groupes. Il en est ainsi dans la vie mentale de l'homme et aussi dans les sociétés. A chaque époque, les idées qui ont cours, par un travail auquel coopère chaque individu, s'organisent ou cherchent à s'organiser. Une entente s'efforce à s'établir entre les velléités, les tendances, les sentiments, les idées. Chacun des éléments de la vie mentale n'a d'existence assurée que s'il s'ajuste aux autres, qu'il s'accorde avec eux, fût-ce au prix d'un compromis. Mais si la ren-

contre d'un homme ayant assujetti sa pensée à une telle
ordonnance est rare, car il faut, pour y réussir, posséder
des idées d'une hauteur morale suffisante pour qu'elles
soient capables d'imposer aux autres leur discipline; tout
aussi rares sont les époques de l'histoire où s'est produit ce syncrétisme. On peut les compter. Elles brillent
dans le passé d'un éclat d'autant plus grand qu'une
ombre plus profonde les précède et les suit. Ces périodes se distinguent par l'abondance des idées, par le
rayonnement qu'elles dégagent et par l'intime accord
qui règne entre elles et qui accroît d'autant la force
inhérente à chacune. Une telle époque présente toujours
concurremment une grande école littéraire et une
grande école philosophique. Ce fut le cas, au moyen âge,
avec Thomas d'Aquin et Dante, à l'époque classique, avec
Descartes, Corneille et Racine, à l'époque romantique,
avec Victor Hugo, Balzac et Auguste Comte.

Une fois admise l'existence de ces époques, il s'agit
de considérer si quelque loi se révèle qui préside à leur
préparation, à leur avènement, à leur déchéance.

Supposons que nous ayons devant nous une de ces
époques brillantes où les idées, par l'accord intime qui
les subordonne, acquièrent le plus haut degré de leur
éclat, où les sentiments et les idées s'aident au lieu de
se combattre et se prêtent une force toute puissante et
où les œuvres d'art, tirant bénéfice de cette heureuse
harmonie et en en donnant elles-mêmes une image, accè-
dent presque naturellement au rang de chef-d'œuvre.
Le siècle de Louis XIV représente une telle époque,
et, plus près de nous, également l'école romantique. Le
premier nous est plus connu parce qu'il fut l'objet de
nombreuses études ; la seconde nous est plus familière
parce qu'elle nous est plus proche. Je voudrais qu'ici
on ne se figurât pas l'une ou l'autre époque, mais qu'on
conçût une image qui groupât en elle les caractères les
plus généraux de toutes deux.

La profonde unité morale qui règne à une telle époque ne doit pas nous faire négliger les dissidences qui y subsistent toujours. Mais cependant un système d'idées, une certaine doctrine a la primauté sur toutes les autres et elle implique une conception de la nature, de l'individu, une conception du bonheur, toutes aisées à dégager des œuvres littéraires et philosophiques. Soit donc un tel système d'idées. Considérons de quelle manière il se désorganise, puis comment se constitue, sur les ruines du système ancien, un système nouveau, car c'est cette marche de raisonnement que je juge préférable de suivre.

L'idéal sentimental et moral d'une époque se traduit, c'est chose entendue, dans sa littérature. Mais celle-ci a affaire à un public. Chez lui, deux classes se discernent qui ressentent différemment la jouissance d'art. Pour la première, la jouissance ne s'accorde qu'avec l'habitude; l'autre, pour éprouver quelque plaisir, a besoin de nouveauté. L'une redemande sans cesse une forme d'art dans laquelle elle découvre toujours plus de charme à mesure qu'elle s'y accoutume; l'autre, après très peu de temps, repousse ces formes comme surannées. Voilà deux camps ennemis en présence. Le premier se sent soutenu et approuvé par les professionnels de la critique. Ils exaltent les chefs-d'œuvre de l'école (1), ce qui est leur droit, mais commettent ensuite l'erreur de les prôner comme exemple et d'en déduire des règles auxquelles, selon leurs dires, toute œuvre d'art doit se conformer à son tour. Bientôt, venant à la suite des créateurs, des écrivains de second ordre ne manquent pas, dans l'appât du gain et des éloges, de suivre servilement ces conseils et produisent des ouvrages, qui, dans un pareil cas, n'ont que des mérites

1. Aussitôt qu'il y a école de quelque chose, ce quelque chose n'est plus vivant (J. et E. de Goncourt.)

de facture. Par leur médiocrité, ils aident à déprécier leur modèle. Il en résultera que le public du second camp sentira encore s'accroître sa répugnance pour ce genre d'art qu'affadissent les imitations des disciples (1) et, non seulement il le combattra, mais appel-

1. Nous avons affaire ici à la systématisation, c'est-à-dire à un phénomène mental d'abord spontané qui, en se répétant, se simplifie et perd entièrement ses éléments émotionnels. Il s'agit de ce même phénomène, non plus dans l'existence d'un poète, d'un écrivain, mais dans le développement historique d'une école littéraire. L'exemple le plus caractéristique m'a paru l'histoire de la lyrique courtoise en Provence. Nous voyons là, dans le Midi, une poésie qui sensément chante l'amour, que l'on a nommée courtoise et que je nommerais de préférence féodale. Les ballades, le genre presque unique dont usaient les troubadours, mettaient en œuvre les motifs de la chanson populaire ancienne célébrant les fleurs nouvelles et les joies printanières, les danses sur l'herbe d'avril et l'amour. Mais cet amour empruntait ses formes à la vie féodale et aux rapports de vassalité entre le chevalier et son seigneur. Chez les premiers troubadours, chez Bernard de Ventadour principalement, les ballades respirent une fraîcheur exquise et les formules de langage prises aux relations féodales sont tout imprégnées d'amoureuse tendresse. Il s'agit ici, malgré la forme stricte et rigoureuse, d'une poésie vibrante, jaillie toute frémissante du cœur et des lèvres. Bernard de Ventadour est un grand poète. Mais il suffit de lire le recueil de Bartsch, où les ballades sont rangées chronologiquement, pour constater combien vite le naturel et la grâce s'effacent. Les sentiments se dissipent, eux dont le charme subtil vivifiait autrefois les mots et les images. Les motifs des anciennes « reverdies », ces débuts de chansons qui saluaient le printemps, sont devenus des formules dont le sens et la raison sont méconnus. Il ne demeure plus que des métaphores féodales qui vont en se desséchant et surtout en se compliquant à l'envi. Voilà l'exemple d'une poésie qui très rapidement s'est systématisée pour devenir une pure logotechnie. Chez Pons de Capduelh, le premier de ses poèmes dans Bartsch est tel que, si l'on ne savait pas qu'il est véritablement adressé à une dame, on pourrait s'abuser, tant il semble ne s'agir d'autre chose que d'un vassal s'adressant à son seigneur. La guerre des Albigeois vint mettre fin à un art qui était déjà entièrement tari. Mais supposons que nous eussions vu une partie des auditeurs pour lesquels chan-

lera de tous ses vœux un art nouveau, spontané, non
plus constitué de formules mais jaillissant du cœur le
plus profond du poète.

Pour les satisfaire, un nouvel idéal doit d'abord s'é-
laborer. Cet idéal se crée de lui-même et maints facteurs peuvent l'amener, soit le renouvellement des idées
par suite des transformations qu'elles subissent, soit
l'influence d'un art étranger révélant la forme d'art longuement cherchée, soit quelque changement politique
ou l'accession d'une classe sociale imposant ses manières de sentir et de penser. Ces trois facteurs se dégagent
avec la plus grande évidence de l'histoire littéraire du
XVIIIe siècle. Toutes ces influences à la fois ont modifié
le strict idéal classique de l'époque précédente et préparé l'idéal de l'école romantique.

De ces trois facteurs, je n'envisage ici que le premier : la transformation intime des idées. C'est en effet
le seul qui ressortisse à des lois constantes. Les deux
autres, si leur importance cependant est décisive, sont
fortuits. Ainsi l'influence des littératures étrangères ne
comporte aucun caractère de nécessité, quoiqu'il soit
assez naturel que, dans la période de décadence d'une
littérature et lorsque les sources du sentiment semblent
taries par l'abus de la règle et de l'artifice, le public
aille chercher en dehors de ses frontières les jouissances
que son propre art ne lui procure plus. Quant au troisième facteur, il ne se présente dans l'histoire qu'à de
longs intervalles : tels sont l'établissement de la société
barbare et chrétienne sur les ruines de l'empire romain,

---

talent les troubadours se déprendre de ces ballades prétentieuses
et factices, ce public aurait confusément aspiré après une poésie
autre, plus vivace et immanquablement aurait surgi, pour répondre à ces vœux, un poète; et la poésie nouvelle qu'il aurait ins-
taurée, nous pouvons théoriquement en déterminer le caractère
en prenant le contrepied des défauts de l'art précédent.

la fin de la féodalité, la Renaissance, la Révolution de 1789.

Si nous étudions les lois par lesquelles les idées se transforment, c'est surtout sur le terrain philosophique et moral que nous devons nous placer. Il n'y a pas de limite entre lui et le terrain littéraire. Tous deux sont dans une si étroite dépendance qu'il est arbitraire de les séparer. Le poète et le philosophe subissent les effets d'un même milieu historique dont ils s'approprient différemment les mêmes aspects : le poète exprimant les éléments concrets de son époque, tandis que le philosophe, allant au delà des premières apparences dont le poète s'est contenté, dégage les ressorts secrets, cherche les lois de ce même bonheur dont le poète, chez ses héros, a représenté le rêve et la poursuite. Il en résulte qu'on trouve chez les penseurs les clefs qui devront servir à interpréter les poètes, et les œuvres des uns et des autres sont faites de la même substance. Or si toute littérature récèle en soi des ferments qui la transforment, il en est de même des philosophies. Et si la philosophie subit des changements, ils retentiront sur l'art car tout revirement dans nos pensées modifie nos sentiments. Or aucune doctrine morale n'est stable. Toutes renferment des éléments hostiles rassemblés par quelque compromis dont la vertu n'est que passagère et il arrive aussi que des conséquences se dégagent qui contredisent les fondements de la doctrine. De là, dans le domaine des idées, des luttes qui, par leur influence, viennent accroître encore les discordes que la différence des goûts, dont nous avons parlé plus haut, avait déjà causées dans le public. L'histoire offre maints exemples de ce qui précède : ainsi, dans la doctrine cartésienne en même temps que dans l'école classique, se constate, d'une part, l'entente du rationalisme et d'un idéalisme religieux et, d'autre part, du rationalisme et de la piété pour les modèles antiques.

Mais, avec Bayle, le rationalisme commence à s'insurger contre la foi et, avec Perrault, contre les modèles antiques. Plus proche de nous, on peut faire aller de pair le romantisme de Victor Hugo et d'Alfred de Vigny et les doctrines d'Auguste Comte; — or on voit, de la doctrine d'Auguste Comte, qui impliquait la rigueur de la méthode et de la documentation, naître une doctrine littéraire nouvelle, le réalisme, dont se réclame une école d'écrivains qui, quoique apparentés au romantisme, le combattent et jettent sur lui le discrédit.

Ces différents facteurs de désagrégation en agissant les uns sur les autres décuplent leurs effets, à quoi s'ajoutent une multitude d'influences accessoires ; de sorte qu'après moins de trente années les idées qui s'alliaient auparavant dans un concert magnifique présentent un complet désarroi. Autrefois unies dans une puissante et féconde entente, maintenant elles sont divisées et se combattent entre elles sans réussir à se détruire et sans qu'aucune parvienne à dominer.

Ces discordes ont pour champ les esprits contemporains. C'est dans le cerveau des personnes pensantes que se déroule cet âpre et angoissant combat; chaque être en éprouve les secousses, les malaises, est en butte à ces sollicitations impérieuses et contradictoires. Gœthe a connu ces luttes intestines et, à leur souvenir, il écrivit dans ses *Mémoires* : « Si ces observations rapides et décousues sur la littérature allemande ont jeté quelque trouble dans l'esprit de mes lecteurs, j'aurai réussi à leur donner une idée du chaos dans lequel se trouvait ma pauvre cervelle, lorsque, dans le conflit de deux époques si importantes pour la littérature nationale, je me voyais assailli par tant de nouveautés, avant qu'il m'eût été possible de m'accommoder avec les vieilleries ; revendiqué par tant de vieilleries, quand je me croyais déjà fondé à y renoncer complètement. » (*op. cit.*, 241)

Or c'est exactement à cette heure qu'il importe qu'un

homme de génie surgisse pour mettre un terme au tourment des esprits partagés entre des idées hostiles et
opposées. Son œuvre consiste alors à trouver une conci-
liation entre elles, à les discipliner, à les soumettre à
quelque principe qu'il découvre ou qu'il restaure. Mais,
dans cette venue de l'homme de génie, il n'y a rien
de divin. De l'époque même, ont émané les secrètes
énergies qui suscitent le grand homme. J'irais jusqu'à
dire, si je ne craignais d'exagérer et de choir dans l'erreur, que l'homme de génie ne paraît que dans des circonstances de nécessité.

Pour se représenter de quelle manière le génie intervient en ce moment, il faut se rappeler comment, chez
lui, la personnalité se forme. Dans son adolescence, il
fait siennes ardemment les idées de son temps. Son âme
qui, tant son avidité à tout sentir, à tout comprendre,
à tout savoir était grande, s'est élargie jusqu'aux limites du monde qui se reflète en elle. Mais, dans ce monde,
des doctrines adverses se déchirent, des croyances contraires se heurtent, des idées nouvelles battent comme
une marée les vestiges du passé toujours debout dans
une majesté caduque : ces luttes intimes, ces déchire-
ments, l'homme de génie les éprouve, les sent dans sa
propre âme. Comment pourrait-il continuer à vivre
sans tenter de discipliner son esprit ? Il y est contraint
et ne pourrait faire autrement, car sa raison elle-même
succomberait s'il s'abandonnait tour à tour à ces forces
tumultueuses auxquelles sa pensée est livrée.

Avant d'apporter donc au monde la parole de salut
et de ralliement, avant de pacifier les esprits inquiets,
l'homme de génie a d'abord accompli ce travail en lui-
même et pour lui-même. Mais, en ordonnant ce monde
intérieur, il a ordonné du coup les idées de son temps.
« Le moi, dit G. Séailles, dans son beau livre sur le
Génie dans l'art (p. 55), se constitue dans son unité,
dans son identité, en organisant ses états intérieurs et

il ne peut organiser ses états intérieurs qu'en organisant le monde et ses actes dans l'unité d'une même pensée. » Donc l'homme de génie n'obéit pas à un devoir social qu'il ignore, il ne se conforme pas à une mission dont il eût senti en lui les appels ; non, il a tout uniment, et, comme le fait toute personne quelle qu'elle soit, cédé à l'exigence qui commande de soumettre l'ensemble de ses idées à une unité de direction.

Comme il apparaît ici, l'homme de génie n'invente pas. Même il est permis de dire qu'aucune idée ne lui appartient en propre, mais il coordonne les idées de son temps sur un plan nouveau et nécessaire. Ainsi il les crée en ce sens qu'il les vivifie. Elles sont désormais inscrites dans un vaste groupe et leur convergence a pour résultat que la force intime qu'elles ont en elles est immensément accrue du fait de leur solidarité.

Il est aisé de retrouver, dans ces phénomènes, les deux stades de l'invention : dissociation et réassociation. La première, comme nous l'avons vu, peut s'effectuer dans une multitude de circonstances diverses et les facteurs les plus différents y aident. Mais l'association, elle, ne peut avoir lieu que dans la conscience d'un seul individu. Ainsi l'humanité, en d'autres mots : le moi social, que Tarde poursuivit de bien des sarcasmes injustes, si elle existe, ne le peut qu'incarnée dans la personnalité d'un homme. La vérité est donc aussi éloignée de l'extrême qui voudrait effacer l'individu dans la société et faire de lui une vague image à quoi la société seule déléguerait quelque conséquence mais qui n'en posséderait par elle-même aucune et de cette autre prétendant investir l'individu de tous les droits et lui reconnaître tous les mérites. Comme la société n'existe que par les individus qui la constituent, de même que l'individu n'a d'influence que grâce aux éléments spirituels qu'il emprunte à la société et grâce auxquels il peut agir sur elle, il en découle qu'ils se créent mutuellement ; l'un n'avance que du pas que l'autre lui fait faire. Le second ne tire de son fonds rien de ce qui constitue ses illusoires richesses.

En notre siècle d'échanges intellectuels si nombreux et si fréquents, où les écoles les plus contraires existent côte à côte, où les idées sont dans un continuel travail, on se demande si les époques que je tâchais de déterminer se présenteront encore. Il se peut que non. Les idées qui jadis mettaient plusieurs générations à évoluer, aujourd'hui, dans l'espace d'une seule, parcourent toutes les étapes de leur développement et de leur déclin. Mais le phénomène mental demeurera toujours le même. Le génie crée une synthèse et, plus les éléments qu'il rassemble et accommode entre eux sont abondants, plus il lui est donné d'atteindre une vaste envergure.

CONSTITUTION DE LA PERSONNALITÉ. — Nous voici à cet instant décisif où la personnalité se détermine. Nous l'avons vue se former. Nous vîmes l'adolescent s'enquérir des spectacles du monde, inscrire en lui la vie entière de son époque. Incité par le sentiment de sa force, l'orgueil, il s'est choisi un haut modèle afin de s'y conformer et il s'est déjà aguerri dans l'art où lui-même sera plus tard un maître ; sa vocation parfois s'est déjà manifestée, mais, malgré tout, il n'est pas soi : le moment où sa personnalité s'affirme est celui où *il en unifie strictement les éléments*.

Ce moment est d'une telle importance qu'il demeure, dans la vie des hommes, une date mémorable. Auguste Comte en parla dans des termes très précis (1) : « Pen-

1. Préface personnelle au VI⁰ vol. du *Cours de philosophie positive*, p. VII et VIII.

dant qu'à cet effet, dit-il, je complétais spontanément,
surtout en biologie et en histoire, à travers beaucoup
d'obstacles matériels, mon indispensable préparation, le
sentiment graduel de la vraie hiérarchie encyclopédique
commençait à se développer en moi, ainsi que l'instinct
croissant d'une harmonie finale entre mes tendances
intellectuelles et mes tendances politiques, d'abord
essentiellement indépendantes, quoique toujours également impérieuses. Cet équilibre décisif résulta enfin,
en 1822, de la découverte fondamentale qui me conduisit, dès l'âge de vingt-quatre ans, à une véritable unité
mentale et sociale ».

Commenter ce passage équivaut à exposer le phénomène qui nous occupe. Le cas présente d'autant plus
d'intérêt qu'Auguste Comte devait réussir à concilier
entre eux des éléments plus différents et plus à l'oppo-
site l'un de l'autre. La portée d'une personnalité dépend
non seulement de la richesse des éléments qu'elle embrasse, mais surtout peut-être des éléments jusque-là
ennemis qu'elle parvient à accorder ensemble.

Entre le cerveau d'un grand penseur comme Auguste
Comte et celui d'un poète, il n'existe de différence sinon
dans la nature des images que l'un et l'autre enfer-
ment. Un savant — et je ne parle pas ici des érudits qui
ne dressent, dans leurs ouvrages, que d'arides répertoi-
res — « crée » ses découvertes par le même procédé
mental qu'un écrivain, ses livres.

Si nous avons affaire à une œuvre littéraire dans
laquelle un écrivain, au début de sa carrière, a rédigé
ce qu'on nomme communément son manifeste, où, pour
la première fois, il s'affirme avec la pleine connaissance
de ses forces et de ses visées, cette œuvre, dont la *Préface de Cromwell* me semble le meilleur exemple, doit,
soumise à une critique psychologique, apparaître comme
un document dans lequel s'inscrivent tous les phénomènes constitutifs de la personnalité.

Et, en effet, étudiée de la sorte, c'est-à-dire de manière à évoquer les actes que Victor Hugo a dû accomplir depuis la genèse de l'œuvre jusqu'à son aboutissement, la *Préface de Cromwell* développe à nos regards tous les faits que j'ai exposés dans les paragraphes précédents. Victor Hugo cherche, sollicité par les diverses idées de son temps ; puis enfin il se décide et les coordonne toutes. Sans doute il n'arrive à les concilier que par un compromis qui manque quelque peu de solidité. Si le mérite et la nouveauté de la *Préface* sont méconnus, c'est à ce défaut qu'est dû ce jugement sévère. Pour apprécier justement cette œuvre, il faut la replacer dans son cadre et à son époque. Elle redevient alors ce qu'elle a été: le document où une personnalité prodigieusement riche s'affirme, où un poète trace l'image de l'idéal qu'il a entrevu, s'insurge contre les règles que la routine prétend lui imposer et proclame des lois nouvelles. Qu'on lise la complète et belle étude de Maurice Souriau sur la *Préface* — qui est un apport aux études psychologiques aussi bien qu'à l'histoire des lettres — et l'on constatera en elle un exposé, cette fois particulier et documentaire, de tout ce que, sur le chapitre de la personnalité, j'ai dit en me plaçant à un point de vue général.

Une personnalité telle que celle de Victor Hugo ne pouvait manquer de présenter les phénomènes essentiels dans toute leur plénitude. D'autres personnalités moins vastes montreront des variantes, des écarts, peut-être même des lacunes résultant du tempérament du sujet et des circonstances morales où il se trouve.

Pour étudier tout cas particulier du développement et de la constitution de la personnalité, il faut des documents ; et c'est une rare bonne fortune que d'en posséder. Tels sont ceux publiés par M. Massis sur Émile Zola et où nous voyons cet écrivain dresser l'inventaire de ses idées et le plan de ses œuvres futures, faisant pour lui-même ce que Victor Hugo fit pour le public dans la *Préface de Cromwell*.

Quant à l'époque où la personnalité se constitue, elle est fort variable : chez Auguste Comte, ce fut à vingt-quatre ans ; chez Hugo et Zola (1) entre vingt-cinq et vingt-huit ans.

Voici donc, par une stricte ordonnance de ses éléments, la personnalité fondée. Elle a acquis un aspect durable, sans être pour cela soustraite à tout changement ; car, dans la nature, rien qui vit n'est immobile. La personnalité subit toujours d'intimes modifications parce que les forces qui ont aidé à la former, malgré la convergence qui existe entre elles, continuent à agir et à réagir les unes sur les autres. Ces changements pourtant ne dépassent jamais des limites, elles, rigoureuses ; quoique, dans le phénomène, il est vrai exceptionnel, de la conversion, on constate un revirement entier et une personnalité remplacée brusquement par une autre tout opposée. Cependant, dans le cours normal des choses, les changements qui s'effectuent s'inscrivent dans des bornes fort étroites.

Chez les artistes et les écrivains, la constitution de la personnalité, qui s'est produite la plupart du temps aux approches de la trentaine, n'est qu'un cadre, un plan où ont pris place beaucoup d'éléments adventices et de seconde main. Maintes notions sur la vie ne sont encore alors que des pressentiments. Aussi faut-il que l'existence complète, remplisse les vides de ce plan, mûrisse les idées, et que les sentiments connus par reflet cèdent la place à des sentiments réellement éprouvés. L'artiste, maintenant, a une suffisante connaissance de lui-même et il détient le principe d'après lequel il va interpréter le monde ; mais les expériences de son

1. M. Massis. *Comment Émile Zola composait ses romans* (Fasquelle).

12

cœur et de sa pensée doivent, dans le détail, amender
ses idées. La ligne de son œuvre future est conçue, mais
l'étoffe et la matière n'en sont encore qu'imparfaites.
Aussi les œuvres capitales, celles où s'exprime la personnalité totale de leur auteur, ont-elles été conçues
dans la première jeunesse, mûries et méditées pendant
la durée entière de la vie et accomplies seulement au
déclin de la carrière. Elles unissent alors la générosité
puissante et la belle envolée de la jeunesse à l'amer-
tume et à la profondeur de pensée de toute une destinée. Tels sont le *Faust*, de Gœthe, *L'Éducation sentimentale* ainsi que la *Tentation de Saint Antoine*, de
Flaubert, la grande symphonie avec chœurs, de Beethoven, composée en 1827 quand, en 1797, il en avait déjà
tracé la première ébauche en voulant mettre en musique
la *Freude* de Schiller.

CHAPITRE II

Dans le chapitre qui précède, j'ai étudié le génie dans le développement de sa personnalité, c'est-à-dire dans le procès où il se constitue. Mais il n'y avait, somme toute, dans ce développement, aucun aspect appartenant en propre au génie. Ces différentes étapes que j'ai décrites, l'homme du commun les traverse aussi. Seulement, chez ce dernier, les phénomènes sont chétifs et souvent avortés ; tandis que, chez le génie, ils s'épanouissent avec une luxuriance inconnue et acquièrent toute l'envergure qu'il leur est possible de prendre, sans nuire cependant à l'heureux balancement sans lequel il n'existe de santé ni de salut pour aucune intelligence.

« Le grand homme est un homme grandi dans toutes ses puissances ». dit G. Séailles, exprimant ainsi qu'il n'existe, entre les facultés de l'homme de génie et celles de l'homme du commun, aucune différence de nature mais seulement une différence de proportion.

Mais, en considérant les aspects que le génie a en commun avec les autres hommes, j'ai négligé les dons qui, sans être en rien exceptionnels et tout en étant chacun aussi à un plus faible degré en partage aux autres hommes, caractérisent *par leur réunion* le génie. Ces dons, par lesquels il s'élève au-dessus de ses frères plus humbles et auxquels il doit d'être l'interprète de leurs joies, de leurs souffrances et le peintre de leur destinée sont une conséquence de la puissance de ces facultés, de sorte que rien, dans ce qui suit, ne contredit les pages qui précèdent.

Le physique. — On a coutume de ne considérer, dans le génie, que la seule intelligence ; aussi il semblera singulier de prétendre que, pour que génie il y ait, il importe avant tout une santé robuste. Privé d'elle, le génie risque de demeurer incomplet. Il ne peut, dans ce cas, dégager ses dons ou bien la fièvre du labeur épuise prématurément ses forces. Il est vrai qu'il y a Voltaire, qui fut débile toute sa vie; mais, par contre, Gœthe, Hugo, Balzac, Zola ont été des hommes fortement constitués. Ce n'est point pour cette raison qu'ils eurent du génie, mais l'immense activité d'esprit à laquelle ils durent se livrer ne put s'accomplir que dans un corps assez vigoureux pour supporter les secousses et l'usure que tout travail comporte avec soi.

En effet, chez l'homme qui crée une œuvre d'art, à un degré moindre chez celui qui la lit et la comprend, le jeu des facultés émotives a une importance considérable : d'elles, part le branle de tout l'appareil. Or, dans l'émotion, le physique est le levier auquel l'intelligence doit de sortir de ses attitudes contemplatives et de ne pas demeurer inerte. Le physique donc agit et se fatigue. En outre, il n'y a d'acte de l'intelligence dont le physique à son tour ne subisse le retentissement. Il lui faut, pour cette double raison, des qualités de résistance et de ressort. Au génie, qui est l'intelligence dans toute son excellence et toute son énergie et qui réclame du corps un travail incessant, il faut une assise corporelle équivalente, de même qu'aux machines construites pour développer une force motrice considérable sont nécessaires des fondements de pierre et de granit profondément entrés dans le sol.

Au début des périodes littéraires, à l'aurore des nouvelles écoles, une multitude d'idées sont éparses et flottantes; et c'est à qui est capable de les faire siennes qu'elles appartiennent. Gœthe, dans une des pages les plus belles de ses *Mémoires* (1), montre ces idées qui sollicitent les esprits jusqu'à ce qu'un écrivain s'en empare et les traduise. Mais la prise de ces idées ne se fait pas sans combat et, dans ces combats, les talents les plus faibles succombent, défaits par les maladies, les lentes usures. Un homme plus robuste, plus endurant, s'approprie, du seul droit de sa force, le butin que les vaincus ont amassé et en enrichit son patrimoine. Bientôt il est seul à régner et, ce privilège, il le doit à l'envergure de son esprit capable de tout embrasser autant qu'à l'appoint de ses forces physiques.

Dans l'existence de l'homme de génie et à la fin de sa carrière, vient un âge triomphant où il récolte le bé-

1. Quand la jeunesse de l'homme tombe sur une époque féconde, où la production surpasse la destruction et éveille à temps chez lui le pressentiment de ce qu'une époque pareille demande et promet, poussé par des mobiles extérieurs à une active participation, il se prendra à diverses choses tour à tour, et le désir de déployer son action de plusieurs côtés s'animera chez lui. Toutefois, à la faiblesse humaine se joignent encore tant d'obstacles accidentels, qu'une œuvre commencée reste interrompue, une chose entreprise tombe des mains, les vœux, l'un après l'autre, s'éparpillent. Mais, si ces vœux étaient partis d'un cœur pur et conformes aux besoins du temps, on peut sans inquiétude les laisser dormir ou tomber à droite et à gauche, assuré que non seulement ces choses seront retrouvées et relevées, mais que bien d'autres du même genre, auxquelles on n'a jamais touché, auxquelles on n'a jamais songé seront mises en lumière. Que si, dans le cours de notre vie, nous voyons accomplir par d'autres les choses où nous portait autrefois nous-mêmes une vocation à laquelle, comme à bien d'autres, nous avons dû renoncer, alors s'éveille en nous cette belle pensée, que c'est l'humanité tout entière qui est seule l'homme véritable, et que l'individu, pour être heureux et content, doit avoir le courage de se sentir dans l'ensemble (*op. cit.*, p. 335).

néfice de ses travaux et la rançon de tout ce qu'il a en-
duré. Il est assagi et presque toujours l'époque des
belles prouesses est passée. Mais ses contemporains
peuvent maintenant envisager d'un seul coup d'œil
l'immensité de son labeur, apprécier l'énergie de ses
efforts. L'homme de génie apparaît glorieux. Cette
gloire prête à ses idées une force intense de rayonnement. Les idées se dégagent qui forment les assises de
son œuvre et les esprits sont tout préparés, par suite
d'une longue initiation, à faire intimement leurs les
conceptions de l'écrivain et son image du monde. Voilà
donc l'homme de génie parvenu à cette période de
gloire. Il ne la peut guère aborder qu'au déclin de
l'existence. Or, pour arriver à cet âge, sans lequel il
manque un suprême couronnement à sa destinée, il faut
au génie une certaine robustesse de santé.

Le tempérament. — Dire d'un artiste, selon le mot
en usage, qu'il est un puissant tempérament est toujours d'une parfaite justesse. La vivacité, la souplesse,
l'énergie du tempérament permettent à l'intelligence de
faire preuve d'identiques qualités. Ainsi la puissance
du génie est dépendante de celle du tempérament.
Celui-ci doit, sans se démentir jamais, offrir aux idées
des pôles affectifs toujours nouveaux comme centres de
liaisons des images et des idées. Les phénomènes de la
création se ramènent à des variations du moi ou de la
personnalité ; or, le tempérament est l'assise de cette
dernière.

Les émotions. — Après le corps et le tempérament,
abordons les phénomènes qui sont avec eux dans le
plus étroit rapport : les émotions. Sans elles, point de
vie, non plus de génie.

Le génie en effet les requiert à un haut degré. « Pourriez-vous me dire, s'écrie Berlioz, ce que c'est que cette puissance d'émotion, cette faculté de souffrir qui me tue?» De telles paroles, tout poète les a prononcées en découvrant dans son cœur un vaste et douloureux amour pour les créatures et les choses.

Les émotions ont toutes la même origine et le même aspect. Elles sont une modalité mentale allant de pair avec une modalité de l'état organique. Cependant, parmi elles, on peut tout provisoirement d'ailleurs, distinguer deux espèces. D'une part, celles qui proviennent de l'intérêt que nous portons à notre propre personne et qui s'éveillent en cas de danger et dans les circonstances où notre personne éprouve quelque accroissement d'aise ou de force; et, d'autre part, les émotions qui nous sont inspirées par la vue de nos semblables et les spectacles de la vie. Ces dernières sont pour nous les plus intéressantes. Quand l'homme les éprouve, il s'oublie lui-même pour se mettre à la place de celui dont les joies ou les douleurs l'ont touché. Ces émotions impliquent donc nécessairement une aliénation passagère de la personnalité. Dans un trouble de cette sorte, un homme momentanément ne s'appartient plus. Dans l'instant où il éprouve, par compatissance, le chagrin ou le bonheur d'autrui, il est vraiment devenu autre par reflet. Cette existence ainsi vécue sera une véritable création dans le sens psychologique et aussi dans le sens esthétique si cette émotion ressentie par sympathie se trouve, avec toutes les images qu'elle éveille dans l'esprit, exprimée dans une forme d'art.

Ce qui fait qu'en réalité ces deux espèces se confondent, c'est que, dans le second cas, aucune compatissance ne se produit si, entre le sujet et l'objet, n'existe une ressemblance préalable. On lit, dans *Jacques le Fataliste*, de Diderot, une phrase exquise et profonde qui nous présente le mécanisme de cette sorte de transfert:

« ... l'histoire de les amours, dit le maître à Jacques, qui sont devenues miennes par mes chagrins passés. » Lorsque le maître s'émeut et fait siennes ainsi les amours qui lui sont contées, il dispose, en réalité, selon un canevas que lui offre le récit de Jacques, d'anciens souvenirs à lui, d'anciens chagrins, d'anciennes tendresses. De la sorte, cette personnalité adventice et passagère n'est, selon un ordre nouveau et autour d'une image affective nouvelle suscitée par une émotion, que le rangement d'anciens éléments qui faisaient partie de la personnalité normale. Nous voilà donc en présence de l'éternel procès de désintégration et de réintégration auquel on a donné le nom d'imagination. Or il n'existe pas d'imagination. Toujours, en cas de création, on a affaire à une modification du moi, à un moi provisoire établi sur un plan nouveau et sollicité par une émotion.

Tel est le rôle essentiel que joue l'émotion dans la création de l'œuvre d'art. Ils sont d'un tel nombre, d'une telle diversité, les aspects sous lesquels peuvent s'offrir ces changements de personnalité qu'il me faudra, dans la seconde partie de cet ouvrage, quand je traiterai des différents modes de création, de longues pages pour les envisager avec quelque détail. Ici, je me contente d'insister sur ce fait fondamental : l'identification passagère entre la personne qui éprouve et celle qui inspire l'émotion.

Cette identification se produit également entre l'écrivain et le héros de son œuvre; et nous avons, à cet égard, des documents d'où il ressort que le personnage d'une œuvre représente toujours de façon plus ou moins entière le romancier lui-même. Gœthe nous déclare dans ses *Mémoires* que la biographie de Gœtz de Berlichingen l'émut jusqu'au plus profond de l'âme et ailleurs, de façon plus explicite, à propos de *Faust*, il dit: « La remarquable pièce de marionnettes dont l'autre (Faust) est le sujet résonnait et bourdonnait dans ma tête sur tous les tons. Moi aussi, je m'étais promené dans toutes les sciences, et j'en avais reconnu assez tôt la vanité. J'avais essayé de tout dans la vie, et j'étais revenu toujours plus mécontent... » (*op. cit.*, p. 357) Le mécanisme de l'identification ou du transfert est ici d'une clarté évidente. Gœthe et Faust ne faisaient plus qu'une seule et même personne : dans la destinée de Faust, malgré que fabuleuse, Gœthe représentait sa propre vie (1). « Un livre, a dit Flaubert, n'a jamais été pour moi qu'une manière de vivre dans un milieu quelconque. » (*Corr.* 3ᵉ sér. p. 144.) Et encore : « J'ai été moi-même dans *Saint Antoine*, le Saint Antoine ». (*Corr.* 2ᵉ sér. p. 73.) Enfin, dans la phrase suivante, extraite d'une lettre adressée à sa nièce, nous voyons que cette identification n'est pas momentanée, passagère, bornée à l'instant où l'écrivain conçoit son œuvre, mais dure volontairement tout le temps pendant lequel il est occupé à la réaliser. « Au milieu de tout cela, écrit Flaubert, je pense sans cesse à mon roman (l'*Éducation sentimentale*). Je me suis trouvé, samedi, dans une des situations de mon héros. Je rapporte à cette œuvre, selon mon habitude, tout ce que je vois et ressens (2). »

Il est au plus haut point nécessaire que l'œuvre d'art ait, pour centre, un ton affectif ou émotionnel tenant groupées autour de lui les images nombreuses qui constituent l'œuvre elle-même. Ainsi elle acquiert sa qualité essentielle : l'unité, sans laquelle point d'œuvre vivante. L'unité implique la subordination des parties, et, dans chacune d'elles, la prédominance d'un ton s'accordant avec le ton fondamental.

A ce propos, Flaubert eut un jour une boutade dont

1. Je fus, dit Gœthe, frappé de l'antique figure mythologique de Prométhée qui, séparé des dieux, peuplait un monde du fond de son atelier... La fable de Prométhée devint en moi vivante; je coupai à ma taille la robe antique du Titan. (*Op. cit.*, p. 549.)

2. *Revue de Paris*, 1ᵉʳ sept. 1903, p. 6.

le sens à présent s'éclaire. Il prétendait n'avoir, dans *Madame Bovary* et dans *Salammbô*, cherché autre chose qu'à donner l'impression, d'une part, du gris, cette « couleur de moisissure de l'existence des cloportes », de l'autre, de la pourpre (Goncourt. *Journal*, I. 366). Chez Flaubert, à l'origine de ces deux œuvres, il y eut un ton affectif, dont le gris et la pourpre représentaient les équivalences colorées. Ce ton a été primitif et essentiel à tel point que le contenu des œuvres était indifférent et importait pour autant seulement qu'il servît à suggérer ce ton.

Par ce qui précède, se voit combien, chez l'homme de génie, le domaine des émotions doit être riche et puissant.

C'est aussi sous l'empire des émotions qu'il aperçoit le monde sous l'aspect transfiguré de la beauté.

... sa beauté pour nous, c'est notre amour pour elle.

et, dans ce vers, Alfred de Musset exprima avec beaucoup de justesse que nous aimons les choses non pour leur beauté, mais qu'elles sont belles parce que nous les aimons.

Si ce qui nous émeut aussi nous charme, il faut, pour une part, l'attribuer au fait que l'art ne cherche, par ses formes et ses prestiges, à nous charmer que pour nous émouvoir; de là, cet effet à rebours que, lorsque nous sommes émus, nous nous trouvons par là même charmés. Mais il y a d'autres raisons encore. Le mot « beau » sert à qualifier tout ce qui nous met dans un état de ravissement, un état où, sous l'influence des causes parfois les plus diverses, nous ne sommes plus à même de concevoir un terme de mesure pour apprécier l'objet de notre trouble.

Une émotion quand elle est ressentie produit le ravissement par un double effet. Elle rayonne dans notre

appareil mental tout entier dont une partie se trouve
paralysée, tandis que l'autre au contraire est excitée au
plus haut degré. Ceci apparaît clairement si l'on considère qu'il en est de même dans le domaine corporel où
l'émotion excite extraordinairement un organe, le cœur
par exemple, tandis que les autres sont frappés d'impuissance. Or, d'après la définition de Wundt des sentiments esthétiques, ces sentiments proviennent de l'activité complète de l'appareil mental (1). Subjectivement
nous noterons le même résultat si, au lieu de cette activité totale, nous avons affaire à un appareil mental dont
ne vibre, sous l'influence de l'émotion, qu'une partie
seulement, et dont l'autre est momentanément engour-
die. D'ailleurs, sous l'ascendant d'une émotion, des émotions infiniment nombreuses peuvent s'éveiller de proche en proche et occuper tout le champ de la conscience.
Dans ce cas, nous sommes en présence d'un phénomène
strictement identique à celui que Wundt a défini; et il
se comprend qu'être ému par un objet conduise nécessairement à lui reconnaître un caractère de beauté.

Les faits qui suivent montrent l'émotion produisant
un sentiment de beauté.

Chez tout homme et chez l'homme de génie aussi, les
émotions ne s'éveillent pas indifféremment pour n'importe quel objet. Certains seulement ont ce privilège,
tandis que les autres laissent l'esprit dans la plus profonde indifférence. Ainsi l'aspect du squelette humain,
dans lequel les hommes ne découvrent guère de beauté,
avait le don d'émouvoir et de transporter Benvenuto
Cellini. « Tu feras copier à ton élève, dit Benvenuto
Cellini, que je cite d'après G. Séailles (*op. cit.*, 198), un
de ces *magnifiques* os des hanches qui ont la forme d'un
bassin et qui s'articulent si *admirablement* avec l'os de

1. W. Wundt : *Éléments de psychologie physiologique*, trad.
Rouvier. Alcan, t. II, p. 297.

la cuisse. Quand tu auras dessiné et bien gravé dans ta mémoire ces os, tu commenceras à dessiner celui qui est placé entre les deux hanches ; il est *très beau* et se nomme sacrum... Tu étudieras ensuite la *merveilleuse* épine du dos que l'on nomme colonne vertébrale. Elle s'appuie sur le sacrum, et elle est composée de vingt-quatre os qui s'appellent vertèbres... Tu devras avoir *plaisir* à dessiner ces *os*, car ils sont *magnifiques.* »

En tant que conseil, ces lignes sont de peu de portée ; en tant que document psychologique, elles sont capitales. Se placer devant un os iliaque et s'acharner à s'émouvoir et à le trouver beau, ou, inversement, à le trouver beau pour ensuite s'émouvoir, est un effort qui risque de ne pas aboutir. Donc le conseil de travail de Benvenuto Cellini est assez vain. Mais ce qui, dans ces lignes, uniquement nous intéresse, c'est ce fait que Cellini trouve magnifiques les os des hanches, admirable la façon dont ils s'articulent avec le fémur, beau l'os sacrum, merveilleuse la colonne vertébrale...

Dans ce passage, en effet, se surprend comment, chez l'artiste, l'émotion en créant un enchaînement d'images nombreuses, met en branle l'esprit entier et le captive. Car, pour Cellini, ce squelette était non pas des os inertes ou un emblème de la mort, mais l'armature du corps humain. Ils vivaient d'une vie occulte et prestigieuse. A travers eux, il découvrait la robustesse juvénile des athlètes et la grâce de la femme. Par leur étude, il devait atteindre, dans toute sa plénitude, la beauté du corps humain, qui rassemble dans ses lignes la beauté entière de la nature et de la vie. D'autre part, quand Cellini se trouvait devant ces os, toutes ses facultés étaient concentrées sur eux et il n'existait plus rien d'autre au monde qui l'intéressât. Qu'il voulût que son élève éprouvât la même emprise est très naturel parce que nous nous figurons toujours que les autres hommes sont faits à notre image, mais il est douteux que ces conseils puissent être efficaces si l'élève n'est pas de naissance doué des mêmes goûts. Je ne vois donc, dans le passage de Cellini, autre chose qu'une confidence sur les ressorts secrets qui mouvaient son génie (1).

S'il y avait à tirer de ce texte un enseignement, ce serait celui-ci : nul n'est artiste s'il n'a le don de s'émouvoir devant un des aspects de la vie, s'il n'a le don de voir les choses avec amour. « Tout ce que je recevais avec amour prenait aussitôt une forme poétique » a dit Gœthe (*op. cit.*, 546); et cette parole, dans sa brièveté, est décisive et résume tout ce que j'ai essayé ici de démontrer.

L'homme de génie ou l'artiste présente encore une particularité qui n'est qu'un corollaire des faits que je viens de traiter : c'est que, chez lui, toutes les sensations qu'il éprouve se transforment d'elles-mêmes en matière d'art. Gœthe l'exprimait dans la phrase que je viens de citer et il le disait encore ailleurs dans ces mots : « Je laisse les objets agir paisiblement en moi, ensuite j'observe cette action et je m'empresse de la rendre avec fidélité, voilà tout le secret de ce que les hommes sont convenus d'appeler le génie. » Placez un romancier, un peintre devant un même spectacle, l'un y découvrira une page de roman, l'autre un sujet de tableau. C'est que, pour rattacher ceci à ce qui précède, chacun, dans ce specta-

1. Il en est tout à fait de même du savant, avec cette différence seule qu'il étudie et scrute ce qui l'émeut, tandis que l'artiste le reproduit. Ainsi Guyau (*l'Art au point de vue sociologique*, p. 27) dit : « A ces dernières qualités (de Darwin), il faut en ajouter une dont Darwin ne parle pas et dont ses biographes font mention : la faculté de l'enthousiasme, qui lui faisait aimer tout ce qu'il observait, aimer la plante, aimer l'insecte depuis la forme de ses pattes jusqu'à celle de ses ailes... » Je renverserais plutôt ici l'ordre de la causalité et, sans crainte aucune d'avancer un paradoxe psychologique, j'affirmerais que Darwin ne s'enthousiasmait pas à la suite de ses études de la nature, mais qu'il étudiait la nature parce qu'il éprouvait pour elle un ardent amour.

cle, a été ému par un aspect particulier. Ainsi le coffre
indien qui inspira à Massenet la musique du *Roi de
Lahore* aurait inspiré à Hérédia un sonnet dans le genre
du *Samouraï*. Il se fût agi, dans les deux cas, d'émotions
d'un genre spécial traduites dans un langage d'art différent. « Deux idées, dit Gœthe, ne se présentent jamais
à mon esprit abstraitement, elles deviennent immédiatement deux personnages qui discutent. » Voilà le don
qu'il fallut à Gœthe pour écrire *Faust*. En somme, le
signe indéniable auquel se reconnaît l'artiste, c'est
l'émotion d'abord, puis, concurremment avec elle, tant
ces deux actes sont en étroite liaison, la traduction de
cette émotion dans un langage sensoriel.

Il y a, dans la *Correspondance* de Flaubert, un passage qui fut généralement mal compris et nous détenons
maintenant les données qu'il faut pour l'interpréter dans
son véritable sens : « Si les accidents du monde, dit
Flaubert, dès qu'ils sont perçus par vous, apparaissent
transposés comme pour l'emploi d'une illusion à décrire,
tellement que toutes les choses, y compris votre existence, ne vous sembleraient pas avoir d'autre utilité,
prêt à tout sacrifier, cuirassez-vous, lancez-vous, pu-
bliez ! »

Ces lignes ont été fort prises à partie. Guyau, qui
faisait preuve autrement d'un tact toujours sûr, accuse
à tort Flaubert d'avoir dénué la vie de sa gravité, en ne
voyant en elle qu'une illusion à traduire. Ce passage
comporterait un renversement immoral des valeurs. C'est
là accuser sans fondement Flaubert.

Si son astre, en naissant, ne l'a formé poète...

qu'il n'écrive point, a dit Boileau. Flaubert dit de même:
mais il exprime sa pensée avec un souci plus grand de
détail et d'analyse. Il engage les jeunes gens à s'exa-
miner. Il n'y a pas de conseil plus sage. « Si la vie et

leur propre existence leur apparaissent comme pour l'emploi d'une illusion à décrire », mais il s'agit là de cette même transposition qui, chez Gœthe, faisait, sur le champ, se manifester les idées dans un appareil dramatique ; et, à Massenet, entendre un motif musical à la vue d'un coffre indien. A l'écrivain et au poète, l'existence se montre comme une apparence qu'il leur importe de rendre dans toute sa fidélité; mais ils ne s'abusent pas eux-mêmes à ce sujet au point d'être dupes de leurs mirages.

LA MÉMOIRE AFFECTIVE. — Quand Diderot nous dit : « ... l'histoire de tes amours qui sont devenues miennes par mes chagrins passés »,il s'entend que les souvenirs de ces chagrins ont persisté et sont toujours présents en images émouvantes. En d'autres termes, pour que se produise le phénomène de compatissance que cette phrase exprime, il convient que le sujet soit doué de mémoire affective. Sans elle, impossible que le spectacle de la souffrance d'autrui rappelle dans l'âme des souffrances passées. Donc, l'artiste, l'écrivain doit être doué de cette mémoire spéciale que Ribot n'a distinguée que fort récemment. Nous la voyons impliquée dans la phrase de Diderot ; Balzac avait dit, dans sa *Femme de trente ans:* « Le cœur a sa mémoire à lui. » Benjamin Constant avait déjà employé la même expression dans ce passage d'*Adolphe*, chapitre VI: « Nous vivions, pour ainsi dire, d'une espèce de mémoire du cœur, assez puissante pour que l'idée de nous séparer nous fût douloureuse, trop faible pour que nous trouvassions du bonheur à être unis. » Enfin Berlioz, devançant de loin les psychologues, a décrit la mémoire affective dans un passage qui la caractérise à merveille.

Je voulus (singulière soif de douleur) saluer, dit Berlioz

à la fin de ses *Mémoires*, le théâtre de mes premières agitations passionnées ; je voulus enfin embrasser mon passé
tout entier, m'enivrer de souvenirs, quelle que dût en être
la navrante tristesse... Je sens bondir mes artères à l'idée
de raconter cette excursion. Je veux le faire cependant,
ne fût-ce que pour constater la persistance de certains
sentiments anciens, inconciliables en apparence avec des
sentiments nouveaux, et la réalité de leur coexistence dans
un cœur qui ne sait rien oublier. Cette inexorable action
de la mémoire est si puissante chez moi, que je ne puis
aujourd'hui voir sans peine le portrait de mon fils à l'âge
de dix ans. Son aspect me fait souffrir comme si, ayant eu
deux fils, il me restait seulement le grand jeune homme,
la mort m'ayant enlevé le gracieux enfant... Trente-trois ans
se sont écoulés depuis que je l'ai visitée (la montagne) pour
la dernière fois. Je suis comme un homme mort depuis ce
temps, et qui ressuscite. Et je retrouve, en ressuscitant,
tous les souvenirs de ma vie antérieure, aussi jeunes, aussi
brûlants...

Sans cette mémoire, pas d'émotions. Les émotions que
l'écrivain éprouve à la vue des souffrances et des félicités d'autrui sont faites des souvenirs de ses douleurs
et de ses joies à lui.

Cette mémoire est indispensable pour d'autres raisons
encore.

Entre le moment où l'écrivain vit son œuvre, puis où
il la conçoit, et le moment où il l'exécute, s'étend un
long intervalle. De l'éloignement est nécessaire pour
que le plan de l'œuvre apparaisse en pleine clarté à l'esprit de l'auteur. A la veille des événements, il n'est pas
à même de les apprécier sainement et il risque de les
décrire avec étroitesse et partialité. Notre vie est assujettie à des lois profondes qui n'apparaissent qu'à la durée.
A leur lumière, il appartient de juger le passé. Aussi
l'écrivain doit-il attendre qu'elles se dégagent. Alors un
départ s'établit entre ce qu'il y eut de circonstanciel dans

les faits et ce qu'ils renferment d'humain et d'éternel.
Sur ce dernier aspect, le romancier devra insister ; mais
s'il négligeait le premier, il risquerait d'enlever à son
récit les qualités de véracité et de vie indispensables
pour captiver. Donc, l'écrivain doit pouvoir rendre les
événements présents à sa pensée, à croire qu'il est
encore au moment de les vivre. A cela, seule la mémoire
affective l'aidera. Même si l'œuvre est purement de fantaisie, il faudra encore qu'elle consiste dans une succession d'états de sentiment. Sans la mémoire affective, il
est impossible à un auteur de revêtir ses œuvres de ces
indispensables qualités. Elle importe d'ailleurs autant au
poète qu'au romancier. Celui-là non plus ne peut écrire
sous le coup des sentiments, du moins définitivement.
Pour achever son poème, il doit être rassis, disposer
de tout son discernement. Il est d'un grand intérêt, à
cet égard, de lire les renseignements que Sully-Prudhomme communiqua à Ribot et qui sont insérés dans
la *Psychologie des sentiments*.

LA PENSÉE PAR IMAGE. — Les écrivains de génie ont
ce don extraordinaire de traduire leurs idées par des
rapprochements d'images accomplis à leur insu et, par
là même, d'une rigueur et d'une justesse extrêmes. Un
écrivain de génie est celui chez qui l'idée surgit vivante,
frémissante, sous une forme presque palpable. Ainsi
que tout ce qui vit, l'idée a alors en elle une logique
plus forte, plus victorieuse que celle que, par artifice,
le talent lui eût donnée, une logique interne qui est
celle, toute puissante, de la vie elle-même.

Chez les poètes, à peine les idées s'offrent-elles à l'esprit, qu'elles appellent, du plus profond où elles sont
assoupies, des images dans lesquelles elles s'incarnent.
Ces images sont comparables à des accessoires de théâtre, sans nombre, ensevelis dans les limbes de l'esprit,

où le poète ne se doute pas de leur existence. Mais, dès qu'une idée se présente, aussitôt apparaît, comme par enchantement, le vêtement ou la parure sous lesquels cette idée pourra se manifester. Cette opération est si soudaine, qu'il est exact de dire que les poètes pensent au moyen non d'idées, mais d'images. Celles-ci se fondent intimement avec l'idée de façon à constituer son symbole formel, lequel devra, avec l'idée, avoir de telles concordances que, dans ses développements, il pourra toujours se substituer, sans jamais présenter de contre-sens, aux développements dont l'idée est susceptible. Tout ce travail est achevé quand le poète arrive à s'en rendre compte.

La sœur de Lamartine présenta un jour au poète une jeune fille désireuse qu'il écrivît quelques vers sur son album. Lamartine (1) prend la plume et, sans s'accorder le temps de réfléchir, écrit sur la page blanche:

> Le livre de la vie est le livre suprême
> Qu'on ne peut ni fermer ni rouvrir à son choix,
> Le passage attachant ne s'y lit pas deux fois
> Mais le feuillet fatal s'y tourne de lui-même.
> On voudrait revenir à la page où l'on aime
> Et la page où l'on meurt est déjà sous nos doigts.

L'inverse s'est ici produit: non l'idée évoqua l'image, mais le livre, c'est-à-dire l'image, fit surgir l'idée. Mais avec quelle rigueur les images accessoires dérivées de la principale s'enchaînent. Il a fallu que, pour Lamartine, il n'y eût pas seulement un rapprochement entre l'idée et l'image, mais qu'une identité fût apparue, que la vie ait été le livre, que le livre ait été la vie. Victor Hugo, dans sa dernière manière poétique, aurait dit: le livre vie. Certes il est donné à tout poète de trou-

1. Cité par Paulhan, *de l'Invention*, p. 99

ver un rapprochement entre l'existence et un livre; mais alors les similitudes eussent été déduites avec quelque lenteur; tandis que, chez Lamartine, les circonstances de l'anecdote en font foi, elles se sont établies d'emblée. Ceci n'appartient qu'au génie. Le travail aussi peut atteindre au même résultat; mais ici j'envisage seulement les dons poétiques dans ce qu'ils ont de spontané, de primitif, d'inimitable.

Suit un exemple emprunté au plus grand virtuose verbal qu'il y ait eu. Les termes de l'image n'ont pas entre eux, cette fois, comme chez Lamartine, la conformité d'une symétrie facile, mais une harmonie intrinsèque, organique, les régit et ils se sont agencés d'une façon définitive et parfaite dans un domaine de l'esprit où, chez le commun des hommes, les idées ne font que s'ébaucher. Il s'agit du passage d'une conversation de Victor Hugo que reproduit Maurice Souriau dans son édition critique de la *Préface de Cromwell.* On y surprend le génie dans son négligé sublime. « La ligne divine de la beauté apparaît lumineuse, mais brisée, sur vos visages ; disait Victor Hugo à Arthur Stevens, à propos des femmes de Delacroix, vous êtes l'éclair, c'est-à-dire l'éblouissante grimace du rayon. » Sent-on l'imprévu magnifique de cette image? Après coup, elle a l'air d'avoir été savamment préparée ; mais elle fut en réalité suggérée par les mots. Ces mots : « la ligne lumineuse, mais brisée » appelant impérieusement le mot « éclair », lequel, à son tour, sert de trait de liaison avec le troisième terme.

Je pourrais réduire l'image entière en une formule où chaque attribut du premier, deuxième et troisième termes serait représenté par un signe abstrait. Il se constaterait que le mot « éclair » a, avec le premier terme, trois attributs de commun sur quatre; tandis que, dans le troisième terme, le mot « grimace » se trouve évoquer à la fois le mot « éclair » à cause de l'attribut: brisé qui

est commun à l'éclair et à la grimace et aussi le mot
« visage ». Ici donc l'image se complète et éclate, offrant,
ramassés, tous les attributs du premier terme. Il s'agit,
en dernier aspect, dans l'image entière, d'une identification établie grâce au terme de transition « éclair ».

Il n'y a, dans cette identification, rien qui heurte notre
raison. Une logique absolue y règne. Mais notre raison
jamais ne fût parvenue à découvrir de pareilles concordances qui, une fois trouvées, s'imposent cependant avec
tant de maîtrise qu'à y réfléchir nous ne pouvons même
nous rendre compte de la façon dont notre assentiment
nous fut arraché.

Ce qu'il y a, dans ce procédé mental, d'essentiel au
génie, ce n'est pas le procédé lui-même, mais la plénitude et l'excellence avec lesquelles il s'effectue. En effet,
nous sommes ici en présence de deux phénomènes : un
phénomène d'évocation de l'image par l'idée qui se
ramène à un acte de mémoire inconsciente des plus
courants et que chacun peut observer journellement sur
soi-même, puis un acte de liaison des images. Dans
l'appareil mental, sont assoupies des images que l'idée
réveille sous l'empire d'analogies communes. Mais, chez
le génie, cette évocation est si parfaite que l'image peut
servir de substitut à l'idée ; tandis que, chez les hommes
ordinaires, l'idée évoque de coutume des images aux
analogies partielles et insuffisantes. Cette insuffisance
se constate surtout dans la série des images que présentent les rêves, images qui se suscitent et se suivent
l'une l'autre de façon tout arbitraire. Nous aurons ainsi
les groupes : ABCD. LIAR. FIMP. Entre eux, on ne peut
plus parler d'identité. Les images successives ne com-
munient que par un attribut qui même souvent est
d'une valeur toute contingente et, prises par groupes
pairs ou impairs, les images ainsi jointes n'ont plus
aucun point de similitude. Au contraire, les métaphores
d'un grand poète, outre leur conformité avec l'idée,

s'agencent selon une logique rigoureuse. Non seulement il y a une concordance entre le développement du symbole et le développement de l'idée qu'il traduit, mais les images se lient entre elles par la communauté de nombreux attributs. De telles images revendiquent de façon supérieure l'assentiment de la raison et il apparaît qu'une logique suprême a présidé à leur naissance. Donc, en résumé, l'enchaînement des idées ou des images qui, dans les rêves, et aussi chez les enfants et les sauvages, se fait de façon défectueuse et, chez le commun des hommes, avec quelques tâtonnements ou de manière maladroite, de sorte que les images doivent se raccorder après coup, s'effectue, au contraire, chez l'homme de génie, de façon immédiate et parfaite.

Maintenant, après avoir considéré le génie dans sa santé corporelle, dans son tempérament, dans son activité émotionnelle, j'aborde le terrain des prétendues facultés: l'imagination, la raison, la volonté.

L'IMAGINATION. — Il n'existe pas d'imagination. Assurer qu'elle est la faculté maîtresse du génie est une erreur.

Si l'on prétend faire usage de ce mot, il faut au préalable distinguer trois sortes d'imaginations. La première est le pouvoir de l'esprit de se représenter les idées sous l'aspect d'images sensorielles, pouvoir départi à chacun, car il n'est personne qui pense abstraitement. Il y a secondement l'imagination soi-disant créatrice où il ne s'agit pas, à proprement parler, d'imagination mais, comme je l'ai déjà dit, d'un changement de personnalité et l'étude de ce phénomène s'inscrit dans le chapitre de la personnalité. Enfin il existe une faculté artifi-

cielle (1), recette apprise dans le dessein de contrefaire
les procédés du génie. Cette recette permet de confec-
tionner un roman ou un drame, tout comme un ébé-
niste construit un bahut: il n'y a pas de différence sinon
dans la nature et le nombre des pièces agencées.

Une véritable œuvre d'art, qui n'a rien de commun
avec un pareil produit, est, dans toute la force du terme,
un document de psychologie générale et non un document où se marque l'activité d'une faculté particulière.
Toutes les facultés se sont jointes pour l'accomplir. Elle
est la projection de la personnalité momentanée de son
auteur. Elle est un moi qui s'exprime dans son entier
par le truchement d'une forme d'art, et, dans le moi lui-
même, s'associent harmonieusement toutes les activités
de l'esprit.

LA RAISON. — Victor Hugo a défini la raison en disant,
dans la *Préface de Cromwell*, que le goût était la raison
du génie. Je ne partage pas cette pensée, et je dirais de
préférence que le goût est le bon sens du génie. C'est
à cette sorte le bon sens et de pondération que se rapportent ces lignes par lesquelles Wundt termine sa
définition du sentiment esthétique:« Tous ces éléments
excitent un sentiment esthétique supérieur, seulement
à condition qu'ils s'unissent pour donner lieu à un effet
total concordant et en même temps plein de mesure. »
C'est le goût qui veille que ce bel équilibre se réalise.

En art, la raison ou logique consiste à faire se suivre
les éléments dans l'ordre de leur causalité ou de leur

1. Paul Souriau est, que je sache, le seul qui ait mis ce fait en
relief. On lit, à la page 221 de la *Suggestion dans l'art*. « Les descriptions de fantaisie se reconnaissent à ce qu'elles se ressemblent
toutes; et plus elles ont la prétention d'être inventées, plus elles
sont banales. »

succession constante. Les événements ont leur logique, de même que la pensée a la sienne. Réserver le nom de logique à cette dernière seulement, est étroit et abusif. Une nécessité commande que je tombe si le pied m'a failli: cette logique est aussi rigoureuse que celle d'un syllogisme bien enchaîné. Les émotions ont leur logique et les sentiments aussi. La raison, chez un écrivain, consiste à respecter scrupuleusement la logique spéciale à ces deux domaines, desquels se dégagent tous les mobiles auxquels obéit la créature humaine. Grâce à la logique ou à sa logique, l'écrivain enchaîne les sentiments de son œuvre et les événements avec une telle nécessité que l'esprit du lecteur ne puisse un instant concevoir le moindre doute sur leur vraisemblance. En art, c'est la logique des déductions bien plus que l'observation qui donne à l'œuvre son aspect de réalité. Poe est réaliste autant que Zola, et même infiniment plus peut-être.

A côté de ces deux logiques, se place celle de la pensée qui trouve ses règles dans la syntaxe de la langue. Les classiques professaient à bon droit qu'il revenait au même de bien penser et de bien écrire. Flaubert également partageait cet avis.

LA VOLONTÉ. — Chez l'homme de génie, il est plus exact de parler de passion que de volonté. Il s'agit, chez le génie, d'une volonté ardente et qui s'ignore. La puissance avec laquelle il conçoit son œuvre, le contraint impérieusement à accomplir celle-ci. La hantise des images, le ravissement de ses propres rêves sont des aiguillons qui ne permettent pas de relâche. Le travail devient alors une nécessité.

CHAPITRE III

Le génie, résulte, comme il va de soi, des conditions anatomiques du cerveau, mais, jusqu'à présent, et ce sera encore le cas dans un lointain avenir, ces conditions demeurent rebelles aux recherches des savants. D'abord la rareté du génie et, en somme, l'ignorance où l'on se trouvera si l'on est véritablement ou non en présence d'un génie, car c'est généralement une postérité plus ou moins lointaine qui en décide, interdiront d'aboutir à une connaissance sûre, même si un jour l'étude histologique du cerveau triomphait des difficultés d'ordre matériel qui actuellement rendent ses résultats si peu probants. Aussi, parmi les conditions anatomiques du génie, on ne peut guère qu'indiquer diverses possibilités entre lesquelles tout choix est arbitraire. Résulterait-il peut-être, ainsi qu'en était persuadé Flechsich, d'une plus grande capacité crânienne ? G. Toulouse cite l'idée de Berthelot de rechercher le secret de la supériorité intellectuelle par l'analyse chimique de la matière cérébrale. Il se pourrait que le génie provînt de la fréquence des fibres en U. Par leurs courbes, elles réunissent entre elles les protubérances en passant par dessous les scissures et les sillons. Elles apparaissent les organes de la liaison des idées et font communiquer entre eux les différents centres. Supposons que, par leur nombre et leur excellence, au lieu d'agir isolément comme de coutume, elles le fassent de concert, nous nous trouverions en présence d'une activité puissante

et totale du cerveau et nous obtiendrions un phénomène qui serait physiologiquement l'équivalent parfait de ce qu'est le génie au point de vue psychologique.
Enfin une dernière conjecture pourrait offrir quelque
vraisemblance. On a prétendu que l'homme devait sa
supériorité mentale au développement continu de son
cerveau. Chez l'animal, la tête est suspendue au tronc
par des muscles cervicaux qui enserrent la boîte crânienne de manière que celle-ci est comme tenue dans
un étau. Par ce fait, la croissance du cerveau est entravée. Aussi constate-t-on, chez l'animal, sur la paroi du
crâne, l'empreinte en creux des circonvolutions céré-
brales, résultat de la pression des os et du cerveau. La
tête de l'homme, elle, est d'aplomb sur la colonne vertébrale. Le crâne est libre de toute contrainte et n'offre
aucune entrave au développement du système cérébral
et nerveux. Selon moi, le génie est, pour la plus grande
part, la propriété de se développer de façon constante
et cela jusqu'à un âge qui, chez le commun, est déjà
le seuil du déclin. Le génie n'est jamais précoce en tant
que génie et, dans bien des cas, il ne dispose de toute
sa puissance que sur le penchant de la quarantaine.
Ainsi l'homme de génie serait quelqu'un dont le développement mental au lieu de s'interrompre à l'adolescence se poursuivrait sans arrêt. Il paraîtrait que
Berthelot, dans son enfance, fit sur la tête une chute
qui retarda la suture des os crâniens. Est-ce là ce qui
permit à son cerveau de devenir ce qu'il fut ? Mais alors
la production du génie pourrait dépendre d'un simple
procédé opératoire.

Il n'y a, en vérité, aucune de ces conjectures qui vaille
qu'on la préfère.

Mais si, dans une telle matière, l'anatomie du cerveau,
malgré les clartés qu'elle apporte, n'en procure point
de décisives ; si, d'autre part, la pensée, lorsqu'elle
se prend elle-même comme sujet de son observation

ne peut être que le jouet de ses propres mirages;
si, enfin, les maladies mentales ne sont qu'un terrain
décevant parce que les phénomènes s'y présentent tron-
qués et que, le plus souvent, plusieurs centres étant concurremment atteints, les symptômes morbides se confondent; si, dans le but d'arriver à la connaissance de
l'homme et aussi à la connaissance du génie, ces différents procédés sont dangereux ou incomplets, il en reste
un qui a été entièrement négligé : c'est l'étude, au point
de vue psychologique, des œuvres d'art et particulièrement des œuvres littéraires. Elles constituent les meilleurs documents qui soient souhaitables.

En effet, un écrivain peut s'envisager psychologiquement, comme un appareil d'enregistrement d'une délicatesse et d'une puissance extrêmes. Tout ce qu'il ressent, il le transcrit avec le scrupule de le faire de la
manière la plus exacte. L'outil dont il fait usage, la
langue, est si souple et si précis que chaque mot a sa
valeur établie, et le rapport des mots entre eux est régi
par des lois rigoureuses. Tout acte psychologique implique des mobiles, des fins ou des représentations de
nature sociale. Or, dans les ouvrages littéraires seulement,
et nulle part ailleurs, les phénomènes psychologiques
se présentent sous ce double aspect sans lequel ils sont
incomplets. Ainsi l'œuvre littéraire constitue le document psychologique le plus parfait et le plus général.
Son analyse est, de toutes les méthodes, celle qui fera
faire aux études psychologiques les plus grands progrès.
Sainte-Beuve se proposait de créer une histoire naturelle des esprits; il s'agit de pousser plus loin que lui
tout en demeurant dans sa voie et de dégager, des
œuvres littéraires, l'histoire naturelle de l'esprit.

Peut-on définir le génie? Guère. Pas plus qu'on ne
s'avisera de demander à personne de définir l'homme.
Le génie c'est, ainsi que G. Séailles l'a dit « l'homme
grandi dans toutes ses puissances. » La psychologie du

génie est, à mon sens, *la* psychologie, dans son stade
le plus achevé et le plus complet, parce que le génie lui-
même représente l'être humain ayant élevé jusqu'au
plus haut degré de perfection et de plénitude l'ensemble de ses qualités. Existe-t-il, dans l'exposé que j'ai
fait de la structure intellectuelle du génie, un seul phénomène dont l'équivalent ne se retrouve, sous un aspect
moins prononcé, chez le commun des hommes? Aucun.

Comment se pourrait-il d'ailleurs qu'il en fût autrement? L'homme de génie, s'il était d'une essence différente, ne saurait faire partager ses idées à son prochain
dont les modes de penser et de sentir ne concorderaient
pas avec les siens. Or le propre du génie est d'imposer
de façon victorieuse ses façons de penser à autrui.

Les actes intellectuels du génie sont des « états forts ».
Ceux du commun des hommes sont des « états faibles ».
En soi, les phénomènes sont, de part et d'autre, iden-
tiques.

L'homme de génie manifeste une certaine sorte d'activité lorsqu'il produit son œuvre; il éprouve des sentiments, conçoit des pensées. Or, lorsqu'une personne,
éclairée et compréhensive, prend ensuite connaissance
de cette œuvre, roman, poème ou pièce de théâtre, il
se crée, dans son esprit, un système d'émotions, de sentiments, de pensées, qui reflètent avec une intensité
moindre ces mêmes activités tel'es qu'elles se sont offertes chez le génie. Ce système d'émotions, de sentiments
et de pensées dont je parle ici, Wundt l'a défini (*op. cit.*,
2ᵉ vol., 337) en s'occupant des sentiments esthétiques
supérieurs : « Les sentiments esthétiques supérieurs,
dit-il, apparaissent généralement en qualité de résultantes complexes de toutes les formes étudiées jusqu'ici,
par conséquent comme la forme la plus développée des
sentiments intellectuels. Ils sont le produit de la liaison des sentiments esthétiques élémentaires avec des
formes de sentiments intellectuels, sentiments logiques,

éthiques, religieux, tandis qu'en outre des éléments importants, c'est-à-dire des sentiments sensoriels et des émotions font partie de leur constitution. Puisque, de cette manière, le sentiment esthétique implique tous les autres sentiments, il atteint, saisit notre vie de l'âme tout entière. Une œuvre d'art achevée met à l'état de tension notre sentiment logique, excite les sentiments éthiques et religieux, engendre des émotions et des sentiments sensoriels et, en qualité d'éléments constituants essentiels, il s'y ajoute encore ces sentiments qui proviennent de la liaison des représentations successives ou des parties d'une représentation simultanée. Or tous ces éléments excitent un sentiment esthétique supérieur seulement à condition qu'ils s'unissent pour donner lieu à un effet total concordant et en même temps plein de mesure. »

Ces sentiments esthétiques supérieurs que le lecteur partage, c'est le livre qui les a, en quelque sorte, réfléchis en lui. Ils se trouvent enfermés dans l'œuvre sous la forme magique des mots, et le lecteur n'eut qu'à se prêter avec docilité à leur ascendant. Mais le contenu de l'œuvre représente nécessairement le contenu de l'esprit créateur. De là résulte que le phénomène du sentiment esthétique et le phénomène du génie sont identiques quant à leur contenu. Il demeure cette différence qu'en écrivant son œuvre, il eut l'initiative des émotions, des sentiments, des pensées dont le lecteur n'a fait que subir passivement le prestige. Ce qu'on nomme le génie n'est donc qu'une plus haute tension dans l'énergie de l'acte esthétique, c'est une faculté d'initiative, non un acte ressortissant à une faculté isolée ou particulière et, dans le génie, se manifeste l'ensemble des puissances de l'esprit.

DEUXIÈME PARTIE

LES MODES DE CRÉATION ET DE PRODUCTION

———

CHAPITRE I

Dans cette deuxième partie, je me propose de considérer le génie dans son activité créatrice. Nous savons de quelle manière il s'est constitué ; nous l'avons suivi de sa première jeunesse jusqu'à l'adolescence ; maintenant nous verrons comment ces dons qu'il possède, en agissant et en réagissant les uns sur les autres, produisent l'œuvre d'art.

Les actes par lesquels le génie conçoit et accomplit ses œuvres, dégagés des circonstances personnelles ou historiques qui interviennent et qui leur prêtent une variété infinie, se ramènent à des actes fondamentaux d'une simplicité extrême.

Le même acte mental peut s'offrir sous trois aspects : spontané, systématique, artificiel.

Spontané, c'est-à-dire non préconçu, sans aucun plan préalable, amené par le seul branle des centres qui le produisent et n'obéissant qu'aux lois qui régissent leur activité. Systématique, lorsque le but de l'acte ainsi que

toutes les étapes ont été prévus avant qu'il soit entrepris. Ceci n'est possible que lorsque ce même acte s'est
déjà précédemment offert chez l'individu sous son aspect spontané.

Il importe ici de dire que, dans un acte aussi complexe
que la création littéraire, il ne peut jamais s'agir ni d'un
acte entièrement spontané, ni entièrement systématique. Il y a des cas où le caractère spontané prédomine ;
d'autres fois, c'est le caractère systématique. Il y a lieu de
répéter encore que la systématisation n'est jamais que
le rangement après coup et d'une manière nouvelle et
rigoureuse des éléments d'un acte mental en vue d'une
fin déjà spontanément poursuivie et envisagée.

Un acte est spontané dans la mesure où y entrent les
facteurs émotionnels ou ce que les artistes nomment
très justement, dans leur langage, l'instinct. Dans un
acte systématique, l'émotion n'est pas absente, mais elle
est assujettie à une discipline.

Un acte spontané se systématise de lui-même à force de
se reproduire. En effet, un acte systématique n'est autre
chose qu'un acte spontané accompli dans des conditions
telles que l'activité mise en œuvre donne son plus haut
degré de rendement avec la moindre dépense de forces.
Un acte spontané est toujours plus ou moins incoordonné ;
il se systématise dès que ses différentes phases sont concertées pour atteindre le but le mieux et le plus aisément. Aussi, par opposition avec le mode artificiel, ran-
gerai-je les actes spontanés et systématiques dans une
seule catégorie : Les modes de création naturels.

Le dernier aspect que tout acte et aussi l'acte esthétique peut offrir est l'artificiel. Il ne conviendrait peut-
être pas de s'en occuper dans une étude ayant pour
objet le génie, si même les écrivains de génie ne se servaient parfois des procédés artificiels afin de mettre sur
pied quelque personnage comparse ou quelque épisode.
Il se peut aussi qu'entièrement « vidé » un écrivain de

génie finisse par déchoir et par composer des ouvrages en usant de recettes de métier.

Un acte mental est artificiel, quand tout facteur émotionnel y fait défaut.

On peut donc envisager le même acte, y suivre la décroissance du facteur émotionnel et l'observer sous ses trois aspects successifs : spontané, systématique, artificiel. C'est ce que je vais, dans les pages qui suivent, faire pour l'acte de création.

Nous disons mode de *création* spontané, systématique ; mais, mode de *production* artificiel.

CHAPITRE II

I

J'ai déjà avancé que toute œuvre d'art est l'image d'une personnalité, ou l'image d'un de ses moments passagers. En effet la personnalité, malgré sa constance apparente, varie, et il en est d'elle comme de la mer qui, dans le mouvement de sa houle et ses mirages de soleil et d'ombre, est à tout instant changeante. Si, de la sorte, les eaux semblent tantôt d'un argent qui brasille, tantôt d'un plomb lourd et éteint, selon que se penchent sur elles un ciel pur d'été ou un ciel nuageux, notre âme également, et avec elle tout le passé de notre existence, se montre tantôt claire, égayée de joies, l'avenir promettant des heures triomphantes ; tantôt morne, accablée d'une fatalité hostile à tous nos vœux. C'est que chaque vicissitude de notre humeur fait, du passé, saillir un ensemble de souvenirs, de pensées ayant avec cette humeur quelque similitude. Si notre humeur est légère et confiante, l'heure présente et tout le passé se colore de même, et les souvenirs heureux surgissent et s'assemblent. Ces deux groupes d'images mis en regard font contraste. Dire qu'ils diffèrent du tout au tout serait inexact. Il existe entre eux des ressemblances que je comparerais à celles d'un décor vu l'été et ce même décor en hiver quand les branches sont dépouillées, que les corbeaux croassent sur le ciel bas et alourdi de neige. Or notre existence est une : par conséquent ces aspects sous lesquels elle s'offre dans les alternatives e   ᵗmes de notre humeur, constituent des créations de   ᵗⁱᵗ⁾⁾ᵗˢe esprit.

Il suffit que quelqu'un réussisse à décrire un de ces aspects sous lesquels se montre à lui son existence, pour qu'il produise une œuvre littéraire. Tel est le mode de création le plus simple, le plus rudimentaire. L'œuvre qui en est le résultat est le roman personnel ou biographique.

Si, psychologiquement, le roman personnel résulte d'un acte mental si simple, il peut sembler singulier que, dans l'histoire des littératures, ce genre apparaisse si tardivement. C'est qu'il a fallu une évolution sociale des plus longues avant que l'homme ait acquis une existence individuelle. Il a commencé par être un élément de la race, de la tribu, de la cité. Ce n'est que dans un état de civilisation très avancé qu'il a pu se développer en tant qu'individu.

Obermann de Senancour est le roman personnel qui présente, de la façon la plus pure et la plus achevée, les caractères du genre.

On croirait que le roman personnel est un genre aisé. Il n'en est rien, les exigences auxquelles il doit répondre étant extrêmement difficiles. Aussi, du grand nombre qui ont paru, très peu ont pu triompher de l'oubli. Pour produire une telle œuvre prétendant à quelque mérite, il faut, de la part de l'écrivain, un entier abandon, une complète sincérité et nulle arrière-pensée. Cette sincérité déjà difficile à elle seule, ne suffit pas. Il importe que les sentiments dont on va nous faire l'aveu aient une valeur telle qu'ils s'imposent à nous soit par la profondeur, soit par la nouveauté. Ces sentiments sont rares si l'on songe que la plupart des gens n'ont qu'une âme de reflet et vivent sous l'aveugle empire de lois et de préjugés qu'on leur a incorporés. L'âme de l'écrivain

doit vibrer avec tant de délicatesse et de vivacité à la
fois que, devançant ses contemporains, il ait déjà conçu
ces sentiments-là que partagera l'époque à venir.

Lorsqu'un lecteur, dès les premières pages, découvre
qu'il n'a point affaire à un héros livresque, mais presque
à un frère qui lui parle sur le ton discret des confidences, aussitôt il tombe sous l'ascendant de l'œuvre et son
cœur est enchaîné. Que de subterfuges un autre écrivain, dans ses romans, ne doit-il pas employer pour
aboutir à ce même résultat, le plus nécessaire qu'il y
ait en art, car, sans la croyance à la réalité du personnage, il n'y a pas d'intérêt possible. Ce résultat, le roman
personnel l'atteint d'emblée. Le lecteur sent immédiatement sa confiance captée et son âme attendrie. On lui
parle de souffrances intimes, d'une enfance renfermée,
d'un cœur mécompris, de rebuts, et chacun de ces
aveux ne manque pas d'éveiller quelque souvenir cher
et douloureux. Ainsi, sans apprêts aucuns, sans les frais
de style, de mise en scène dont usent les autres romanciers afin de parvenir au même effet, le lecteur se persuade qu'il est en présence non d'une fable, mais d'une
existence véritablement vécue. Jamais il n'est arrivé à
aucun homme d'être touché d'une aventure s'il n'a commencé par la croire réelle. Le but de l'art est d'en imposer au point que l'imaginaire soit accepté comme vrai;
ce but s'atteint sans effort dans le roman personnel
par la simplicité du ton, le laisser-aller, par l'intimité
des détails.

Autre privilège encore. Les livres que chaque époque
nous lègue sont innombrables. Le genre humain est
comparable à un voyageur éternel avançant sur la route
infinie que le temps à mesure déroule devant ses pas.
Il transporte, ainsi qu'un pesant bagage, l'immense trésor des expériences anciennes et des œuvres que le passé
a transmis. Parfois ce voyageur lassé s'assied au bord du
chemin et allège son fardeau en jetant au fossé les œu-

vres dont le faible profit qu'il y peut puiser ne compense pas l'encombrement qu'elles causent. Or qu'importe-t-il surtout de retenir de chaque époque, sinon son âme tout à fait intime? Dès qu'on la connaît, on dispose de la clef de tous les sentiments, partant de tous les actes de ce temps, car, dans la profondeur de nos sentiments, gît le secret de nos volontés. C'est ce mobile précisément que révèle le roman personnel ou, pour plus d'exactitude, le roman personnel est le mieux à même de pénétrer jusqu'à la retraite profonde où ce mobile se cache. Dans l'immense ensemble des œuvres d'art, surtout des œuvres littéraires, s'inscrivent les sentiments de l'époque, et, en définitive, sa personnalité collective. Quelle fortune donc quand cette personnalité se résume dans une seule œuvre où un écrivain, avec une bonne foi parfaite, une lucidité cruelle parfois et toujours puissante, a résumé les caractères saillants de ses contemporains. Cet avantage, que détient le roman personnel sur toutes les autres œuvres, George Sand l'a discerné lorsque, tout au début de sa préface d'*Obermann*, elle écrivit ces lignes : « Si le récit des guerres, des entreprises et des passions des hommes a, de tout temps, possédé le privilège de captiver l'attention du plus grand nombre, si ce côté épique de toute littérature est encore aujourd'hui le côté le plus populaire, il n'en est pas moins avéré, pour les âmes profondes et rêveuses ou pour les intelligences délicates et attentives, que les poèmes les plus importants et les plus précieux sont ceux qui nous révèlent les intimes souffrances de l'âme humaine dégagées de l'éclat et de la variété des événements extérieurs. Ces rares et austères productions ont peut-être une importance plus grande que les faits mêmes de l'histoire pour l'étude de la psychologie au travers du mouvement des siècles; car elles pourraient, en nous éclairant sur l'état intellectuel des peuples aux divers âges de la civilisation, donner la clef des événements qui sont encore proposés pour énigmes aux érudits de notre temps. »

Comme l'on s'en rend compte, le roman personnel implique un grand nombre d'exigences malaisées à concilier. Un écrivain de métier y réussira difficilement, le métier lui gâtant la main. Il ne faut pas être un novice, sans quoi l'instrument sera malhabile à rendre les subtiles nuances de la pensée. De là, que les romans personnels sont rares, les conditions qui doivent accompagner leur naissance ne compatissant guère ensemble. Il faut du talent et trop de talent est un écueil. Aussi ceux qui écrivirent un roman personnel vécurent presque toujours en marge de la littérature. Ce sont Senancour, Sainte-Beuve, qui fut un critique, Benjamin Constant, Fromentin, qui fut peintre. Les romanciers de carrière ont soit romancé leurs confidences (Lamartine, dans *Raphaël*, Edmond de Goncourt, dans les *Frères Zemganno*), soit exprimé leurs sentiments sous le couvert d'un personnage auquel en secret ils vouaient leurs préférences mais qui se perd à nos yeux dans la foule des autres héros; ainsi firent Balzac (Louis Lambert et d'Arthez), Victor Hugo (Marius, dans les *Misérables*), Émile Zola (Claude, dans l'*Œuvre*).

Les romans personnels, les Mémoires, les « Journaux » tels que celui d'Amiel, de Marie Bashkirtseff, à côté desquels vaudrait d'être cité le *Journal* (1) de Maine de Biran, sont assurés de survivre si l'âme qui en eux s'exprime apparaît, dans l'avenir, l'image la plus complète de l'homme dans son sens vaste et profond ou de l'homme dans ses rapports avec l'époque où ils furent écrits.

Au sens strict du mot, le roman personnel serait celui seulement où l'écrivain se confesse au lecteur en lui

1. *Maine de Biran sa vie et ses pensées*, publiées par Ernest Naville, Paris (Cherbuliez) 1857.

parlant de bouche et expose nûment, sans aucun apprêt, son sentiment et sa pensée. Mais fréquemment le *Je* est évité, parce que la sincérité, qui est la raison d'être d'un tel roman, est mieux à l'aise sous le couvert d'un nom imaginaire. Un romancier, du moins quand il est artiste, n'écrit jamais de propos délibéré une œuvre. Il ne le fait que contraint. S'il entreprend un roman personnel, c'est pour se débonder le cœur et la franchise la plus entière est pour lui un besoin. Aussi recourt-il à tous les subterfuges qui lui facilitent l'aveu de ses sentiments. Un nom fictif procure plus de liberté et permet au romancier d'être plus intensément personnel qu'autrement ce ne serait. Et ce roman redevient parfois personnel en ce sens que le nom du héros supplante le nom de l'auteur. On ne sait plus guère qui fut Senancour ; et l'on dit parfois le roman d'Obermann comme si Obermann était l'écrivain et que, par la vertu du livre, son existence fabuleuse fût devenue réelle.

La question de savoir si un roman est personnel et dans quelle mesure est des plus importantes. Elle peut être considérée comme un critère pour juger de la valeur de l'œuvre. Tout roman dont les aventures n'ont pas été vécues — et nous verrons que l'on peut aussi *vivre* imaginairement des sentiments et des aventures — mais vécues en tous cas avec l'intensité émotionnelle que la vie véritable comporte, est un mauvais roman. Mais, dira-t-on, si tout bon roman est nécessairement personnel, autant affirmer, comme le fait A. Boschot, que le roman biographique entre seul en compte... « Sans souvenirs personnels, écrit A. Boschot, sans documents exacts, le romancier « psychologue » ou le romancier « expérimental » ne peut donner, avec plus ou moins d'adresse, que des fantaisies décevantes. Benjamin Constant a écrit un chef-d'œuvre : *Adolphe*. Fromentin a écrit *Dominique*. Comment auraient-ils écrit sur le vif, c'est-à-dire d'après une expérience vécue, un roman d'analyse à chaque saison?... s'ils avaient vraiment le sens et le souci de la réalité, ils seraient amenés à n'écrire, durant toute leur vie, que de rares et copieuses biographies.» (*Op. cit.* IV.) A. Boschot est dans le vrai. Si Benjamin Constant ou Fromentin avaient voulu faire d'autres œuvres qu'*Adolphe* ou *Dominique*, ils n'eussent produit que des décalques de plus en plus faibles. Mais il y a des écrivains dont la personnalité offre une variété si déconcertante, un tel pouvoir d'avatar et de métamorphose, que, pour s'exprimer, ils ont besoin de se transporter eux-mêmes dans des fictions sans cesse nouvelles. Ce dispersement, dans lequel ils traversent tour à tour les divers sentiments humains, est leur manière à eux d'être personnels. Leur vie véritable n'est pas l'existence journalière qu'ils mènent, mais la vie prodigieuse et chimérique qu'ils conçoivent dans leurs rêves. Ainsi, entre ces deux romans extrêmes : *Dominique* et la *Comédie humaine* — celle-ci n'étant qu'un unique roman aux épisodes innombrables — l'un si simple, l'autre si touffu, il y a des étapes, des nuances infinies, mais aucune discontinuité psychologique. Donc toute œuvre, fût-elle la *Comédie humaine*, du moment qu'elle ne constitue pas une broderie sur un thème arbitraire ou un exercice de virtuosité littéraire, est, en son fonds, une œuvre personnelle. Après la lecture de la *Comédie humaine*, nous connaissons Balzac aussi bien et mieux peut-être qu'après la plus complète des confessions.

L'histoire littéraire devrait renoncer à ranger les œuvres d'après leur forme, qui est si souvent trompeuse, et commencer par déterminer, au moyen d'une analyse psychologique appuyée de documents critiques, la catégorie dans laquelle l'ouvrage doit se ranger. Sans une telle méthode, l'histoire littéraire ne sera jamais scientifique. Pourtant il est à croire que, fût-elle à même de l'appliquer, il ne lui servirait à rien d'en faire usage.

En effet, elle ne pourrait soumettre à une telle étude que les œuvres consacrées par la gloire et par le temps; or, en ce moment, l'opinion commune a déjà donné à ces œuvres une place dans la nomenclature littéraire, et les érudits auront beau faire, ils ne les en feront pas changer.

Le *Journal* de Maine de Biran, d'Amiel, *Obermann* sont des transcriptions presque immédiates des sentiments, des événements. Il arrive aussi que différents facteurs interviennent qui déforment les faits. Ces facteurs rendent les procédés de création plus complexes. Je vais considérer ces différents modes de création et prendre comme sujets quelques œuvres caractéristiques. Il est impossible de traiter cette matière à un point de vue général et il importe de toujours avoir comme référence une œuvre déterminée.

René de Chateaubriand peut servir de type à un procédé de création des plus fréquents, mais qui nulle part ailleurs que dans cette œuvre ne s'offre avec autant de relief et de pureté.

Dans *René*, Chateaubriand, avec différents éléments de sa personnalité, a créé un héros fatidique et ténébreux. Dans l'emportement de son orgueil solitaire, il s'est vu sous l'aspect où il nous représente René. Ce héros est l'image de Chateaubriand tel qu'il s'apercevait dans le miroir de sa propre pensée. Ce miroir a déformé l'image et je vais envisager de quelle manière et dans quel sens.

M. Jules de Gaultier s'est occupé de ce pouvoir départi à l'homme de se concevoir autre qu'il n'est, pouvoir dont il abuse et qui dégénère en un travers. Jules de Gaultier l'a nommé : bovarysme, parce que les héros de Flaubert et particulièrement madame Bovary en sont les victimes. Le mot « autre » ne doit pas, il va de soi, être pris dans son sens littéral. Un homme ne s'attribue jamais une personnalité tout à fait étrangère; mais, sous l'empire de certains sentiments qui seront innés ou imposés par l'entourage ou l'époque, il isole des qualités ou des aspects de son moi pour les grandir démesurément ou les embellir. Ce travail de déformation que nous accomplissons à propos de nous-mêmes a lieu aussi pour les faits les plus journaliers de la vie. A chacun, il est arrivé de se trouver mêlé à quelque aventure et d'y jouer un rôle maladroit. Après un très court aveu du personnage que l'on remplit, on se refuse bientôt à reconnaître sa défaite et l'esprit se met sourdement mais incessamment à placer les événements dans un jour nouveau. Tels sont les mensonges sincères que l'on se fait à soi-même, et le passage de la vérité au mensonge a été si lent que l'on ne s'avise pas du changement. Ainsi chaque homme travestit sa propre personne à son avantage ou de façon à plaire à ses goûts et il travestit de même les événements qui lui surviennent. C'est à la critique de faire le départ, quand il s'agit d'œuvres littéraires, entre la réalité et les broderies dont le souvenir et la fantaisie l'ont embellie. Le caractère de Chateaubriand et sa vie ont été l'objet jusqu'ici de nombreuses études de ce genre. Mais le meilleur ouvrage, dans cet ordre, est sans doute celui de A. Boschot : la *Jeunesse d'un Romantique*. Il est consacré tout entier à dégager la vérité de dessous les fables et les légendes dont Berlioz avait affublé sa vie. Toute étude de critique littéraire tendant à confronter la vérité réelle et documentaire avec cette vérité illusoire que les écrivains ont décrite dans leurs Mémoires romancés apporte du même coup de précieuses lumières aux études psychologiques et esthétiques.

La vanité et l'orgueil sont les ouvriers de ces mirages que nous créons à propos de nous-mêmes et de nos actes. Un orgueilleux pourra n'avoir aucune raison de s'exalter, il n'importe ; au moyen des humbles éléments de sa vie quotidienne, il se forge une existence pleine

de grandeur et de faste. L'homme au cœur orgueilleux
vit de la sorte dans le décor mensonger nécessaire à son
bonheur. On comprend maintenant comment Chateaubriand conçut René. L'âme enflée d'un orgueil mélancolique, qui plus tard devint un grand orgueil ennuyé,
il a conçu René et lui a attribué les aventures sombres,
tragiques, exceptionnelles qu'il lui eût plu peut-être
d'avoir traversées. Les virtualités du moi sont devenues
des réalités. Ces parties-là de lui-même qui flattaient
son orgueil, Chateaubriand les a considérées avec complaisance ; les autres il les a reniées.

Le hasard me permit un jour de constater l'immense
écart pouvant exister entre un événement et le récit travesti qu'en fit le principal intéressé dans un roman personnel. Il s'agit de Léon Bloy et de son roman le
Désespéré. Un jour, il me fut donné d'entendre un des
témoins du fait, le plus à même de parler avec détail et
en toute impartialité, raconter la scène où Léon Bloy
fit son entrée au *Gil Blas* et fut présenté aux autres
collaborateurs au cours d'un dîner qu'offrait le rédac-
teur en chef. Après avoir entendu ce récit véridique et
scrupuleux, je ne manquai pas de consulter le *Désespéré* où la même scène est décrite. Que de différences !
Des déformations ont travesti, dans un sens tout particulier, la scène réelle. Elles se sont produites certainement
dans l'esprit de Léon Bloy sous l'insistance de son
orgueil amer et irrité. Sans aucun doute, il fut sincère
en écrivant. Il ne s'est pas abusé de propos délibéré,
du moins le crois-je. Au moment de rédiger ces pages,
il a évoqué dans son esprit les circonstances du dîner
du *Gil Blas*, puis a laissé la bride à ses sentiments ; et
la scène est devenue ce qu'elle eût été si Bloy avait été
libre de s'abandonner tout entier à sa nature, sans
aucune des limitations que la réalité des choses impose
aux hommes dans la vie.

Maintenant quel est le personnage le plus vrai?

Est-ce Chateaubriand ou René? Léon Bloy tel qu'il peut se montrer dans les actes journaliers de sa vie n'est-il pas moins Léon-Bloy que ne l'est Marchenoir, le personnage du *Désespéré*? Étant donné que l'existence nous contraint souvent à jouer un rôle odieux ou mesquin, ne sera-ce pas dans nos rêves que nous vivrons de façon complète notre véritable existence? « Les rêves de Berlioz, dit A. Boschot, avaient une telle force, une telle vie, une telle réalité intérieure, qu'ils laissaient en lui des souvenirs aussi précis que les choses tenues, bourgeoisement, pour réelles... Bien plus, à mesure qu'il les écrivait, ceux-ci, spontanément, se substituaient à la réalité oubliée. Les rêves, *ses* rêves, ils étaient conformes aux aspirations, aux forces profondes de son être. Il les aimait, les caressait, les ornait de détails précis et bien à sa convenance... Auprès d'eux, la vérité était chose morte. » (*Op. cit.* 276.) C'est à ce titre que je demandais si René, dans sa destinée illusoire, ne représente pas une image plus fidèle de Chateaubriand que ne pourrait le faire le récit d'un biographe scrupuleux. Je pencherais à préférer le roman à l'histoire. L'œuvre de beaucoup d'écrivains est une destinée imaginaire qu'ils se sont donnée et qu'ils ont vécue avec toute leur puissance. Pour des hommes d'un caractère énergique, la création a pu n'être qu'un pis-aller, un moyen d'atteindre une forme de bonheur à laquelle ils eussent préféré l'action, si celle-ci ne les avait rebutés ou si l'époque où ils étaient nés ne les avait desservis. On a coutume de nous montrer Vauvenargues comme un tel homme. D'autre part, aux timides, l'art offre les mêmes ressources, d'autant plus efficaces qu'ils ne sont timides souvent que par excès de sentimentalité. « J'aimerais la société comme un autre, dit Rousseau dans ses *Confessions*, si je n'étais sûr de m'y montrer non-seulement à mon désavantage, mais tout autre que je ne suis. Le parti que j'ai pris d'écrire et de me cacher est précisément celui qui me convenait. Moi présent, on n'aurait jamais su ce que je valais... »

Il se pourra qu'un écrivain compose un roman dans lequel il se représente sous deux aspects et dans deux personnages différents. L'un sera un portrait aux dehors véridiques, l'autre une image transfigurée sur le modèle de René ou de Marchenoir. Un tel roman aura toutes les apparences d'un roman impersonnel, sans l'être. Ceci soit dit pour faire ressortir toujours combien est arbitraire toute détermination de genre d'après les caractères extérieurs.

Il se peut que les événements qui ont procuré au romancier la matière de son œuvre ne s'ajustent guère au cadre d'un roman et qu'ils doivent s'accommoder aux exigences de celui-ci. C'est là aussi une cause de déformation. Comme le mobile intime qui anime l'écrivain à produire son œuvre n'est autre que le besoin de donner une expression aux sentiments qui l'obsèdent, il importe, pour lui, de rendre avant tout ces sentiments dans leur entière pureté. S'il dérange donc les faits, il faudra que ce soit de telle sorte que ces sentiments soient, par là, amenés à se trouver dans une plus complète clarté. La vérité cependant ne doit être en rien compromise, aussi l'écrivain devra-t-il proportionner les éléments de son œuvre de façon qu'ils y représentent des rapports équivalents à ceux que ces éléments occupèrent dans la réalité. Ces changements sont donc de nature toute différente de ceux que j'ai envisagés dans *René*, où c'était l'âme même qui s'était transformée sous l'action des ferments de l'orgueil et de la vanité. Ici l'écrivain transpose les circonstances extérieures. Mais il ne saurait s'y prendre de façon arbitraire. Toujours il faut que la vérité intrinsèque de l'œuvre en acquière plus de relief. C'est ce qu'a fait Benjamin Constant dans *Adolphe*. Mais il arrive aussi que le romancier défigure les faits et altère les sentiments dans leur essence même. Ce procédé a

pour résultat fatal une œuvre fausse et insincère, C'est
le cas des *Confidences* de Lamartine.

Il n'y a, à propos d'*Adolphe*, aucun doute sur la véracité de la peinture. Les lettres de Sismondi à la duchesse
d'Albany en font foi. « J'ai vu de près, écrit-il en 1810
après la lecture d'*Adolphe*, j'ai suivi dans toutes ses crises une passion presque semblable, non moins emportée,
non moins malheureuse ; l'amante, de la même manière,
s'obstinant à se tromper après avoir été mille fois
détrompée ; elle parlait sans cesse de mourir et ne mourait point ; elle menaçait sans cesse de se tuer et elle
vit encore. » Plus nette est la lettre de 1816 : «... je
crois bien que j'en ressens (du plaisir) parce que je
reconnais l'auteur à chaque page, et que jamais confession n'offrit à mes yeux un portrait plus ressemblant...
il était tel qu'Adolphe ; et, avec tout aussi peu d'amour,
non moins orageux, non moins amer, non moins occupé
de flatter ensuite et de tromper de nouveau, par un sentiment de bonté celle qu'il avait déchirée. Il a évidemment voulu éloigner le portrait d'Ellénore de toute ressemblance. Il a tout changé pour elle : patrie, condition,
figure, esprit. Ni les circonstances de la vie ni celles de
la personne n'ont aucune identité ; il en résulte qu'à
quelques égards elle se montre, dans le cours du roman,
tout autre qu'il l'a annoncée (1). »

Ces témoignages de Sismondi établissent que pour
les contemporains la ressemblance des personnages est
bien évidente. Mais nous verrons que ce n'est nullement pour des raisons de convenance mondaine que
Benjamin Constant a défiguré les personnages et transposé les événements, mais pour des raisons qui émanaient de l'œuvre elle-même.

Benjamin Constant écrivit *Adolphe* en 1807 à Paris

1. *Adolphe* (Quantin éd. Paris) 1878. Préface de A. J. Pons,
p. 9-10.

où il se trouvait pour traiter diverses affaires de Mme de
Staël. Il a l'esprit fort détaché et, à consulter son *Journal intime*, il semble, après avoir été l'année précédente
plus excédé que jamais de sa liaison, jouir maintenant
de quelque répit. « Je penche toujours, écrit-il dans son
Journal, à une date que nous pouvons fixer au mois de
juillet ou d'août de 1806, pour rompre avec Mme de
Staël, mais toutes les fois que j'ai cette impression je
suis destiné à avoir le lendemain l'impression contraire.
Cependant ses impétuosités, ses imprudences sont pour
moi un tourment et un danger continuels. » Parti pour
Paris à la fin de 1806, il y était encore au commencement de l'année suivante et il note : « Je vais commencer un roman qui sera mon histoire. » Puis, trois lignes
plus loin : « j'ai fini mon roman en quinze jours ». Nous
avons vu les projets de rupture qu'il méditait sans oser
les exécuter; il en était maintenant à souhaiter le repos
et faisait des parallèles entre Mme Dutertre et Mme de
Staël, laissant flotter au gré des jours de l'une à l'autre
ses préférences. C'est donc l'esprit calme et rassis qu'il
va écrire *Adolphe* et se raconter à soi-même son histoire.
Benjamin Constant se connaissait admirablement au
point de pouvoir préjuger son propre avenir et il le
fait à plusieurs reprises dans son *Journal*. Il s'estimait
à sa valeur et, à bien des points, pensait autant de mal
de soi qu'en pensaient ses ennemis. Il va se peindre
donc en tant qu'amant. Il avait, en 1807, quarante ans.
On ne montre point un amant de cet âge, du moins,
avant Balzac, n'osait-on guère le faire. Aussi il se rajeunit
et se donne vingt-deux ans dans son œuvre. Pour ce qui
est de l'héroïne, il faut surtout qu'elle cadre avec le personnage d'Adolphe : c'est de lui qu'elle est entièrement
dépendante. Ellénore, dans le roman, est un être dont
les dehors sont de fantaisie. D'une part Constant a été
obligé d'inventer, chez Ellénore, diverses circonstances
nécessaires pour rendre possibles ou vraisemblables les

sentiments et les aventures que traverse Adolphe ; ensuite
il a rassemblé en elle différents traits empruntés à d'autres femmes qu'il a aimées ou connues. Puisqu'il rajeu-
nissait son héros, par le fait, en ne changeant rien à
l'âge d'Ellénore, il vieillissait celle-ci par rapport à
celui-là ; car, dans la réalité, Mᵐᵉ de Staël n'avait qu'un
an de plus que Benjamin Constant. Mais il était obligé
à ce vieillissement pour maintes raisons. Ne voulait-il
pas nous dépeindre l'incompatibilité amoureuse entre
un homme qui s'est épris beaucoup plus par vanité que
par tendresse et qui n'aime pas, et une femme pour qui
aimer est tout dans la vie ? Or un tel amour est le dernier amour chez la femme, celui qui l'accapare tout
entière aux approches de son déclin; tandis qu'au contraire cet amour inconsidéré qui s'irrite à se sentir en-
travé et qui, ignorant, prend ces transports pour ceux
du cœur, s'acharne à se faire aimer moins pour pouvoir
librement aimer à son tour que pour se flatter soi-même
d'une victoire, puis qui se sent lié par les serments
qu'il n'a prononcés autrefois que dans le dessein de séduire... ces caractères sont ceux des amours de la vingtième année, lorsque l'homme est sous l'empire des fré-
nésies les plus aveugles et que son esprit n'a pas encore
appris quelles suites durables les actes de la vie entraînent avec eux. A quarante ans, Benjamin Constant
aimait de la sorte. Le souci de la vérité générale comportait donc de laisser son âge à Ellénore et de rajeunir
Adolphe. La vie sentimentale de Benjamin Constant,
dont la connaissance est si importante, doit être brièvement retracée ici. Nous pouvons assez aisément le faire
d'après son *Journal* et d'après l'aspect sous lequel son
existence entière s'offre à nous. On constate, chez lui,
un singulier composé, et ce toute sa vie durant, de froideur, de faiblesse et d'emportement avec une absence
complète d'amour dans le sens profond de ce mot. En
même temps demeure intact un réduit d'où Benjamin

Constant s'observe avec la plus âpre des clairvoyances. Sa froideur même lui a fait trouver un attrait durable dans ses rapports avec Mme de Charrière, femme d'un cœur et d'un esprit rassis, puis avec Julie Talma, qui avait aussi passé l'âge des orages. Quand il sort de cette froideur et obéit à quelque entraînement, ils ne sont qu'un effet de sa faiblesse. C'est par un coup de tête qu'il épouse Mme Dutertre pour s'en repentir ensuite ; par un coup de tête qu'il s'éprit de Mme Récamier. Ces différents traits de caractère, Constant les a rassemblés dans Adolphe en donnant à ce cœur l'âge qui lui convenait. Mais, par une inconséquence qui ne fait heureusement qu'augmenter le mérite de l'œuvre elle-même, Constant renferme dans ce personnage l'expérience amère et douloureuse d'une carrière amoureuse des plus longues. Autre point important : Mme de Staël n'avait jamais voulu épouser Benjamin Constant. Les raisons de ce refus durent être fort particulières. La seule que nous connaissions paraît peu suffisante. Elle n'eût, semblerait-il, pu se résigner à abandonner le nom de Staël qu'elle avait rendu illustre. Il est de fait qu'en 1811, ce fut par un mariage secret qu'elle s'unit à M. de Rocca. Il est plus probable que Mme de Staël, dans la nature de sa liaison avec Constant et dans son propre caractère, puisait des répugnances à s'engager pour la vie. Ces circonstances obligèrent Constant, dans *Adolphe*, à rendre impossible l'idée de mariage, entre son personnage et Ellénore. Il ne pouvait faire intervenir des mobiles aussi personnels que ceux que nous supposons chez Mme de Staël, sans quoi il eût été contraint d'entrer dans de trop larges développements ; la figure d'Ellénore aurait empiété, débordé le cadre et perdu aussi de son caractère général. La disproportion d'âge une seconde fois servit ici. Il donna aussi, par des emprunts à la vie d'une certaine Mme Lindsay, à Ellénore, un passé qui, sans entacher nullement son honneur de femme, devait cependant interdire tout mariage entre elle et son jeune amant.

Ainsi qu'il se constate, les changements apportés à la réalité n'ont été faits que pour l'accommoder aux nécessités du roman et aucun d'eux n'a nui à l'exposé du caractère et des sentiments d'Adolphe. Le souci de simplifier et la mise au premier plan d'Adolphe a retenti sur l'économie entière de l'œuvre. Constant a dû reléguer Ellénore au second plan et lui approprier une existence qui ne portât aucun ombrage à la figure du héros. Adolphe, avec ses élans, ses engagements téméraires, ses regrets, ses reculs, ses serments mensongers est le centre auquel tout se subordonne.

Ce souci d'isoler, dans les événements, les êtres et les sentiments, ce qu'ils ont de plus marquant s'observe aussi dans le détail de l'œuvre. Non seulement il ramassa la substance d'un long ouvrage et des vicissitudes de cœur pouvant emplir une existence en un volume restreint et dans la matière d'une « anecdote », ainsi qu'il nommait son livre ; mais encore, de chaque alternative, de chaque épisode, il s'efforce de dégager une maxime générale. De ces maximes, il s'en rencontre à tout bout en feuilletant *Adolphe* : « Je cherchai enfin un raisonnement qui pût me tirer de cette lutte avec honneur à mes propres yeux. Je me dis qu'il ne fallait rien précipiter, qu'Ellénore était trop peu préparée à l'aveu que je méditais, et qu'il fallait mieux attendre encore. Presque toujours, pour vivre en repos avec nous-mêmes, nous travestissons en calculs et en système nos impuissances et nos faiblesses ; cela satisfait cette portion de nous-mêmes qui est, pour ainsi dire, spectatrice de l'autre. »

Je viens d'envisager les modifications que Constant a fait subir aux événements réels. Elles sont inévitables chaque fois qu'un écrivain se propose de disposer un épisode de sa vie dans la forme d'un roman. Quand, nous demanderons-nous, ces modifications sont-elles légitimes? Elles le sont en général lorsqu'elles ont pour effet de donner au caractère du personnage ou à la peinture des sentiments plus de rehaut, de les mettre dans une plus parfaite lumière ; et ces changements, chose la plus importante, doivent toujours s'accomplir pour des raisons intrinsèques et inhérentes à l'œuvre même. Au contraire, un romancier se propose-t-il de décrire une aventure sentimentale et altère-t-il les faits dans le dessein de se concilier le public, de complaire à des préjugés, alors il défigure la vérité foncière de son œuvre, à laquelle il porte le plus grand préjudice. Tout travestissement de cette sorte la marque d'un signe de déchéance. L'écrivain ne s'est décidé à écrire que pour donner une image sincère de lui-même. Toute fraude en cette matière est une malhonnêteté et le lecteur qui la découvre s'en irrite. Le cynisme est préférable à l'hypocrisie. Il y a toujours, en art, un mérite attaché à la franchise, dût-elle offusquer des préjugés qu'on a coutume de nommer respectables.

Lorsqu'il s'agit d'un écrivain notoire, les essais qu'il fait pour abuser sont d'autant plus misérables et vains que la sagacité de la critique a bientôt fait de déjouer les subterfuges. C'est le cas des *Confidences* de Lamartine. Il les rédigea après un espace de trente-deux ans. Ses souvenirs avaient eu le temps de s'affaiblir. S'il a écrit ce n'est pas pour se soustraire à la hantise de ses sentiments. Il est dans le besoin, son travail littéraire est sa seule ressource. Pour plaire aux libraires et à leur clientèle, il s'avisa, en spéculant sur la notoriété de son nom, de raconter ses amours avec Mme Charles. Décrivant ces rapports dans un roman de forme personnelle, il avait à se soumettre aux exigences de vérité que ce roman comporte. Lui vint-il des scrupules, la crainte de ternir la mémoire d'une femme aimée ? Alors mieux eût valu se taire. Faisant œuvre littéraire, il n'avait qu'à considérer les convenances littéraires, et

non à tenir compte de ses scrupules d'amant ni des préjugés du public.

Donc Lamartine, dans *Raphaël*, a agencé son sujet de
façon à innocenter Mme Charles. A ce propos, René Doumic s'exprime fort justement de la sorte : (1) « Louable
scrupule, dit-il, dont les conséquences, au point de vue
de l'art, furent désastreuses ! Il ne voulait pas laisser
peser sur Julie le reproche d'avoir été coupable vis-à-
vis de son mari : donc, l'homme à qui elle est mariée ne
sera qu'un mari en peinture. Sans parents, sans protec-
tion d'aucune sorte, Julie, à l'instant de sortir de la maison d'éducation où elle a été élevée, va se trouver seule
au monde lorsqu'un « vieillard illustre » offre de lui servir de père sous le nom de mari. La jeune fille a dix-
sept ans, le vieillard a cinq fois son âge : ce qui lui
donne, en comptant bien, quatre-vingt-cinq ans ! Avec
ses traits « purs et majestueux », ses flocons de cheveux
blancs, son visage exsangue, ce père est exactement le
père noble des comédies. Content de l' « affection filiale »
de Julie, il est près de souhaiter que la jeune femme ait
pour un autre un sentiment d'une nature plus tendre.
Il l'envoie dans les réunions mondaines, au théâtre, au
bal, avec l'espoir que son cœur y trouvera une occasion
de s'émouvoir. Lamartine ne semble pas avoir soupçonné
ce qu'il y a d'équivoque dans le rôle de ce vieillard, don-
neur de si singuliers conseils. Mais l'entrée en scène de
Raphaël ne devait-elle pas être préparée, annoncée,
souhaitée par le mari lui-même de Julie ? On s'attend,
après ce luxe de précautions et de préparations, que Julie
se croira libre d'appartenir tout entière à son jeune amant.
Il n'en sera rien. Cet amant est le plus platonique des
hommes, et sa passion restera aussi pure qu'elle est
échevelée. Au surplus, un mal mystérieux fait que Julie,
en se donnant, risquerait de mourir, en sorte qu'on

1. *Lettres d'Elvire à Lamartine*, par René Doumic, Hachette 1905.

ignore si sa chasteté procède davantage de vertu ou de raisons de santé. Étrange situation que celle de cette héroïne deux fois chaste, destinée à n'être pour son mari qu'une fille et pour son amant qu'une sœur !... Après qu'on vient d'errer, en compagnie de ces fantômes, dans le royaume des ombres, on aspire à retrouver des êtres vivants... »

La nature des *Confidences* de Lamartine et les circonstances dans lesquelles cette œuvre a été écrite, la rangent dans la catégorie des œuvres dues au procédé de production artificiel, dont il sera traité dans la seconde partie de ce livre.

Un roman dans lequel l'écrivain décrirait ses sentiments sous le voile d'une fable entièrement imaginaire, mais ayant d'intimes et constantes concordances avec sa propre destinée, devra se ranger aussi parmi les romans personnels. Flaubert écrivit cette phrase : « La race des gladiateurs n'est pas morte, le poète amuse encore le public avec ses agonies. » Il aurait pu s'inspirer de cette analogie pour se dépeindre lui-même sous la figure d'un gladiateur. Cependant les romans conçus de la sorte par analogie ne sont personnels que dans une mesure très relative et je ne connais guère que les *Frères Zemganno* où le caractère personnel ressorte nettement.

Dans ce roman, Edmond de Goncourt assimile sa vie avec son frère Jules à l'existence de deux acrobates. Ce rapprochement fut fréquent entre le poète, virtuose du verbe qui jongle avec les mots, les fait scintiller ainsi que des paillettes, et l'acrobate. Banville s'en inspira dans un de ses poèmes. Bourget raconte que Barbey d'Aurevilly, grand fréquentateur du cirque, se plaisait au même rapprochement. Paul Adam s'en servit aussi dans les *Cœurs utiles*.

Dans le cinquième volume de son *Journal* (p. 302) E. de Goncourt narre comment s'offrit à lui l'idée première de son œuvre.

Aujourd'hui que mon livre de la *Fille Élisa* est presque terminé, écrit-il, commence à apparaître et à se dessiner vaguement dans mon esprit le roman, avec lequel je rêve de faire mes adieux à l'imagination. Je voudrais créer deux clowns, deux frères s'aimant comme nous nous sommes aimés, mon frère et moi. Ils auraient mis en commun leur colonne vertébrale, et chercheraient, toute leur vie, un tour impossible qui serait pour eux, la trouvaille d'un problème de la science. Là dedans, beaucoup de détails sur l'enfance du plus jeune, et la fraternité du plus âgé, mêlée d'un peu de paternité. L'aîné, la force ; le jeune, la grâce, avec quelque chose d'une nature peuple poétique qui trouverait son exutoire dans le fantastique que le clown anglais apporte au tour de force. Enfin le tour, longtemps irréalisable par des impossibilités de métier serait trouvé. Ce jour-là, la vengeance d'une écuyère, dont l'amour aurait été dédaigné par le plus jeune, le ferait manquer. Bien entendu la femme n'apparaîtrait qu'à la cantonade. Il y aurait chez les deux frères une religion du muscle, qui les ferait s'abstenir de la femme, et de tout ce qui diminue la force. Le plus jeune, dans le tour manqué, aurait les deux cuisses brisées, et le jour où il serait reconnu qu'il ne pourrait plus être clown, son frère abandonnerait le métier, pour ne pas lui crever le cœur.

Ici transporter toutes les douleurs morales que j'ai perçues chez mon frère, quand il a senti son cerveau incapable de ne plus produire.

On peut suivre ici le lent cheminement de l'idée depuis l'instant où l'analogie de l'acrobate et de l'artiste s'offrit à l'esprit d'Edmond de Goncourt. Il va romancer cette analogie, la documenter copieusement pour obéir aux errements littéraires de l'époque. Il fera des enquêtes dans le monde des banquistes dont l'imprévu et le côté oripeau devaient le séduire tout particulièrement. Mais, dans cette œuvre où, en même temps, le burin met son trait mordant et le pinceau ses chatoyances rares et éclatantes, où le mouvement et le caprice surprennent à chaque pas et charment l'esprit par des tableaux à la Callot, il y a, essentiel, le drame de cœur, l'amour fraternel qui ne fait qu'un avec le dévouement des deux hommes à leur art. Cette tendresse est partout présente : elle rayonne pareille à la chaleur d'un foyer caché, mais elle éclate aussi çà et là. Alors apparaît avec évidence que, dans le for le plus intime, Edmond de Goncourt et Gianni étaient un même être, puisque le premier pouvait endosser à l'autre ses plus profonds sentiments. Tels courts chapitres du roman, pareils aux feuillets arrachés d'un Journal, peuvent s'isoler et sont d'un accent intensément personnel : XLVII, LI, LXIII, LXXXI. Est-ce la souffrance de Gianni qui là s'exprime ou celle d'Edmond de Goncourt? Qu'importe cette question, puisque, malgré les nombreux aspects par lesquels ils diffèrent, c'est son propre cœur que le romancier a donné à son héros.

La pensée par analogie est un des modes les plus fréquents de conception en littérature. Le fondement est affectif. Un homme ému découvre dans les êtres et les choses qui l'entourent les emblèmes de ce qu'il éprouve. Il décrit ces êtres et ces choses parce que, du même coup, ses sentiments y trouvent leur expression. Un instant l'âme et les choses se sont fondues. L'une reflète dans l'autre ses émotions; et les choses en retour prêtent à l'âme le cadre et la matière dans laquelle elle peut s'incorporer et se manifester. Ainsi nulle différence entre Edmond de Goncourt se confessant sous le masque de Gianni et les lyriques qui, dans tous leurs poèmes et jusque dans le détail des images dont ils usent, font, afin de traduire ce qu'ils ressentent, témoigner pour eux les spectacles du monde et de la nature.

Lorsque Senancour écrivait *Obermann*, quand Benjamin Constant écrivit *Adolphe*, quand Edmond de Goncourt écrivit les *Frères Zemganno*, leurs sentiments avaient eu le temps de s'assagir. Mais il se peut qu'un homme sous l'empire despotique de sa passion écrive et exhale sa peine ardemment, comme dans un effort spontané et salutaire pour se débarrasser de ce qui le trouble. Il ne s'agira pas ici de souvenirs, ni de la carrière d'une existence entière, mais d'un tourment âpre et anxieux à qui il faut un dégorgement au risque qu'il devienne pour l'âme un mortel poison. Le corps également a le pouvoir d'expulser les éléments qui menacent de lui nuire. Les activités nécessaires à la vie, quand elles sont entravées, se concertent pour leur défense. Il en est de même de l'esprit que du corps. Une passion est comparable à une maladie fébrile de l'âme. Elle germe, se fomente, éclate et, dès ce moment, asservit à soi toutes les énergies, toutes les idées ; elle devient à la fois le but et le principe des actes et des pensées. Mais l'âme ancienne ne se laisse pas déposséder. Il y a lutte entre elle et l'intruse. Comme elle a des attaches profondes et puissantes, elle peut sans doute être supplantée ; mais elle finit, après maint trouble et maint déchirement, par vaincre.

Un des subterfuges auxquels notre individualité peut recourir pour se préserver, c'est de leurrer la passion en lui donnant une satisfaction illusoire ou détournée ; à la dériver et à briser de la sorte son énergie. Un homme en colère se répand en paroles véhémentes et, quand le moment est venu d'accomplir les menaces qu'il a prononcées, plus rien en lui ne l'incite à le faire. Les chiens qui aboient ne mordent pas, dit le proverbe. Certaines personnes font retomber sur leur vaisselle ou leur mobilier la fureur qui les anime, afin de s'épargner des gestes de violence plus graves. Ainsi font, toute mesure gardée, les poètes. Les tourments d'un amour s'apaisent rien qu'à s'exprimer. Et ce fut, pour Goethe, une méthode constante, afin de sauvegarder la sérénité heureuse de son esprit, que de traduire en chants et en œuvres ses sentiments pour ne plus être en butte à leurs sollicitations.

Une telle œuvre ne pourra s'accomplir qu'avec l'accompagnement des mêmes circonstances qui caractérisent les actes passionnels ; ce sont : la soudaineté et l'automatisme. Rien de prémédité dans l'acte d'écrire. Le cœur et l'âme débordent. Ils sont pleins et les flots de pensées, de sentiments, d'images rompent toute digue et s'étalent. L'œuvre est comme un cri, un cri de désir, de souffrance, de volupté ardente ou de délivrance. Et les idées qui se pressent, se poussent et se nécessitent l'une l'autre se succèdent d'elles-mêmes dans un ordre rigoureux. La froide raison n'a aucune part à leur enchaînement ; mais une raison suprême les ordonne puisqu'elles se suivent ainsi qu'une série fatale d'événements dont l'un est toujours le contre-coup de celui qui précède.

Une fois une telle crise franchie, l'esprit se désintéresse d'elle et l'existence d'autrefois, un moment troublée, se renoue et poursuit son cours. Ce désintérêt a pour résultat que la crise, et, dans le cas présent, l'ouvrage littéraire dans lequel elle s'est incorporée, s'efface bientôt dans un complet oubli. Cette circonstance a été, il n'y a pas longtemps encore, envisagée comme un signe morbide. L'écrivain qui oublie l'œuvre qu'il a produite était affligé de cette même amnésie qui frappe le malade après un accès de délire maniaque. C'est là un rapprochement qu'aucun fait n'autorise. Ici l'oubli est entièrement normal. Un état affectif quel qu'il soit, une passion telle que celle dont je m'occupe ici, tient enchaînée à soi une multitude d'images et de pensées. Une fois que cet état s'est dissipé, les images et les pensées qui lui étaient assujetties se désagrègent et se dispersent. Pour s'en ressouvenir, il faudrait restaurer le lien, c'est-à-dire l'état affectif, qui les tint autrefois rassemblées. Or l'esprit éprouve après coup de la répu-

gnance à évoquer cet état. L'homme peut durant longtemps ressentir les secousses et l'atteinte d'une passion,
rien ne disparaît cependant plus vite de la mémoire que
cette passion elle-même.

Cette sorte d'oubli ne s'observe pas seulement pour
les œuvres conçues dans un violent état passionnel,
mais pour toute œuvre quelle qu'elle soit. L'écrivain ne
peut faire d'œuvre valable que s'il lui voue toutes ses
facultés. Une fois l'œuvre achevée, il en entreprend une
nouvelle qui l'accapare à son tour, de sorte que l'ancienne, qui ne lui est plus de rien, disparaît au point
qu'il semble qu'elle n'existe plus et qu'elle n'ait même
jamais existé. Gœthe disait à Eckermann : « En général
un ouvrage fini m'était indifférent, je ne m'en occupais
plus et je pensais à quelque chose de nouveau ». Zola
s'exprimait de même dans une lettre à Adolphe Retté(1) :
« des œuvres qui ne sont plus de moi depuis que je les
ai données au public ». La suite des témoignages relatant cette sorte d'oubli pourrait s'allonger indéfiniment.
Elle se présente aussi chez les savants. Il en était un

1. Le Symbolisme, anecdotes et souvenirs (Vanier) 1893, p. 182.

« Lorsqu'une œuvre est finie, il faut songer à en faire une autre. Quant à celle qui vient d'être faite, elle me devient absolument
indifférente... », Corr., 3ᵉ sér. 226.

« Je suis enfin débarrassé de Salammbô... A présent le cordon
ombilical est coupé. Ouf ! n'y pensons plus ! Il s'agit de passer à
d'autres exercices. » 3ᵉ sér. 234.

« Quant à mon roman, l'Éducation sentimentale, je n'y pense
plus, Dieu merci ! Il est recopié. D'autres mains y ont passé. Donc,
la chose n'est plus mienne. Elle n'existe plus, bonsoir », 3ᵉ sér.
392.

« Notre roman des hommes de lettres est fini, plus qu'à le copier. C'est singulier, en littérature, la chose faite ne vous tient
plus aux entrailles. L'œuvre que vous ne portez plus, que vous ne
nourrissez plus, vous devient, pour ainsi dire, étrangère. Il vous
prend de votre livre une indifférence, un ennui, presque un dégoût. Ça a été notre impression de tous ces jours-ci. » J. et E. de
Goncourt, Journal, 1ᵉʳ vol. 267.

qui me déclarait un jour que si, par hasard, dans un examen, on l'interrogeait sur le contenu de ses propres ouvrages, il serait embarrassé de répondre et courrait grand risque d'être recalé.

Ce mode de création passionnel ne se présente dans la réalité qu'avec des caractères atténués. Il est trop excessif pour que les phénomènes dont il se constitue puissent être durables. Aussi ne saurait-il donner naissance qu'à des œuvres de courte envergure, à un poème, encore à charge qu'il soit revu, mais jamais à un roman. Le labeur du roman et de la prose réclament de la patience et un esprit rassis. Il n'est pas croyable qu'un écrivain puisse, sans défaillir un instant, se trouver durant un si long travail dans un état passionnel aussi tendu. Pourtant il existerait, paraît-il, un roman écrit dans l'emportement de la passion. Il s'agirait, à en croire Gœthe, de *Werther*. Mais l'étude de *Werther* montre qu'il faut en rabattre.

Je ne me préoccupe pas d'inscrire le roman de *Werther* dans une catégorie définie, comme ce fut possible pour les *Frères Zemganno*. Le génie de Gœthe qui, dans l'éloignement, se montre d'une simplicité si grandiose était, dans la réalité et sous des apparences de souveraine maîtrise, un compromis de maturité et d'ardeur, d'entraînement et de circonspection. Ce compromis, et des plus prononcés, se constate dans *Werther*.

L'histoire du roman de *Werther* est d'un puissant intérêt. Sainte-Beuve l'a faite dans un de ses *Lundis* qui est, à mon sens, une des pages sinon la page la plus belle de son œuvre critique. En elle, se révèle avec le plus d'évidence sa sûre méthode et les principes dont il s'inspirait. Certes, dans l'espace de plus de cinquante années qui s'est écoulé depuis, l'étude de *Werther* a fait maint progrès. Mais il est impossible de suivre, si je puis dire, une autre procédure que la sienne pour l'étude de ce chef-d'œuvre. On peut la compléter et l'amender, on ne peut guère s'écarter de sa voie. Il a reconstitué, et là gît la maîtrise, toutes les étapes que Gœthe a parcourues en concevant son œuvre et il a jugé en quelles parties le romancier a exprimé un sentiment sincère et dans quelles autres parties il a été amené à trahir la vérité intime.

Gœthe, dans ses *Mémoires*, parle de l'inquiétude qui régnait parmi les jeunes gens de son temps, provenue en grande partie de l'influence de la littérature anglaise. Les troubles de cœur sur lesquels il ne s'explique guère l'auraient rendu mélancolique. L'idée du suicide sans l'obséder l'aurait préoccupé.

Je cite Gœthe :

Tout à coup j'apprends la nouvelle de la mort de Jérusalem et, immédiatement après la rumeur générale, le récit exact et détaillé de l'événement. Aussitôt le plan de *Werther* fut trouvé. L'ensemble se forma de toutes parts, et devint une masse solide, comme l'eau dans le vase, lorsqu'elle est au point de congélation, est soudain transformée en glace compacte par le moindre mouvement. Conserver cette rare conquête, rendre pour moi vivante une œuvre d'un fonds si marquant et si varié, et l'accomplir dans toutes ses parties, était une chose qui me tenait d'autant plus au cœur que j'étais retombé dans une situation pénible, qui me laissait encore moins d'espérances que les précédentes et ne me présageait que des ennuis et peut-être des chagrins...

La mort de Jérusalem, causée par sa passion malheureuse pour la femme d'un ami, m'arracha à mon rêve (il s'agit de l'amour de Gœthe pour une des filles mariées de Mᵐᵉ de la Roche) ; et, comme j'ouvrais les yeux sur ce qui lui était arrivé ainsi qu'à moi, que même ce que j'éprouvais de semblable me plongeait dans une agitation violente, je dus nécessairement répandre dans l'ouvrage que j'entreprenais alors toute la flamme qui ne permet aucune distinction entre la poésie et la réalité. Je m'étais retiré dans une complète solitude, refusant même les visites de mes amis, et j'écartai aussi de ma pensée tout ce qui n'appartenait pas directement à mon dessein. En revanche je rassemblai tout ce qui s'y rapportait, et je me retraçai mes dernières aventures, dont je n'avais fait encore aucun usage poétique. Dans ces circonstances, après tant de si longs préparatifs secrets, j'écrivis *Werther* en quatre semaines, sans avoir auparavant jeté sur le papier aucun plan de l'ensemble ni traité aucune des parties.

... Je me sentais, comme après une confession générale, redevenu libre et joyeux, et en droit de recommencer une vie nouvelle. Cette fois encore, la vieille recette m'avait parfaitement réussi... Pendant mon travail, je n'ignorai pas le bonheur insigne de cet artiste à qui l'on avait fourni l'occasion d'étudier plusieurs beautés pour en composer une Vénus, et je me permis aussi de former ma Charlotte d'après la figure et les qualités de plusieurs aimables personnes, bien que les traits principaux fussent empruntés à la plus aimée.

Ainsi Gœthe relate les circonstances dans lesquelles il conçut et écrivit *Werther*. Elles présentent un mélange singulier de caractères passionnels et d'autres qui témoignent d'un esprit froid et circonspect. Des renseignements ultérieurs sont venus se joindre à ceux que Gœthe procure. Nous possédons la correspondance entre Gœthe et Kestner. Sainte-Beuve, à propos de la traduction française de ces lettres, a écrit, en 1855, son étude critique.

Je démarque, pour ne pas m'attarder en la reproduisant entièrement, l'étude de Sainte-Beuve au tome XIII des *Causeries du Lundi* :

Nous voyons Gœthe, à vingt-trois ans, dans la plénitude et le vague d'un génie qui est à la veille de produire, le cœur gonflé de sentiments et ne sachant qu'en faire. Dans cette période d'entreprises encore confuses et de méditation ardente où il se trouvait, il s'était dit, pour un temps, de s'affranchir par l'esprit de tout élément et as-

cendant étrangers, de donner libre cours à sa faculté
intérieure, à ses impulsions et à ses impressions, do se laisser faire naïvement à tous les êtres de la nature, à commencer par l'homme, et d'entrer par là dans une sorte
d'harmonie et d'intimité avec tout ce qui vit. La prémé-
ditation d'ailleurs n'était pas aussi nette pour lui dans
le moment même qu'elle lui a paru depuis et qu'il nous
l'a exprimé lorsqu'il y est revenu, avec la supériorité du
critique contemplateur, dans ses *Mémoires*. Quoi qu'il en
soit, il se fit Werther, ou, si vous aimez mieux, il se
laissa être Werther, pendant quelques saisons sans l'être
véritablement. Ce n'était qu'une forme de vie, forme la
plus exaltée et la plus joyeusement expansive, qu'il avait
à traverser avant d'arriver à l'équilibre définitif et à cette
activité sereine qui comprendra tout.

Gœthe vint habiter Wetzlar et, le 9 juin 1772, rencontra près de là, à Wolpertshausen, dans un bal, Charlotte
Buff, dont il connaissait déjà le fiancé Kestner, sans pourtant en rien être au courant de leur engagement. En face
du récit légèrement fantaisiste de *Werther*, nous avons le
récit scrupuleux des événements, Kestner ayant, à cet
égard, donné tous les renseignements désirables. Pendant
toute la belle saison de 1772, Gœthe, accueilli par Kestner, adopté par Charlotte et par toute sa famille, mena
une vie d'exaltation, de tendresse, d'intelligence passionnée par le sentiment d'amour naissant et confus, d'amitié
encore inviolable, une vie d'idylle et de paradis terrestre
impossible à prolonger sans péril, mais délicieuse une fois
à saisir. Voilà ce qu'il a peint admirablement dans son
Werther ; ce qui en fait l'âme. Mais l'idylle resta pure.
Gœthe, sage et fort jusque dans ses oublis, s'éloigne à
temps. Il avait fait la connaissance de Charlotte le 9 juin
1772 et il partit brusquement de Wetzlar le 11 septembre. Sauf une courte visite de trois jours, du 6 au 10 novembre de cette même année, il ne revit plus Charlotte
que tard lorsqu'il avait soixante-dix ans, et elle soixante,
et qu'elle était la respectable mère de douze enfants.

Gœthe ne songea pas à faire tout aussitôt un roman et
un livre de cette liaison qui n'avait rien pour lui d'une

aventure. Ses *Mémoires* sont un peu vagues sur ce point
et ne suivent pas les événements d'assez près. On y voit
qu'il fit au printemps de l'année suivante probablement
(car les dates précises n'y sont point marquées), un voyage
près de Coblentz pour s'y distraire, et qu'il y devint légèrement amoureux d'une des filles de Mme de la Roche.
L'amour qu'il pouvait avoir gardé pour Charlotte n'avait
donc rien de furieux ni d'égaré.

Les lettres qu'on a de Gœthe, adressées à Kestner pendant les mois qui suivent l'instant de la séparation, nous
le prouvent aussi, tout en nous donnant assez bien la mesure de cette espèce de culte d'imagination et de tendresse
idéale, mystique, pourtant domestique et familière, mêlée
de détails du coin du feu.

J'ai dit (c'est toujours Sainte-Beuve qui parle), qu'après
les avoir quittés, la jeune fille et son ami, Gœthe ne se
mit pas aussitôt à écrire *Werther*. En effet, s'il le médita
et le couva dès auparavant, il ne dut point commencer à
l'écrire avant le mois de septembre 1773, c'est-à-dire un an
après son départ de Wetzlar, et lorsqu'il eut publié son
drame de *Gœtz de Berlichingen*. Dans l'intervalle, il s'était
passé deux événements. Le jeune Jérusalem, qui se trouvait à Wetzlar en même temps que Gœthe, jeune homme
romanesque et lettré, épris d'une passion malheureuse
pour la femme d'un de ses collègues, se tua d'un coup de
pistolet à la fin d'octobre 1772. Sans être très lié avec
Kestner, c'était précisément à celui-ci qu'il avait emprunté des pistolets sous le prétexte d'un voyage. Le
jeune monde allemand d'alors fut très frappé de cette mort
sinistre et Gœthe s'enquit très curieusement des détails
auprès de Kestner, qui les lui donna par écrit. C'est
alors qu'il conçut l'idée d'identifier l'histoire de ce Jérusalem avec celle d'un amoureux comme lui-même l'avait été
et l'aurait pu être, et de faire du tout un personnage romanesque intéressant, et qui aurait, pour le vulgaire, le
mérite de finir par une catastrophe. Mais l'idée som-
meilla en lui environ dix mois avant qu'il la mît en œuvre. Un second événement, qui dut lui donner de l'aiguillon dans cet intervalle, fut le mariage de Kestner avec

Charlotte, qui s'accomplit vers l'âques 1773, sans qu'il eût pour cela pensé au suicide. Cependant, dans ses *Mémoires*, il parle du retour que lui fit faire sur sa propre situation la nouvelle de la mort de Jérusalem. Mais il faut entendre ceci d'un commencement de passion plus récente pour la fille de Mme de la Roche. Quoi qu'il en soit, tout se passa dans le domaine de l'imagination et l'on possède, sur la fête de Noël, une lettre de Gœthe à Kestner, maintenant publiquement fiancé, pleine de joie, de cordialité, de sentiment pittoresque et aussi de famille, cela trois mois après avoir quitté Charlotte, sept semaines après la mort de Jérusalem et quand il avait déjà en idée le germe de *Werther*.

En février 1773, nous avons une lettre à Kestner qui est une espèce d'hymne triomphal où il célèbre les plaisirs de la glace. Car on l'a très justement remarqué, et les lettres de Gœthe, écrites au cours de cette inspiration nous le confirment ; ce n'est pas le désespoir, c'est plutôt l'ivresse bouillonnante et la joie qui président à la conception de *Werther* ; c'est le génie de la force et de la jeunesse, l'aspiration douloureuse sans doute, mais ardente avant tout et conquérante, vers l'inconnu et vers l'infini. Tout ce qui est sorti de cette source élevée et débordante y est sincère, et a jailli de l'imagination et de la pensée de Gœthe. Voilà le vrai du livre et son cachet immortel ; le reste, désespoir final, coup de pistolet et suicide y a été ajouté après coup pour le roman et pour la circonstance : c'est ce qui ressemble le moins à Gœthe, et qui se rapporte à l'aventure de Jérusalem, le côté faux, commun, exalté, digne d'un amoureux d'Ossian, non d'un lecteur d'Homère tel que l'était Gœthe en ce temps. Gœthe — et il l'a dit — s'est guéri lui-même en faisant *Werther*. Il s'est débarrassé de son mal en le peignant, mais il l'a en même temps inoculé à d'autres ; alors pourquoi leur a-t-il indiqué un faux remède ? Là est le vice de *Werther*. La vraie conclusion de *Werther* pour les artistes, car Werther est un artiste ou veut l'être, ce serait la conclusion qu'a choisie Gœthe lui-même, s'occuper, produire, se guérir en s'appliquant ne fût-ce qu'à se peindre.

Pour revenir à la correspondance de Gœthe avec les époux Kestner, dont le mariage se fit en avril 1773, on y suit, assez bien les traces du projet de *Werther* et de la composition, jusqu'au moment où toute la pensée prend flamme. Ce mariage, en s'accomplissant, dut donner à Gœthe l'idée du désespoir qu'il n'avait pas, mais qu'un autre aurait pu avoir. Dans ce temps, il publie son *Gœtz de Berlichingen*, il écrit des drames, des romans dit-il, et autres choses de ce genre (juin 1773) ; et, en septembre, il commence sa confidence couverte de *Werther* aux jeunes époux désormais installés à Hanovre.

Lorsqu'il a fini son *Werther* et qu'il s'apprête à le publier, il a une crainte, c'est de blesser les jeunes époux : il glisse dans ses lettres toutes sortes de précautions à cet égard, des précautions mystérieuses et pour eux obscures, mais qui avaient pour but de les prévenir et de les empêcher de se trop choquer. En effet Kestner se voyait avec désagrément peint dans ce roman sous les traits d'Albert, un homme apathique et médiocre. L'aventure de Jérusalem se confondant avec l'amour de Gœthe, et Kestner ayant réellement prêté ses pistolets à Jérusalem qui s'en était servi pour se tuer, on ne savait comment séparer à temps l'Albert de la fin du roman avec celui de la première partie. Kestner pardonna, attribuant l'acte de son ami à une légèreté de jeunesse. Mais ce n'avait été, de la part de celui-ci, ni étourderie ni vague exaltation, c'était un acte de conquérant et de grand prêtre de l'art, qui prend ce qui est à sa convenance et met en avant je ne sais quel droit supérieur et sacré. Gœthe en a fait une doctrine. « Il faut que Werther existe, écrit Gœthe à Kestner, il le faut ! Vous ne sentez pas *lui* ; vous sentez seulement *moi* et *vous* ; ce que vous croyez seulement *collé*, y est *tissé*, en dépit de vous et d'autres, d'une manière indestructible... » Certes on n'a jamais plaidé avec plus de hauteur et de passion le droit qu'a l'œuvre, fille immortelle du génie, d'éclore à son heure, de jaillir du cerveau, et de vivre, dût-elle, en entrant, heurter quelques convenances établies, et froisser quelques susceptibilités même légitimes.

Dès l'abord, il ressort de ces pages, que j'ai très librement reproduites, combien il est malaisé d'inscrire dans
une catégorie quelque œuvre que ce soit. Lorsqu'il
est donné, grâce à des documents, dont la possession
n'est souvent qu'une rare fortune, de connaître le détail
des circonstances dans lesquelles une œuvre a été produite, il apparaît toujours qu'elles sont, de leur nature,
si diverses qu'il est impossible d'attribuer à l'œuvre elle-
même un caractère tranché. J'ai dû, dans cet ouvrage,
délimiter certains genres en m'efforçant de découvrir
dans chacun d'eux la prédominance d'un caractère qui
lui servît de signe. L'étude de Sainte-Beuve vient à point
montrer que, dans un tel rangement, il y a toujours une
part d'arbitraire. En comparant les procédés dont s'est
servi Gœthe pour créer *Werther* et ceux, nettement systématiques, qu'expose Bourget dans *Cosmopolis* et que
je cite dans le prochain chapitre, on constate qu'ils
sont, pour la plus grande part, identiques. *Werther*, que
l'on place parmi les romans personnels et qui semble
écrit sous le tout puissant empire des sentiments, n'est
pas tel. Par maint de ses aspects, il participe du roman
impersonnel. En somme, comme je l'ai exprimé souvent,
toute œuvre est personnelle et impersonnelle à la fois.
Il est impossible de concevoir aucune œuvre belle et
vivante qui soit absolument impersonnelle ; et il n'en
est pas non plus, quoique ici le risque soit moindre,
d'entièrement personnelle. Généralement un des deux
caractères prédomine. Dans *Werther*, c'est le cas de l'élément personnel. Il n'en pouvait être autrement à cause
de la jeunesse de Gœthe quand il conçut et composa
son œuvre. Dans l'éloignement du souvenir, elle lui
apparut, quand il rédigea ses *Mémoires*, plus personnelle
qu'elle ne le fut, parce que le souvenir simplifie les événements du passé en poussant à l'extrême leurs caractères les plus saillants et en effaçant les autres. La critique
de Sainte-Beuve a remis les faits dans leur jour exact.

Gœthe a tiré parti de sentiments qui n'avaient qu'effleuré son cœur afin de comprendre et d'éprouver les sentiments dont il avait besoin pour édifier son roman. Cette façon d'agir lui était familière. Dans une page de ses *Mémoires*, nous l'avons vu s'efforçant de confondre son âme avec celle des artisans, des juifs, des hommes du peuple qu'il visitait et ce pour s'instruire des différentes formes de l'existence humaine. De même ici, mais cette fois dans un dessein délibéré et en vue d'une œuvre dont la trame est déjà vaguement tissée, il éprouva imaginairement les inquiétudes qui agitaient les jeunes esprits de son époque. Il sait que, pour se transformer en autrui, il faut préalablement quelque ressemblance et c'est pourquoi il sut faire un habile usage des troubles sans guère de gravité qui affectèrent passagèrement son âme. Son esprit capta et amplifia l'image de ces angoisses, mais sans s'y abandonner. Un jeune contemporain de Gœthe n'était en proie peut-être qu'à une seule de ces idées décourageantes qui font le tourment de Werther, mais ses transes étaient profondes et l'accaparaient. Gœthe, au contraire, dans sa pensée, embrassait les faces diverses de cette mélancolie, mais elle n'intéressait que la superficie de son âme qui pouvait même tout à la fois contenir les joies les plus vives.

Pendant que Gœthe vit à Wetzlar dans la familiarité de Charlotte, « il se laisse être Werther ». Il incarne en lui cette existence imaginaire et il cultive les sentiments qui lui paraissent y être le plus appropriés. Ce sont des jeux de cœur, une sorte de dilettantisme très difficile du reste à pratiquer. L'homme qui s'y livre jouit du spectacle de ses propres émotions, recherche les circonstances où elles pourront naître, imagine des cas romanesques et s'y place, agit comme le ferait un dramaturge et vit lui-même les rôles que sa fantaisie échafaude. Tout romancier, tout homme de théâtre se conduit de la sorte, mais ils se contentent le plus souvent de demeu-

rer dans le domaine de la fiction. Gœthe y met un peu
de lui-même ; il s'abandonne aux mouvements de cœur
qu'il conçoit ; il expérimente sur soi les sentiments sans
jamais perdre la présence d'esprit qu'il faut pour les surveiller et les diriger. Le moi acquiert, au cours de ces
exercices, une connaissance plus approfondie de soi-
même, et accroît sa sensibilité. Barrès, qui a beaucoup
pratiqué Gœthe, développa ces procédés et en tira ce
qu'il nomma la « culture du moi ».

Il y a des périls attachés à ces jeux. Le cœur se lasse
d'y fournir et de se prêter aux rôles que l'esprit lui impose. Il peut se révolter ou s'éprendre pour de bon et
désormais tenir l'esprit et la raison à son commandement. Gœthe a-t-il prévu ces dangers à qui il suffit de
bien peu de choses pour se montrer? Il fuit ou du moins
s'éloigne après trois mois. Plus tard, dans l'écriture de
Werther, les sentiments vraiment éprouvés, ceux partagés par reflet et ceux auxquels il se prêta par curiosité intellectuelle se fondirent, mais non pas tellement
que Sainte-Beuve n'ait pu faire de nouveau leur dépar-
tage, mais assez pour que Gœthe se soit figuré sincèrement avoir animé un personnage qui, tenant de lui-même
et d'autrui, vivait d'une existence une et propre : «... ce
que vous croyez y être seulement *collé* y est *tissé*... d'une
manière indestructible.» Parler de la sorte d'un travail
qui ne s'accomplit de coutume que dans les dessous les
plus secrets de l'esprit dénote une rare clairvoyance et
une maîtrise de soi bien précoce.

En résumé, nous avons, pour tous les épisodes dont
l'enchaînement constitue le roman de *Werther*, le même
procédé de création : un continuel transfert du moi,
opéré chaque fois en tirant bénéfice d'une légère ressemblance entre les sentiments ou l'état de Gœthe et
les sentiments ou l'état dont il devait faire usage dans
son *Werther*. Ce qui est tout à fait remarquable, c'est
que ces transferts se sont accomplis avec une telle

plénitude que véritablement, pour tout lecteur même averti, Gœthe paraît presque s'être incarné dans son héros.

Il existe des personnalités qui sont ondoyantes et diverses, changeantes et versatiles, doubles ou multiples selon les fins qui s'imposent tour à tour à leur activité, selon les penchants tout puissants qui maîtrisent leur esprit. Comment un écrivain doué d'une telle personnalité saura-t-il exprimer les différents aspects de son moi? Pourra-t-il s'incorporer tout entier dans un héros comme le firent Chateaubriand, dans René, Fromentin, dans Dominique, Gœthe, dans Werther? Non. Des préjugés nous empêchent de considérer comme vraisemblable un personnage romanesque unissant en lui des caractères contradictoires. Ce préjugé a ses fondements. Tout d'abord, aucun écrivain n'est parvenu jamais, tant la tâche est difficile, à faire vivre de façon satisfaisante un tel personnage; un seul pourrait être mis à part: Hamlet, et cet unique cas n'infirme pas ce que je dis ici. De même qu'un peintre, un architecte, tient compte, dans ses tableaux ou dans ses plans, des habitudes de notre œil, ainsi l'écrivain tient compte, pour nous faire admettre la véracité d'un personnage, des habitudes et des errements de notre pensée. Or nous supposons toujours chez notre prochain une certaine unité, un mobile fondamental dont tous ses actes dérivent. Le romancier se conforme à ce jugement et dégage chez ses héros la passion dominante, la met dans le plus grand relief et montre tous les actes nécessités ou influencés par elle. Or donc, si l'écrivain, dans l'âme de qui des âmes diverses sont, pour ainsi parler, rassemblées, veut s'exprimer soi-même tout entier, il est obligé, pour sauvegarder toute vraisemblance, d'incorporer chacune de ces âmes dans un personnage séparé. D'ailleurs quand je disais plus haut qu'une personnalité peut être double ou multiple, j'employais un mot impropre: il y a des âmes successives qui, à tour de rôle, prennent la prépondérance; rarement ou jamais ces âmes ne sont simultanées. Ainsi, en les isolant, en faisant de chacune un être, en leur attribuant une destinée, l'écrivain n'obéit qu'à une vérité intrinsèque. Chacune de ces âmes, dans la vie journalière, est entravée et empêchée de déployer toute son envergure. Aussi l'écrivain suit-il son instinct en donnant à chacune de ces âmes une existence fictive où elles sont en état de dégager toutes les possibilités qui sont contenues en elles. Ainsi donc, pour certaines personnalités renfermant des éléments nombreux et complexes, la seule ressource permettant de se traduire dans leur plénitude consiste à partager ces éléments entre plusieurs personnages romanesques (1).

Il en sera de même lorsqu'un écrivain voudra exprimer dans une œuvre les diverses étapes que son esprit, dans le cours d'un très long espace de temps, a traversées. Nous changeons journellement; mais les différences d'un jour au suivant nous échappent. Cependant, lorsque nous considérons le passé, nous nous apparaissons sous des aspects si dissemblables entre eux et si dissemblables de ce que nous sommes nous-mêmes que c'est comme une galerie de personnages étrangers que notre mémoire évoque. En effet, dans ce cas, il nous est impossible d'éprouver de nouveau les émois que nous avons ressentis autrefois, et, en les ressuscitant, nous

---

1. Même plus, certains écrivains ne seront personnels que sous différents noms et figures d'emprunt. Gavarni a dit de Balzac : « Pour Balzac, la personnalité individuelle n'existait pas, ou elle se marquait trop, elle était assommante ; il ne valait quelque chose que quand il s'était fait autrui, un des personnages de ses créations ou de ses rêves. » Corneille disait de lui-même, dans un portrait adressé à Fouquet :

« Et l'on peut rarement m'écouter sans ennui,
Que quand je me produis par la bouche d'autrui.»
Voir Sainte-Beuve. *Nouveaux Lundis*, t. VI, 162.

sommes obligés de les incorporer dans des images de notre personne, mais des images anciennes, des images de ce que nous fûmes autrefois et qui nous ressemblent comme des frères plus jeunes. Notre mémoire est comme un tréteau où nous nous apparaissons sous les aspects de nos différents âges. Supposons donc qu'un écrivain, en se rappelant le passé de son existence, fasse surgir sur l'estrade de sa mémoire la série de personnages qu'il a été, il pourra les animer tous et les reproduire dans une œuvre. Ces personnages présenteront le défaut de déceler entre eux une étroite parenté. Mais ce défaut est inévitable. Beaucoup de personnages de Balzac, de Bourget, de Loti surtout sortent d'un même moule. Pourtant en remaniant ces figures, en les conformant après coup à des modèles tout étrangers, en étendant leur portée, le romancier arrive à effacer leur air de famille et à leur prêter des apparences de diversité.

Donc il n'est rien de plus abusif que de restreindre le terme de roman personnel au roman à un personnage tels qu'*Obermann*, *René*, *Adolphe*, *Werther*. D'autres romans, où le romancier a travesti ses confessions, où il s'est transfiguré selon les aspects divers dont son âme était susceptible, sont tout aussi personnels quoiqu'il puisse sembler le contraire.

On a peu de renseignements documentaires sur l'abbé Prévost; mais il m'a toujours paru que, dans Des Grieux et Tiberge, il a rendu concurremment les deux images de son propre caractère. Son existence fut traversée de brusques caprices qui le poussèrent tantôt vers les Ordres, tantôt vers une vie aventureuse. Dans Tiberge, s'exprime sa sagesse, l'esprit de discipline. Des Grieux est le cœur ardent, sensuel et tendre qui, après les déconvenues qu'apporte l'amour, écoute parfois les propos de Tiberge, mais très tôt les oublie quand l'amour se remontre dans sa grâce séductrice.

Et, pour passer de *Manon Lescaut* à l'œuvre la plus

touffue qui soit : la *Comédie humaine*, qui se rangerait, si nous disposions les romans selon la complexité de leurs éléments, tout au bout opposé où se place *Obermann*, celle-là aussi, une fois les premières apparences dissipées, est une œuvre aussi personnelle qu'*Obermann*. Seulement au lieu de contenir l'âme de Senancour, c'est l'âme prodigieuse et innombrable de Balzac qu'elle renferme.

Œuvre énorme où palpite et halète une vie surhumaine. A sa lecture, on éprouve le sentiment d'un enfant égaré au milieu d'un tumulte de géants. Cependant lorsqu'on s'est familiarisé avec elle, on commence, après l'avoir admirée, par l'aimer, parce qu'au travers on découvre Balzac avec son cœur si vaste, son cerveau si puissant qu'il a pu, sans jamais les épuiser, en faire largesse à la multitude de ses héros. Dans le déroulement de cette fresque grandiose, c'est Balzac qui à tout bout reparaît, figure démesurée qui avait en soi des ressources de sentiment et de pensée suffisantes pour en douer une humanité entière. C'est Balzac avec ses appétits d'opulence et d'amour, son âme pleine d'outrance. Les femmes, il les rencontra dans son existence, telles Mme de Mortsauf, la duchesse de Langeais et, pour les avoir aimées, il porta en lui l'empreinte qu'y laissa leur être ; les autres sont une image telle qu'il l'entrevit dans ses rêves avides d'une tendresse qu'il ne connut jamais. Excepté encore ses bureaucrates qu'il emprunta à Henri Monnier, ses usuriers qu'il avait appris à connaître dans ses jours de détresse et qu'il revêt, tel Gobseck, d'une occulte grandeur, excepté quelques types de bohêmes dont il prit l'original dans les milieux qu'il fréquenta, les personnages d'hommes sont créés à sa ressemblance. Dans d'Arthez et Louis Lambert, il mit le plus de lui-même ; mais les autres aussi, avec leurs volontés dominatrices, leurs penchants despotiques, portent en eux une part de l'âme de Balzac.

Ce que, par dessus tout, ils tiennent de lui, c'est leur voluptuosité. Balzac a été le plus grand voluptueux qui jamais exista. Il connaît tous les modes de la volupté. Même ses avares, ses usuriers comme Gobseck cherchent dans la vue de l'or, dans son contact, le vertige du rêve et de la puissance. Ils ne sont pas possédés par l'or, mais ils le détiennent comme le talisman des suprêmes ivresses. Balzac, dans ses livres, a manié l'or comme il le faisait dans ses projets de fortune chimériques. Il y a été l'amant qu'il aurait voulu être. Il a été à la fois Rastignac et Vautrin. Et, de même qu'il s'est souvent exalté dans des figures idéales, il s'est aussi dépeint en s'amoindrissant, comme dans César Biroteau.

Tout romancier ne crée donc ses personnages qu'avec les éléments de son propre esprit, de son cœur, de sa pensée. Il y a une égalité parfaite entre la personnalité d'un romancier et la somme des différents héros de ses romans, pourvu naturellement qu'on élimine ceux parmi eux qui sont des répliques, qui font double emploi ou qui ne sont que des personnages poncifs.

Il n'importe pas seulement de tenir compte, chez un romancier, de la luxuriance de sa personnalité, mais aussi de la hauteur morale à laquelle atteint sa pensée. Ainsi les personnages de Bourget, surtout les mondains, à la peinture desquels il s'est presque borné dans ses romans, sont tout ce qu'il y a de vide, de guindé et de factice ; cependant c'est le signe d'une rare et puissante intelligence que d'avoir conçu un Adrien Sixte. On ne peut se représenter un tel personnage dans l'œuvre de Goncourt ni dans celle de Zola, écrivains dont l'intellectualité n'était guère haute.

De ce qui précède, je conclus donc que l'œuvre de l'écrivain reproduit toujours les caractères de sa personnalité. Est-elle simple, son œuvre aussi ne comportera qu'une seule figure comme Obermann, Adolphe. Renferme-t-elle une grande diversité d'éléments, le romancier sera obligé d'en animer un grand nombre de personnages.

Je viens d'envisager quelques chefs-d'œuvre. *Obermann*, *René*, les *Frères Zemganno*, *Werther*, *Manon Lescaut*, la *Comédie humaine*. En tant que chefs-d'œuvre, ces livres sont tous, à n'en pas douter, le parfait aboutissement d'un mode de création. Mais leur analyse ne nous donne pas encore l'assurance que nous connaissions, sous leur aspect le plus complet, les phénomènes qui président à la naissance des œuvres. Étudier le corps robuste et musclé d'un athlète ne suffit pas pour savoir ce qu'est la vie et à quelles conditions elle est assujettie. Au contraire, l'étude des formes maladives et avortées dévoile maints secrets qui autrement fussent demeurés ignorés. C'est uniquement par son insuccès qu'un phénomène dénonce à quelles exigences il lui aurait fallu répondre. Pour délimiter de façon précise les conditions de sa réussite, il n'y a donc de meilleur moyen que de considérer tous les cas où il échoue. Ainsi importerait-il aussi de faire pour les œuvres littéraires. Je m'y suis efforcé, quoique cette étude présentât des empêchements difficiles à surmonter. J'avais pensé adresser à des écrivains notoires un questionnaire en les priant d'exposer, dans le plus grand détail, les circonstances où l'idée première de leurs œuvres leur était venue, comment cette idée avait pris corps. Je leur aurais demandé d'insister de préférence sur ces œuvres-là qui n'étaient pas arrivées à leur terme et qui, à mi-chemin de leur développement, avaient été abandonnées. Les quelques tentatives que j'ai faites dans ce sens furent rebutées. On négligeait de répondre soit par nonchalance d'esprit, soit qu'on trouvât mes demandes indiscrètes, et surtout parce que je ne suis jamais parvenu à faire admettre à mes interlocuteurs l'intérêt capital qui réside dans la connaissance de ces sortes de phénomènes.

Il n'étonnera personne si je dis que cette étude, que je n'ai pu tenter sur autrui, je l'ai faite sur moi-même. Je me suis efforcé de saisir sur le vif les phénomènes dans leurs nuances les plus subtiles. Depuis quinze années, j'ai de la sorte observé chez moi-même la naissance et les différentes étapes de ces idées-là qui sont devenues des œuvres ou qui eussent pu le devenir. A part le cas de mon drame *Hélie*, c'est d'ébauches avortées que je parlerai seulement.

Toute œuvre d'art a, à sa source, une émotion. Celle dont sortit mon drame *Hélie*, je la ressentis à Liège sur les coteaux d'Angleur, par un soir d'été d'une année voisine de 1890. J'étais assis près du belvédère en forme de chalet d'où se découvrent à la fois les vallées de la Meuse et de l'Ourthe. En face de moi, le soleil à son déclin touchait la crête des collines de Saint-Gilles et ses rayons de pourpre teignaient les nuages du ciel et les fumées des usines qui ensevelissaient la vallée à mes pieds et recouvraient la ville de leur brume confuse. Après avoir regardé longuement le soleil, j'abaissai mes yeux vers une troupe d'enfants que j'entendais, sur une route en contre-bas, courir et chanter. Pour avoir trop longuement considéré le soleil, mes regards s'étaient aveuglés. Un voile noir me semblait recouvrir le monde. Il me parut alors que cet aspect renfermait un sens caché. Le soleil ne représentait-il pas le but éclatant vers lequel les hommes s'efforcent ? Pour avoir un instant embrassé de leurs regards un tel but, inaccessible et lointain, toutes les joies humaines — que figuraient ici les jeux et les rires des enfants — s'assombrissaient et se dénudaient de leurs prestiges. Ce n'est point de mon expérience que je tirais cette idée, elle consistait en un lieu commun que j'avais fait mien. Le soir

même, je notai, en vers très mauvais, ce que j'avais
éprouvé:

> J'ai longtemps contemplé le soleil ;
> Ses clartés ont brûlé ma paupière,
> Mon rêve, enivré de son essor,
> Se mouilla les ailes de lumière.
> Depuis, ma vue éblouie encor,
> Devant elle, n'aperçoit plus guère
> Qu'un soleil ténébreux, sans reflet,
> Qui enveloppe la terre entière
> Dans l'horreur d'un linceul violet.

Il n'y a là exprimée que la sensation toute pure.
L'image, que ces vers expriment, n'est ni neuve ni
imprévue. Mais elle trouva dans mon esprit un terrain
si favorable à son développement qu'elle se subordonna toutes mes pensées. Elle les attirait à soi, se les
incorporait, s'en nourrissait pour ainsi dire, de sorte
qu'elle acquérait, par cette intussusception, sans cesse
plus d'ampleur. Environ deux années plus tard, en 1892,
elle avait pris la forme d'un poème en prose assez confus, le *Soleil noir*, qui parut dans une revue que Paul
Gérardy, Charles Delchevalerie, Albert Thonnar et moi
nous avions fondée: *Floréal*. Le poème en prose témoigne d'une transformation capitale. Toute trace d'élément
personnel a disparu. Il s'agit d'un décor représentant une vallée légendaire. Il y règne un éternel cré-
puscule. Un jeune guerrier rencontrait une jeune femme
à qui il déclarait son amour; puis un vieillard survenait
annonçant que sur les cimes des montagnes s'étendait
l'empire des lumières dont les hommes cherchaient, dans
le culte des idoles et la volupté de la femme, une vaine
et trompeuse apparence. Le héros délaissait son amante
pour gravir les cimes. Elle voulait le poursuivre, mais
défaillait et mourait au pied des rochers. Après avoir

contemplé la lumière, aveuglé, flagellé par la foudre, il retournait parmi les hommes et le monde lui réapparaissait dans des ténèbres de deuil plus profondes encore.

L'émotion, lorsque je la ressentis sur le versant de la montagne, m'était aussitôt apparue le vêtement symbolique d'une idée. Cette idée, comme un germe vivant, s'est dégagée, a grandi et s'est organisée. C'est elle qui, dans la trame ci-dessus, cherche à se traduire et n'y réussit que mal. Le décor est le seul vestige qui reste de l'émotion primitive.

On devine, dans ce poème, la pensée fondamentale. L'homme, dans sa constante inquiétude, cherche incessamment des jouissances nouvelles après les déboires qu'ont laissés après elles les voluptés, jusqu'au moment où l'outrance de ses désirs le mène aux désastres. Seulement cette idée n'a ici aucune force émouvante. Il s'agit presque d'une froide allégorie. J'eus bientôt le sentiment de ce défaut, car le bas de la page porte une note au crayon dont j'ignore la date : « à mettre dans une forme dramatique ».

C'est à quoi je m'occupai en effet. L'homme ne fut plus un être vague et impersonnel, mais devint un être défini : Hélie, de même pour la jeune femme : Aélis. Dans une ébauche que je publiai en 1895, cette forme dramatique a pris un dessin assez net; cependant les personnages ne sont encore que des idées assez maladroitement vêtues d'une forme humaine. Mais ces idées sont maintenant entièrement élaborées et chaque épisode, quoique de façon maladroite et rudimentaire, traduit une de leurs phases successives. Hélie est obsédé par l'image d'une volupté surnaturelle. Il rencontre sur sa route Aélis dont la beauté l'éblouit. Ils s'aiment. Mais la volupté le déçoit. Passe sur la route un vieillard aveugle célébrant dans ses chants la Lumière, qui seule resplendit sur les cimes inaccessibles. Hélie s'arrache des bras d'Aélis, escalade les montagnes, tandis que la jeune

femme, après une vaine tentative pour le suivre, tombe
au pied des rochers et se tue. Hélie, assailli par la foudre, est précipité en bas de la montagne. La foule accou-
rue à la nouvelle de ce prodige et croyant qu'Hélie,
sur les sommets, a pu entrevoir Dieu et le secret des
destinées, l'acclame, l'interroge. Aveuglé, sanglant, il
ne peut répondre que par des lamentations et des cris
de douleur. La foule s'irrite. Survient le cortège funèbre d'Aélis. A cet aspect, Hélie rentre en lui-même,
regrette l'amour et la tendresse de cette jeune femme en
quoi résidait le seul bonheur humain et qu'il a dédaignés. Il veut annoncer cette vérité à la foule qui, déçue,
le lapide. Au milieu des injures, il prêche la charité, la
bonté, le sacrifice. La foule, changeante et versatile, finit
par tomber sous le charme impérieux de sa parole. Mais
un émissaire vient, annonçant que des esclaves se sont
révoltés; et la foule, brandissant des armes, oublie les
pensées nouvelles auxquelles elle s'était convertie pour
courir sus.

Dans cette esquisse, Hélie est encore plus une idée
qu'un être. Durant l'intervalle entre cette ébauche et
l'œuvre définitive, il s'est agi de vivifier cette image au
moyen d'émotions à moi et aussi d'adapter entièrement
aux exigences du théâtre une trame trop rudimentaire
et pleine de non-sens dramatiques. Il se présentait là
une succession de problèmes qu'il fallait résoudre. Vivifier la figure d'Hélie et résoudre ces problèmes étaient
des tâches qui s'aidaient l'une l'autre ; car, en rendant
émouvant le personnage d'Hélie et d'Aélis, j'augmen-
tais la vérité humaine de l'œuvre et, en trouvant des
subterfuges pour pallier les invraisemblances ou ce qui
eût paru tel, j'accommodais l'esprit du spectateur à accepter plus aisément les personnages. Voici quelques-
uns des défauts qu'il s'agissait d'amender. Hélie apparaissait sur la scène sans que le public sût rien de lui.
Or, pour qu'il intéressât, il fallait qu'on connût déjà son

caractère. Je devais le placer dans un tel jour que, dès le début de l'action, le spectateur se sentît de cœur avec lui. De là, la nécessité d'un prologue. Je me souviens avoir longtemps cherché la matière de ce prologue dont tout dépendait. Enfin l'idée me vint de mettre Hélie, qui incarne la force confiante et libre, en présence de trois philosophes, dont l'un est un sceptique ou plutôt un martyr du doute, et, pour ce dernier, j'avais à l'esprit mon ami le poète Victor Remouchamp, un cynique et un dogmatique. Par contraste avec leur doctrine, je faisais ressortir mieux les mobiles qui animaient Hélie. Après ses paroles où s'exprime son horreur des lois qui mettent des entraves à la pensée et à la volonté, des basses sensualités qui avilissent l'âme et du doute qui la désarme; et quand il se propose la tâche hautaine de revivre toute la destinée de l'homme, le public ou le lecteur connaît sa nature et peut pressentir déjà les vicissitudes du drame. J'avais l'avantage aussi de faire reparaître ces philosophes à la fin du drame comme meneurs de la foule. Pourtant ce prologue présente lui-même cet inconvénient que le public peut se méprendre sur son but et se figurer qu'il sert non pas à situer et à définir le caractère d'Hélie mais à poser le sujet de la pièce, ce qui n'est nullement le cas. Au début de la pièce proprement dite, il s'agissait de rendre naturelle la présence d'Aélis sur la scène et de faire en sorte que le spectateur la connût avant que se noue l'action. C'est à quoi sert la « reverdie », la danse de mai d'Aélis avec ses compagnes par laquelle commence le drame. Mais, à un moment donné, Hélie et Aélis doivent demeurer seuls. Dans ce dessein, j'imaginai que les jeunes filles, à la venue d'Hélie, s'enfuient par jeu tandis qu'Aélis, qu'en dansant elles ont entourée de fleurs, ne peut fuir, embarrassée qu'elle est dans ses entraves de roses. Et je dus faire de pareilles appropriations pour presque tous les épisodes.

Ce récit permet de reconstituer les étapes que traversa le développement de mon drame pendant un espace de plus de quinze ans.

Ce développement a eu un cours favorable. A quoi cela est-il dû ? Au hasard, c'est-à-dire à l'occurrence heureuse des circonstances. Voici maintenant divers cas où l'œuvre en train de se former n'a pu se concilier avec les exigences auxquelles elle eût dû répondre et où elle a avorté.

Un jour, j'avais peut-être dix-sept ans, j'étais occupé à lire un ouvrage sur l'origine et les différentes versions de la légende de Faust. Il y était représenté, après avoir approfondi vainement les secrets des sciences, enviant une jeunesse nouvelle avec le cortège des jouissances qui l'accompagne. A mon sens, un tel vœu ne pouvait s'admettre. L'homme, ou plutôt l'image la plus belle de l'homme, car tel devait être à mes yeux tout héros, m'apparaissait beaucoup plus vrai lorsqu'il se livrait d'abord éperdument à ses passions puis, déçu de leurs plaisirs, s'élevait jusqu'au renoncement et à l'apostolat. Il ne m'en fallut pas davantage pour concevoir un tel héros. L'œuvre, dont il était le centre, devait comporter trois parties. Dans la première, l'âme de mon personnage eût été le receptacle des convoitises les plus effrénées, l'avarice, la luxure, la haine. Puis, par un retour sur soi-même, l'horreur de son propre être et le spectacle du monde, il concevait ce qu'est la sagesse et, dans la dernière partie, il vouait sa vie à un sacerdoce de bonté et de charité. Cette œuvre avait le don d'exalter jusqu'à l'extrême mon orgueil d'adolescent. Je ne me la représentais rien moins qu'une contre-partie de *Faust* et un pendant de la *Divine Comédie*. Il n'y a de jour que je ne fusse hanté par elle.

Et cependant cette œuvre à laquelle je consacrai durant cinq ans toutes mes pensées, pour laquelle j'entassai des notes, est morte. Plus rien ne s'émeut en moi lorsque je me la rappelle et même ai-je quelque peine à m'en ressouvenir. Quand je dis qu'elle est morte, j'emploie le mot exact. Elle succomba parce qu'elle ne put s'accommoder aux conditions indispensables à son existence. Il faut une conformité entre les êtres vivants et le milieu ; il en faut une aussi entre les idées et le milieu où elles sont destinées à se manifester. Chaque jour, il germe dans l'esprit d'un écrivain des projets d'œuvres, condamnés à avorter par suite de vices qui leur sont inhérents. Ce fut aussi le sort de mon roman. Tel qu'il eût dû être pour représenter ce personnage dépassant les normes humaines, ce roman ne pouvait s'adapter — ou, pour parler plus exactement, je ne me sentais pas en état de l'adapter, car un autre l'aurait pu faire; en art le mot : impossible n'a pas de sens ; tout dépend du talent — aux formes du roman moderne qui est nécessairement réaliste dans la peinture de la vie journalière. Enfin, comment amener ces revirements de mon héros, du moins avec vraisemblance? Comment faire que ces personnages qui se succèdent demeurent cependant le même être. Pour ces diverses raisons, que je ne me formulai pas à moi-même, je me dépris de cette œuvre. Mais, à ces raisons que je viens d'énumérer, s'en doit joindre une autre, la plus importante. Non seulement une œuvre a à s'ajuster à une multitude de circonstances ; mais elle a à lutter, dans l'esprit de l'auteur, avec d'autres projets. C'est à laquelle de ces œuvres supplantera l'autre. On aura observé déjà qu'*Hélie* et le roman dont je parle ici ont la même idée fondamentale. Les deux héros ont, dans les grands traits, le même caractère. Mais, tandis que la première œuvre était de belle venue, et que tout se concertait à souhait dans ce drame, le second personnage ne rencontrait que des obstacles à s'établir. Il était inévitable que le premier dérivât à son profit tout mon intérêt et tout le loisir de ma pensée.

Un jour, au cours d'une lecture des *Chants bretons* d'Hersart de la Villemarqué, plusieurs de ces chants s'enchaînèrent spontanément dans mon esprit pour former la trame d'une sorte de roman moyenâgeux. Il s'agissait d'un jeune roturier qu'aimait la fille d'un seigneur. Le père, pour séparer les amants, obligeait le jeune homme à se faire clerc. Mais, au cours de sa première messe, le clerc, au souvenir de son amour, ne pouvait prendre l'hostie, car ce sacrement consommait pour l'éternité le sacrifice de son cœur. Ayant aperçu son amante parmi les fidèles, il abandonnait soudain l'autel et fuyait avec elle dans les forêts. Ici commençait une vie semblable à certaines parties de la *Chanson de Tristan* et, pendant la nuit de Noël, les amants succombaient au froid et à la faim. Ces diverses péripéties se retrouvent, distinctes et éparses, dans les chants bretons. L'intérêt de ceci, c'est que j'avais conçu cette ébauche en mettant bout à bout des épisodes rencontrés dans ce recueil tout comme un romancier enchaîne, dans ses œuvres, des épisodes choisis parmi les événements journaliers auxquels il a assisté.

Ce sujet me captiva car, à cette époque, j'étais, comme étudiant, obligé de m'occuper des œuvres romanes, des romans bretons et de ceux de Chrétien de Troyes. Je vivais donc un peu imaginairement dans le monde où se déroulait la trame de mon sujet. Quand, un peu plus tard, mon esprit eût été attiré vers d'autres matières, l'oubli vint, d'autant plus qu'aucun des sentiments durables et profonds de mon cœur ne trouvait à s'exprimer dans ce roman. Plus tard, comme je publiais chaque semaine une nouvelle dans un journal quotidien et que je finissais par n'avoir plus de sujet qui se prêtât, je me ressouvins de ce roman et je traitai quelques-uns de

ses épisodes sous forme de courts récits. Je songeai
aussi à faire de ce roman un livret d'opéra ; mais la fin,
qui offrait de belles ressources descriptives, manquait
entièrement de qualités dramatiques. En rédigeant ces
nouvelles et — en supposant que j'eusse écrit aussi ce
livret d'opéra — j'obéissais à des mobiles étrangers à
l'œuvre. Dans le premier cas, je me trouvais dans la
nécessité de fournir de la copie, dans le second, j'aurais
voulu tirer à tout prix parti d'une idée que je jugeais
regrettable de laisser perdre. Ces nouvelles ne valurent
pas grand'chose, l'opéra n'eût pas valu davantage : car
des mobiles étrangers, de quelque nature qu'ils soient,
n'amènent à produire que des œuvres sans vitalité et
sans saveur.

J'ai observé que, lorsque je me trouvais durant un
certain espace de temps dans un milieu différent de
mon milieu accoutumé, les empreintes que chacun des
instants de cette vie nouvelle marquait dans mon esprit
et les images que j'y recueillais avaient une tendance
à s'organiser. D'abord leur groupement était sans
ordre. Bientôt une des images prenait le pas sur les
autres qui se rangeaient sous sa dépendance et la
synthèse mentale ainsi constituée acquérait d'emblée la
forme d'un roman. Mais, comme elle représentait le contenu d'un moi tout adventice et presque sans attaches
qui se surajoutait à ma personnalité habituelle, il arrivait nécessairement que ce moi disparaissait dès que je
changeais d'entourage.

Je puis retrouver dans mes notes le récit d'une journée passée à Anvers et ces notes rédigées le lendemain
même gardent un reflet entièrement fidèle des sensations que j'éprouvai.

Le matin, j'avais visité le musée. J'avais contemplé
les tableaux flamands étalant en couleurs somptueuses
l'image de tout ce qui plaît aux sens et aux appétits :

femmes dont les chairs, où ruisselle un sang pourpre et
ardent, sont tièdes de vie et alanguies de l'éternel désir
que la magie des couleurs fait frissonner sur leurs seins
et leur nuque grasse; natures mortes amoncelant des
fruits parmi les velours, les cristaux et les joyaux; images splendides et décevantes devant lesquelles s'irrite
la sensualité des yeux, des doigts et des lèvres. J'avais
aussi dans mon souvenir le cortège du dernier. « Land-
juweel » et le cortège à la gloire de Van Dyck avec leurs
chars surdorés et leurs cavaliers costumés des plus riches et des plus éclatantes étoffes. C'était par surcroît
une admirable journée : le soleil, le soir, en descendant
derrière les plaines basses de l'Escaut, parmi des nuées
de feu, sembla, pour son agonie, dresser un bûcher gi-
gantesque. Puissamment exalté par ces spectacles, le
soir, à l'Opéra, je me rappelle que je me plus à imaginer
la fable suivante. Sur cette terre, eût vécu jadis une
déesse de toutes les voluptés. Des Barbares vinrent qui
ravagèrent son royaume, détruisirent ses temples et
l'immolèrent. Mais son beau sang en se répandant anima
d'un éternel enchantement cette terre. Les hommes qui
y vécurent, malgré les commandements austères auxquels ils essayaient de s'astreindre, se sentaient hantés
toute leur vie par ces images de joies sensuelles qui som-
meillaient dans leur chair et qui émanaient aussi des
aspects des champs et du ciel. Je supposais un héros en
proie à ces invites et luttant contre elles, un héros qui,
lorsque je fus sorti de la brève griserie où le feu de mes
propres idées m'avait induit, se montra d'une fâcheuse
ressemblance avec Tannhæuser et avec le carillonneur
de Rodenbach.

Cette ressemblance qui provenait de ce que, à mon
insu sans doute, j'avais mis en œuvre des réminiscences
— et il n'en pouvait être autrement dans un état d'esprit tout différent de l'ordinaire de mes sentiments —
enlevait à ce sujet toute sa valeur. En effet, en art, dès

qu'une idée a été exprimée, il n'importe plus qu'elle le
soit. Aussi une des qualités prépondérantes d'une œuvre
est-elle d'être neuve, originale ; condition d'existence
que je constate et que je relève car l'occasion ne s'offrit
pas encore de la signaler. Quand un écrivain refait donc
un livre, qu'il travaille une idée ayant déjà, sous la plume
d'un autre, trouvé sa forme définitive, il produit un ouvrage qui, par son double emploi, est dénué de raison
d'être, cette œuvre eût-elle par ailleurs les plus rares
qualités de style et de facture.

Les cas que je viens d'exposer et tout particulièrement
ceux où le germe avorta et ne sut s'adapter, ont à mes
yeux le grand mérite de mettre en une pleine lumière
un des facteurs les plus importants du domaine d'étude
dont je m'occupe. Il s'agit des conditions d'existence de
l'œuvre d'art. Elles sont incapables de rien produire,
mais elles s'imposent à l'esprit du créateur et tantôt
prescrivent à l'œuvre sa forme ou la marquent de leur
empreinte.

Soit qu'on envisage les actes intrinsèques qui président à la naissance de l'œuvre, soit que l'on considère les
conditions externes auxquelles l'œuvre est contrainte de
se soumettre ou de s'accommoder, on est amené, selon
les facteurs auxquels on accorde la prééminence, à pro-
fesser en art des doctrines opposées. Donne-t-on le pas aux
facteurs internes, on sera partisan de la liberté de l'art ;
on défendra les droits sans limites de l'inspiration et du
génie, ou du moins qui n'ont de limites qu'en eux-mêmes. Donne-t-on le pas aux conditions externes qui
s'imposent à l'œuvre par suite des circonstances de milieu, et l'on sera partisan des règles, stables en apparence
et cependant on ne peut plus changeantes puisqu'elles
dépendent des goûts des diverses époques et de mille
circonstances fortuites. Tandis que les forces internes
qui régissent l'esprit de l'artiste, loin d'être, comme elles

semblent, arbitraires dans leur action sont, au contraire, soumises aux lois immuables de la nature humaine.

Victor Hugo a indiqué ces deux ordres de facteurs dans un passage de la *Préface de Cromwell.*

Il n'y a ni règles ni modèles, dit-il ; ou plutôt il n'y a d'autres règles que les lois générales de la nature, qui planent sur l'art tout entier, et les lois spéciales qui, pour chaque composition, résultent des conditions propres à chaque sujet. Les unes sont éternelles, intérieures et restent; les autres variables, extérieures, et ne servent qu'une fois. (Souriau, *op. cit.*, 252)

Entre ces facteurs, les uns internes et les autres externes, il n'existe cependant aucune incompatibilité, ainsi qu'il y aurait lieu de le croire de prime abord. Les conditions d'existence ne sont autre chose que l'action modificatrice du milieu sur l'œuvre d'art. Or l'artiste est lui-même, avec des réserves qu'il m'est inutile de formuler puisque chacun a présent à l'esprit les chapitres où j'ai exposé le développement de la personnalité, un produit du milieu. Il en résulte que, dans le cours normal des choses, l'œuvre d'art que l'écrivain conçoit s'adapte d'elle-même à ce milieu.

Comme l'exprime Victor Hugo, il n'y a d'autre règle que les lois générales de la nature. Elles sont constantes, elles sont éternelles. L'aède lointain qui chantait les dieux aux premiers âges de l'histoire ; Virgile écrivant l'*Énéide;* le conteur du moyen âge qui rédigeait ses récits chevaleresques; Ronsard ciselant ses rimes; Corneille édifiant ses pompeuses tragédies et Flaubert écrivant *Madame Bovary,* malgré la diversité des œuvres, ont obéi aux mêmes mobiles. Les phénomènes qui chez eux tous, se sont succédé dans leur for intime furent identiques, tout comme le sourd travail qui fait éclore le germe dans une graine et pousser ses premiers jets est le même quels que soient les terres et les climats. Mais, si les différences les plus considérables distinguent les œuvres de ces écrivains, c'est que chacune d'elle a grandi dans un milieu distinct, s'est nourrie d'autres aliments, a reflété en elle d'autres spectacles. On le constate : l'artiste et l'œuvre sont assujettis aux mêmes lois naturelles que l'animal, que la plante. Dans leur forme, les œuvres se modifient sous l'influence des changements qui se manifestent dans l'entourage où elles naissent, en d'autres mots, elles évoluent et celles-là seules, comme l'animal et comme la plante, ont des chances de vivre qui s'adaptent aux circonstances.

C'est à cause de cet assujettissement que Brunetière a pu appliquer à l'étude des formes littéraires la doctrine de Darwin. Je me borne à renvoyer à son ouvrage (1). Il a, dans les premières pages, exposé brièvement, mais trop longuement cependant pour que je les cite ici, les idées principales de sa nouvelle méthode. De même que, parti de l'esthétique, j'aborde ici le terrain de la critique, de même, parti de la critique, Brunetière touche, dans ce livre, au problème de l'esthétique, l'une et l'autre étant des sciences naturelles qui ici se rencontrent. A la page 22, il envisage le rôle du génie ou de l'individu, non il est vrai dans la création de l'œuvre d'art proprement dite, mais dans son influence sur les transformations des genres.

Tout comme l'exposé du génie n'aurait pas été complet sans la mention des conditions d'existence des œuvres d'art, ainsi aussi la connaissance des phénomènes psychologiques qui président à la création de l'œuvre est indispensable pour envisager tous les facteurs qui participent à l'évolution des formes littéraires. Non seulement les deux domaines d'étude se touchent, comme

1. L'évolution des genres dans l'Histoire de la Littérature française. Paris, Hachette, 1892, p. 9-29.

je viens de le dir e, mais encore ils se complètent. Ainsi les pages où j'ai montré la spontanéité faisant place à la systématisation et celle-ci dégénérant en artifice expliquent un facteur interne qui transforme l'œuvre d'art indépendamment de toute influence étrangère. La spontanéité ayant besoin de liberté pour se manifester, on comprend qu'elle s'exprime dans ces genres-là qui ne sont astreints à aucune règle rigoureuse. Ainsi, à la fin du XVIII° siècle, l'esprit nouveau, ne pouvant se traduire dans l'art dramatique à qui des lois strictes faisaient comme une défense, une carapace protectrice, trouva, avec Jean-Jacques et Bernardin de Saint-Pierre, dans le roman, une forme plus plastique, la seule à cette époque qui lui convînt. Voilà un cas où la naissance d'un genre nouveau est due à des causes purement psychologiques ou internes.

Quant aux modèles et aux règles des genres, il est inutile de prescrire à l'écrivain de s'y conformer. Ne s'est-il pas nécessairement, dans ses années d'apprentissage, assimilé ces règles et ces modèles? Quel est le romancier moderne qui ne s'est pas nourri de Flaubert ou de Balzac et n'a pas appris chez eux sa langue et son métier. Quand il conçoit à son tour, il est amené naturellement à agencer ses idées selon les formes qu'il s'est appropriées. Aussi rien n'est-il plus erroné et plus dangereux que d'imposer des règles. Elles n'ont d'autre effet que de gêner l'artiste — du moment qu'il connaît son métier — dans le rendu de sa pensée et de ses sentiments.

Rien ne saurait mettre mieux en évidence les conditions d'existence auxquelles l'œuvre d'art est soumise que de considérer l'histoire littéraire dans les toutes dernières années (1). On y peut actuellement constater

1. Lucien Muhlfeld a étudié, dans la *Revue blanche* (série 3, n° 7), sous le titre : *La fin d'un art (Conclusions esthétiques sur*

l'influence de facteurs que, dans l'avenir, le zèle le plus érudit aura quelque peine à discerner. Dans son étude sur la Presse littéraire sous la Restauration, M. Ch.-M. Des Granges (1) montre que les œuvres furent en quelque sorte suscitées par le goût public. C'est qu'il a créé une atmosphère qui n'a rendu possible que ces œuvres-là seulement qui s'y accommodaient. Si aujourd'hui, par exemple, la pièce en trois actes, qui ne permet guère les peintures de caractères et impose un déroulement rapide des événements en épisodes brusqués et d'un violent relief, occupe presque seule toutes les scènes, c'est que les gens dînent tard et que la durée des spectacles a dû être écourtée. Tout auteur demeure libre d'écrire un drame en cinq actes d'après le modèle d'Émile Augier, mais il ne trouvera guère de directeur disposé à monter sa pièce. Un autre exemple, tout proche de nous, est celui de la nouvelle. Il montre dans quelles dépendances se trouvent le développement et le déclin d'un genre littéraire.

Quand quelques journaux, vers 1880, je crois, s'avisèrent de s'adjoindre, pour agrandir leur clientèle, les écrivains les plus en vue du temps, on vit naître un genre nouveau: la nouvelle, court récit ayant la mesure de deux colonnes. Après avoir publié leurs nouvelles dans un quotidien, les écrivains ne manquèrent pas de les réunir en volume. Mais ces recueils ne se vendirent guère, le public pouvant à un meilleur prix acheter le journal qui procurait par-dessus cela encore d'autres lectures. Ainsi le livre de nouvelles finit par n'avoir plus aucun débit. Pourtant les journaux continuaient à

le Théâtre), les conditions auxquelles le théâtre s'est trouvé assujetti aux différentes époques et particulièrement à la nôtre. Cet article comporte aussi un exposé des idées esthétiques de Lucien Muhlfeld, lequel présente le plus vif intérêt.

1. Ch.-M. Des Granges, *La Presse littéraire sous la Restauration*, Mercure de France, 1907, in-8°.

en demander aux auteurs notoires dont la signature
était certaine de faire recette. Ces derniers trouvèrent
un compromis en rédigeant des séries de nouvelles qui
devaient, mises au point et bout à bout, former plus tard
un roman. Ainsi firent Anatole France, dans l'*Echo de
Paris* et C.-H. Hirsch, dans le *Journal*. Même Mirbeau
unit, par un lien arbitraire et très lâche, les nouvelles
les plus disparates : les *Vingt et un jours d'un neuras-
thénique*, de sorte que ce roman nous ramène par un
détour imprévu au roman à digressions du genre du
Diable boiteux. Le roman à digressions lui-même n'a-
t-il pas dû son développement à la coutume du XVIIᵉ et
XVIIIᵉ siècle de publier les romans en une longue série
de volumes et le format Charpentier n'a-t-il pas aujour-
d'hui imposé au roman une limite qui a influé sur son
contenu ?

Donc, à côté des modes de création, il existe des conditions d'existence internes et externes auxquelles l'œuvre doit nécessairement se conformer. Les conditions
internes font partie intégrante des modes de création
mêmes puisqu'elles en émanent. Ainsi, l'œuvre ayant
pour fin d'exprimer la personnalité de son auteur, toute
œuvre qui ne répondrait point à ce but avorte. Quant
aux conditions externes, leur étude implique qu'on
tienne compte de toutes les circonstances historiques et
sociales de nature à influencer la forme et la matière
de l'œuvre.

Voici encore quelques documents que j'ai rassemblés
sur les circonstances qui présidèrent à la naissance et
au développement de différentes œuvres. Ils se rangent
dans le même groupe que les documents personnels
que j'ai donnés plus haut.

Quand le *Lys rouge* parut, Lucien Muhlfeld, dans sa
chronique de la *Revue blanche*, contesta la peinture
qu'Anatole France avait faite de la jalousie dans le per-

sonnage de Dechartre. Or, plus tard, Lucien Muhlfeld écrivit un roman sur la jalousie, le *Mauvais désir*, où il expose sa manière à lui de concevoir ce sentiment. N'y a-t-il pas quelque vraisemblance que nous soyons ici devant un cas analogue à celui que j'ai relaté à propos de ma lecture de *Faust*? A la lecture du *Lys rouge*, Muhlfeld a senti qu'il ne pouvait s'accorder avec les données d'Anatole France. Par contraste, l'image qu'il concevait de la jalousie, et dans laquelle se résumaient peut-être un grand nombre d'expériences personnelles, s'est affirmée et a servi de centre de liaison aux idées qui, plus tard, ont fait corps dans le *Mauvais désir*.

G. Séailles, dans un article du tome XLV de la *Revue hilosophique* sur Jules Lequier, un penseur mort jeune et ignoré, cite les pages où Lequier narre comment lui vint la première idée de son système philosophique. Ce système exposait « l'antithèse dramatique de la nécessité et de la liberté, l'opposition radicale de ces deux termes qui se proposent à l'intelligence avec des titres égaux. Le problème que Lequier durant toute sa vie ne cessa de méditer, poursuit G. Séailles, s'était posé à lui dès son enfance, et, dans quelques pages: la *Feuille de charmille*, qui devaient servir d'introduction à son œuvre, il nous a gardé le souvenir de cette heure solennelle où sa réflexion s'éveillant, il s'essaya pour la première fois à la pensée et découvrit « par une échappée inattendue, les riches perspectives du monde intérieur». Un jour, dans le jardin paternel, contait Jules Lequier, au moment de prendre une feuille de charmille, je m'émerveillai tout à coup de me sentir le maître de cette action tout insignifiante qu'elle était. Faire ou ne pas faire ! Tous les deux si également en mon pouvoir... »

En ce moment, se manifeste au jeune homme la liberté qui régit le monde de la pensée. Du concept de la li-

berté, alors brusquement apparu, il se servit pour interpréter l'univers moral.

Nous notons ici une sensation qui s'accompagne d'un
ton affectif des plus puissants, car Jules Lequier ne
parle de rien moins que d'émerveillement pour traduire
le transport qu'il éprouva. Cette sensation l'émerveilla
parce qu'en elle se manifestait un emblème dans lequel
sa personnalité mentale se voyait exprimée dans son
entier. Il advint à des milliers de gens de cueillir la
feuille d'un arbuste. Cet acte est bien indifférent. Il n'a
pris le caractère que Jules Lequier lui attribue qu'à
cause de ses qualités emblématiques. Auparavant le penseur possédait déjà en lui sa doctrine; elle s'était éla-
borée dans son esprit par fragments au cours des mé-
ditations qu'offrent les diverses heures de la vie. L'acte
de cueillir la feuille de charmille fut l'occasion, pour ces
idées latentes, de se réveiller, de se joindre et, du fait
de leur union, d'acquérir une puissance considérable. La
personnalité d'un philosophe se constitue d'images abs-
traites, si je puis dire, sur le mécanisme de l'âme et du
monde. Or, c'est cette personnalité qui surgit chez Jules
Lequier au moment de saisir la feuille de charmille. En
somme, le poète et le philosophe créent leur œuvre par
un même procédé.

Je connais un roman qui doit sa naissance aux circonstances suivantes : l'écrivain avait entrevu dans l'avenir toute une vie nouvelle, une vie heureuse. Il s'était
complu ardemment dans ces espérances qui, hélas! ne
se réalisèrent pas. De cette existence promise et que par
avance il avait imaginairement vécue, il fit un roman.

Vivre, par le moyen de l'œuvre, un destin plus grand,
plus beau, plus libre, plus heureux enfin que celui, souvent pénible, auquel on est asservi est une des fins les
plus fréquentes auxquelles l'œuvre d'art ait répondu. La

doctrine du jeu de Schiller revenait à envisager l'art comme le domaine de la liberté; l'esprit avait le loisir de s'y épanouir sans subir aucun despotisme.

La solitude est un des tourments du génie. Il n'a pas de pair avec qui frayer. Alfred de Vigny, dans *Moïse*, Balzac, dans ses *Lettres*, ont dit combien leur fut amer cet isolement. L'art devient de la sorte la seule ressource qu'ait le génie pour déverser le surcroît de ses sentiments et, dans la rancœur qu'il ressent contre sa destinée, il se crée, par la magie de sa fantaisie, une seconde existence, pleine, abondante en toutes les félicités dont le sort l'a privé. Ainsi Wagner, durant son exil à Zurich, au milieu des tourments les plus atroces de la pauvreté, accablé par les pires dénis, écrivait au seul homme qui le pût comprendre, à Liszt, le 9 novembre 1852: « Ma déchéance devient de jour en jour plus profonde ; je vis d'une vie *misérable plus que je ne saurais dire*. J'ignore absolument ce que c'est que jouir réellement de la vie, pour moi la « jouissance de la vie, de *l'amour* » n'est qu'une affaire d'imagination, non d'expérience. Il m'a donc fallu refouler mon cœur dans mon cerveau et ne plus mener qu'une vie artificielle. Je ne puis plus vivre que comme « artiste »; c'est dans l'artiste seul que s'est fondu « l'homme » tout entier. » D'après Mme Fœrster-Nietzsche, c'est sous l'empire également d'un besoin affectif qui ne trouvait à se satisfaire que Nietzsche conçut le personnage de Zarathoustra. « Il avait souffert de profondes déceptions dans l'amitié à laquelle il avait toujours attaché un grand prix, dit Mme Fœrster-Nietzsche, et, pour la première fois, il éprouva entièrement la solitude à laquelle chaque grand homme est condamné. Trouver un ami idéal, qui le comprendrait et auquel il pourrait tout confier, tel avait toujours été son rêve de bonheur; il l'avait d'ailleurs rencontré dans les différentes périodes de sa vie. Mais maintenant que sa voie devenait chaque jour plus solitaire et plus péril-

leuse, il ne trouvait personne qui eût pu aller avec lui;
il se fit donc un ami du personnage qui le hantait, de
Zarathoustra et lui fit révéler ses conceptions les plus
élevées. »

L'INSPIRATION. — On appelle généralement inspiration un état où l'activité de l'esprit est accrue, où il
travaille avec plus d'aisance, où, sans efforts, il atteint
à des résultats auxquels, dans les circonstances accou-
tumées, il ne fût guère parvenu qu'après beaucoup d'application. Comme, dans le travail de l'artiste et de l'é-
crivain, le facteur affectif, lequel échappe aux commandements de la volonté, est prépondérant, il en résulte
que l'inspiration apparaît presque toujours dans des circonstances imprévues, au point que l'artiste se figure
n'y être lui-même pour rien.

L'inspiration s'offre sous deux aspects. La première
consiste dans une activité constructive qui achève, cou-
ronne et surtout résume un travail long et secret qui
s'est effectué dans les profondeurs les plus ignorées de
l'esprit. La seconde est une aisance du travail : les idées
surgissent et les mots pour les traduire viennent sans
recherche.

Je m'occuperai d'abord de l'inspiration constructive.
Lorsqu'un écrivain médite une œuvre, il ne parvient
pas, du premier coup, à l'édifier. Il en dresse d'abord
des ébauches informes qui ne le satisfont pas et qu'il
relègue en attendant que le spectacle de la vie ou que
ses propres pensées lui permettent de les compléter.
L'œuvre de la sorte mûrit, tantôt par l'effet d'un travail
assidu, d'études, de recherches; soit aussi, à l'insu de l'é-
crivain, par suite d'un travail ignoré. Un moment vient
où la dernière lacune est comblée et alors les matériaux
épars, ces ébauches, tout le travail passé, évoqués par
un de ces appels qui mettent en branle l'esprit entier,

ressurgissent. L'œuvre, enfin complétée, apparaît; l'écrivain, dans un éblouissement, l'envisage devant soi, et, dans un dernier effort, il en balance les diverses parties, les ajuste, fait de l'œuvre un tout coordonné, la met au point. Ainsi l'inspiration, chez chaque écrivain, porte un caractère relatif à son genre d'esprit, puisqu'elle reproduit et résume le mode de création qui lui est particulier. L'inspiration, pour la définir ici, est le moment où tout le labeur accompli précédemment se répète, se résume et se complète dans un brusque raccourci et avec une puissance fulgurante.

L'inspiration vient quand elle est le moins attendue; quand on l'appelle ardemment elle se dérobe. Cependant il importe que l'œuvre ait déjà approché du dernier stade de son occulte développement. Ce n'est qu'alors qu'une trouvaille, un incident peuvent soudain parachever l'œuvre. Léonard de Vinci ne put terminer la *Cène* avant que la rencontre d'un portefaix ne lui eût procuré la figure qu'il lui fallait pour son Judas. Ainsi aussi le hasard de la rue fera trouver à un romancier le type d'un personnage qui n'avait pas encore de ligne précise dans son esprit, ou bien la lecture d'un fait divers résoudra un dénouement encore en suspens. Il n'en faut pas davantage pour que l'œuvre soudain complétée surgisse, embrase tout entier l'esprit de l'écrivain, et ce sera l'inspiration.

Dans un tel moment, l'écrivain est le jouet d'illusions fort décevantes. Il se figure être « enlevé de son existence personnelle » selon un mot d'Edmond de Goncourt. Passivement, croit-il, il assiste à l'édification de son roman, de son drame ou de son poème. Quelque fée, quelque divinité, devant lui, en agence les parties et, à ses yeux émerveillés, dresse l'architecture de l'ouvrage.

Si de la sorte, dans le trouble qui le surmonte, il est porté à croire qu'il ne participe pas à sa propre œuvre;

s'il est, après coup, souvent déconcerté de ce qu'il a
créé, c'est que, dans l'inspiration, des activités sont en
jeu dont il n'a pas le contrôle. Depuis des mois, des
années même, l'œuvre sourdement se fomente en ses
éléments épars. Ils gisent ensevelis dans un demi-oubli.
Le plus violent effort de l'esprit ne parviendrait pas à
les évoquer tous et cependant, sous l'empire d'une
secrète incitation, soudain ensemble ils surgissent.
C'est que, cette fois, l'âme, dans sa fièvre, se trouve re-
muée jusqu'en ses profondeurs les plus obscures. Alors
des idées, des images, des scènes se révèlent qui, pour
le poète, semblent sorties du néant. Persuadé qu'il a
créé ces idées, ces scènes — en donnant ici au mot :
créé la plénitude de son sens — surpris d'un fait si inso-
lite et qui s'est produit sans qu'il y prît part, il croit que
c'est un autre qui le fit.

Dans l'ardeur de ses sentiments, il se peut encore
que l'écrivain se persuade qu'il crée, alors qu'en réalité
il ne fait que résoudre avec une vivacité extrême une
série de problèmes. Admettons qu'un romancier ait
agencé une ébauche que nous représente la formule
A. B... F. C. H. Il ne sait tirer aucun parti de cette
ébauche à cause de la lacune qu'elle offre. Mais soudain
il se sent en verve. Sans presque qu'il sache comment,
l'œuvre lui apparaît complétée, achevée. Que s'est-il
produit? Il s'est représenté le terme F et s'est demandé :
quels sont, dans le cadre de l'œuvre, les événements en
état d'amener F ? Il cherche à F une cause et, celle-ci
obtenue, soit E, il raisonne sur E comme il l'a fait sur
F, jusqu'à ce que l'intervalle B... F soit comblé. En résolvant presque instantanément cette succession de
problèmes, il n'a point inventé car, en déduisant de
chaque terme une cause qui aurait pu le produire, il a
eu recours nécessairement aux éléments de sa mémoire.

Quand, dans un tel moment, l'œuvre surgit, tous les
éléments de la personnalité sont aussi réveillés avec la

multitude de sentiments, d'images, d'idées qui la constituent. Nous avons rencontré précédemment d'autres cas où ce réveil total se produit et, chaque fois, il était accompagné des mêmes phénomènes moteurs. Dans le cas présent, ils peuvent atteindre une haute intensité. L'emphase des poètes a prêté à ces troubles l'aspect d'un délire divin.

Dans *Ecce Homo*, Nietzsche a fait une peinture achevée de ces troubles. « Y a-t-il, demande Nietzsche, un homme qui, à la fin du XIXᵉ siècle, ait une idée exacte de ce que les poètes des grandes époques nommaient l'inspiration. Sinon, je veux le décrire. On n'a pas besoin d'être superstitieux pour être fermement convaincu qu'on est seulement l'incarnation, l'instrument, le médium des puissances supérieures. Le mot « révélation » — en ce sens que soudainement on voit et entend avec une sûreté et une délicatesse extraordinaires quelque chose qui remue et bouleverse les recoins les plus cachés de notre être — décrit tout simplement le fait. On entend mais on n'écoute pas, on le prend sans demander qui nous le donne ; une idée jaillit comme un éclair avec nécessité, sans la moindre incertitude dans la forme ; je n'ai jamais pu choisir. Un ravissement dont la tension extraordinaire se résout parfois en un torrent de larmes, dans lequel le pas devient tantôt lent, tantôt précipité ; un parfait « être hors de soi-même » avec la conscience distincte d'un grand nombre de frissons fins qui vont jusqu'aux doigts du pied ; un bonheur si profond que les douleurs et les malheurs n'y font pas contraste, mais prennent leur place nécessairement comme une couleur indispensable au milieu d'un tel excès de lumière ; un instinct de proportions rythmiques qui comprend de grands espaces de formes (la longueur, le besoin d'un rythme très large est presque la mesure pour l'intensité de l'inspiration, une espèce de compensation pour sa pression et sa tension). Tout se fait tout à fait involon-

tairement et spontanément, mais comme dans un torrent
de sentiments de liberté, de puissance, de divinité. Ce
qu'il y a de plus remarquable, c'est la production spontanée de l'image, de la métaphore; on ne sait plus ce
que c'est qu'une métaphore; tout s'offre comme l'expression la plus naturelle, la plus juste, la plus simple.
Il semble vraiment, pour rappeler une parole de Zarathoustra, que les objets tendent eux-mêmes à devenir
des métaphores. — Voilà mon expérience de l'inspiration, je ne doute pas qu'il faille remonter des siècles
pour trouver quelqu'un qui puisse dire : « C'est aussi la
mienne. »

Nietzsche décrit donc d'abord la prétendue passiveté
de l'artiste, ce « je n'y suis pour rien » dont parlent aussi
Goncourt et Mozart. Soulignons plus loin ce passage.
« Ce qu'il y a de plus remarquable, c'est la production
spontanée de l'image... » J'écrivais dans un précédent
chapitre : « Les écrivains de génie ont ce don extraordinaire de traduire leurs idées par des rapprochements
d'images accomplis à leur insu et, par là même, d'une
rigueur et d'une justesse extrêmes. » Mais il m'eût été
difficile d'exprimer plus parfaitement ma pensée que
par ces mots de Nietzsche : « Les objets tendent eux-
mêmes à devenir des métaphores. »

Mozart a relaté les caractères de l'inspiration dans
un passage que j'emprunte à G. Séailles (op. cit., 177). Il
est d'un grand intérêt et corrobore cet exposé.

Quand je me sens bien, dit Mozart, et que je suis de
bonne humeur, soit que je voyage en voiture ou que je
me promène après un bon repas, ou dans la nuit quand je
ne puis dormir, les pensées me viennent en foule et le plus
aisément du monde. D'où et comment m'arrivent-elles ?
Je n'en sais rien, je n'y suis pour rien. Celles qui me plaisent, je les garde dans ma tête et je les fredonne, à ce que
du moins m'ont dit les autres. Une fois que je tiens mon

air, un autre bientôt vient s'ajouter au premier, suivant les besoins de la composition totale, contre-point, jeu des divers instruments, et tous ces morceaux finissent par former le pâté. Mon âme s'enflamme alors, si toutefois rien ne vient me déranger. L'œuvre grandit, et je l'étends toujours et la rends de plus en plus distincte ; et la composition finit par être tout entière achevée dans ma tête, bien qu'elle soit longue. Je l'embrasse ensuite d'un seul coup d'œil, comme un beau tableau ou un joli garçon. Ce n'est pas successivement, dans le détail de ses parties, comme cela doit arriver plus tard, mais c'est tout entière dans son ensemble que mon imagination me la fait entendre.

Il se confirme, dans cette page, que l'inspiration rassemble et résume tous les aspects du procédé de création particulier à l'artiste. Les idées commencent par se présenter isolément, chacune douée d'une vie propre. Elles jaillissent sans que Mozart sache pourquoi. Elles sont nombreuses et s'agencent sans qu'il soit pour quoi que ce soit dans ce travail. Déjà précédemment, j'ai signalé la tendance qu'ont les idées de se coordonner en un « pâté » pour user, après Mozart, d'une image qui ne manque pas de justesse. L'éveil d'un si grand nombre d'images mentales doit immanquablement amener dans l'âme un émoi profond, un trouble, un échauffement. L'œuvre se montre environnée d'un éclat et d'une beauté dont le souvenir demeure dans la suite l'aiguillon puissant qui pousse à son accomplissement. Nous voici à l'étape dernière, à l'instant où l'œuvre s'offre sous sa forme achevée. Ce point est essentiel : tant que l'œuvre n'est pas apparue de la sorte et de façon aussi à contenter le goût de l'artiste — qui, malgré l'émoi qui le surmonte, garde le plus souvent intact son sens critique — nous avons affaire à une création avortée et qui retombera fatalement au néant, à moins qu'elle ne serve, dans la suite, de point de départ à une création nouvelle.

Il importe, disais-je, que l'œuvre surgisse dans son entier. C'est en effet, la seule circonstance qui permette à l'écrivain de déterminer le balancement des diverses parties de l'œuvre qui doit être « embrassée d'un coup d'œil » pour qu'elle puisse, de façon définitive être mise au point. Dans les *Mémoires* de Gœthe (p. 430), se rencontre un passage montrant combien il est indispensable d'avoir, au préalable, ainsi envisagé l'œuvre : « Je fus surpris, dit Gœthe, d'entendre un jour le bon Junker me confesser, quand l'ouvrage fut près d'être livré, que cette peinture ne lui plaisait plus ; qu'elle était bien réussie dans les détails, mais qu'elle péchait par la composition de l'ensemble, parce qu'elle s'était faite peu à peu, et qu'il avait eu le tort, en commençant, de ne pas tracer un plan général... » Ce plan général ne peut se concevoir dans aucun autre moment qu'au cours de l'inspiration. Alors seulement un écrivain est à même d'apprécier quelle valeur il lui convient d'attribuer aux divers éléments, dans quels rapports ils se trouvent entre eux, sur quels plans les personnages se meuvent ; il peut considérer les perspectives de l'œuvre, ses groupements et il doit la projeter avec une sûreté telle qu'il ne faille plus rien y changer : sans quoi il s'obligerait à de continuels remaniements, ce qui enlèverait à l'œuvre de sa grâce, de son aisance et lui prêterait un air péniblement laborieux. Dans le détail, cependant, il n'est pas mauvais qu'il demeure quelque vague pour que le romancier tout en écrivant ait le loisir de se livrer à sa fantaisie, ce qui ajoute à son travail plus d'intérêt et d'agrément.

Le second genre d'inspiration consiste dans la facilité du travail, dans l'abondance des idées qui s'offrent avec une aisance qui n'est pas coutumière. L'écrivain est surpris de voir s'accomplir sous sa plume des pages qui autrement lui eussent coûté de pénibles efforts. Les deux genres d'inspirations ont une grande ressemblance.

Ainsi, chez un poète qui produit des pièces de courte envergure, les deux inspirations se fondent car c'est dans un seul et même état d'esprit qu'il conçoit et qu'il écrit son poème. Mais, pour un ouvrage de longue haleine, les deux sortes d'inspirations offrent des caractères fort distincts.

Il se rencontre des écrivains qui sont incessamment d'une humeur égale et toujours dispos. Ils savent avec tant de soin ménager la santé de leur esprit et s'astreindre à une discipline si rigoureuse, qu'ils ont fini par domestiquer l'inspiration. Elle n'est plus une divinité capricieuse qui survient à l'improviste ou qui se fait longuement attendre, mais une servante qui se présente chaque jour à point nommé. Est-ce encore là de l'inspiration ? Oui et non. Elle a été canalisée, assujettie à un régime sévère ; elle a perdu ce qui nous apparaît comme son caractère saillant : l'imprévu, le caprice, la soudaineté. On se représente plus volontiers l'écrivain ou le poète, non pas œuvrant à l'heure et au cordeau, mais s'abandonnant à la paresse et au rêve aussi longuement qu'il lui plaît, puis, tout à coup, emporté par la fièvre du travail, réalisant magnifiquement les idées qui ont sourdement fomenté en lui pendant ces heures d'apparente nonchalance.

Diverses circonstances, parce que propices, peuvent produire l'entrain au travail. Chaque écrivain a, dans cette matière, ses préférences qu'il recherche. A un tel, il faut le calme des campagnes ; un autre ne trouve ses idées qu'en errant à travers les foules. Souvent la marche est un excitant des idées. Elles renferment toujours une image de mouvement et il est naturel que le mouvement de la marche, par un effet à rebours, soit un aiguillon pour elles. Dans la paisible lumière d'une vieille lampe traçant sur la table son cercle d'or, dans le silence de la chambre aimée, il y a des invites au travail. L'aspect du papier blanc suffisait à Chateau-

briand pour qu'aussitôt les idées lui apparussent en
foule et qu'il fût entraîné à écrire. Un poète me dit un
jour qu'un papier d'une qualité rare qu'il put se procurer fut cause qu'il travailla avec le plus vif entrain.
Certaines circonstances qui furent une fois favorables
deviennent d'une nécessité impérieuse. Des écrivains
ont besoin d'excitants, tels que l'alcool, qui ruinent le
cerveau en l'épuisant. La variété de ces moyens est infinie. Ils tendent tous au même résultat : produire un
état de sentiment et d'esprit où le travail soit facile
Que quelques-uns de ces moyens aient un aspect inac-
coutumé, comme celui dont usait, paraît-il, Schiller, de
respirer l'odeur de pommes pourries, peu importe.
Tous n'ont en vue que la même fin ; différents de nature, ils se confondent par l'identique effet pour lequel
on recourt à eux.

L'inspiration peut comporter divers degrés depuis le
simple penchant au travail où l'artiste est maître de
son activité, où il la guide et la domine, jusqu'au degré où c'est l'idée qui le possède. En quelque mesure
on a affaire alors à un phénomène d'automatisme. Et,
quoique le sens critique de l'écrivain ne sommeille
jamais, il semble alors que ce soit l'idée qui s'accomplisse, se traduise d'elle-même. La main de l'écrivain, son
cerveau ne sont plus qu'un instrument au service de
l'idée. Elle courbe l'écrivain à ses commandements ;
il doit sacrifier pour elle son repos, ses aises ; il ne lui
est accordé de cesse avant que l'idée se soit traduite
dans toute son ampleur. Il a le sentiment de se soumettre à une volonté mystérieuse et il éprouve, dans
cette obéissance, un ravissement intense. Ce travail,
dans lequel sont intervenus d'une façon prédominante
des facteurs émotifs et affectifs dont l'écrivain n'a pas
la conduite, semble, après coup, avoir été effectué dans
un état d'esprit surhumain. Je me figure un soldat longtemps après être revenu de la guerre et revoyant les mu-

railles qu'il aida à prendre d'assaut. Il ne comprend plus
comment il a pu gravir les escarpements, franchir les
fossés, escalader les pans écroulés de la brèche. C'est
que la fanfare des clairons, l'ivresse rouge de la bataille, le fantôme de la gloire avaient donné à ses forces
le pouvoir d'accomplir des prodiges. Il y a de tout cela
dans le travail de l'écrivain quand il se sent inspiré. Les
idées surgissent et se pressent, plus rapides que les
mots qu'il faut pour les traduire et des idées inconnues,
que jamais l'on ne prévit, accourent aussi, entraînées
dans la foule de leurs sœurs.

II

Ainsi qu'il ressort de ce qui précède, le caractère saillant du mode de création spontané, c'est qu'il présente
à son origine une émotion ou un ensemble d'émotions.
Elles ont été de telle nature qu'elles mirent en mouvement le contenu entier de la personnalité. L'œuvre qui
en a été le résultat a exprimé en soi tout ce que la personnalité renfermait de sentiments essentiels, d'images
et d'idées. Ainsi le branle parti du domaine émotif s'est
propagé de proche en proche au domaine affectif et au
domaine intellectuel, il a envahi l'esprit et a embrassé
la personnalité complète. Tout homme, aussi les écrivains, ressentent journellement une multitude d'émotions qui s'arrêtent à la surface de l'âme et ne suscitent
que des images secondaires, un sentiment tout fugitif.
Celles-là sont incapables de servir de fondement à une
œuvre d'art et n'entrent pas ici en compte, ou bien
l'œuvre à laquelle elles auraient donné naissance n'eût
pas répondu aux conditions d'existence internes.

Représentons-nous maintenant un procès tout inverse.
Une idée s'impose à l'esprit, l'occupe, l'enflamme et se

subordonne la personnalité. En fin dernière, ce phénomène offrira le même tableau que le phénomène précédent sinon que l'ordre de succession des faits est renversé.
L'œuvre d'art qui en résulte est due au mode systématique de création.

De même que toute émotion n'a pas nécessairement
son retentissement dans le domaine des idées et n'est
pas capable d'engendrer une œuvre — quoiqu'un court
poème puisse n'avoir d'autre matière — toute idée non
plus n'intéresse pas nos sentiments et ne saurait, dans
ce cas, être exprimée artistiquement ; elle ne pourra
donner lieu qu'à un exposé dissertatif.

En art, ce qu'on a dénommé les petits genres ou, pour
user d'un terme un peu suranné, les poésies fugitives,
s'accommodent uniquement de la spontanéité. La systématisation est chez eux absolument exclue. Il n'importe
pas en effet que, de tels poèmes, émane une pensée profonde qui nous édifie ou nous instruise ; et cette pensée
ne saurait servir de point de départ à un tel poème. Il
suffit que le vers soit chantant, que sa magie fasse, en
nous, vibrer des sentiments. Du moment que notre cœur
est ému, notre esprit aussi y trouve son agrément, ne
fût-ce qu'en contemplant en spectateur les troubles auxquels le cœur est en proie. Les écrivains qui, comme
Gœthe et Alfred de Vigny, surent inscrire, dans leurs
poèmes, des pensées profondes sont rares. La qualité qui
fait le poète, c'est l'émotion et rien qu'elle.

Si la systématisation est psychologiquement ou, pour
user d'un mot plus juste, mécaniquement un procédé plus
parfait, il n'en est pas moins vrai qu'elle présente le
danger de méconnaître à la longue l'émotion et de la
sacrifier à l'idée. Les idées finissent bientôt par prédominer au point que l'émotion n'a plus le loisir de se produire. Quelques personnes applaudiront en s'écriant
qu'une idée a plus de prix qu'une émotion. Hélas non !
Avoir des idées ne témoigne que d'un zèle érudit, et rien

n'est plus commun car elles sont à prendre un peu partout. L'émotion, elle, n'est jamais de commande et ne saurait l'être. Seules ces idées-là sont valables et aucunes autres qui ont puisé dans les sentiments et les émotions leur énergie intime. Si une idée laisse l'âme de l'écrivain sans y allumer de flamme ni de frisson, il aura beau se battre les flancs, ainsi que l'on dit, il n'aboutira qu'à se guinder et à choir dans le verbiage.

Si l'on évoque devant soi l'activité mentale de l'homme dans le cours de son existence, il se constate trois périodes qui se fondent les unes dans les autres, de sorte qu'il est malaisé de tracer aucune limite, quoique chacune de ces périodes présente un caractère marqué. Ainsi, dans la jeunesse, l'homme pense et se conduit — et, s'il s'agit du poète, il conçoit et crée — sous l'empire tout puissant des émotions. Ce sont elles qui régissent despotiquement les idées. Peu à peu, les idées prennent le pas sur les émotions. Ce sont elles qui servent alors de gouverne aux actes, et les émotions leur sont subordonnées. C'est le règne de la systématisation. Bientôt les émotions tarissent tout à fait. L'homme n'a plus aucune spontanéité, aucun don de s'éprendre, de s'émouvoir. Le foyer de son cœur est éteint. Ses idées sont des idées d'emprunt, ce qui est un signe de déchéance de l'esprit.

Chez les écrivains, se constate la même succession (1).

1. J'ai eu deux existences bien distinctes, des événements extérieurs ont été le symbole de la fin de la première et de la naissance de la seconde, tout cela est mathématique. Ma vie active, passionnée, émue, pleine de soubresauts opposés et de sensations multiples a fini à vingt-deux ans. A cette époque, j'ai fait de grands progrès tout d'un coup, et autre chose est venu. Alors j'ai fait nettement pour mon usage deux parts dans le monde et dans moi, d'un côté l'élément externe, que je désire varié, multicolore, harmonique, immense et dont je n'accepte rien que le spectacle d'en jouir ; de l'autre l'élément interne, que je concentre afin de le rendre plus dense et dans lequel je laisse pénétrer, à pleines

Après le mode spontané de création, vient le mode systématique, qui fait place lui-même au mode artificiel.

Les plus grands écrivains, dans leur déclin, ont écrit
par routine des œuvres où il n'y a plus que du métier
et de l'artifice; car, chez tout poète, l'émotion et le sentiment disparaissent avec l'âge, de sorte que l'écriture
émouvante, qui était la sienne dans sa période de plénitude, cède à une sorte de facilité verbale engendrant
une abondance stérile. Quand un tel écrivain arrive à
ne plus faire que s'imiter soi-même, il commet un véritable plagiat. Il n'y a aucune différence entre lui et
quelque scribe obscur qui, pour la clientèle des libraires,
rédige des volumes en démarquant les romans en vogue.
Ce mode où toute émotion est absente, je l'appelle le
mode de production artificielle : le mot de création ne
convenant pas à un acte d'une telle sorte où il ne s'agit
que d'un agencement d'idées tout factice et machinal.

Il est rare de constater, à l'état de pureté, le procédé
spontané ou le procédé systématique de création. Quand
il est question d'un acte aussi long et aussi compliqué
que la conception littéraire, il n'existe guère de cas où
le phénomène s'offre de façon tranchée sous un seul de
ses aspects. Je l'ai relevé à propos de *Werther*. Ce roman semblait impromptu, rédigé dans un emportement
irréfléchi. Quoique *René* ne soit qu'un cadre tracé
d'avance dans lequel Chateaubriand plaça de beaux thè-
mes poétiques et malgré qu'*Adolphe* témoigne, de la part
de Benjamin Constant, d'un profond détachement d'avec
soi-même tout comme *Dominique*, de Fromentin, j'ai
cependant considéré ces livres comme spontanés ou
personnels parce que leur objet principal avait été de

effluves, les plus purs rayons de l'Esprit par la fenêtre ouverte de
l'intelligence. Tu ne trouveras pas cette phrase très claire, il faudrait un volume pour la développer.

                                   Flaubert. *Corr.*, 1ʳᵉ sér. 139.

décrire un état de sentiment. Si aucune œuvre n'est en son entier spontanée ou systématique, l'un des procédés toutefois peut prédominer dans une certaine mesure. C'est le seul point dont il soit possible de tenir compte pour le rangement des œuvres dans l'une ou l'autre catégorie.

On peut cependant, et c'est le cas aussi pour les romans que je viens de citer, conclure dès l'abord et sans guère de risque d'erreur, que toute œuvre de la jeunesse, toute première œuvre est due au mode spontané. Il en doit être ainsi, car tout acte mental débute par être spontané. C'est à force de se répéter sous cette forme qu'il se systématise. Il s'établit alors peu à peu une solidarité entre les éléments successifs de l'acte. Cette solidarité est telle que l'idée, qui est primitivement le point d'aboutissement, peut être également le *punctum saliens* de l'acte et susciter à rebours une image dans laquelle l'idée s'incorpore et ensuite un état émotif.

Si, dans la jeunesse, la spontanéité prédomine et si, dans la vieillesse, elle est absente, le bel épanouissement de la maturité offre le balancement de l'un et de l'autre mode et ils s'amendent alors réciproquement. La spontanéité, dans son sens absolu, comporte un gaspillage de force et d'énergie. L'émotion a en elle quelque chose de désordonné et apparaît le plus souvent en disproportion avec les idées qu'elle suscite. Maintes fois une émotion puissante n'aboutit qu'à une œuvre disparate. Au contraire, dans le mode systématique, l'idée, pour se traduire sous une forme imagée, n'use que tout juste de l'énergie affective nécessaire, d'où épargne, et le loisir d'accomplir sans épuisement des actes plus nombreux. En quelque mesure, il pourrait s'avancer que, si les actes de l'esprit quels qu'ils soient ont une tendance à se systématiser, c'est en cédant à la loi de la moindre dépense de force et en obéissant à cette nécessité qu'impose la concurrence vitale d'utili-

ser les forces de façon à en retirer le taux de rendement le plus élevé.

Il n'y a peut-être qu'un nombre d'hommes fort restreint qui connaisse les actes spontanés et les actes
systématiques. La plupart, dans le cours de leur existence, n'agissent jamais de leur propre mouvement,
mais suivent les commandements de leur entourage et
se conforment en tout à ce que dicte le code des préjugés. Rien en eux n'a sa source dans le cœur. Leur existence   modèle, en tous ses actes, sur des formules.
Également parmi les artistes, il y en a qui ne font qu'appliquer dans leurs ouvrages des canons d'école et qui
ne connaissent d'autre mode que le mode de production
artificiel.

Je disais que, dans la maturité, les modes spontané
et systématique se font équilibre. En effet, l'artiste, dans
ce cas, conçoit d'abord son œuvre en s'abandonnant à
la fièvre de son sentiment ; ensuite il revise cette conception de façon systématique. Au premier procédé,
l'œuvre doit sa verve juvénile, son élan de vie ; au second, qui s'ajoute au premier, elle est redevable de sa
belle ordonnance et du sûr effet auquel tend chacune
des parties.

Il est difficile de recueillir des documents sur cet emploi successif. Cependant un critique a relevé, dans une
œuvre de Victor Hugo, les *Contemplations*, les traces
d'un tel procédé. En se référant au manuscrit primitif
et en corroborant les renseignements qu'il procurait
par l'étude du style et de la sensibilité de Victor Hugo
pendant la période de vingt-cinq ans où furent compo-
sées les pièces des *Contemplations*, il est apparu que
l'ordre dans lequel elles sont publiées n'est nullement
celui où elles furent écrites. Victor Hugo composa ces
poèmes au jour le jour. Après coup, soit pour donner
à son recueil une apparence d'unité et persuader qu'il
fut rédigé sur un plan préconçu, soit pour qu'il repré-

sentât les étapes successives par lesquelles l'âme du poète avait passé, Victor Hugo remania son recueil, rangea dans un ordre convenu les pièces et écrivit au-dessous des dates fictives. Voilà, saisi sur le vif, l'emploi des deux procédés, l'un corrigeant l'autre.

Conformément à ce que je disais plus haut, si l'on a devant soi l'œuvre complète d'un écrivain, il se constate que ses premiers ouvrages sont spontanés. Ce n'est que beaucoup plus tard qu'il prend conscience de ses visées et de l'image particulière de beauté que ses ouvrages, à son insu, tendaient à réaliser. Ce n'est qu'après avoir entrepris son œuvre colossale que Balzac conçut quel en était le plan et l'esprit. L'idée fondamentale de la *Comédie humaine* y était dès le début déjà renfermée; mais elle s'y dérobait et il fallut un certain temps pour qu'elle se révélât aux yeux mêmes de Balzac. Tout à coup, il la discerna et, de cette découverte, résulta la fameuse préface de la *Maison du chat qui pelotte*, et l'établissement d'un plan général dans lequel Balzac fit rentrer aussi les œuvres précédemment écrites et jusqu'aux *Chouans*, un roman de jeunesse. Preuve entre maintes de la merveilleuse nature de Balzac, cette vue précise du plan et des fins de son œuvre ne mécanisa nullement son génie, ainsi qu'il se produit chez la plupart des écrivains, mais elle ne fit que lui donner plus de promptitude, de largeur, de puissance.

Même fait chez Wagner :

Lorsque, sur le désir de Laube, écrit Wagner à Liszt, je composai cette autobiographie, j'avais, il est vrai, déjà écrit mon *Vaisseau Fantôme* et ébauché le poème de *Tannhæuser*, mais ce n'est qu'après avoir *achevé Tannhæuser* et finalement après avoir *achevé Lohengrin*, que je me suis parfaitement rendu compte de la voie où me poussait un instinct inconscient. (*Op. cit.*, t. I, 132.)

Ce lent épuisement des sources émotionnelles qui

fait, dans la carrière d'un écrivain, se succéder la création spontanée, puis la création systématique, après
quoi vient la production par routine qui est équivalente
à la production artificielle, comporte des aspects d'un
grand intérêt qu'il convient de relever. Même ce serait
une matière des plus fécondes si l'on entreprenait en
particulier l'étude de ce procès chez différents écrivains.
Il se constaterait que les idées se prononcent sans cesse
davantage. Or, chez tout homme de génie, les idées ne
sont point indépendantes, isolées, mais forment, du
fait de leur richesse, de leur puissance et de leur envergure, un corps, un ensemble interprétatif de la nature et de l'univers. Elles résolvent les problèmes que
comporte la destinée des hommes. Si, dans les premières années, l'écrivain n'a guère qu'une vue assez confuse de ces idées, plus tard, en se dégageant peu à peu,
elles s'affirment dans une mesure sans cesse plus forte.
A un moment, lorsque les émotions se sont entièrement
taries, il advient ainsi que, chez le poète apaisé et assagi, se révèle un philosophe, un moraliste et quelquefois un apôtre. Plus guère préoccupé, comme jadis, de
célébrer ses rêves, ses tendresses, ses mirages, ses espérances, il se prescrit comme tâche de montrer aux
hommes quelles sont les voies qui conduisent au bonheur. Il conçoit une société sur un plan mieux prémédité et où les hommes auraient en partage plus de sagesse et de joies.

Il suffit d'évoquer l'œuvre de Victor Hugo, de Zola,
d'Anatole France pour qu'il apparaisse comment se
dégagea lentement la doctrine qui déjà était enclose
dans leurs premiers livres. Elle se précise peu à peu
ainsi que se montrent les branches maîtresses d'un arbre
à mesure que se dépouille son feuillage. Ce sont ces
branches qui supportent les pesantes frondaisons et les
grappes fleuries, tout comme la doctrine d'un homme de
génie est aussi l'armature secrète cachée dans ses œu-

vres. Les sentiments personnels, les émotions revêtent cette armature en la dissimulant; lorsqu'ils faiblissent et s'épuisent, ils mettent à nu ses lignes et sa structure.

L'étude de la doctrine permet seule de pénétrer jusqu'à ces sources profondes où les pensées et les œuvres s'élaborent, les ressemblances de doctrine mieux que les aspects parfois décevants du talent, permettent de ranger dans des groupes fraternels les écrivains d'une époque. N'est-ce pas, littérairement, un signe de la plus grande importance que cet accord, au cours de l'Affaire, entre Anatole France et Émile Zola, deux hommes qui, précédemment, comme écrivains, avaient été des adversaires mais qui se sentirent solidaires le jour où les principes qui formaient le fondement de leur doctrine furent menacés? Alors il se révéla que tous deux, malgré les aspects différents sous lesquels ils concevaient la beauté, avaient été les disciples de la pensée positive.

Il n'est pas dépourvu de danger cet avatar d'un poète en un penseur, d'un romancier en un philosophe ou un moraliste. Le poète peut avoir écrit les chants les plus beaux et n'être par ailleurs qu'un penseur fort médiocre. Malgré cette médiocrité, il aura beaucoup de peine à s'abstenir de se prononcer sur les mystères de la destinée humaine. C'est que la gloire, dont l'heure pour lui a sonné à cette époque et qui l'environne de ses fumées enivrantes, le monde attentif à ses moindres paroles, l'aisance à écrire maintenant que ce travail a dégénéré en une routine, toutes ces influences poussent fatalement le poète à jouer le rôle de pontife. Ce rôle a ses risques. Ni Hugo ni Zola ne surent se prémunir contre eux. Leurs dernières œuvres, alors que les premières ne prétendirent qu'à nous plaire et y réussirent, se proposent de nous édifier et elles n'y aboutissent guère pour l'excellente raison qu'elles nous ennuient.

Comme la doctrine d'un écrivain est déjà incluse

dans ses œuvres d'où elle ne manque jamais de se dégager avec une force puissamment persuasive, il serait, de la part d'un poète ou d'un romancier, le plus sage de renoncer à produire dès qu'il sentirait sa verve fléchir. Il devrait se taire du moment qu'il ne voit plus le monde avec des regards jeunes et émerveillés et qu'il pressent qu'il ne fait plus que répéter des émois anciens. Un tel sacrifice est pénible et je le crois même impossible. Seul, Edmond de Goncourt sut se retirer de la carrière quand il sentit qu'il n'avait plus le don de se renouveler. Il est vrai que son talent était essentiellement pittoresque et que ses romans ne comportent d'idée générale d'aucune espèce.

Si, grâce à ces données, l'étude mentale de quelque écrivain que ce soit permet, à moins que sa carrière n'ait trouvé dans la mort un terme prématuré, de distinguer trois périodes aux caractères tranchés, l'étude générale de la littérature aux diverses époques ainsi que dans la succession des époques révèle le même procès. De la sorte nous disposons désormais d'un principe applicable aussi bien à l'analyse individuelle des différents écrivains qu'aux exposés généraux de l'histoire littéraire. Le bénéfice d'un tel principe est considérable. En l'appliquant il est en effet loisible d'envisager dans le plus grand détail la genèse des talents, des œuvres et l'on aboutit à des conclusions qui peuvent de façon immédiate s'inscrire dans l'histoire générale. C'est là, à mon sens, la marque à laquelle se reconnaît l'excellence d'une méthode. Il faut que les travailleurs isolés qui approfondissent un cas spécial se soumettent tous à une discipline telle que les résultats de leur labeur, par leurs concordances, puissent servir à l'édification d'une œuvre commune. Mais une telle discipline ne saurait s'imposer d'autorité. Il faut qu'elle trouve sa raison d'être dans les lois de la science même. Dans le cas présent, c'est à la psychologie à procurer la méthode interprétative que doivent appliquer à la fois la critique littéraire et l'histoire littéraire. Aucun critique en envisageant la carrière d'un écrivain ne saurait autrement s'y prendre que de constater ces trois étapes qui sont fatales. L'histoire, également, dans la nécessité de tracer des tableaux d'ensemble, recourra aux mêmes délimitations entre les époques, qui se succèdent dans un ordre identique. Ces travaux concordants, inspirés de part et d'autre des mêmes vues, se complètent donc. Il est vrai que la critique littéraire restera toujours un art, mais une méthode telle que celle-ci laisse, dans les limites du plan qu'elle impose, au talent particulier du critique toute la liberté qu'il faut pour s'éployer.

Si donc, chez l'individu, apparaissent la spontanéité, puis la systématisation, enfin l'artificialité, si l'étude du génie ou du talent conduit à envisager ces trois phases, il en est de même dans les périodes littéraires. Au début d'une école, règne la spontanéité, puis des règles s'établissent dont l'empire s'accommode d'abord d'un certain naturel, lequel va en s'affaiblissant jusqu'à l'heure où s'impose la règle seule dans ce qu'elle a de rigide et de despotique. Voilà les trois étapes (cf. l'*Époque et le Génie*) qu'une nécessité d'ordre psychologique amène l'une après l'autre. Nécessité en effet car un écrivain, qui s'est développé dans cette période-là où domine la systématisation, emprunte ses manières de penser et de sentir à son milieu moral et social et est tellement imbu de leur esprit qu'il en porte empreints en lui les caractères. Mais cependant, comme tout homme, dans sa jeunesse, fait nécessairement preuve de spontanéité, celle-ci trouve à se manifester de manière fort atténuée dans les limites restreintes que laissent les règles.

Si l'énoncé d'une formule ne me répugnait quelque peu, je partagerais, conformément à ce que j'ai exposé dans le paragraphe sur l'époqu et le génie, l'histoire en périodes tripartites dans lesquelles s'inscrirait la carrière à son tour tripartite des différents écrivains.

On trouve, dans une note, à la page 168 de cet ouvrage, un bref aperçu de la poésie courtoise ou féodale de la Provence, où les trois phases spontanée, systématique et artificielle se marquent puissamment; surtout le contraste ressort entre la première et la dernière. Ayant à considérer le roman contemporain, j'eus lieu d'y constater d'Émile Zola à Élémir Bourges (1), une évolution soumise, et cela dans un champ très restreint, à un déterminisme psychologique également rigoureux. Dans l'histoire de l'esprit humain, dont la littérature est l'image la plus fidèle, et dans l'individu, les phénomènes suivent un même cours; il n'y a de différence que dans les proportions. Il en est comme dans l'univers où les mêmes mouvements qui animent les mondes se reproduisent, mais en un rapport infime, dans le mouvement des atomes.

Cosmopolis de Paul Bourget nous procure des pages documentaires où le romancier, s'étudiant lui-même sous le nom de Dorsenne, fait, avec un souci extrême du détail, l'exposé le plus complet possible de la systématisation créatrice. Un exemple de ce genre a plus de portée que les descriptions générales que j'aurais pu tenter. Dans la vie de l'esprit, il existe sans doute des lois générales mais elles apparaissent rarement parce qu'elles se compliquent et se nuancent différemment selon chaque individu. Rien de plus précieux donc que cet exposé de la systématisation chez le personnage de Dorsenne, qui nous sera d'autant plus familier que c'est Bourget qui, derrière lui, se dissimule.

Ce jeune homme (Dorsenne), ainsi parle Bourget, aux

1. *Mercure de France*, t. XXIII, p. 222.

grands yeux noirs, largement ouverts dans un visage aux
traits délicats, avec un teint olivâtre de moine espagnol
rongé d'ascétisme, n'avait jamais eu qu'une passion, trop
exceptionnelle pour ne pas dérouter l'observateur ordinaire, et développée dans un sens si singulier qu'elle devait revêtir tour à tour pour les plus bienveillants des apparences d'une attitude presque outrageante ou bien celle
d'un abominable égoïsme et d'une profonde corruption.
Dorsenne l'avait dit avec sincérité, il aimait à comprendre — pour comprendre — comme le joueur aime à jouer,
l'avare à entasser de l'argent, l'ambitieux à conquérir des
places. Il y avait en lui cet appétit, ce goût, cette manie
plutôt des idées qui fait le savant et le philosophe. Mais
c'était un philosophe cousu par un caprice de la nature à
un artiste, et par celui de la fortune et de l'éducation à
un mondain et à un voyageur. Les spéculations abstrai-
tes du métaphysicien ne lui eussent pas suffi, non plus
que la création continue, jaillissante et simple du conteur
qui conte pour amuser sa verve, non plus que l'ardeur
demi animale de l'homme de plaisir qui s'abandonne à la
frénésie du vice. Il s'était inventé, un peu par instinct,
un peu par méthode, un compromis entre ses tendances
contradictoires qu'il formulait d'une façon légèrement
pédantesque, quand il disait que son unique souci était
« d'intellectualiser des sensations vives ». En termes plus
clairs, il rêvait d'éprouver de l'existence humaine le plus
grand nombre des impressions qu'elle peut donner et de
les penser après les avoir éprouvées. Il croyait, à tort ou
à raison, démêler dans les deux écrivains qu'il appréciait
le plus, Gœthe et Stendhal, une application constante
d'un principe pareil. Sa constante étude avait donc consisté, depuis environ quatorze ans qu'il avait commencé
de vivre et d'écrire, à traverser le plus de milieux différents qu'il lui avait été possible. Mais il les avait traversés en s'y prêtant sans jamais s'y donner, avec cette idée
toujours présente dans l'arrière-fonds de son esprit qu'il
existait de par ailleurs d'autres mœurs à connaître, d'autres caractères à regarder, d'autres personnages à revêtir,
d'autres sensations sous lesquelles vibrer. L'instant où il
devait se renouveler lui était marqué par l'achèvement de

chacun des livres qu'il composait de la sorte, persuadé
qu'une fois écrite ou traduite, une expérience sentimentale ou sociale ne vaut plus la peine d'être prolongée.
Ainsi s'explique l'incohérence d'habitudes et les contrastes d'atmosphères, si l'on peut dire, qui font les marques
de son œuvre. Prenez au hasard son premier recueil de
nouvelles, ces *Etudes de Femmes* qui l'ont fait connaître.
Elles sont d'un sentimental qui a mal aimé et qui a perdu
des heures après des heures à prendre au sérieux par
excès de romanesque le demi-monde avoué ou déguisé.
A côté de cela, *Sans Dieu*, ce récit d'un drame de conscience scientifique, atteste une fréquentation continue du
Muséum, de la Sorbonne et du Collège de France, tandis
que *Monsieur le Premier* demeure l'un des tableaux les
plus ressemblants du monde politique contemporain et
qui ne peut avoir été tracé que par un familier du Palais
Bourbon et des bureaux de journaux. Mais n'a-t-on pas
appris à Paris, un beau matin, que Dorsenne était candi-
dat à la députation, — où il avait d'ailleurs échoué, —
par réclame, ont dit ses ennemis, par caprice, ont dit ses
amis, au lieu qu'il n'avait d'autre but que de se figurer la
sensibilité spéciale à l'homme d'action ? D'autre part, les
deux volumes de voyage assez prétentieusement dénom-
més *Tourisme*, les *Portraits d'étrangères*, et cette *Églo-
gue mondaine* dont le cadre flotte entre Florence et Londres, La Maloja et Bayreuth révèlent de longs séjours
hors de France, une analyse sur le vif des mondes Italien,
Anglais, Allemand, enfin une connaissance superficielle,
mais exacte, des langues, des histoires et des littératures
qui ne s'accorde guère avec l'*odor di femmina* comme
répandue sur toutes ces pages. Ces contrastes sont de
ceux qui supposent une âme douée de qualités étrangement complexes, dominée par une volonté assez ferme,
et, il faut bien le dire, d'une sensibilité très médiocre. Ce
dernier point paraîtra inconciliable avec l'extrême et
presque morbide délicatesse de certaines œuvres de Dorsenne. C'était ainsi cependant. Il avait très peu de cœur.
Mais en revanche, il avait beaucoup de nerfs, et si le cœur
est nécessaire pour sentir véritablement jusqu'à ce don
complet de soi qui ne recule même pas devant la mort,

les nerfs et leur irritabilité souffrante suffisent à celui qui
veut peindre les passions humaines, l'amour surtout, avec
ses joies et ses douleurs que l'on tait lorsqu'on les éprouve
à un certain degré... Dans chacun des milieux traversés au
cours de son vagabondage sentimental, toujours il essayait
de trouver une femme qui résumât dans son charme
tout le charme épars dans ce milieu... Toute femme, maîtresse ou amie, n'avait jamais été pour lui qu'une curiosité à satisfaire neuf fois sur dix, et cette dixième fois, une
volupté à goûter ou un parfum d'âme à respirer, puis un
modèle à peindre. Mais comme il s'était sans cesse appliqué à ce que le modèle ne pût être reconnu à aucun
signe extérieur, il n'avait jamais pensé qu'il fût coupable,
en utilisant son prestige d'écrivain connu pour ce qu'il
appelait sa « culture ». Il ne se doutait même pas de ce
qu'il y avait de dépravé dans cet épicuréisme cérébral
fondé sur un constant abus de sa propre âme d'abord et
de celle des autres.

Commenter point par point cette page, c'est mettre
en lumière toutes les particularités de la systématisation chez les écrivains.

Dans toute intelligence, les émotions ressenties engendrent des pensées. Mais ces émotions ont un jeu
capricieux et les pensées auxquelles elles aboutissent
sont souvent de qualité bien commune. Bourget, au
début, subissait, en en tirant parti comme il pouvait,
les mouvements de sa sensibilité. Bientôt il parvint à
les soumettre et à les faire aider à son travail littéraire.
Il réussit à guider tellement le cours de ses émotions
et des pensées qui en résultent qu'il parvient à les avoir
entièrement en son pouvoir. De la sorte, à tel moment
souhaité, il peut revêtir, pour les besoins de son art ou
l'agrément de son esprit, les formes d'âme qu'il a choi-
sies. Ces avatars, nous le savons, n'ont rien d'extraordinaire. Toujours le moi renferme des moi virtuels ou
secondaires. Qu'ils trouvent un entourage propice et

ils se développent. Bourget, très sagement, créait cet
entourage, puis il ne lui restait plus qu'à s'abandonner
à son influence. Il faisait plus encore. Afin qu'à ce moi
factice, rien absolument ne fît défaut, il lui procurait
une base sentimentale. Tout moi a, pour assise, un ton
sentimental, vague de coutume et dont les manifestation ne sont qu'atténuées mais qui peut se prononcer,
s'accroître et se concentrer dans une passion et ses
effets sont alors considérables. On peut bien affirmer
que tout amour ou toute passion chez l'homme représente une phase nouvelle de sa personnalité. Bourget
va jusqu'à s'imposer le simulacre d'un tel amour pour
qu'il n'y ait de lacune dans cet avatar et que ce moi
d'emprunt, appuyé sur un ton sentimental également
d'emprunt, soit complet.

Remarquons qu'à côté des romans dont nous pouvons
facilement deviner les équivalents dans l'œuvre de
Bourget, nous trouvons aussi un *Monsieur le Premier*
qui n'a point d'analogue. C'est que l'écrivain peut déduire, avec l'aide de la logique psychologique, les virtualités demeurées à l'état de puissance dans un caractère, dans une intelligence, dans un événement. Il était
dans la nature de Dorsenne de s'essayer aussi à la politique — peut-être que Bourget n'a fait que s'inspirer
de la conduite de Barrès et encore de Renan — et, comme
Dorsenne, en tant que héros de roman, n'était assujetti
à aucune contingence, Bourget lui fait généreusement
et sans scrupule traverser cette aventure.

Je note encore cette phrase : « des goûts si différents
jusqu'à être contradictoires », pour rappeler ce qui, à
cet égard, a été dit de la polypersonnalité.

Quand Bourget parle d'alchimie littéraire dans la
conception de ses personnages, il entend un fait qui se
ramène en fin dernière à une dissociation de différents
éléments suivie d'une association sur un plan nouveau.

Ces contrastes sont de ceux qui supposent une âme douée de qualités étrangement complexes, dominée par une volonté assez ferme, et, il faut bien le dire, *d'une sensibilité très médiocre.*

Ces derniers mots appellent de nombreuses remarques.

A Bourget, qui accuse Dorsenne de manquer de cœur, Barrès répondit : « l'essentiel, c'est qu'il ait de l'imagination », et il écrivit sur ce thème un conte, l'*Examen de conscience du poète*, où il attribue au génie la tâche de consoler, par la somptuosité et l'abondance de sa fantaisie, les hommes qui, dans leur misère, ne peuvent jouir d'autres voluptés que de celles du rêve.

Mais cette réponse laisse encore tout le loisir de s'étonner que ces hommes, dont, aux yeux du vulgaire, la gloire vient d'une sensibilité plus vibrante et plus subtile, précisément en soient dénués. Il résulte quelque désappointement de découvrir qu'on s'est laissé transporter par des pages dont l'auteur ne partagea point l'ardeur.

Cette insensibilité, les écrivains eux-mêmes s'en sont étonnés parfois. D'aucuns n'ont manqué d'en tirer vanité comme d'un privilège. Cette insensibilité pouvait aussi, pour qui se bornait à une vue confuse des faits, ressembler à l'absence de sentiment accompagnant l'indifférence à la douleur et le penchant à faire souffrir que témoignent certains criminels. Il n'en fallut pas davantage pour affirmer que la froideur de cœur est le fait d'un dégénéré affligé de folie morale. C'est là un rapprochement arbitraire. Le prétendu « manque de cœur » des écrivains se ramène toujours à l'un ou l'autre cas de la psychologie normale, ainsi d'ailleurs que je le ferai voir.

L'insensibilité, qui n'est qu'apparente, peut provenir de circonstances diverses qu'il faut avoir grand soin de

distinguer. Certains cas sont extrêmement communs,
entre autres celui où il semble y avoir insensibilité parce
que les mouvements par lesquels l'émotion se manifeste
de coutume n'apparaissent pas, mais où ces signes
physiques sont remplacés par des troubles dans le domaine mental. Dans un autre cas également très fréquent, l'émotion, au moment même de se produire, suscite dans l'esprit des images qui la tuent. Enfin le cas
le plus intéressant pour nous est celui où la sensibilité
a été mise sous la dépendance absolue de la volonté et
asservie à des fins littéraires. Tous ces cas se rencontrent à la fois chez Flaubert ainsi qu'en témoigne sa
Correspondance. Cependant s'il est un fait qui par ailleurs ressorte avec évidence des lettres de Flaubert,
c'est combien sa sensibilité était délicate et puissante
autant dans sa tendresse pour sa mère, pour sa sœur,
que dans ses amitiés. Ses lettres débordent d'accents
douloureux et fervents; et c'est bien la preuve que ces
exemples d'insensibilité dont je m'occupe n'ont rien
de commun, loin de là, avec une absence de la sensibilité.

Le fait que l'émotion est habituellement accompagnée
de mouvements physiques et une tendance à méconnaître les faits qui ne peuvent se constater dans les labo-
ratoires et les cliniques, a amené à croire que, sans ces
signes physiques, il n'existait point d'émotion. Cela est
vrai dans la majorité des circonstances. Mais il peut se
présenter que l'émotion soit suivie d'un trouble uniquement moral. L'émotion n'en existe pas moins. J'ai remarqué sur moi-même, à maintes reprises, qu'une émotion, que j'avais réussi en apparence à surmonter, avait
pour suite, durant plusieurs jours, un sourd malaise physique. Lorsque l'émotion était trop puissante pour être
dominée, il n'en résultait pas encore qu'elle fût accompagnée de mouvements physiques, mais elle se manifestait, tandis que j'offrais les dehors du plus grand calme,
par une surexcitation mentale des plus fortes : l'émotion

suscitait avec une vivacité extrême une multitude d'images et d'idées. Mais le côté saillant de ce phénomène, c'est que ces images ni ces idées n'avaient de concordance avec l'émotion à laquelle elles devaient leur réveil. Il ne s'agissait donc pas d'images excitées parce qu'elles présentaient, de quelque façon que ce fût, un rapport avec l'émotion; mais, dans leur désordre, elles rappelaient entièrement les mouvements incoordonnés qui accompagnent les émotions très fortes. Pour user d'une comparaison qui me semble rendre le caractère du phénomène, je dirais que l'émotion soulevait dans mon esprit un tourbillon d'idées de même que, dans une plaine, une rafale soulève la poussière.

Donc l'émotion, au lieu de se dépenser en mouvements physiques, suscite parfois, dans l'esprit, des images. Celles-ci, dans ce cas, peuvent agir les unes sur les autres, s'opposer entre elles et l'individu, dont l'esprit est la scène de cette lutte, en ressent les diverses influences. Flaubert nous procure ici un exemple. Il voyait ensevelir une sœur qu'il avait profondément aimée. Le cercueil trop grand n'entrait pas dans la fosse. Le fossoyeur pèse avec son pied sur la bière pour l'enfoncer, et Flaubert écrit : « J'étais sec comme la pierre d'une tombe mais horriblement irrité. » (*Corr.*, I, 95.) Le spectacle odieux auquel il assistait et l'émotion qu'il en éprouva mirent en branle, chez Flaubert, une série d'images qui se suscitèrent l'une l'autre selon des lois qui sont connues, mais dont l'action ne peut jamais se prévoir ni guère se contrôler. Si ces images sont nombreuses, elles se disputent entre elles l'empire qu'elles pourraient exercer et l'esprit ressent les effets de ces conflits. Alors l'effet physique de l'émotion ne sera que la résultante difficilement mesurable de ces différentes impulsions auxquelles l'esprit est en butte. Ces impulsions peuvent s'annuler réciproquement, la résultante, c'est-à-dire l'effet physique, sera nul. Mais cette absence ne permet pas

d'affirmer que l'émotion elle-même ait été par là dé-
truite. Au contraire, elle se manifeste dans cette sorte
d'écartèlement que l'esprit a subi et qui n'a pu être que
pénible et douloureux.

Si l'émotion éveille, dans l'esprit, des images et si cette
action comprend tous les cas possibles de la liaison des
idées, il y a un cas qui apparaît plus fréquent que tout
autre, celui où l'émotion excite des images antagonistes. Si l'aspect d'une joie fait songer à son revers, cette
joie n'éveillera qu'un sentiment de plaisir bien passager, immédiatement contrecarré par un sentiment opposé;
de sorte que ces deux sentiments placés presque d'emblée en présence se détruisent. Or il existe, par des
habitudes mentales communes à tous les hommes, une
sorte de couplement entre les idées diamétralement contraires. L'imagerie populaire se plaît à représenter le
bien opposé au mal, les pleurs au rire, et généralement
toutes les alternatives extrêmes que le monde peut offrir. C'est que deux idées contrastantes présentent une
symétrie entre leurs divers éléments et ce que j'appellerais volontiers une ressemblance intervertie. De là,
cette phrase de Flaubert : « Je n'ai jamais vu un
enfant sans penser qu'il deviendrait un vieillard, ni un
berceau sans songer à une tombe. La contemplation
d'une femme me fait songer à son squelette. C'est ce
qui fait que les spectacles joyeux me rendent tristes, et
que les spectacles tristes m'affectent peu. » (Corr., I, 111.)
Non seulement cette liaison des images par contraste
est des plus répandues, mais, chez un esprit contempla-
tif, elle acquerra une plus grande fréquence parce que
les vicissitudes de la vie sont un des objets sur lesquels
il a coutume d'arrêter le plus souvent sa pensée. D'autre part encore, l'esprit se défie des émotions trop fortes
et peut se prémunir contre elles en se représentant des
images antagonistes. Il se forme alors une espèce de
point d'honneur à ne jamais céder à aucun mouvement

de l'âme et je crois que Mérimée s'était prescrit cette attitude. Il en découle l'habitude de l'ironie et du sarcasme, qui arrivent à anéantir toute émotion quelle qu'elle soit et à faire accomplir à l'individu précisément le contraire de ce qui eût été son premier mouvement. Cependant si deux idées antagonistes en présence se détruisent, il se peut aussi que, le contraste étant moins poussé, il n'ait d'autre résultat que de donner du relief aux idées ou du moins à l'une d'elles. L'ironie comme procédé littéraire, tel qu'en usèrent Heine, Laforgue, Max Waller, est une variante de l'antithèse. Les sentiments sortant victorieux du conflit où le poète les a engagés manifestent de la sorte leur puissance. Les œuvres où ce procédé s'applique sont celles où les détresses de l'âme s'expriment avec le plus d'âpreté.

Les cas qui précèdent sont communément répandus et surtout ils n'ont rien qui appartienne en propre aux littérateurs. Pour que, chez eux, l'insensibilité apparaisse avec des caractères qui leur soient particuliers, il faut qu'elle provienne d'une subordination de l'émotion à la création littéraire de sorte à ne plus dépendre des circonstances dans lesquelles l'individu se trouve ni de l'individu lui-même, mais uniquement de cette fin à laquelle l'émotion est désormais asservie. A cela se joint que, dans maints cas, l'émotion peut être dénaturée par des habitudes d'esprit inhérentes au métier d'écrivain.

Tel écrivain a le dessein de nous reproduire, dans ses œuvres, un tableau du monde, appelons-le, pour la clarté de l'exposé, un écrivain impersonnel ; tel autre, que nous nommerons personnel, considérant, à l'exemple de Montaigne, sa propre âme ainsi qu'un miroir dans lequel tous les sentiments humains se manifestent et se peuvent lire, ne fait, dans ses livres, que s'analyser soi-même. Ces deux points de vue sont aussi légitimes l'un que l'autre. Ils ont, sur la sensibilité, une influence prépondérante et leurs effets diffèrent.

Dans le premier cas, l'écrivain impersonnel s'accoutume à détacher son intérêt de sa propre personne pour le reporter sur l'ensemble des hommes et sur l'univers. A ses yeux, les événements se revêtent d'une valeur autre et, captivé par le spectacle du monde, il n'est plus porté à s'émouvoir pour les faits qui le concernent directement. Son être se perd comme un atome dans la masse des autres êtres. Nous avons affaire ici à un phénomène de diversion. Il est des gens atteints d'un mal douloureux qui sont capables de s'absorber à un tel point dans un travail qu'ils oublient leur souffrance. Dans un roman de Balzac : *Un ménage de garçon*, Joseph Brideau, qui est peintre, est arrêté. Sous les insultes et les avanies de la foule, il demeure indifférent. « Ah ! vous aviez une fière contenance ! lui dit un des personnages. — Je pensais à autre chose, répondit simplement l'artiste. Je connais un officier qui m'a raconté qu'en Dalmatie il fut arrêté dans des circonstances presque semblables, en arrivant de la promenade, un matin, par une population en émoi... Ce rapprochement m'occupait, et je regardais toutes ces têtes avec l'idée de peindre une émeute en 1793. » Cette insensibilité, dans sa cause, sa nature et ses effets est identique au stoïcisme.

Pourtant, quand un écrivain soi-disant impersonnel se donne la tâche de décrire d'autres âmes, il ne fait en réalité, par un procédé psychologique que j'ai déjà exposé, qu'incorporer ces âmes dans la sienne. Il éprouve un amour fraternel pour tout ce qui vit, respire, souffre. « ... nous ne sommes pas bons, disait Flaubert, mais cette faculté de s'assimiler à toutes les misères et de se supposer les ayant est peut-être la vraie charité humaine. Se faire ainsi le centre de l'humanité, tâcher d'être son cœur général où toutes les veines éparses se réunissent, ce serait à la fois l'effort du plus grand et du meilleur homme. » (*Corr.*, II, 235.) Cet état de sentiment diffère du stoïcisme. L'écrivain ou l'artiste a fait de son âme l'âme universelle. Il s'oublie lui-même, mais c'est uniquement pour pouvoir éprouver avec une délicatesse plus grande tous les troubles humains qui trouvent en lui un écho. Ce fait est le témoignage d'une sensibilité plus haute, plus puissante; alors qu'aux yeux d'un entourage incapable de comprendre cet état, il passera cependant pour de la froideur de cœur.

Dans le second cas, les écrivains personnels qui se sont accoutumés à se prendre eux-mêmes pour seul objet de leur étude et, dans les circonstances les plus diverses de la vie, dans les joies comme dans les deuils, à observer les mouvements auxquels leur âme est en proie, finissent aussi par acquérir les dehors de l'insensibilité. En effet, pour réussir dans une telle pratique, l'écrivain doit veiller que sans cesse la clairvoyance de son esprit reste sauve. Il y parvient en préservant son intelligence des troubles que les sentiments y pourraient apporter. En lui finissent de la sorte par vivre deux êtres dont l'un observe et médite et dont l'autre aime, souffre et s'abandonne à ses penchants. Ce littérateur aboutit, tout comme l'écrivain impersonnel, par envisager son propre être comme un être étranger, par se considérer lui-même comme le personnage d'un livre et par transposer les faits de sa vie en événements romanesques. En fin dernière, il n'y a donc aucune différence entre ce romancier qui s'ausculte sans cesse soi-même et l'autre qui observe le monde. Le premier n'étudie que ses sentiments intimes mais ces sentiments naissent toujours du retentissement que les événements extérieurs eurent sur son âme; le second se persuade qu'il observe le monde, mais, en réalité, il n'observe celui-ci que dans la mesure où le monde affecte son âme. Donc, de part et d'autre, les faits sont identiques, mais seulement le point de vue diffère où se placèrent les écrivains. Il est vrai qu'en matière affective, le point de vue à lui seul joue un rôle capital. L'analyse intime rend également insensible parce qu'elle tend sans cesse à accroître les émotions quand elles sont faibles afin de tirer d'elles, par ce moyen, tout ce qu'elles renferment ; tandis qu'en retour l'écrivain veille à ne se laisser dominer par aucun émoi trop puissant afin d'être à même toujours d'en faire un sujet d'étude. L'analyse désagrège l'émotion en isolant ses divers éléments qui perdent de la sorte le pouvoir qu'unis ils exerçaient sur l'âme. L'écrivain, plus tard, se servira de ces éléments au moment souhaité et saura, pour les besoins de son travail, les réagréger en des combinaisons nouvelles. Flaubert décrit de la sorte l'influence de l'analyse sur l'émotion : «... mes derniers malheurs m'ont attristé mais ne m'ont pas étonné. Sans rien ôter à la sensation, je les ai analysés en artiste. Cette occupation a mélancoliquement recréé ma douleur...A force de s'élargir pour la souffrance, l'âme en arrive à des capacités prodigieuses : ce qui la comblait naguère à la faire crever, en couvre à peine le fond maintenant. » (*Corr.*, I, 98) et, plus loin, il dit encore : «... si je n'étais pas attentif et l'œil tendu à épier jouer mon cœur. »

Le dernier aspect de la sensibilité chez les écrivains, et il est, lui, des plus particuliers, réside dans l'étroite dépendance qui, à la longue, s'établit entre les émotions et les images fictives, de telle sorte qu'aucun trouble jamais n'ébranle l'esprit si ce n'est pour des images de ce genre.

Cette dépendance n'est pas entièrement attribuable à la déformation que le métier d'écrire exerce. Si l'on étudiait plus généralement les modes de la sensibilité, il se constaterait combien, dans son développement, elle est influencée par la littérature, par l'art, par les lectures. L'art éduque notre âme, la forme, l'enrichit. Maintes émotions resteraient inconnues à l'homme si les livres des poètes ne les lui enseignaient. Ce ne sont pas des émotions artificielles, mais ce que je nommerais des émotions de culture en attribuant à ce mot le sens qu'il a dans la langue allemande. L'art, pour nous toucher, use toujours de certains apprêts, d'une mise en scène ; et ces sortes d'émotions pourront être si étroitement dépendantes de ces procédés qui servirent à les susciter que, dans leur absence, l'esprit sera incapable de rien ressentir. Si une personne témoigne d'un goût particulier pour la lecture et est disposée à s'émouvoir pour les images fictives, il arrivera qu'elle ne se laissera désormais captiver que par de telles images car une activité qui s'accompagne de plaisir, pour peu seulement que les circonstances y aident, a un penchant à se répéter et comme, par là, elle a aussi une aisance sans cesse plus grande à se manifester, elle finit par supplanter toute autre. Il en résulte que, finalement, pour ces personnes qui se sont prises d'un goût trop vif pour ces sortes de peintures habilement concertées qu'offrent les poèmes, les drames et les romans, l'existence journalière ne constitue plus qu'un spectacle indifférent.

Le cas montre naturellement des traits plus prononcés chez l'écrivain qui crée le livre que chez le lecteur. Chez l'écrivain, par une nécessité même de son métier, l'émotion doit se trouver sous la dépendance entière des images fictives. Aussi n'y aura-t-il guère d'écrivain qui ne puisse souscrire à ces lignes de Flaubert : « Une lecture m'émeut plus qu'un malheur réel. » et « C'est étrange. Autant je suis expansif, fluide, abondant et débordant dans les douleurs fictives, autant les vraies restent dans mon cœur âcres et dures, elles s'y cristallisent à mesure qu'elles y viennent. » (*Corr.*, I, 94.)

Il n'en saurait être autrement. Entre la réalité quotidienne de la vie et la réalité illusoire de l'œuvre d'art, il y a toujours un abîme. Je sais bien que les romanciers actuels affirment qu'ils nous peignent la vie avec la véracité la plus scrupuleuse. Mais ce serait faire preuve d'une grande naïveté que de les croire sur parole. Leurs aînés de tous les temps ont dit de même. Chrétien de

Troyes commence ainsi son *Cligès*, un roman d'aventures :

> Ceste estoire trovons escrite,
> Que conter vos vuel et retreire
> (20) An un des livres de l'aumeire
> Mon seignor Saint Pere a Biauveiz.
> De la fu li contes estreiz,
> Dont cest romanz fist Crestiiens.
> Li livres est mout anciiens,
> Qui *tesmoingne l'estoire a voire* (1).

C'est là une formule courante dans tous les récits quels qu'ils soient. Dans *Guillaume de Dole*, l'auteur, comme le feront à notre époque Barrès et France, pour donner plus de créance à son roman, y mêle des personnages ayant vécu. Faire admettre la réalité de ses tableaux est le but que toute école d'art a voulu d'abord atteindre. Les règles de l'art classique tendaient uniquement à sauvegarder la vraisemblance des sujets mis à la scène. Mais, comme le réalisme en art s'appuie toujours sur quelque connivence avec les préjugés en cours, quand les préjugés changent ce qui, conventionnellement, était reçu pour vrai apparaît faux et inexact. Marivaux, aux premières pages de sa *Vie de Marianne*, écrit « ... dans une armoire pratiquée dans l'enfoncement d'un mur, on a trouvé le manuscrit en plusieurs cahie   t'on va lire et le tout d'une écriture de femme. » Des romans tels que la *Nouvelle Héloïse* et les *Liaisons dangereuses* n'étaient rédigés sous forme de lettres qu'avec la prétention de ne mettre sous nos yeux que des témoignages complètement sincères. S'il exista jamais un roman documentaire, n'est-ce pas celui-là ? Quand les romanciers, de nos jours, intitulent leurs li-

1. *Cligès* de Christian de Troyes, publié par W. Foerster, Halle, 1884.

vres : « études » et affectent de ne se servir que de documents et de résultats d'enquêtes, ils exploitent le prestige parfois abusif dont se revêt la Science pour en imposer. Très récemment, la critique en étudiant les procédés de création et de travail de Zola a prouvé que le reproche que Brunetière adressait au roman réaliste de ne présenter qu'une forme nouvelle du romanesque était fondé. Donc tout roman, tout poème, tout drame transpose la réalité en une forme appropriée pour nous attendrir et nous émouvoir. Et, afin de nous émouvoir, l'écrivain tente de nous faire croire dès l'abord à la vérité de ce qu'il nous représente. L'écrivain abstrait certains aspects, il les met en évidence, les colore, et il importe que ce travail, pour qu'il réussisse, s'accomplisse de sens rassis. Il ne faut pas que le poète soit troublé d'aucune façon ni sous l'empire d'aucun sentiment. Pour dépeindre l'amour, il est nécessaire d'avoir aimé, mais surtout d'avoir cessé d'aimer. C'est une maxime qui reparaît à chaque page de la *Correspondance* de Flaubert. Mais après que le romancier, sagement, a agencé son œuvre, qu'il en a ménagé, pour une fin préméditée, les perspectives et les aspects, alors seulement et pas avant, il lui est permis de s'émouvoir pour elle et de l'imprégner tout entière de ses sentiments afin que le lecteur soit à son tour ému et captivé. Ainsi s'explique que l'écrivain, chez qui les habitudes de métier sont devenues une seconde nature, finisse par ne plus s'émouvoir que pour des images fictives. Mais ce fait n'a rien de morbide ni d'exceptionnel et l'on constaterait, dans la sensibilité du médecin, de l'homme de loi, du professeur, des déformations professionnelles tout à fait analogues.

En somme, nous avons affaire, dans ce dernier cas, à un phénomène de systématisation des facultés émotionnelles. Elle est quelque peu déconcertante parce que les émotions apparaissent de coutume réfractaires à une pareille discipline. Il n'y a cependant aucun doute qu'on ne puisse, *dans une certaine mesure*, les rendre obéissantes. Le poète sait dompter ses puissances mentales les plus indociles, celles dont les autres hommes sont les esclaves, pour les assujettir à des fins littéraires. Il a domestiqué ses passions de façon à tirer parti de leurs énergies pour concevoir ses œuvres et les réaliser. Quand Gœthe, dans sa jeunesse, s'exerçait à se fortifier contre les agitations de son esprit, ce n'était pas pour atteindre à l'indifférence, mais pour ne ressentir que ces émotions seules qui fussent profitables à son travail. Le génie, c'est la mise en œuvre des puissances mentales, en partie maîtrisées, soumises, subordonnées. Il faut que le génie se crée lui-même en asservissant ses facultés au but hautain qu'il a entrevu. C'est cette idée que je trouve exprimée dans ces lignes de Flaubert, admirables par la ferveur ardente qui en émane : « Je me suis abîmé dans des gymnastiques sentimentales insensées. J'ai pris plaisir à combattre mes sens et à me torturer le cœur. J'ai repoussé les ivresses humaines qui s'offraient. Acharné contre moi-même, je déracinais l'homme à deux mains, deux mains pleines de force et d'orgueil. De cet arbre au feuillage verdoyant je voulais faire une colonne toute nue pour y poser tout en haut, comme sur un autel, je ne sais quelle flamme céleste... » (*Corr.*, III, 109).

J'ai tiré parti d'une phrase tout incidente de Bourget pour traiter à cette place de la systématisation des facultés émotionnelles. Il n'est point dans mes vues d'affirmer que l'écrivain puisse s'émouvoir à volonté et que son âme, comme sous le jeu d'un clavier, ressente les joies et les émois douloureux qu'il veut lui faire éprouver. Il faut toujours tenir compte que les émotions les plus profondes demeurent rétives et que le pouvoir de s'émouvoir s'atténue avec l'âge jusqu'au moment où il s'efface de façon entière.

De nombreux rapprochements sont apparus entre les procédés dont Bourget relate l'usage dans un roman publié sur le penchant de sa carrière et ceux que Gœthe employa dans un roman de ses débuts. Les procédés en somme sont identiques en leur fonds, seulement, chez Bourget, ils ont plus de rigueur et on y sent davantage la discipline.

Émile Zola est l'écrivain qui, de nos jours, présenta, à l'état le plus pur, le mode de création systématique.

Le livre récent de M. Massis : *Comment Émile Zola composait ses romans* renferme, dans ses premiers chapitres, des documents qui révèlent de quelle façon se constitua ou, pour mieux dire, comment Émile Zola établit sa propre personnalité. Il la forgea tout d'une pièce. Non que je veuille prétendre qu'elle fût artificielle. Nullement. Il y avait dans Zola l'étoffe d'un grand poète ; il avait un tempérament puissant et une vue des choses qui n'appartenait qu'à lui. Mais, pour créer sa personnalité, il a tiré parti de ces qualités selon des vues toutes préconçues. D'abord la figure de Balzac l'obsède. Il veut s'égaler à lui. En art, on n'égale quelqu'un qu'en faisant autrement. Il emprunte à Balzac l'idée d'écrire un cycle de romans et recourt à la science qui lui est contemporaine pour obtenir l'idée fondamentale sur laquelle le baser. Quand il eut, à l'âge de vingt-huit ans, ébauché dans ses grandes lignes le monument littéraire qui allait être l'œuvre de son existence presque entière, il se rendit chez l'éditeur Lacroix pour lui soumettre son projet.

Il n'est guère permis cependant de confondre la *Comédie humaine* avec les *Rougon-Macquart*. Ces deux œuvres appartiennent à des genres de conception différents. La conception, chez Balzac, fut spontanée et ce

n'est qu'après coup qu'il en prit conscience. La *Comédie humaine*, c'est l'image grandiose et tumultueuse
d'une époque entière, dans son passé dont les traces y
survivent, et dans son avenir qui sourdement s'y fomente. Zola, lui, se prescrivit dès le début un cadre
strict. Il est vrai que ce ne fut pas sans de larges licen-
ces et que, malgré sa discipline, il sut, dans ce cadre
si rigoureusement tracé, inscrire beaucoup de ses souvenirs et de ses impressions personnelles. Mais il demeure vrai cependant que, dès le début, la conception
des *Rougon-Macquart* est entièrement systématique.

Les personnages de Zola, dans ses premiers romans,
sont débordants de vie, quoique d'une vie purement
instinctive et passionnelle où la part du système est à
son tour considérable. Cette part s'accroît à mesure, si
bien que, dans les *Trois villes* et les *Quatre Évangiles*,
nous n'avons plus devant nous des êtres vivants mais
des entités animées.

Ici s'offre l'occasion de discuter la systématisation
dans la conception des personnages de roman.

Guyau, en passant, reproche aux personnages de Balzac d'être construits tout d'une pièce. Jamais, dans la
nature, ne so rencontreraient des caractères ainsi faits ;
au contraire un caractère se constituerait toujours de
résultantes plus ou moins variables et, tour à tour, des
tendances différentes et quelquefois opposées prédomi-
neraient en lui. Cela est vrai. Mais il ne faut pas oublier
que le romancier, pour faire agréer ses personnages au
public, doit tenir compte des préjugés du lecteur. Or il
considère, soit à tort soit à raison, l'unité du caractère
comme une des conditions de la vraisemblance. A mon
sens, il a raison. Dans la vie, nous attribuons toujours
à notre prochain un caractère constant, duquel nous
dérivons les mobiles de tous ses actes. Nous-mêmes,
au cas où nous nous saurions ondoyants et divers,
ne nous conférons-nous pas une certaine unité, fût-elle

illusoire? Nous pouvons nous apparaître divers en nous
comparant à nous-mêmes dans des moments plus ou
moins éloignés, mais nous ne le sommes jamais naturellement dans un même instant. Mais encore l'aspect
de vraisemblance d'un personnage ne dépend pas seulement de la justesse de la peinture mais du relief avec
lequel il nous est montré. Or rien n'aide plus à ce relief
que la prédominance d'une passion. Il y a des hommes
qui ne vivent que pour un but qu'ils ont prescrit à leur
vie et aucune manière de vivre n'est plus intense que
celle-là. On ne peut pas interdire de faire figurer de
tels caractères dans un livre. Les personnages de Mirbeau sont conçus sur le modèle de ceux de Balzac, et
il n'y en a, dans aucune littérature, d'aussi vivants
qu'Isidore Lechat dans *Les Affaires sont les Affaires.*

Les personnages de Balzac sont loin d'être créés selon
un système. L'écrivain, chez eux, a fait saillir certains
sentiments, certains traits mais ce sont, de surcroît, des
êtres de chair en qui le sang circule et bout, en qui les
appétits fermentent. A la lecture, ils nous donnent le sentiment physique de leur présence, et, dans la suite, c'est
un peu comme s'ils continuaient à appartenir à notre entourage. Qu'à la vue d'un inconnu, dans la rue, nous pro-
noncions le nom d'un personnage balzacien, que nous
disions: c'est un père Goriot, un Gobseck, une cousine
Bette, une madame Marneffe, c'est là un témoignage plus
probant que tout autre. Mais il existe encore un signe
d'une évidence sans conteste et le voici : quand un personnage de roman incorpore en lui l'âme du poète ou
seulement une parcelle, il suffit, le personnage est vivant.
Car l'émotion, si petite qu'elle soit, est pareille à ces
parfums pénétrants dont quelques grains suffisent à tout
imprégner. Certes le système pourra intervenir, mais
son rôle n'aura pas été essentiel ; il n'aura fait que
coordonner les éléments du caractère et prêter aux
puissances intimes qui le régissent des dehors plus

apparents de vérité. Or quiconque a lu Balzac a saisi
que ses personnages ne sont que des formes exaltées
dont il a revêtu les innombrables aspirations de son
âme. Ainsi il n'y a, chez lui, d'être qui ne possède une
parcelle de son âme ; et cette âme avait une luxuriance
de vie telle que cette parcelle suffisait à animer toute
une existence. Non, le héros balzacien, qui n'obéit
jamais qu'à des mobiles internes, n'a aucune ressemblance avec ces personnages si communs dans les romans qui journellement paraissent et dont les attitudes,
les gestes, sont commandés par des tringles et des ficel-
les que quelqu'un caché derrière la toile, l'auteur, tient
entre ses doigts.

En disant que le héros balzacien obéit toujours à des
mobiles internes, j'ai mentionné le critère le plus certain auquel se reconnaît qu'un personnage de roman
ou de théâtre est vivant. Pour en démontrer la portée, il
suffit de mettre en parallèle les personnages des *Moralités* du moyen âge et ceux des comédies de mœurs de
Molière. D'une part, nous avons des pièces dont les
personnages sont de froides allégories représentant
quelque vice ou quelque vertu : Amour, Charité, Faux-
Semblant, Malebouche, Franchise. Ce sont des figures
découpées dans la tôle, raidies dans la même posture
presque toujours et *qui se meuvent au gré de l'entité qui
servit à les dénommer.* Mais passons de Faux-Semblant
à Tartuffe, et de dame Mondanité à Célimène, et nous
constatons que, chez Molière, un papelard, une co-
quette sont tels parce que telles sont les manières d'être
qui découlent de leur tempérament. Ces vices, comme
un élément subtil, pénètrent leurs sentiments, soit qu'ils
les changent, les attisent ou entrent en conflit avec
eux. L'écrivain n'a pas conçu abstraitement une passion pour la revêtir ensuite d'un emblème humain, mais
il a conçu des hommes chez qui cette passion intervient
comme une force intérieure et constitue un élément

modificateur de tous les autres sentiments. Malgré leur unité foncière, toute la diversité de la vie se révèle dans ces personnages de Molière, tandis que les figures des *Moralités* n'ont jamais qu'une identique manière d'être.

Dans les derniers romans de Zola, pour en revenir à lui, nous découvrons la facture des *Moralités*. Les héros et les héroïnes se réduisent à des entités. Il ne s'agit plus d'êtres vivants mais de grandes idées : l'amour, le travail, la pensée libre, la bourgeoisie, le clergé. C'est à peine si sa virtuosité encore survivante et un talent fait, à cette heure, de plus d'habileté routinière et même de souvenirs que de génie, parviennent à animer d'un souffle ces vastes et vagues fantômes. Il y a, dans *Travail*, à la page 109, un repas dont les convives sont indiscutablement des entités, rien d'autre. Ils acquièrent une valeur d'emblème et leur être se perd dans l'ampleur de l'idée qu'ils représentent. Zola lui-même a écrit dans *Travail :* « C'était en elle qu'il aimait le peuple souffrant, c'était elle qu'il voulait sauver du monstre. Il l'avait prise la plus misérable, la plus outragée, si près de l'avilissement, qu'elle était sur le point de tomber au ruisseau. Avec sa pauvre main que le travail avait mutilée, elle incarnait toute la race des victimes, des esclaves donnant leur chair pour l'effort et pour le plaisir. Lorsqu'il l'aurait rachetée, il rachèterait avec elle toute la race. Et délicieusement elle était aussi l'amour, l'amour nécessaire à l'homme, au bonheur de la cité future. » En écrivant de telles lignes, Zola trahit son procédé. Il s'en sert de propos délibéré et, craignant que le lecteur ne s'en avise pas de lui-même, il insiste et dit tout au long ce qu'il aurait dû laisser pressentir et même s'efforcer de dissimuler au moyen de tous les subterfuges possibles. Ceci est de la systématisation toute pure et je prends ici le mot dans son sens dépréciant.

Le Dr Toulouse, qui a le plus complètement étudié Zola, a publié, dans les colonnes du *Temps*, au

lendemain de la mort du grand romancier, une étude où
est mise en relief la systématisation du travail littéraire.
Le Dr Toulouse, en psychologue, voit dans cette systématisation le stade le plus élevé auquel puisse atteindre
l'esprit dans son développement. J'ai déjà dit ailleurs
combien ce point de vue est erroné.

Chez Zola, disait le Dr Toulouse, les fonctions intellectuelles s'exerçaient dans le sens d'une finalité consciente.
L'attention volontaire était très intense... Lorsque Zola
ne voulait plus observer, dans la rue, en visite, son attention tombait... La mémoire de Zola avait la même propriété.
On pouvait la comparer à un appareil photographique
qui, armé, est capable de saisir les objets avec la plus
grande netteté et qui autrement ne peut rien fixer.
Lorsque Zola préparait un livre, tous les faits utilisables
dans son œuvre s'enregistraient aisément, s'ordonnaient
d'eux-mêmes en des groupements méthodiques et, par des
affinités très fortes, étaient enfin retenus selon leur importance. Et, au moment de la composition, les images
des objets avec leurs couleurs et leurs formes, leurs odeurs
mêmes revenaient en foule et dans des arrangements systématiques... En dehors de cet état de tension de la mémoire
volontaire, l'esprit du romancier ne fixait plus ou mal.
Zola ne se préoccupait pas de retenir des faits pour
une œuvre déterminée. Quand il préparait la *Terre*, il
s'occupait des paysans, mais aucune observation sur les
militaires ou les financiers ne l'aurait intéressé. D'autres
romanciers au contraire notent des paysages, des physiono-
mies, des gestes, de courtes histoires, qu'ils exhument un
jour de leurs papiers pour les piquer dans un roman.
En ce sens, toutes les fonctions psychiques se ressem-
blaient chez Zola. L'imagination notamment était tout
aussi systématique. On sait que Zola posait d'abord les
idées générales qu'il voulait illustrer ; et c'était par des
déductions qu'il créait les personnages qui devaient les
représenter. Mille faits alors surgissaient dans son esprit
qui venaient s'organiser dans ce système et donner une
vie intense à ces abstractions philosophiques.

Cette qualité, l'affinité des images dans un but logique, était prépondérante chez Zola. C'est elle qui, se développant progressivement, caractérise le mieux l'esprit adulte, la mentalité de l'homme civilisé, l'intelligence normale. Elle canalise les processus psychiques, fait servir les forces intellectuelles en diminuant l'effort mental et les déchets, est la base d'un caractère homogène et permet à la volonté d'agir dans un sens défini.

Par ce côté, il se rattache à tous les grands créateurs, qui ont été des esprits systématiques, aux efforts patients et nettement éclairés dans leur but. Hugo et Balzac, pour ne parler que des littérateurs, ont montré dans leurs œuvres la même organisation cérébrale. L'esprit primesautier et inégal dans l'inspiration que l'on accorde aux artistes ne paraît pas incompatible avec les grandes forces créatrices qui agissent plus uniformément.

Cette mentalité particulière explique l'œuvre entière de Zola et sa vie aussi. Il a systématisé en littérature les tendances réalistes de la philosophie d'Auguste Comte et de Taine. Il alla jusqu'au bout de ce système en créant le roman d'observation intégrale, voulant étudier expérimentalement l'hérédité morbide sous ses mille aspects, ne reculant devant aucune audace d'observation et de documentation.

Il y a beaucoup de choses justes dans ces pages quoiqu'il convienne d'exprimer des réserves. Le Dr Toulouse a trop pris à la lettre les dires de Zola lui-même. Il n'existe et ne peut exister aucune œuvre littéraire qui soit « d'observation intégrale » et nous discuterons ce point dans le chapitre suivant. On ne peut non plus parler en art d'expérience en donnant à ce mot le sens qu'il a dans la science. En regard de ce qu'écrit le Dr Toulouse, il suffit de placer ces deux passages empruntés à M. Massis : «Émile Zola n'a pas l'observation naturelle et spontanée. Il part toujours d'une idée générale et préconçue (p. 326). » Et, deux pages plus loin : « Or si l'observation d'Émile Zola n'a rien d'un naturaliste, sa documentation n'a rien d'un savant: scrupuleuse jusqu'à la manie, abondante jusqu'à la prolixité, elle est le plus souvent sans portée et superficielle... » Et ailleurs, souligné par l'auteur: « *Zola, encore que suffisamment documenté, invente plus qu'il n'observe.* » Et c'est heureux pour Zola et pour nous, qu'il en ait été ainsi.

Mais, poursuit le Dr Toulouse, Zola n'eut pas seulement ce don de supériorité intellectuelle. Par les luttes de sa volonté, il fut d'un haut enseignement pour le psychologue, le médecin l'éducateur. On a dit souvent que l'homme était un esprit servi par des organes. Cette formule paraissait plus vraie lorsqu'on observait Zola. Cet esprit systématique se faisait, par le simple raisonnement, une ligne de conduite souvent opposée à ses instincts, et il la suivait, soutenu seulement par l'idée du devoir qu'il s'était fixé.

Cette ténacité dans l'effort vers un but qui lui paraissait logique, Zola l'employa dans toute son activité.

Zola était très émotif, ainsi que je l'ai mis nettement en lumière dans mon enquête. Ses réactions émotionnelles avaient une grande force et des tendances désordonnées. Très timide, il redoutait particulièrement de parler en public, et l'idée d'avoir à prononcer quelques paroles dans une réunion le mettait dans un état de véritable angoisse... Or la connaissance qu'il avait de ses défauts ne le faisait pas dévier de ses projets... Mais toute cette émotivité réellement morbide laissait intacte son intelligence, toujours pondérée, lucide et parfaitement équilibrée. Ce sont, comme je l'ai dit dans mon livre, des esprits de ce genre qui ont le plus contribué à répandre comme une vérité cette hypothèse que l'homme est maître de ses actions.

Tel est, sans tenir compte des jugements littéraires qu'il appartient de reviser et sauf que la systématisation poussée à l'extrême, comme ce fut le cas chez Zola, n'est point le témoignage d'une intelligence arrivée à son *optimum*, cette qualité ne provenant que de la plénitude et de l'équilibre des activités mentales et nullement de leur asservissement à l'une d'elles, à part ces réserves, l'étude du Dr Toulouse donne de manière bien complète un exposé de la systématisation dans ce qu'elle est en soi et dans ses effets sur les activités de l'esprit.

Edgar Poe, dans un de ses *Essais*, a fait, sans que ce fût son dessein, l'exposé de la systématisation. Il relate de quels procédés il a fait usage pour écrire le *Corbeau*; il érige ces procédés en règles qu'il voudrait voir suivies par tout poète. Ce faisant, il obéissait au penchant qu'a chacun d'ériger en lois ses façons de penser et d'agir. Je ne tiendrai donc pas compte de ces conseils et je retoucherai aussi quelques points où Poe a mis de la complaisance à s'abuser, après quoi nous disposerons du plus complet exposé de la systématisation qui ait été fait.

Dans *The Philosophy of composition*, il dit : « Nothing is more clear than every plot, worth the name, must be elaborated to its *dénouement* before anything be attempted with the pen. It is only with the *dénouement* constantly in view that we can give a plot its indispensable air of consequence or causation, by making the incidents and especially the tone at all points, tend to the development of the intention (1). » Poe ne dit pas qu'il faille commencer le plan de l'œuvre par le dénouement, ce qu'il a fait peut-être lui-même dans ses *Histoires extraordinaires*, ma   qu'*après coup* l'écrivain doit raccorder les épisodes à ce dénouement de sorte qu'il ap-

1. Il est évident que tout récit digne de ce nom doit être élaboré jusqu'à son dénouement avant qu'on prenne la plume. Ce n'est qu'en ayant constamment en vue le dénouement qu'on peut donner à un récit son indispensable logique, en faisant que les incidents et spécialement le ton tendent en tout point au développement de l'intention.

paraisse comme leur seul aboutissement concevable.
Ailleurs, dans *The Poetic Principle*, où il envisage spécialement les principes fondamentaux de l'art poétique,
il a en effet donné lieu de croire, si on ajoutait foi à
ses dires sans les soumettre à la critique, que ses
poèmes sont le produit d'un procédé appliqué de façon
méthodique et avec la froide (cool) rigueur d'un calcul:
« We must be cool, calm, unimpassioned », écrit-il. Soit,
je veux bien concéder que Poe ait été « unimpassioned »
en écrivant le *Corbeau*, car c'est de ce poème si vibrant
d'un amer désespoir qu'il s'agit dans l'exposé de Poe.
Mais cette insensibilité résulte seulement du divorce qui
s'établit nécessairement entre l'homme et l'artiste. L'artiste a été « unimpassioned », il n'a sans doute été qu'un
froid sertisseur d'images uniquement préoccupé de son
travail ; mais l'homme, l'amant de Lenore, avait auparavant souffert jusqu'en ses fibres les plus intimes et
c'est, dans la détresse de son abandon et de sa solitude, qu'il a, sinon conçu son poème, du moins éprouvé
le sentiment qui en fait le fonds. Voilà le point essentiel
que Poe néglige de nous dire, non qu'il voulût le dissimuler, mais parce qu'il lui semblait oiseux de le faire.
Il parlait uniquement comme artiste, comme ouvrier,
oubliant que c'était à l'homme que l'artiste était redevable de la matière qu'il mettait en œuvre, et que d'autres, sans une telle matière, en appliquant les procédés
qu'il enseigne, n'auraient abouti qu'à de vains résultats.
Donc Poe a souffert. Après il a voulu exprimer son
deuil et, dès ce moment, soucieux seulement de ce dessein, il a médité et médité froidement quels étaient les
moyens les plus efficaces pour arriver à ce but. Mais il
ne lui suffisait pas d'exprimer son chagrin, il avait un
but plus malaisé à atteindre et qui exigeait un complet détachement d'avec soi-même : il voulait faire
éprouver aux autres hommes sa souffrance comme si
elle eût été la leur. Il fallait qu'en leur âme la plus

profonde ils ressentissent la mort de Lenore comme si Lenore avait été leur amante à eux et qu'ils l'eussent perdue. Et Poe, « calm, cool, unimpassioned » cette fois, recourt à des procédés dont il fut le premier à user et qui atteignent à une intensité prodigieuse. Il se sert du symbole et de moyens suggestifs qui s'entr'aident et, de la sorte, accroissent leur ascendant jusqu'à fomenter dans l'âme du lecteur une funèbre épouvante. Le corbeau est là, perché, et sa voix monotone et sourde vient du monde des morts; au long des strophes, les syllabes lugubres reparaissent et retentissent comme un glas de cloches. Poe a deviné les occultes ressorts à même de mouvoir l'âme et le secret des plus intimes frissons. Mais là où il est suspect de se targuer d'un mérite qu'il n'eut point, et c'est de ces sortes de mérites que l'homme est le plus porté à s'enorgueillir, c'est quand il dit: « It is my design to render it manifest that no one point in its composition is referrible either to accident or intuition... that the work proceeded, step by step, to its completion with the precision and rigid consequence of a mathematical problem (1). » M. Paulhan, en traitant cette matière, exprime cette juste réserve. « Si Poe a cherché un effet en écrivant son poème, il en a cherché un autre en en racontant la genèse. » Point de doute en effet qu'il n'y ait de l'apprêt dans ce récit. Poe avait un procédé, une « manière » qu'on retrouve dans *Ulalume*, mais nous sommes bien loin, dans ces poèmes: le *Corbeau*, *Ulalume*, d'œuvres accomplies de la même façon qu'eût été résolu un problème de mathématique.

M. Paulhan, dans son ouvrage sur l'invention, a rap-

---

1. Je tiens à rendre évident que pas un point dans cette composition ne dépend du hasard ni de l'intuition, que l'œuvre s'est développée pas à pas jusqu'à son achèvement avec la sûreté et la logique d'un problème mathématique.

proché fort arbitrairement à mon sens le procédé de
Zola, le procédé de Poe et celui de Sardou. Le procédé
de Zola nous est connu déjà, également celui de Poe.
Voici celui de Sardou. Quel est, s'est demandé Sardou,
un jour qu'il était à la recherche d'un sujet de pièce, le
sacrifice le plus grand dont un homme soit capable ?
Parmi maintes réponses qui auraient pu s'offrir, Sardou
préféra celle-ci : Ce serait, pour un homme qui aurait
découvert que sa femme le trompe avec un compagnon
d'armes, de pardonner à l'ami félon dans l'intérêt d'une
cause commune. Sardou déduit alors l'époque, les événements, les circonstances. Dans cet enchaînement qu'il
établit, il y a, avec le procédé dont nous a parlé Poe,
une ressemblance de nature à induire en erreur et, du
dehors, les errements, de part et d'autre, ont tout l'air
d'être les mêmes. Mais il y a cette différence fondamentale que Poe, dans le *Corbeau*, a exprimé une douleur
précédemment ressentie, tandis que Sardou, dans *Patrie*,
car c'est de cette pièce qu'il s'agit, a pris un thème
arbitraire. En habile « carcassier », il dresse le « man-
nequin » de sa pièce avec une dextérité qui n'est pas
sans mérite, mais un mérite d'une qualité assez médiocre.

Jamais on ne devrait faire usage d'un document en
esthétique sans l'avoir préalablement soumis à la critique. Si M. Paulhan avait agi de la sorte, il aurait constaté qu'aucun rapprochement n'est possible entre des
œuvres de Zola, de Poe et de Sardou.

Il faut donc qu'à la source de l'œuvre gise un sentiment personnel. Lui seul anime l'œuvre, lui donne sa
vie émouvante. Ce sentiment personnel existe chez Zola,
en dépit même de sa doctrine documentaire qui tendait
à le bannir du roman. Il existe avec plus d'évidence
encore chez Edgar Poe. Il est absent chez Sardou : son
procédé relève du mode de production artificielle dont
je parlerai tout à l'heure.

L'INSPIRATION. — Malgré qu'il doive sembler le contraire, elle est susceptible aussi de subir une systématisation.

Par de longues expériences sur soi-même, étant parvenu à discerner les circonstances les plus propices à son labeur, tout écrivain est en état de les susciter aussi souvent et aussi longtemps qu'il lui plaît. L'inspiration, c'est-à-dire ici l'aisance du travail, car il ne peut s'agir que de celle-là, étant généralement un signe de santé mentale, devient à son tour l'effet de l'hygiène mentale. Il convient que, dans cette matière, chaque écrivain se règle selon ses propres vues; mais quelque différents que soient les moyens que chacun d'eux met en usage, ils se ramènent tous à tirer parti de la cérébration inconsciente ou bien à réduire le travail à ne plus être qu'une habitude. Souvent ces deux moyens sont employés concurremment.

Voici en quoi consiste la cérébration inconsciente. Un enfant, le soir, s'efforce d'apprendre de mémoire une fable, mais sans y parvenir. Il se rebute et se couche. Le matin, à son réveil, il est tout étonné de pouvoir réciter sa fable sans peine. C'est que le sommeil, probablement, répara les forces épuisées du cerveau qui, la veille, ne pouvait ni évoquer ni rassembler les idées tandis que maintenant son pouvoir d'association a été ravivé et les idées, fraîches et puissantes, jaillissent sans contrainte. Il se présente des cas plus compliqués encore. Un mathématicien, le soir, tâche de résoudre un problème mais en vain. Il s'endort, préoccupé. A son réveil, la solution lui vient tout à coup et comme par miracle. Ainsi il est à croire que les éléments du problème se sont agencés pendant la nuit et se présentèrent au réveil dans un rangement tel que la solution s'en dégageât d'emblée. Il m'importe peu d'approfondir de quelle façon les phénomènes se produisent; il est un fait, c'est que des écrivains surent les mettre à profit.

Ils préparent, le soir, leur besogne, revoient le plan des pages à écrire et, le lendemain matin, la page a pris forme, les idées d'elles-mêmes se rangent et se traduisent sans effort. Ainsi faisaient Victor Hugo, Michelet, Zola.

Mais le plus efficace pour un labeur fécond est la régularité. Ce qui épuise dans le travail et ce qui nécessite un immense effort, c'est le démarrage, le coup de collier du début, pour lequel il faut, pour ainsi dire, bander ses muscles et ramasser toutes ses énergies. La régularité du travail épargne cet effort. Toute sa vie, Victor Hugo se leva à sept heures, puis il se mettait à écrire, debout, la prose ou les vers qu'il avait médités la veille au cours de sa promenade quotidienne. Balzac, levé à minuit, buvait du café noir, puis, revêtu d'un froc de moine, écrivait d'une traite jusqu'à midi. Zola s'asseyait chaque jour à sa table pour abattre la même somme de travail.

Dans de telles circonstances, une habitude toute-puissante s'établit. Le cerveau, au même moment de la journée, se trouve secrètement sollicité au labeur. Il s'adapte si parfaitement à sa besogne journalière qu'il l'accomplit sans fatigue presque, et certainement sans épuisement. Il arrive de la sorte à ressembler à ces organes à activité régulière tel que l'estomac qui sécrète ses sucs à des moments précis de la journée et qui, selon l'heure, ne peut bien digérer qu'une certaine sorte et une certaine quantité d'aliments. L'estomac normalement ne se fatigue jamais à moins qu'on ne trouble sa routine. Il peut en devenir tout à fait de même du cerveau.

En somme ce que j'appelle ici systématisation revient à amener au moyen d'un régime approprié, les conditions physiques favorables au travail. Ces conditions varient selon les individus. Il y a aussi quelque dépendance entre la nourriture et le travail cérébral. Il pa-

rattrait que Mᵐᵉ Michelet variait les repas de son mari
selon le genre de travaux auxquels il était occupé. Je
note qu'au Congrès de l'Alimentation à Paris, dans la
séance du 23 octobre 1906, le professeur Hallopeau re-
commandait de s'adonner au sommeil après le repas du
soir, pour se réveiller lorsque la digestion est entièrement terminée et se mettre ensuite au travail. Or, à ce
régime précisément, Balzac s'astreignit. Peut-être par
instinct découvrit-il cette règle qui devait, à la longue,
être la plus favorable aussi aux vastes et immenses travaux auxquels il s'était attelé.

La systématisation du travail est-elle recommandable
pour l'écrivain?

A mon sens, non. C'est en somme un régime bien
déplorable que celui qui conduit l'écrivain à n'être
qu'un bœuf de labour traçant sans répit un sillon à
côté d'un autre sillon. Un des travers de notre époque
est d'honorer exagérément le travail, et de n'estimer en
lui que la durée et la persévérance. Le manouvrier ne
peut tirer de la machine et de la terre un rendement
qu'en travaillant sans répit. La qualité de son travail
n'entre pas en compte. Au contraire, l'artiste et le penseur doivent s'apprécier non d'après la masse, mais
d'après la qualité seule de l'ouvrage qu'ils produisent.
On fait grand tapage parce qu'un écrivain a publié une
pile épaisse de volumes. Qu'importe si ces volumes sont
médiocres ou si seulement le quart le sont. Il conviendrait plutôt de mettre à sa charge le temps qu'il a fait
perdre à ses lecteurs. Attribuer du mérite à la somme
de travail d'un artiste, c'est assimiler sa besogne à la
production industrielle. Il est vrai que les conditions
de la vie moderne contraignent la plupart des écrivains
à industrialiser leur production. Est industriel tout travail tendant à produire rapidement le plus grand nombre possible d'objets, appropriés aux goûts du public.
Or n'est-ce pas une déchéance quand un romancier s'ef-

force de produire rapidement, et donc mal, des œuvres faites pour plaire à la clientèle, et donc médiocres?

Il serait temps de réagir contre un tel préjugé. En art, il existe une sorte de paresse féconde. Elle consiste dans une vie contemplative dans laquelle l'âme, éprise de secrètes ferveurs, absorbe en elle les spectacles de l'univers, où elle vibre sourdement à l'unisson des rumeurs que fait gronder le monde. Et tous ces matériaux qu'à son insu elle amasse en elle, elle les élabore ensuite en œuvres. La seule règle de vie que l'écrivain devrait se prescrire serait de sauvegarder avant tout son indépendance morale et ses loisirs, de veiller qu'il ne dût jamais, pour quelque intérêt que ce soit, surtout pas pour un intérêt d'argent, écrire contre ses sentiments, sa pensée ou même contre son envie. Le régime de travail tel que se l'appliqua Émile Zola et qu'il recommanda est néfaste. Il amène le délayage des idées et l'avilissement de la langue et du style. Il convient que l'écrivain, sous les dehors d'une apparente oisiveté, vive ardemment, se garde une âme constamment adolescente et, après de longs intervalles, s'attache à des œuvres qui, toutes petites qu'elles soient, seront, ainsi qu'une pierrerie, un ramassement prodigieux de lumière et de splendeur.

CHAPITRE II

I

J'ai incidemment et à plusieurs reprises traité le mode de production artificiel. L'homme de génie en fait maintes fois usage pour les parties secondaires de ses œuvres. Il arrive aussi qu'au déclin de sa carrière, ainsi que le cas se présenta pour Victor Hugo et pour Zola, un écrivain, dont les sources d'émotion sont taries, recoure à son insu et de bonne foi, en croyant suivre encore ses anciens errements, à des procédés artificiels : la seule différence entre eux et les modes naturels étant que l'élément émotionnel a disparu.

L'écrivain qui applique les modes naturels crée pour obéir à un penchant impérieux de son esprit, sans plus.

L'écrivain qui applique les modes artificiels produit généralement ses ouvrages dans un but de lucre ou de vanité.

Les personnages d'une œuvre due aux modes naturels sont des centres de forces. Ils incorporent en eux l'âme ou une parcelle d'âme de leur auteur et les événements résultent du jeu des énergies que les personnages représentent.

Les personnages d'une œuvre due au procédé de production artificiel ne sont agencés que pour se conformer aux exigences de la fiction. La raison de leur existence n'est pas en eux, mais dans les événements du drame.

L'auteur a eu d'abord dans l'esprit la suite des péripéties ou les épisodes de sa thèse, puis il a confectionné,
tout d'une pièce, les personnages dont les rencontres
amènent ces péripéties ou démontrent cette thèse.

Le désintéressement, dans le sens habituel qui se donne
à ce mot, est un des caractères de la création naturelle
que j'ai précédemment négligé de signaler et il constitue une des différences les plus marquantes avec la
production artificielle. Il est une des conséquences des
mobiles purement émotionnels ou affectifs qui se trouvent à l'origine de l'acte de création. L'écrivain écrit
uniquement pour se satisfaire lui-même et ne recherche
que son contentement intime.

Ainsi Diderot, malgré que, pauvre, il dût vivre de sa
plume et qu'il rédigeât sans scrupules des prospectus
pour de la pommade, des sermons et ce plat au gros sel
gaulois que sont les *Bijoux indiscrets*, sut par ailleurs
sauvegarder son indépendance. Pour le seul plaisir de
se donner, il travaille aux livres des autres ou bien, satisfait de s'être pleinement exprimé et sans désirer plus,
il conserve dans ses papiers ses œuvres les plus belles :
la *Religieuse, Jacques le Fataliste*, le *Neveu de Rameau*.
Pêle-mêle, plus tard, on les retrouvera; certaines s'éga-
rèrent et sortirent un jour on ne sait d'où. « Dans ma
situation actuelle, ce n'est plus l'ambition, écrivait en
1850 Wagner à Liszt, mais le désir de faire plaisir à mes
amis en me révélant à eux qui fait naître en moi le désir de produire : dès que j'ai contenté ce désir, je suis
heureux et complètement satisfait. » (*Op. cit.*, t. I, 64.)
« Maudit soit le jour, s'écrie Flaubert, où j'ai eu la fatale idée
de mettre mon nom sur un livre ! — Sans ma mère et
Bouilhet, je n'aurais jamais imprimé (*op. cit.*, 3e sér., 226). »
Et ailleurs encore, dans une lettre à sa nièce : « Oui, tu
arriveras si tu fais ce qu'il faut pour cela, c'est-à-dire
cracher *a priori* sur le succès et ne travailler que pour
toi. Le mépris de la gloriole et du gain est la première

marche pour atteindre au beau, la morale n'étant qu'une partie de l'esthétique mais sa condition foncière. Dixi(1).»
Élémir Bourges, en tête de son admirable livre : *Les Oiseaux s'envolent et les fleurs tombent*, inscrivait cette phrase de Julien : « Bien moins habile que le célèbre Isménias, mais comme lui, indépendant de la faveur des hommes, je me promets qu'à son exemple, je chanterai toujours selon le dicton : Ἐμοὶ καὶ ταῖς Μούσαις — pour moi et pour les Muses. »

Donc le génie, dans son travail, n'obéit qu'à la poussée de son sentiment intime et, dès qu'il y a cédé, il est complètement satisfait, ainsi que le disait Wagner. Le besoin de mettre ses contemporains dans la confidence de l'œuvre qu'il a créée n'est que fort secondaire. Voilà une sorte de fait qui valait d'être relevé, tellement il apparaît opposé à la croyance commune. Volontiers on se figure qu'une œuvre littéraire a été produite uniquement pour être publiée. On ne se doute pas que précisément celles-là qui sont les plus belles, les plus durables, les seules aussi qui valent d'être mises en compte, furent écrites sans que l'auteur se préoccupât d'autre chose que de s'exprimer soi-même et de se plaire.

Mais les servitudes de la vie qui accablent le poète ne lui permettent pas toujours ce labeur désintéressé. Pour poursuivre un tel travail, hautain et solitaire, il importe d'avoir un courage ou, pour user du mot le plus approprié, une honnêteté sans cesse vigilante.

L'artiste probe en lutte avec les misères et les duretés de la vie puise un réconfort tout-puissant dans son orgueil, et surtout dans un sentiment inné et mal explicable qu'on retrouve avec insistance dans la Correspondance des grands artistes : que l'unique et seule raison de vivre, pour eux, est de célébrer leurs rêves, leurs visions intimes, et l'image qu'ils se sont faite de la vie,

---

1. *Lettres à ma nièce.* Revue de Paris, nᵒ 23 (1905), p. 623.

laquelle n'est elle-même qu'une image magnifiée de la part la plus belle de leur âme. Quand des nécessités impérieuses viennent battre en brèche ce sentiment et sans cesse l'assaillir, il en résulte un conflit, dans lequel le plus robuste orgueil peut être contraint de capituler. Les lettres de Wagner à Liszt offrent le tableau douloureux et admirable de ces luttes du génie avec la nécessité.

Le désintéressement est le signe *moral* par lequel la création naturelle se distingue de la production artificielle. La morale est même tellement la condition foncière de l'esthétique, comme le disait Flaubert, qu'un mobile intéressé suffit à pervertir une œuvre, même eût-elle pour auteur un écrivain de génie. Je touche ici à la question si importante des rapports entre la morale et l'art, que je me réserve de traiter dans le livre suivant.

Le procédé auquel recourut Sardou pour composer *Patrie* est l'exemple le plus net du procédé artificiel.

« Sardou s'est demandé quel est le plus grand sacrifice qu'un patriote puisse faire à son pays et à cette question, il a trouvé la réponse suivante : c'est que cet homme, blessé dans son honneur conjugal, renonce à sa vengeance et pardonne, parce qu'il comprend que l'amant de sa femme est indispensable à son pays. Ceci posé, M. Sardou a déduit toutes les conséquences de cette situation : il a cherché quels sont les événements qui devaient se passer avant et après la scène capitale. D'abord, il a imaginé une conspiration pour délivrer le pays de ses oppresseurs et il a fait, des deux hommes, des conspirateurs. Puis il s'est demandé dans quel pays et à quelle époque il placerait son action pour la faire mieux valoir, et il a longtemps hésité promenant sa pièce de Venise en Espagne; finalement il a choisi les Flandres au moment de la domination espagnole. Il a trouvé là le milieu favorable... Puis, pour rendre la femme plus coupable et plus odieuse, il en a fait une délatrice; c'est elle qui dénonce la conspiration. On le voit, il a procédé par raisonnements successifs, pour tirer toutes les conséquences possibles de la situation qui a été son point de départ... Chez M. Sardou, concluent MM. Binet et Passy (1), le procédé de travail, autant que nous avons pu en juger, conserve toujours la même nature psychologique; c'est le raisonnement; et quelque étonné qu'on puisse être de trouver un pareil mot en pareil endroit, il est bien certain que c'est avec du raisonnement que M. Sardou conduit une pièce depuis le point de départ jusqu'à l'œuvre complète. Il a bien raison de comparer cette idée de pièce à un problème en équation... si pour résoudre l'équation, il ne suit pas positivement les règles fixes que l'algèbre formule, il procède toujours en imaginant les événements les plus probables, les plus vraisemblables qui peuvent conduire à la situation qu'il imagine. »

Ce cas représente de la façon la plus frappante le mode de production artificielle. Je ne veux pas dire qu'il n'y ait pas d'autres procédés. Et effet tout moyen, quel qu'il soit, aboutissant à constituer un roman, pièce de théâtre, poème sans que l'auteur y ait été sollicité par son émotion ou ses sentiments est tributaire du mode artificiel.

Ce qui donne à ces différents procédés leur qualité artificielle, ce ne sont pas tant les opérations mentales qui les constituent, mais la nature des éléments mis en œuvre. Si Sardou avait véritablement éprouvé le tourment de son comte de Risoor ; si, dans la vie, il s'était vu dans la nécessité douloureuse de surmonter son ressentiment et de pardonner à un ami félon malgré les emportements de la colère et de la jalousie, et si, ensuite, en artiste soucieux de reproduire ce combat

_____

1. *Études de psychologie sur les auteurs dramatiques. Année psychologique*, I, 64-65. Cité par Paulhan. *Psychologie de l'invention*, p. 54 et 85.

il avait recherché, ainsi que le fit Edgar Poe, la fiction
la plus propre à exprimer de façon intégrale ce qu'il
avait éprouvé, alors nous nous trouverions en présence
du mode de création systématique. Le tort des psychologues comme Binet, Passy, Paulhan, en commentant
de pareils cas, est de se préoccuper seulement du mécanisme de l'opération, quand, en art, c'est la nature des
éléments dont il importe surtout de tenir compte.

Comment se fait-il pourtant qu'une œuvre comme celle
de Sardou, obtenue grâce à une recette de métier, parvienne
au premier abord à en imposer? C'est que l'imprévu des
vicissitudes tient l'esprit du spectateur en suspens et
l'attrait d'assez bas aloi qu'il ressent lui donne le change.
Les péripéties le tiennent en haleine et, victime d'un
subterfuge qui ne se révèle guère du premier coup, il
se figure sincèrement que ce sont les personnages qui
l'intéressent. A la relecture, les lacunes et les faiblesses
d'une telle œuvre ne manquent pas de ressortir. D'emblée il apparaît alors que les personnages ont été construits pour répondre à une fin préconçue. Les événements ont été posés d'abord et c'est dans le dessein de
les amener avec une apparente nécessité que les personnages furent mis sur pied. Dans la vie, dans la réalité,
les hommes représentent des centres de forces — et ce
fait se constate aussi dans les œuvres créées selon le
mode naturel. Ils ont leurs penchants, leurs passions,
d'où émanent leurs actes. Les événements résultent du
conflit de leurs sentiments exaspérés ; et ce sont ces
sentiments, dans lesquels nous découvrons une source
inépuisable d'émotion et avec lesquels nous pouvons
incessamment confronter nos propres sentiments, qui
sont l'élément le plus important, et je dirais même le
seul facteur d'intérêt de l'œuvre, tandis qu'un événement, quel qu'il soit, nous laisse indifférent. Les pièces tributaires du mode artificiel trahissent immanquablement leur faiblesse quand on les voit une seconde

fois sur la scène. La trame étant connue et les héros n'étant que des pantins, l'œuvre étale à nu ses misères. Ayant assisté à la *Tosca* en province, je fus remué profondément et j'éprouvai ce que j'appellerais, dans ce cas-ci, le cauchemar tragique. Ayant revu la pièce à Paris avec Sarah Bernhardt, et donc dans les conditions les meilleures, le drame me laissa absolument froid. Par une rencontre assez singulière, Jean Lorrain, le lendemain, dans une de ses *Pall-Mall*, notait combien peu la pièce avait réussi à le toucher.

Le théâtre s'accommode mal des procédés naturels. Les nombreuses exigences qui lui sont inhérentes constituent autant de finalités auxquelles les auteurs sont obligés de conformer leur œuvre. De là, généralement, chez les personnages, l'absence de toute vie intérieure. La nécessité d'un dénouement, résolvant les conflits de la pièce selon les préjugés du public beaucoup plus que d'après la logique des faits et des caractères, bannit toute peinture vécue. D'autre part, ces règles permettent à ceux qui se les assimilèrent et qui ont quelque esprit et du tour de main, de produire des pièces passables. Lorsqu'on lit n'importe laquelle des nombreuses pièces qui paraissent, sauf celles de Fabre, d'Henry Bataille, de Devore, on reconnaît que tout y a été machiné en vue de deux ou trois scènes capitales dans lesquelles l'intérêt du drame se concentre. Les épisodes secondaires ne sont imaginés que pour amener des rencontres ou pour ménager des sorties. Quand un dramaturge a une personnalité, elle a peine à s'accommoder de la livrée qu'il doit revêtir et des mêmes séries de gestes que le protocole scénique lui impose.

Il peut se faire que l'idée générale d'une œuvre soit personnelle; mais que l'auteur se soit servi de procédés artificiels pour l'affabuler. J'ai parlé précédemment du *Mauvais désir* de Muhlfeld. L'idée fondamentale était personnelle et résultait apparemment de sentiments éprouvés. A la lecture du *Mauvais désir*, il n'est pas nécessaire d'être averti pour remarquer que les personnages et les épisodes n'ont été conçus que pour la mise en lumière de l'idée. La première scène, chez l'avocat, a pour dessein d'établir le genre de rapports entre Renée et son amant, Florent Cauzel. Ils voudraient s'épouser, mais des circonstances d'une occurrence assez rare le leur interdisent. Ce chapitre rappelle les procédés de théâtre où l'auteur veille que les personnages coupables de quelque manière ne le soient jamais qu'à leur corps défendant et conquièrent, en dépit de leurs fautes, l'indulgence du public. Ensuite chaque chapitre tend à mettre en relief la jalousie de Florent. Il est jaloux du garçon de magasin aunant à sa maîtresse la dentelle qu'elle achète, jaloux du nouveau venu qui, dans un salon, s'éblouit tout à coup de la beauté de Renée et s'éprend d'elle, jaloux du collégien qui l'interpelle, du cocher qui la conduit, du médecin qui l'ausculte. Ces chapitres sont nécessités par le besoin de montrer cette jalousie sans cesse en éveil et que le moindre prétexte ravive. Il est, pour le roman, nécessaire que Florent s'absente. Florent sera donc diplomate, puisque seul un diplomate peut se voir, contre son gré, envoyé à l'étranger. Mais s'il était riche, il sacrifierait sa carrière à son amour : Florent sera donc un diplomate pauvre. Le roman comporte aussi certaines doctrines qu'il fallait exprimer ; Muhlfeld invente un M. Mortimère qui remplit, dans le livre, le rôle d'un Desgenais.

En présence d'une telle œuvre, la tâche de la critique est délicate. Il s'agit d'établir si les idées personnelles, qui ont servi à constituer l'idée générale, ont trouvé ensuite, dans la fable du roman, le moyen de se traduire dans une meilleure ordonnance et plus pleinement que ce n'eût été le cas avec aucun autre procédé. Alors nous serions en présence de la systématisation normale, laquelle consiste à passer des idées particulières à la synthèse, d'où plus de condensement et d'ampleur, puis de repasser de la synthèse aux idées particulières, d'où, pour elles, un rangement logique qui accroît leur intensité à chacune d'elles. Ou bien, tout au contraire, aurions-nous affaire à une idée d'emprunt, qui, en se traduisant dans les différents chapitres, n'a été pénétrée d'aucune émotion personnelle? Dans ce dernier cas, l'ouvrage relève du procédé de production artificielle.

Soit une œuvre qui, sans aucun doute, a été conçue et accomplie selon les modes naturels et dont même le caractère personnel apparaît avec évidence. S'il s'y trouve un ou plusieurs personnages de premier plan dans lesquels l'écrivain a incorporé ses sentiments, il y en aura probablement d'autres aussi, des comparses, ne revêtant, dans le déroulement du drame, que des rôles secondaires. De tels comparses sont inévitables dans toute œuvre dont l'action a quelque ampleur. Ils sont inventés pour répondre à des nécessités d'ordres divers et mis sur pied en vue d'amener certaines péripéties. Ils ne peuvent être que tributaires du procédé artificiel. Cela ne fait aucun tort à l'œuvre même. Ces comparses n'occupent qu'une place sans intérêt. Il importe peu qu'ils nous émeuvent ou non.

La Tompkins, dans les *Frères Zemganno* représente un personnage de cette nature. « Enfin le tour, disait Edmond de Goncourt dans son *Journal*, longtemps irréalisable par des impossibilités de métier serait trouvé. Ce jour-là, la vengeance d'une écuyère, dont l'amour aurait été dédaigné par le plus jeune, le ferait manquer. Bien entendu, la femme n'apparaîtrait qu'à la cantonade. » Il fallait que Gianni devînt invalide. Un banal accident n'eût-il pas tout aussi bien fait l'affaire? Non, car il y a, en nous, une tendance à ne pas admettre l'intervention du hasard dans la vie. Nous supposons une cause évidente à tous les faits, à tous les actes qui s'accomplissent dans notre entourage. Il y a là un travers d'esprit qui se manifeste surtout dans les jugements de la foule. Ainsi une mort subite, dès que cette mort met en jeu des intérêts, apparaît aussitôt un crime caché, un empoisonnement. Instinctivement, Edmond de Goncourt, qui adresse son livre au public, tint compte de ce travers. Il suppose donc que l'accident est dû à la vengeance d'une amoureuse évincée. Il pourrait étonner que Gianni n'eût pas de maîtresse et n'en voulût pas dans un monde où cependant les mœurs sont faciles. C'est à quoi répond le chapitre LII. Immédiatement après, Goncourt introduit la Tompkins. Son caractère est établi fort maladroitement. Entraîné par son penchant pour le pittoresque qui, dans le cas présent, ressemble à du saugrenu, Goncourt, pour montrer les ressorts qui meuvent l'âme de l'écuyère, invente des circonstances qui n'ont d'autre but que de nous faire trouver plausible le crime dont la Tompkins se rend coupable dans la suite.

Voilà donc un cas où nous constatons que, dans ces parties-là dans lesquelles les sentiments personnels de l'écrivain ne sont pas engagés, les procédés artificiels peuvent être de mise. Ils le sont généralement et de façon tout à fait légitime. L'art consiste à les dissimuler.

Un des phénomènes les plus singuliers que présente la littérature du dernier siècle, c'est que toute une école, avec une sincérité qui, jusqu'à un certain point, appelle des réserves, ait érigé en doctrine un procédé nettement artificiel : il s'agit de l'école naturaliste prônant le roman documentaire et expérimental. L'historien qui, un jour, se prescrira la tâche d'étudier l'école dont Zola s'est fait le chef aura à dissiper bien des malentendus et à distinguer entre ce que furent les œuvres — en qui, avec une franchise à laquelle les pires partis pris ne réussirent pas à nuire, s'exprimèrent les tempéraments des différents écrivains — et ce que furent les doctrines, en somme étrangères aux œuvres malgré qu'elles prétendissent les régir et dans lesquelles s'amalgament les idées les plus disparates, les plus erronées, idées de seconde main, idées adoptées pour en imposer à un public bénévole, peu apte à les juger.

Brunetière a fait le procès de l'école naturaliste et, quoiqu'il n'y ait aucun de ses reproches qui ne soit fondé, sa sentence cependant est injuste. Il a apprécié les œuvres selon la doctrine : or les œuvres valaient mieux que la doctrine. Aujourd'hui, le recul du passé permet de se faire une notion plus exacte des choses. Le document chez les Goncourt, chez Maupassant, au fond si classique, chez Daudet, chez Zola lui-même, est de l'ajouté, de l'accessoire. Ils en exagérèrent le rôle parce qu'ils trouvaient quelque bénéfice à flatter les manies scientifiques du siècle. Ils exploitèrent le goût positiviste, dans le mauvais sens du terme, de leur époque, parce que l'art a toujours besoin de composer avec les travers du public pour trouver accès auprès de lui. Et ils furent crus sur parole, chose étonnante, par les hommes de science, qui prouvèrent par là qu'ils étaient assez dénués de sens critique, et par des disciples qui, à leurs débuts, ne surent pas distinguer le fonds de l'apparence et prirent, pour des articles de foi, ce qui n'étaient que des phrases réclamières. Mais une doctrine, en art, a beau être contestable, il ne s'en déclare heureusement d'effets que chez ces hommes-là qui n'ont pas de génie. Quiconque est marqué pour devenir un grand écrivain peut subir quelque dommage d'une doctrine erronée, il trouve, dans son naturel, une sauvegarde qui le préserve des excès et des faux pas.

Le document est aujourd'hui une exigence. Il ne s'agit donc pas de le proscrire. Au temps de Shakespeare, le public ne se préoccupait guère du décor, et il lui suffisait qu'une pancarte lui désignât l'endroit où se passait la scène. Si, actuellement, on représente *Othello*, il faut qu'on nous montre Venise dans toute la fidélité de son

aspect, avec son canal, ses palais dorés et moisis. Un
souci d'exactitude, un respect pour les événements accomplis interdit à un écrivain d'animer d'idées qui sont
siennes les figures consacrées du passé, ainsi que se le
permit Alfred de Vigny dans *Cinq-Mars*. Nous récla-
mons, outre la vérité des sentiments, la vérité des détails. Pour écrire son *Éducation sentimentale* (1869),
Flaubert, malgré que ce roman fût une part de sa propre
existence, dut, parce que les faits se situaient en 1848,
reconstituer tout le détail de cette époque. Ainsi le document peut légitimement servir à la mise en scène d'un
roman. *Mais un romancier se trompe s'il croit qu'en
aboutant des documents, il pourra mettre sur pied un
personnage, faire vivre un être.*

Zola se l'est figuré de bonne foi et il s'est trompé. Les
brusques progrès que les sciences de l'esprit avaient
faits au temps de sa jeunesse l'avaient persuadé que la
science allait révéler tous les secrets de la vie, qu'il
n'aurait qu'à puiser dans les données qu'elle fournis-
sait, pour dépeindre les âmes avec une profondeur et
une vérité qui n'avaient jamais été atteintes. Hélas ! la
science ne fait qu'interpréter d'une façon approchante
les faits qu'elle étudie et, à chaque étape, elle dément
ou infirme ses solutions précédentes. En quoi l'art peut-
il donc tirer parti de la science ? Le poète trouve en
lui-même, sur les sentiments et les mobiles humains,
des notions infiniment plus justes que ne lui en pourraient procurer les livres. C'est dans les reflets innombrables et changeants que le monde projette dans le
miroir de son âme que le romancier doit puiser ses seuls
documents.

Le document est à sa place dans le roman de mœurs.
Qu'entend-on, il est vrai, par roman de mœurs ? Lorsque je cherche dans ma mémoire, je ne puis y trouver
aucun titre d'un roman qui soit uniquement un roman
de mœurs. Toujours il existe, au premier plan, un per-

sonnage qui, pour mériter notre intérêt, doit être un caractère, c'est-à-dire un centre de forces. Ce personnage se meut dans un certain milieu dont la peinture constitue, par le fait même, une étude de mœurs. Pour donner à leur roman un attrait nouveau, des romanciers ont cherché à nous décrire des milieux sociaux encore ignorés. C'étaient comme des terres inconnues dans lesquelles ils menaient leur lecteur afin de plaire à sa curiosité. Aussi fallait-il là des documents, et les plus nombreux, les plus exacts possible. Ainsi les Rosny, dans *Marc Fane*, dans *Nell Horn*, nous ont décrit certains côtés ignorés de la vie populaire de Paris et de Londres. Tout roman est, en quelque mesure, dans son second plan, une peinture de mœurs, tandis que le premier plan est occupé par un ou plusieurs caractères. Le document ne doit servir qu'au décor et à la mise en scène du roman.

Dans les romans de Zola, par un intervertissement singulier, le décor est animé d'une vie occulte et prestigieuse, tandis que les personnages sont des créatures sans autres volontés que celles que leur suggèrent les circonstances momentanées. Aussi n'y a-t-il de procès plus injuste que celui que fit Zola à Stendhal, au sujet de la scène du parc dans le *Rouge et le Noir*. Un être tel que Julien Sorel n'a pas à subir l'emprise de l'entourage. Pour lui, le milieu n'a pas d'existence. Le seul qu'il faille mettre en compte est le milieu mental, qui se constitue de l'ensemble des pensées, des sentiments, des espérances, des volontés. Pour le décrire, ne sauraient servir que des documents ou, pour mieux dire, des données d'ordre psychologique que le romancier ne peut puiser que dans sa propre âme à lui-même.

Aucun écrivain d'ailleurs n'a le sens qu'il faut pour faire convenablement usage des documents. Il s'abuse trop volontiers pour en apprécier la valeur exacte. Tandis que l'homme de science a pris la coutume de se

défier de soi, le romancier, qui n'est jamais qu'un poète
repenti, par un penchant de sa nature, est tenté, au
contraire, d'être très tôt satisfait non tant des certitu-
des qu'il a acquises que des figures que son esprit a
édifiées au moyen de quelques données arbitraires.
Quand Zola, à Rome, déclarait : « Je tiens mon pape... »
il a dit, sans prêter sans doute au mot la valeur que je
lui attribue : *mon* pape... Sous l'ascendant de la Ville
Éternelle, du spectacle de ses palais, de la pompe vati-
cane, il sentit faire corps des idées préconçues qu'il
avait sur Léon XIII. Il fut persuadé que sa figure du
pape était dûment documentée quand elle n'était qu'in-
ventée.

Le document, lorsqu'il est le fruit des recherches personnelles de l'écrivain, présente moins d'inconvénients,
parce qu'il porte en soi la marque des préférences du
romancier et qu'il reflète, par l'une ou l'autre de ses qualités, les goûts particuliers qui arrêtèrent sur lui le choix
de l'auteur ; mais le document dégénère fatalement en
document livresque et, ce qui est pis, en document mé-
dical.

Chez les écrivains qui n'avaient pas l'envergure de
talent des Goncourt, de Zola, de Maupassant, mais qui
empruntèrent à Zola sa doctrine, celle-ci devait revêtir
un aspect beaucoup plus fidèle à elle-même. Ils l'acceptèrent dans toute sa rigueur et l'appliquèrent scrupuleusement en bons élèves qu'ils étaient.

Sa minute d'arrivée (de Servaise), disent les Rosny dans
leur roman de mœurs littéraires : le *Termite*, coïncida
avec le surmenage de la méthode : le but, pour lui et cent
autres, fut de descendre dans les boyaux de la basse vie,
de disséquer les microbes sociaux, d'assécher la phrase
et de fuir avec horreur la finalité du but. Ce travail, qui
pouvait prêter à des développements infinis, ils le bornè-
rent à la hâte, refusant toute enquête qui dépassât la surface, tout fait absconse, toute induction. Inconsciemment,

ils descendirent à un code où le charme fut interdit, les situations amères ou triviales, la constatation rigoureusement matérielle...

Aussi, en Servaise, comme un clou formidable, perpétuelle, obsessionnelle, grandit l'idée de la note, la vie prise telle quelle, la vérité de la vision, de l'ouïe et de l'événement respectée en idole ; le tourment de se supprimer la réflexion et la transformation ; la recherche d'un absolu documentaire. Ce fut l'élimination d'abord, puis la colère, puis la haine profonde contre toute conception constructive (le choix même devenant un objet de suspicion), mais surtout l'abolition du noble, du généreux, du beau dans l'évolution des êtres évoqués, une tendresse à n'admettre aucun vrai *hors le terre à terre*. Et non seulement il détesta l'intrusion des idées générales, mais il eut une rancune égale pour la description, même *documentaire*, d'un cerveau un peu compliqué, d'une personnalité intellectuelle autrement que par manies et par haines.

Tous les écrivains qui adhérèrent, dans l'aveuglement de leurs débuts, à ces procédés éprouvèrent bientôt que cette doctrine était en conflit avec les penchants inhérents à leur talent. Un homme écrit sous l'ascendant d'un sentiment et dans le dessein de l'exprimer, or, ici, il fallait se soustraire à ses sentiments et traiter sa matière avec un entier détachement. Certes ni Goncourt, ni Zola, ni Daudet, je l'ai dit et le répète, n'agirent de la sorte ; mais les disciples interprétèrent la doctrine au pied de la lettre et même, pour témoigner du zèle, y mirent quelque outrance. Aussi de 1880 à nos jours, l'histoire du roman consiste dans un mouvement où chacun des écrivains, Huysmans, Rosny, Paul Margueritte, Bourget, Bourges, Paul Adam, sans aucun mot d'ordre et chacun en suivant ses propres voies, réagit contre le roman documentaire ou déterministe. Ce dernier terme est le plus exact, car l'école de Zola n'a fait, à sa manière, qu'appliquer à la littérature les

principes du déterminisme, en vertu de ce parallé-
lisme qui toujours se manifeste entre la littérature d'une
époque et la philosophie régnante. C'est par suite d'un
déterminisme rigoureux que les personnages étaient
dénués de caractère; le caractère suppose l'action libre
et toute liberté est exclue du déterminisme.

En somme, est artificiel tout procédé par lequel un
auteur, sans rien mettre de soi et par des moyens appris,
contrefait une œuvre d'art véritable. Si, à cela se réduisait le rôle des procédés artificiels, ils fussent demeurés
étrangers au plan de cet ouvrage; mais l'homme de
génie à son déclin y a souvent recours à son insu quand
il continue à produire par routine. D'autre part, j'ai fait
ressortir que les procédés artificiels sont légitimement
de mise dans les parties accessoires d'une œuvre. Aucun
écrivain, surtout aucun écrivain dramatique, ne saurait
s'en priver pour toutes ces parties secondaires de l'œuvre qu'il doit faire concorder soit avec l'action principale, soit avec certaines exigences inhérentes au genre,
C'est à la critique, aidée des lumières que les études
psychologiques lui fourniront de plus en plus abondamment, à déterminer la part qu'eurent les procédés
naturels et les autres dans la production de l'œuvre, et
à apprécier si l'écrivain y a eu recours dans de légitimes mesures.

LIVRE TROISIÈME

LES

PROBLÈMES DE L'ART ET DE LA BEAUTÉ

CHAPITRE I

Par les pages qui précèdent, nous connaissons, dans les divers aspects de son activité, l'agent essentiel de tous les phénomènes esthétiques. Que le lecteur dispose d'une certaine souplesse inventive de l'esprit et il peut, dès maintenant, déduire quelles sont les qualités que possèdent les œuvres d'art et quels effets l'activité du génie produit dans la société. J'ai d'ailleurs dû, à quelques reprises, sinon aborder ces effets et apprécier ces qualités, du moins laisser pressentir ce qu'ils étaient. Dans les anciens errements de l'esthétique, c'étaient l'Art et la Beauté qui constituaient le seul but des études. Ils ne m'apparaissent à moi que des faits seconds, dont la connaissance résulte d'une simple déduction dès que nous savons ce qu'est le génie, car tout se résume en lui, tout découle de lui, tout s'explique par lui.

L'écrivain a produit une œuvre. L'exposé détaillé que nous avons fait nous a appris par quels phénomènes l'œuvre s'engendre et parvient à son terme. Il n'y a aucun des aspects de l'œuvre, aucun de ses caractères, aucune de ses qualités, du moins je me le persuade, dont nous n'ayons établi l'origine et la portée. L'artiste l'a écrite seulement pour satisfaire à un penchant affectif et pour traduire, dans son intégrité, sa personnalité. Maintenant l'œuvre existe. Dès ce moment, elle a son propre destin. Jusqu'ici elle n'était qu'un produit, désormais elle devient, à son tour, un agent.

Je puis envisager d'abord son action soit sur l'homme pris isolément, c'est-à-dire l'impression de beauté qu'il subit quand il prend connaissance de l'œuvre d'art, soit sur la communauté.

Ces mêmes phénomènes dont l'œuvre est le point de départ dans le milieu social, je puis les considérer dans la succession des siècles et étudier, de la sorte, quel rôle constitutif l'art a rempli dans la société.

Enfin le public n'apprécie pas seulement l'œuvre pour ses qualités de charme; il voit en elle, à tort ou à raison, un agent pouvant nuire ou du moins dont les effets ne sont jamais indifférents à l'existence de la société. Ici se pose le problème des rapports entre l'art et la morale.

CHAPITRE II

Toute œuvre renferme en soi des facteurs capal...s de susciter dans l'esprit du lecteur ces mêmes sentiments, ces mêmes images, ces mêmes idées qui occupèrent l'âme du poète quand il conçut son ouvrage. Par des effets exactement concertés, le lecteur ressent précisément ce que le poète voulait qu'il éprouvât. Le poète a déposé dans ce livre ses émotions les plus profondes et elles passent dans l'âme du lecteur. Dans son poème, en admettant qu'il soit un tel chef-d'œuvre, il a renfermé son âme entière : cette âme s'impose au lecteur et devient son âme à lui.

Donc les sentiments esthétiques qu'éprouve le lecteur ont un contenu identique au contenu de l'œuvre d'art. Les deux représentent une égalité. Le lecteur, momentanément, adopte la personnalité du poète avec l'ensemble des sentiments, des images, des idées qui la composent. Mais, chez le lecteur, cette personnalité n'est qu'un phénomène adventice. L'âme spécieuse, qui par le prestige de l'art s'incarne en lui, demeure étrangère. Les images qu'il conçoit ne sont, pour lui, que de vaines apparences auxquelles il n'accorde qu'une réalité fictive tout en croyant à leur vérité.

Comment le lecteur s'éprend-il d'une œuvre d'art au point que les sentiments qui s'y expriment supplantent les siens et que la personnalité du poète devienne, pour un bref moment, sa personnalité à lui ? L'étude des subtils prestiges, par lesquels l'homme tombe presque à son corps défendant et toujours à son insu sous un tel ascendant, Paul Souriau l'a faite dans son beau livre la *Suggestion dans l'art.* Je ne connais pas d'analyse mieux conduite ni plus juste. Il n'en existe pas qui exigeât plus de tact et de délicatesse de jugement. J'ai prétendu que l'esthétique élémentaire avait un domaine distinct de l'esthétique proprement dite. Je ne veux point me dédire, mais je dois, pour ce qui regarde la littérature, exprimer quelques tempéraments. En effet, dans un tableau ou un morceau d'orchestre, la couleur et les sons peuvent s'envisager à part, indépendamment des rapports qui les unissent et des sentiments qu'ils servent à exprimer. Le timbre, le rythme sont susceptibles d'une étude particulière. Au contraire, en littérature, le mot ne peut se considérer en tant que son, séparément du sens qu'il a. Le rythme du vers n'est rien sans le vers. Les moyens suggestifs font partie intégrante de l'œuvre et sont une qualité même de sa texture. Paul Souriau a soumis ces moyens à une étude approfondie et il a su — et c'est là, à mon sens, son grand mérite — dans une exacte mesure apprécier leur rôle et leur importance.

Pour que le lecteur subisse l'ascendant de l'œuvre, il faut qu'il ait foi dans la réalité de son contenu. Aussi Paul Souriau s'occupe précisément des facteurs, qui, en agissant sur l'esprit condescendant — et j'insiste sur ce dernier mot — du lecteur, l'amènent à cette persuasion. J'ai déjà, à plusieurs endroits du livre précédent, commenté cette réalité illusoire, une des qualités essentielles de l'œuvre, sans laquelle il n'est possible que nous soyons émus. Mais, ailleurs, j'ai dit aussi que ce n'est que du moment que l'homme est ému qu'il accepte comme réel l'objet qui a produit son trouble ; car nous ne jugeons jamais de l'existence des choses que par les sensations et, à plus forte raison, les émotions qu'elles suscitent en nous. On objectera que si tel est, le phéno-

mène esthétique court le risque de ne jamais se manifester puisque l'émotion et la croyance à la réalité, les
deux facteurs primordiaux, sont deux termes dont chacun suppose l'autre comme antécédent. Aussi disais-je
que Paul Souriau étudie l'action des facteurs élémentaires sur l'esprit *condescendant* du lecteur. Lorsque
quelqu'un ouvre un roman ou bien prend place dans
une salle de spectacle, il se dispose à accueillir comme
vraie la fable dont il va se divertir. Ensuite seulement
l'émotion intervenant, il est, malgré lui, captivé tout
entier. Il verse des larmes sincères pour des aventures
que d'abord il savait imaginaires, qu'il accepta comme
telles, mais qui, maintenant, le troublent autant que le
feraient des faits réels et qui ne s'en distinguent plus à
ses regards.

Dans les modes de création, nous avons vu que l'écrivain, pour créer une œuvre à même de vivre, devait y
inscrire ses émotions, ses sentiments, ses idées. S'il manquait l'un des éléments, surtout l'émotion, l'œuvre par
sa froideur et sa sécheresse, ou, dans l'absence d'idées,
par son peu de conséquence, ne serait pas à même de
solliciter l'intérêt de manière durable. L'émotion et
l'idée représentent les deux pôles de l'esprit. Les mêmes
phénomènes qui se produisent chez le poète sous l'occulte
poussée des forces qui constituent son génie et, pour
ainsi parler, spontanément, se produisent maintenant,
sous l'ascendant de l'œuvre d'art, chez le lecteur dont
l'âme est accaparée et vibre dans son intégrité à l'unisson des émotions, des sentiments et des pensées de
l'écrivain. De là, cette définition que Wundt a donnée, à
laquelle je me suis déjà référé et que je cite ici complètement :

Ils (les sentiments esthétiques supérieurs) sont le produit de la liaison des sentiments esthétiques élémentaires
avec des formes de sentiments intellectuels, sentiments

logiques, éthiques, religieux, tandis qu'en outre, des éléments importants, c'est-à-dire des sentiments sensoriels
et des émotions font partie de leur constitution. Puisque,
de cette manière, le sentiment esthétique implique en soi
tous les autres sentiments, il atteint, saisit notre vie de
l'âme tout entière. Une œuvre d'art achevée met à l'état
de tension notre sentiment logique, excite les sentiments
éthiques et religieux, engendre des émotions et des sentiments sensoriels, et, en qualité d'éléments constituants
essentiels, il s'y ajoute encore ces sentiments esthétiques
élémentaires qui proviennent de la liaison des représentations successives ou des parties d'une représentation
simultanée. Or, tous ces éléments excitent un sentiment esthétique supérieur seulement à condition qu'ils s'unissent
pour donner lieu à un effet total concordant et en même
temps plein de mesure.

Il n'y a pas de page qui définisse avec une pareille
justesse et un tel détail le sentiment de beauté. Il convient cependant de la compléter en rapportant ces sentiments à leur cause : l'œuvre d'art. C'est, parce que
l'artiste a manifesté en elle toutes les puissances de son
esprit, qu'elle est capable de susciter, chez le lecteur ou
le spectateur, le même ensemble d'émotions, de sentiments et de pensées. Et, pour qu'elle agisse de la sorte,
il suffit que, l'artiste ayant du génie, l'œuvre ait été de
bonne venue.

La beauté lui est ce que la santé et la force sont à
un être vivant. Aussi le procédé permettant de juger
des mérites d'une œuvre d'art ne consiste pas à la confronter avec une sorte d'image archétype, mais à constater si elle a toutes les qualités nécessaires pour survivre et triompher dans sa concurrence avec les autres
œuvres. Un être infirme ou monstrueux est redevable
de ses tares à quelque trouble qui arrêta ou fit dévier sa
crue. Il en est tout à fait de même de l'œuvre d'art, qui
est un produit naturel. Si rien, jusqu'au moment de son
épanouissement, ne lui porte atteinte, si elle répond aux

conditions d'existence qui lui sont imposées, elle est belle de ce fait même. La vraie critique n'a pas d'autre tâche que de retrouver dans l'œuvre la marche de son développement et à rechercher si aucune circonstance n'est venue à la traverse. Sainte-Beuve pratiquait cette méthode. Elle est particulièrement visible dans son étude sur *Werther* et j'y renvoie. Avec sa clairvoyance admirable, il a pénétré le génie de Gœthe et nous fait assister à l'élaboration intime de son œuvre, marquant l'endroit où, en lui donnant une terminaison contraire à la logique de sa croissance, Gœthe a compromis sa beauté.

Souvenons-nous des modes de création du génie. L'œuvre d'art est l'expression la plus complète de la personnalité de l'artiste. A cette condition-là, l'œuvre est belle. Il s'agit donc de retrouver, dans l'œuvre, les éléments de la personnalité avec les qualités qui leur sont inhérentes. C'est-à-dire que l'œuvre, en un système puissamment et rigoureusement coordonné, doit exprimer les émotions, les sentiments et les idées propres au poète qui la créa. Je me rencontre ici de façon entière avec la doctrine de Guyau, dans les *Problèmes de l'esthétique contemporaine*. Je distingue de la sorte trois éléments : l'émotionnel, le sentimental et le social, et, au besoin, l'intellectuel entre les deux derniers. Il va de soi qu'une œuvre étant donnée, on ne saurait décanter, si je puis dire, les trois éléments et les séparer l'un de l'autre car ils s'impliquent. Je ne les isole que pour la facilité de l'exposé.

L'émotion a une importance essentielle. Son absence suffit pour enlever à une œuvre toute sa valeur d'art. Les pensées les plus hautes et les mieux enchaînées si rien de personnel, d'intime, de convaincu ne vibre en elles, demeurent lettre morte. C'est en émouvant le spectateur que s'effectue le contact entre lui et l'œuvre et qu'il s'attribue les sentiments et les vues qui y sont contenus. Émus, nous éprouvons comme si elles étaient les nôtres les vicissitudes du héros. Mais je crois aussi que, pour être à même de ressentir cette compatissance, il faut disposer d'une sensibilité que tous les hommes n'ont pas en partage. L'art ne révèle pas ses jouissances à quiconque, et il faut une délicatesse de cœur particulière. Et, lorsque cette sensibilité existe, il faut encore la condescendance dont je parlais plus haut. J'ai constaté maintes fois qu'il suffisait d'une certaine présomption à l'égard d'un genre d'ouvrage pour empêcher des gens d'un goût délicat et exercé d'y découvrir aucun charme.

L'émotion une fois produite, elle nous aliène de nous-mêmes en suscitant dans notre être une âme nouvelle. L'ancienne est comme assoupie ou consent bienveillamment à se travestir. Mais ce changement complet et sincère n'est point profond et il cesse presque aussitôt que s'interrompt l'effet qui le produit. Je ne connais pas d'exemple d'un homme qui ait été tellement influencé par un personnage de drame ou de roman qu'il lui ait désormais conformé son caractère et sa vie. Et combien ne voit-on souvent, au théâtre, un public s'attendrir, applaudir de tout cœur à des scènes généreuses, à des doctrines, à des actes que, tantôt, dès qu'il aura quitté sa place, il ne manquera pas de condamner ou de juger ridicules s'il fallait les commettre dans la vie réelle. N'ayant qu'un lien fragile et momentané avec le moi véritable, les images que l'œuvre a évoquées s'effacent comme les images d'un songe au réveil.

Cette circonstance de l'émotion constitue en somme un heureux privilège. C'est grâce à elle qu'une œuvre a le don, à chaque lecture, d'enchanter à nouveau l'esprit. Relisant un roman que j'avais lu quelque huit

jours auparavant, je constatai que j'éprouvais un plaisir égal. En recherchant la cause de ce fait, je l'attri-
buai à la personnalité du style et à une qualité d'émotion toute particulière par quoi mon esprit était captivé.
Un tel sentiment de charme, tout exquis soit-il, ne
pénètre jamais qu'à fleur d'âme et c'est précisément sa
fugacité qui, ensuite, lui permet de renaître dans sa
primitive fraîcheur. Aussi, quand on dit d'une œuvre
qu'elle offre des beautés toujours nouvelles, il serait
plus exact de parler de beautés toujours renouvelées.

Il arrive, chez un grand nombre et peut-être chez le
plus grand nombre des lecteurs, qu'ils ne ressentent point
toutes les émotions que l'œuvre renferme, mais seulement quelques-unes auxquelles se dédient leurs préférences ou qui s'accordent avec la façon de sentir
qui leur est particulière. Ces personnes ne discernent,
dans le livre, qu'un certain côté entièrement secondaire,
mais offrant des rapprochements avec leur destinée, leurs
aventures ou leurs sentiments. Elles sont incapables de
s'assimiler le contenu intégral de l'œuvre, mais n'en
saisissent qu'une partie infime et travestissent le reste
à leur gré. Ceci est communément le cas pour les œuvres de ce temps, condamnées presque toutes, si elles
comportent un sens profond, à se voir mécomprises ou
comprises à demi. Seules les œuvres du passé nous
sont entièrement ouvertes. Des commentaires nous en
ont éclairé le sens; et la vie de l'écrivain, connue jusque
dans son intimité, projette sur l'œuvre une lumière qui
en dissipe les obscurités. Pour les œuvres modernes, il
n'en est pas de même. Cependant, si le jugement littéraire est souvent, le plus souvent même, incomplet et
erroné, il faut se garder d'en conclure que ce défaut
soit inhérent à sa nature même. Tout écrivain, du fait
des influences qu'il a subies, de l'influence qu'il exerce
autour de lui sur les esprits qui sont de sa parenté, est
toujours compris d'un groupe de personnes dont, à son

insu, il a interprété les sentiments et traduit la penséo. Souvent ce sont des inconnus, perdus dans la foule immense et obscure, frères d'âme à qui seuls il parle dans ses œuvres, qu'il chérit, pour qui il travaille, et à qui, en secret, il dédie son labeur.

Une fois ému, le lecteur est captivé, enchaîné par un charme. Il s'agit, dès lors, pour l'écrivain, de ne pas perdre l'ascendant qu'il a su acquérir sur le lecteur, mais, au contraire, de s'emparer davantage encore de son esprit, à se faire maître de son cœur et de son intelligence. Il importe maintenant que le lecteur soit amené, comme de son propre mouvement, à éprouver les sentiments et à concevoir les pensées que l'écrivain veut qu'il éprouve et partage. Ils doivent, à cet effet, être, avec les émotions, dans une dépendance logique des plus rigoureuses de manière qu'ils en soient la conséquence tout à fait inévitable. Le lecteur est tenu par le despotisme de la nécessité. Ici la complaisance ne peut plus avoir aucune part dans la sujétion qu'il subit, car rien n'est plus fragile, de plus courte durée que la complaisance; et c'est, malgré lui, ou du moins sans y condescendre à l'avance, qu'il doit assumer cette personnalité nouvelle dont l'œuvre lui offre l'image.

Par quelle qualité l'œuvre d'art s'imposera-t-elle au point de s'incorporer tout entière en des âmes étrangères ? Ce sera par la logique ; d'une part, la logique interne des éléments eux-mêmes, éléments émotionnel, sentimental, intellectuel ou social; ensuite par la logique avec laquelle ces divers éléments sont subordonnés l'un à l'autre. En effet, l'élément émotionnel a sa logique. Certaines émotions ne sauraient s'apparier; d'autres naturellement s'impliquent. Comme elles sont surtout dans la dépendance de sentiments, ce n'est pas tant entre elles qu'elles doivent concorder que chacune à part avec les sentiments auxquels elles sont liées. Leurs conflits et les influences des sentiments sur elles et inversement forment un enchevêtrement d'effets aboutissant à des résultats tels que la froide raison n'eût jamais pu les prévoir, quoi-qu'une raison suprême les ait régis, une raison qui leur est inhérente car, si le cœur a des raisons que la raison ignore, il en est également ainsi de chacun des éléments, même les plus subalternes, qui constituent notre personne morale. Le mécanisme de l'âme, surtout dans ses parties instinctives, ne s'apprend guère mais se devine; et ce ne sont que les plus grands parmi les poètes et les roman-ciers qui s'en sont montrés capables. Pourquoi Julien Sorel se prend-il à aimer Mme de Rénal après avoir tenté de la tuer et pourquoi l'aime-t-il alors plus pleinement qu'il ne le fit jadis au château de Verrières ? Pourquoi Frédéric Moreau refuse-t-il d'épouser Mme Dambreuse devenue veuve, quoiqu'un tel mariage dût être le cou-ronnement de tous ses projets ? Ces actes imprévus ré-sultent cependant naturellement du jeu profond et com-plexe des émotions. Il n'est pas possible, pour un romancier, d'énumérer tous les facteurs qui participent à de tels actes ni les alternatives qui se sont offertes. Cependant le lecteur, placé en présence de leur aboutis-sement, juge d'emblée si cette fin est conforme aux cir-constances du drame et au caractère des personnages.

Les qualités émotionnelles d'un écrivain se manifestent principalement dans son style. Elles surtout vivifient les mots, révèlent entre eux des rapprochements inat-tendus, créent des images. J'ai montré, dans le livre précédent, par quels agencements, accomplis dans les profondeurs les plus obscures de l'esprit, les images nais-sent et quels liens naturels doivent les unir.

Il est oiseux de définir ce qu'est, dans une œuvre lit-téraire, l'élément sentimental, ce terme se définissant par lui-même.

Une des qualités essentielles d'une œuvre est la nou-veauté ou tout au moins son apparence. Or l'humanité est vieille et, parmi les sentiments, il n'y en a aucun

qui n'ait été décrit à satiété. C'est à l'élément émotionnel, par sa fraîcheur, sa spontanéité, par une sorte de
charme qui lui est particulier, qu'il revient de donner
aux sentiments séculaires le relief de l'imprévu. Ce même
résultat peut s'atteindre en recourant à des facteurs de
nature sociale. En effet, les changements de la société
et du milieu, à chaque époque, rhabillent les sentiments
et les revêtent d'aspects nouveaux. Chaque école, en
littérature, a pu représenter différemment l'amour, et
ces images diverses dépendent des doctrines morales
qui ont cours, des rapports sociaux des hommes entre
eux, du plus grand bonheur qu'ils conçoivent. L'amour
a d'autres ressorts chez Racine, que chez les romanti-
ques et chez les réalistes. C'est que l'homme cartésien,
l'homme des drames de Hugo, l'homme enfin qu'ont décrit les réalistes, offrent des types appartenant, si je puis
dire, à des races mentales fort éloignées. De la sorte,
la littérature est en état de redécrire tous les cent ans
le répertoire entier des sentiments humains. Les grands
sujets de la littérature universelle, a dit Taine, peuvent
se refaire à certains intervalles.

Le facteur sentimental comporte aussi sa logique interne. Dans un roman, les personnages ne poseront
aucun acte qui ne soit la résultante naturelle des sentiments qu'ils éprouvent et des circonstances qu'ils subissent. La *Correspondance* de Flaubert révèle combien
il s'inquiétait de ménager la vraisemblance et soignait
les transitions entre les différents états de sentiment
de ses personnages. Dans la tragédie classique, ces
sortes d'exposés que sont en réalité les rencontres entre
les héros et leur confident n'avaient d'autre but que
de détailler les nuances des sentiments et les moindres
mobiles. Les analyses à la manière de Stendhal et de
Bourget constituent des exposés minutieux des diverses causalités qui régissent les vicissitudes sentimentales des personnages.

L'élément social vient en troisième lieu.

Lorsque, dans sa jeunesse, l'homme de génie s'assimile les idées de son temps, toutes, jusqu'aux plus opposées et jusqu'aux plus récentes, et, les soumettant à la discipline de sa pensée, crée une entente entre ces forces contradictoires et hostiles, il élabore par là l'élément social de ses œuvres. Mais tel est seulement le cas chez ces hommes de génie qui dominent leur temps. On n'en compte qu'un petit nombre par siècle; et leurs œuvres, profondes et de vaste envergure, demeurent comme des monuments de leur époque. Mais toute œuvre, pourvu qu'elle ait du mérite, renferme aussi un élément social quoique de moindre portée, car il est impliqué de lui-même dans l'élément sentimental et humain de l'œuvre. En effet, les sentiments quels qu'ils soient, outre qu'ils concernent la personne qui les éprouve, intéressent aussi la société. Ce sont eux qui nouèrent entre les hommes ces liens qui forment l'assemblage social. Des poèmes, qui même ne comporteraient que des sentiments strictement personnels, peuvent, après coup, acquérir un caractère social si, grâce au pouvoir persuasif de leur beauté, ces sentiments se propagent aux autres hommes. D'ailleurs toute œuvre d'art digne de ce nom traduit une personnalité, laquelle est, pour une partie, un produit de la société et du milieu où elle s'est développée.

Normalement, c'est de nos émotions et de nos sentiments que s'élaborent nos idées. Un être qui, en face du monde et de ses spectacles et dans son contact avec ses semblables, réagit différemment concevra ces rapports sous des aspects à lui particuliers. Lorsque les émotions et les sentiments d'une œuvre sont originaux, les idées le sont nécessairement. Mais l'inverse n'est pas toujours le cas. Un esprit peut adopter des idées nouvelles qui restent d'emprunt et ne changent point ses manières de sentir. Ainsi Mme de Staël rédigea des

romans d'une pensée extrêmement hardie, très en avance
sur leur temps, mais elle le fit dans un style et une langue qu'aucune qualité imprévue ne relève.

En somme, dans ces pages, je ne fais que dégager
quelques points de vue que j'ai déjà exposés à loisir
dans mes chapitres sur les différents modes de création.

Sommes-nous émus, avons-nous subi cet enchantement
qui nous enlève notre libre jugement ; les émotions, les
sentiments, les actes, les événements s'offrent-ils à nous
dans un enchaînement si rigoureux que nous ne sommes pas en état de concevoir qu'ils eussent pu s'offrir
différemment, alors le contenu de l'œuvre nous apparaît
une réalité, une réalité parfaitement semblable à celle
que nous constatons journellement ; cette œuvre vit ;
elle vit parce que c'est nous qui la vivons au moyen de
nos émotions, de nos sentiments, de nos pensées ; elle
vit, parce que nous nous sommes incorporés dans ses personnages et que leurs aventures, leurs souffrances, leurs
joies nous ont affectés aussi puissamment que si elles
étaient les nôtres. C'est en cela que réside le véritable
réalisme de l'œuvre d'art. Je me suis exprimé déjà à ce
sujet dans quelques pages du livre précédent en traitant
des modes de la sensibilité chez les écrivains. Ce réalisme est d'un aloi d'autant meilleur, d'un ascendant
d'autant plus sûr qu'il est dû à des moyens plus
simples et plus naturels. J'ai dit que, pour le roman
personnel, notre croyance à l'existence du héros était
acquise d'emblée et qu'il en découlait un avantage immense. Il en est de même lorsque cet acquiescement de
notre part nous est arraché par les qualités d'émotion
et de logique. Mais, lorsqu'il nous est en quelque sorte
extorqué par certains subterfuges dont l'inanité ne tarde
pas à se révéler, alors l'œuvre perd bientôt son attrait
usurpé. J'ai esquissé, en envisageant les modes de la
sensibilité, quelques-uns des artifices dont les diverses
époques se servirent, artifices sans cesse renouvelés à

cause du peu de durée de leurs effets. Le plus habile est de n'en pas avoir et d'être sincère et le plus complètement possible. Mais cette qualité, toute simple qu'elle soit, est la plus malaisée.

Cette réalité on y croit tout en sachant qu'elle n'est que mensongère. L'âme de l'homme est ainsi faite qu'il peut croire à des événements qu'il sait chimériques. Cependant j'ai observé, chez des personnes cultivées et d'un goût délicat, tellement l'œuvre qu'elles avaient lue avait su, par son charme, requérir l'assentiment de leur esprit, une croyance entière dans la réalité effective des événements et des personnages. Chez les gens du peuple, dénués d'esprit critique, cette foi est complète. A leurs yeux, la figure légendaire d'un héros a plus de vraisemblance que sa figure historique. Je me rappelle un médecin de ma connaissance qui avait, pour la désennuyer, prêté, à une femme du peuple qui devait garder le lit, une liasse de romans-feuilletons. A la visite suivante, il trouva la malade tout hors d'elle-même et indignée : « Je ne puis comprendre, s'écria-t-elle, que les policiers ne démasquent le meurtrier et s'acharnent à poursuivre un innocent. J'ai envie de crier : le voilà, arrêtez-le donc ? »

Nulle part je n'ai trouvé cette vie prestigieuse que l'art confère par sa magie, mieux figurée que dans une légende japonaise. Elle se conte à propos d'un « Choji », écran de papier peint qui est dans une des chambres de l'impératrice au palais de Tokio : « Pour plaire à sa souveraine, dit le récit, l'artiste, en quelques heures, fit le Tuji immaculé et la branche qui fleurit dans la vallée et, trait d'union entre les deux, le ramier aux ailes éployées. Seulement ce n'est pas vers le Tuji, ainsi que tu pourrais le croire, que l'oiseau prend son vol, mais bien à la poursuite d'une colombe qui fuyait vers le ciel ; et si tu ne vois point celle-ci sur le panneau d'or, c'est que le génie de l'artiste communiqua son souffle à l'oiseau et que, tandis qu'il donnait le dernier coup de pinceau à ses ailes roses, celles-ci vibrèrent et, par la porte entr'ouverte, emportèrent la colombe dans l'infini de l'espace. »

L'œuvre d'art nous subjugue, nous possède tout entier. Il n'y a pas, en nous, une seule faculté qui ne soit sous son empire : c'est cette emprise totale qui se manifeste à nous par le sentiment de beauté. L'esprit n'est pas à même d'évoquer d'autres sensations, d'autres images qui puissent contrebalancer ce qu'il ressent ou servir de mesure. Aussi le sentiment de beauté ne résulte-t-il pas, dans les cas les plus communs, d'un jugement. Juger c'est constater la conformité d'une œuvre avec certaines règles, certaines lois. Je la compare avec quelque modèle et je décide si elle s'y accommode ou non. Sans doute un critique agit-il ainsi. C'est qu'il se croit obligé de motiver l'appréciation qu'il donne. Mais il court le risque, de la sorte, de compromettre précisément ce qui est l'assise du sentiment esthétique : l'émotion, que la moindre préoccupation étrangère suffit à offusquer. Le cas du critique n'infirme donc pas ce que j'exposais plus haut. Pour se convaincre de la nature et de l'origine du sentiment de beauté, il suffit de se ressouvenir de ce qu'on éprouva en assistant à deux pièces également belles, mais d'un genre de beauté opposé, par exemple *Œdipe* et *Hamlet*. Assistons-nous à *Œdipe*, nous sommes tellement sous l'empire de ces scènes, notre pensée est à tel point accaparée, nos sentiments sont portés à un tel degré d'exaltation, que nous nous trouvons dans l'incapacité complète d'évoquer quelque image que ce soit qui puisse porter atteinte au trouble qui nous domine. Or nous partageons absolument la même sorte d'émoi au spectacle d'*Hamlet*. Nous oublions tout ce que nous avons éprouvé précédemment. Hamlet nous absorbe,

nous tient sous son despotisme. Le frisson qui émane de
lui occupe toute notre chair, toutes nos fibres, toute notre âme. Quoique les genres auxquels ces deux pièces
appartiennent soient tout différents, cependant il nous a
semblé que le sentiment qui nous surmontait était, dans
les deux cas, le même. Il l'était en effet. Chaque fois nos
forces étaient exaltées au plus haut point sans que rien
les limitât. Cette ivresse, cette plénitude de notre puissance, cette joie orgiaque qui transporte non seulement
nos sens mais nos facultés les plus nobles, c'est la jouissance d'art, c'est la beauté.

*Est donc beau ce qui nous apparaît incomparable, sans
égal parce que notre esprit est dans l'incapacité de se représenter un terme qui serve de définition ou de mesure.*

La difficulté vaincue et tout acte qui nous dépasse,
par analogie nous apparaît beau. Il en est ainsi dans
les jugements que nous prononçons dans la vie, par
exemple, en présence d'un tour d'acrobate et, à plus
forte raison aussi, en art. De là qu'une forme savante
et recherchée nous semble, dans une œuvre, un élément de beauté. Nous l'admirons et à bon droit pourvu
qu'elle ne fasse pas le seul mérite de l'œuvre et que,
secondaire de sa nature, elle n'occupe aussi qu'un rôle
subalterne. De là, en poésie surtout, ces formes compli-
quées, ces règles qui n'ont d'autre but que de mettre
plus d'obstacles à l'expression de l'idée et d'accroître
ses effets par la difficulté qu'il y avait à la rendre. Un
écrivain ne recourt à de telles ressources que lorsque
l'idée elle-même est pauvre et qu'il importe de pallier
ses insuffisances. D'où la prédominance de la forme au
déclin des écoles littéraires. Les idées et les sentiments
étant devenus plus rares, l'écrivain, pour suppléer à leur
absence, renchérit sur la langue et le style. Les résultats ainsi obtenus sont assez vains; car le lecteur, dont
l'esprit, à la lecture d'une telle œuvre, demeure insensible, ne s'en laisse guère imposer par le brillant des

mots. Il est persuadé qu'en s'y appliquant quelque peu,
avec de l'exercice, il arriverait à en faire autant.

Lorsque nous considérons, par exemple, un poème de
la Pléiade, sa forme, les sentiments qu'il exprime portent l'empreinte de l'époque lointaine où il fut conçu.
Une multitude de circonstances morales et sociales
absolument révolues, les conjonctures dans lesquelles
ces circonstances se sont rencontrées et l'influence
toute particulière qu'elles ont exercée font, de ce poème
dans lequel elles se reflètent, quelque chose d'unique.
Il ne ressemble à aucune œuvre qui l'ait précédé ou
suivi. Or cette qualité se manifeste à nous comme une
beauté. Il y a une certaine sorte de charme dans ces vers
en qui s'exprime une âme que nous ne connaîtrons plus.
Cette impression, ce n'est pas seulement tel poème du
xvie siècle qui nous l'inspire, mais toute œuvre ancienne.
Une statue de Madone, fruste et taillée dans un cœur de
chêne par la main d'un artisan pieux et malhabile,
porte en elle un sens que nous ne pouvons plus rendre ;
de là pour nous sa beauté précieuse. Ces œuvres sont
une résultante de forces et d'influences dont les valeurs
et les rencontres jamais plus ne se reproduiront. Cette
qualité spéciale de charme, pour des esprits qui y sont
très sensibles, peut prévaloir sur toute autre beauté. De
là à vouloir contrefaire cette grâce, qui n'est que le
travail des temps et comparable à la patine dont les siècles revêtent les statues et les tableaux, il n'y a qu'un
pas. C'est l'origine du pastiche. En France, l'école romane
tenta de donner des simulacres de Remy Belleau et de
Ronsard. Mais les poèmes dus à ces procédés n'ont eu
jamais qu'un charme laborieux et factice. Il est certain
que les poèmes de notre époque, où s'expriment, dans
la plus entière sincérité, nos sentiments, par exemple
les poèmes de Verhaeren, acquerront d'ici à quelques
cents années le même genre de charme qu'ont, pour
nous, les poèmes d'autrefois.

CHAPITRE III

L'art a rempli un rôle considérable dans l'établissement et le développement de la société. Comment en
pourrait-il être autrement? Le raisonnement des auteurs
qui se plaisaient à ne considérer en lui qu'une activité
superflue dont la société pourrait sans dommage se
passer apparaît absurde dans son énoncé même. Il
n'existe et ne saurait exister d'activités inutiles. Toutes
ont produit quelque effet qui contribua à former la
société dans son état présent ; et le concert dont la société actuelle est la résultante faillirait par l'absence
d'un seul de ces facteurs. Ils engendrent des effets qui
interviennent à leur tour comme des facteurs nouveaux,
et notre état social est comparable à un réseau où aucune maille ne saurait se rompre sans que l'ensemble
ne soit compromis.

Pour nettement concevoir l'importance de l'art, le
rôle qu'il revêt et combien d'activités s'embranchent à
lui, nous devrions évoquer un monde d'où l'art fût
absent. La chose est peu aisée, mais tâchons-y cependant. Avec un peu de complaisance, on pourra plus ou
moins se représenter une telle société ; et, à la différence
entre elle et la société existante, se constatera quelle
était la portée de l'art.

Mais, objectera-t-on, une telle société existe. N'y a-
t-il pas une couche épaisse de gens qui jamais ne se
préoccupèrent d'art. Beaucoup même ignorent l'art et ils
jugent ne point se trouver trop mal de cette ignorance.

Ils participent à la vie sociale, mais ce n'est qu'en parasites. Leur vie mentale est obtuse et ils ne franchissent jamais cette borne que tracent à leur esprit leurs intérêts mesquins et leurs besoins étroits. Encore le peu d'idées qu'ils ont, le peu de sentiments qu'ils éprouvent, c'est à l'art qu'ils en sont, à leur insu et en dépit d'eux-mêmes, redevables. Car les images de beauté que créent les grands artistes, les idées qu'élaborent les penseurs et qu'ils expriment dans une forme accessible à quelques privilégiés seulement, sont aussitôt traduites, travesties souvent, exagérées, en un mot vulgarisées par des intermédiaires et mises, de la sorte, à la portée de ce qu'on nomme le gros public. Les vastes systèmes d'idées sont réduits en menuailles et débités à la foule. Les journaux surtout remplissent cet office. De la sorte, cette couche de la société qui jamais ne lit un ouvrage d'art et se désintéresse de tout ce qui est poème, roman ou livre de pensée, arrive cependant à s'approprier les idées essentielles qui font leur matière.

Dans une soirée mondaine, il arriva que Renan rencontra une étoile de café-concert, Mlle Rose Demay et il lui dit avec une familiarité indulgente : « — Je vous connais très bien, mademoiselle. » Et la jeune femme mi-narquoise et mi-naïve répondit : « — Et moi aussi, je vous connais, monsieur Renan. » Mlle Demay n'avait lu ni l'*Avenir de la Science* ni les *Dialogues philosophiques*; mais elle devait avoir pris, à son insu, des idées de Renan, ce qui lui était accessible; car les idées se répandent par des voies innombrables et cachées.

Si l'on pouvait disséquer le cerveau d'un bourgeois et étiqueter ses idées, on en découvrirait qui seraient dues en dernier ressort à Taine, à J.-J. Rousseau, à Voltaire, à Montaigne, quoique cet homme ne connût aucun de ces noms. S'il éprouve un sentiment, on surprendra, dans sa manière de s'exprimer, telle ou telle image appartenant à Victor Hugo, à Musset, à Bernard de Ventadour et aux troubadours de Provence, dont le style si juvénilement tendre est devenu, par après, le langage des romances.

En supposant une société sans art, nous devrions donc supprimer toutes ces idées de seconde main qui meublent le cerveau des hommes, toutes ces formes de langage que les poètes ont inventées, et qui ne servent pas seulement à traduire les sentiments, mais constituent aussi le lien moral entre les individus qui vivent en commun.

Si, généralement, en parlant d'art dans cet ouvrage, je n'eus en vue que la littérature, ici naturellement il s'agit de tous les arts et jusqu'aux plus simples, jusqu'aux rondes d'enfants, jusqu'aux cantilènes que le peuple redit en les imprégnant de ses mélancolies, jusqu'aux objets que l'ouvrier travaille du moment qu'il y met quelque chose de ses goûts. L'art, on le voit, embrasse un immense domaine. Ce ne sont pas seulement les poèmes, les monuments, mais toute chose en quoi s'imprime un cachet personnel. Le vase que tourne le potier est une œuvre d'art, du moment qu'il y met la marque de lui-même, de sa cité ou de sa race. Cette marque est un signe dans lequel sa personnalité se traduit et elle en demeure ainsi, à travers les siècles, le témoignage. L'art dépeint les décors, les paysages où l'homme se meut; l'art, par les sentiments qu'il célèbre, tisse le lien qui rend l'homme solidaire de la communauté. Si l'homme ne sent pas quel rapport il a avec elle, la place qu'il y occupe, s'il n'y est pas encadré, comme dirait Barrès, il ne peut juger de la valeur de ses propres actes, dans l'incapacité où il se trouve d'en prévoir la portée. Ainsi l'art, qui, pour beaucoup d'esprits étroits et dogmatiques, est un épouvantail dans lequel ils découvrent le véhicule redouté des idées nouvelles, est précisément un des facteurs sinon le facteur le plus important de la morale

et de la moralité — termes qui ne font nullement ici
double emploi. Tout ce qui pourrait porter ombrage à
l'art, entraver ses libertés nécessaires, atteint l'esprit
humain dans la source même de sa grandeur et de sa
noblesse.

Dans une société sans art — et vraiment il m'est impossible de la concevoir ; autant vaudrait chercher à
me représenter un vertébré sans squelette —, les idées
n'auraient sur les esprits aucune puissance efficace ; car,
à l'art seul, elles doivent de troubler les cœurs, de se
traduire en images émouvantes, et de devenir des mobiles qui incitent les hommes à agir. Sans les prestiges de
l'art, les idées les plus hautes et les plus belles demeurent lettres mortes. « Une évolution d'idées purement
spéculative, dit Ribot dans sa *Psychologie des sentiments*,
ne donnera rien dans l'ordre pratique » Et plus loin :
« Supposer qu'une idée toute nue, toute sèche, une conception abstraite sans accompagnement affectif semblable à une notion géométrique, ait la moindre influence sur la conduite humaine est une absurdité psychologique. » Ribot ajoute encore : « Remarquons (car
ce point est de toute importance) que la conception
théorique d'un idéal moral plus élevé, d'une étape à
franchir ne suffit. Il faut une émotion puissante qui
fasse agir et, par contagion, communique aux autres
son élan. La marche en avant se proportionne à ce qui
est senti, non à ce qui est conçu. » C'est ce que Shelley déjà avait dit dans sa *Defence of Poetry* : « The
great instrument of moral good is the imagination ; and
poetry administers to the effect by acting upon the cause. »
Qu'on se remémore d'ailleurs l'étude sur le génie. En
créant sa personnalité, il absorbe en soi toutes les idées
éparses de son époque. Il les vivifie en les ordonnant en
un vaste et robuste système, et les traduit dans une
langue imagée (1).

1. L'éthique arrange les éléments que la poésie a créés et offre

Un rapide coup d'œil sur l'histoire ou sur l'état des mœurs aux époques proches de nous découvre quel rôle prépondérant les arts y remplirent. Le sentiment national de l'Allemagne, d'où sortit son unité politique et militaire, laquelle, à son tour, fut le point de départ de son immense et redoutable progrès, n'a-t-il été suscité par les poètes du commencement du siècle dernier et les philosophes, qui créèrent, entre les Allemands, un domaine commun de sentiments, d'idées et d'aspirations, sans lequel leur unité politique eût été plus factice que réelle. Si nous voyons de plus en plus les différentes races tendre à constituer des organismes politiques ; si tous les Allemands voudraient s'unir en un unique empire ; si tous les Slaves rêvent de se grouper sous un même drapeau, c'est que les littératures, auxquelles les langages n'ont servi ici que de véhicule, et les arts jusque dans leur manifestation les plus humbles ont noué une intime et puissante solidarité entre tous ces individus. L'art fonde entre les hommes une fraternité de sentiments et, dans le passé, il est le patrimoine, le trésor dépositaire de tout ce qu'un peuple ou une race a eu de précieux ou de mémorable. Pour anéantir un peuple, il faudrait effacer son art et sa langue ; mais il suffirait qu'une ronde d'enfant ou un chant de pâtre subsiste pour que l'âme de la race y revive et s'exalte à nouveau.

Dans les faits de la vie quotidienne, dans les actes, les manières de penser des hommes, se constatent sans

des images et propose des exemples de vie civile et familiale. Ce n'est pas faute d'admirables doctrines que l'on continue à se haïr, se critiquer, se tromper et se combattre l'un l'autre. Mais les arts littéraires agissent d'une façon autre et plus divine. Ils éveillent et élargissent l'esprit lui-même en le rendant le réceptacle de milliers de combinaisons d'idées. Shelley, *Defence of Poetry*.

cessé les influences littéraires. Il faut éviter d'exagérer
et apprécier chaque fait à sa valeur ; mais, malgré ces
réserves nécessaires, il demeure une part considérable
à cette influence. C'est dans le domaine des sentiments
qu'elle se manifeste principalement. Envisager, à travers
les époques, les rapports entre les arts et les notions de
l'individu, de l'amour, du mariage, de la famille, du bonheur aboutirait par montrer que l'art et les lettres ont
toujours élaboré les vues nouvelles et suscité les changements que ces diverses notions ont subis. Le public
se livre tout entier à cette influence, et cela par paresse.
Chaque homme a, dans la société, sa tâche à accomplir
pour laquelle toutes ses forces sont requises et, après,
il n'en a guère de reste. De là, qu'il ne se livre qu'aux
modes de sentir et de penser qui lui sont les plus ai-
sés et qu'il emprunte autour de soi et dans les livres.
De même qu'il se procure ses vêtements chez le tail-
leur, ses souliers chez le cordonnier parce que le prix
qu'il paye est moindre que ce qu'il lui coûterait de temps,
de dépense et d'efforts pour se les façonner lui-même,
ainsi il se fournit de ses sentiments et de ses pensées
chez les poètes de son temps, soit qu'il les choisisse pour
les convenances qu'il découvre entre eux et lui, ce qui
est encore un effort d'esprit dont peu d'hommes seulement sont capables, soit qu'il se laisse conduire par les
courants de la mode. L'homme apparaît presque dénué
de toute initiative pour concevoir une pensée ou éprouver un sentiment nouveau (1). Il ne ressent que ce qu'on
lui suggère, il ne sait que ce qu'on lui dit, il ne voit que

1. Sainte-Beuve, dans son étude sur les *Mémoires* de M⁰⁰ Ro-
land, disciple de Rousseau, émule de Tacite et des héros de Corneille dit (*Nouveaux Lundis*, t. VIII, p. 213) : « Quelle singularité
pourtant, dans l'ordre littéraire et moral, que ces sortes de pas-
tiches si visiblement empruntés et si parfaitement sincères ! Quoi
qu'on en pense, et dût-on n'y voir qu'un noble travers, c'est une
mine ouverte à l'étude, et nous ne saurions la négliger... »

ce qu'on lui montre ; et c'est ainsi que l'art, directement ou par ses mille influences détournées, gouverne son cœur, ses goûts et son esprit. Je ne parle naturellement ici que de cette partie moutonnière du public qui ne demande à l'art que des plaisirs sans fatigue et qui représente, dans la société, l'élément d'inertie. Il garde durablement les empreintes qu'il subit. Porté à n'en supporter qu'un petit nombre et les mêmes toujours, elles s'approfondissent en se répétant. Cette partie de la société tantôt résiste aux idées nouvelles par indolence et attachement aux anciennes ; tantôt, lorsque les idées nouvelles ont acquis de l'ascendant, elle les adopte par indolence et parce qu'elle ne dispose pas d'assez d'énergie pour leur résister. Dans certains travers d'esprit, certaines attitudes sentimentales, particuliers à l'une ou l'autre époque, il ne faut pas voir des manifestations émanant de l'état profond de la société, mais seulement des modes. Il n'y a pas eu, vers 1825, plus de jeunes filles poitrinaires qu'à aucune autre époque, mais, dans ce temps, les maladies de poitrine étaient un genre bien porté.

Les effets suggestifs de la littérature sont appréciables dans toute l'histoire morale de l'humanité. L'homme ne ressent que ce qu'il imagine et il n'imagine que ce qu'on lui suggère.

C'est ainsi que les hommes ne se sont avisés des beautés de la nature que du moment que les poètes les ont chantées et ont fait d'elles le théâtre de leurs histoires sentimentales. Jean-Jacques et Byron nous ont appris la majesté grandiose de la Suisse. A Ibsen et à Grieg, la Norvège doit sa vogue. On parcourt la Hollande pour y retrouver les aspects qui charment dans les toiles des vieux maîtres. Bruges n'a existé que du jour où Rodenbach la peignit. Devant ces décors, la plupart des spectateurs n'éprouvent que des réminiscences d'art. Les poètes sont les initiateurs de la volupté.

L'art donne donc aux choses leur existence. Il les anime et nous les rend fraternelles. Non seulement il crée le milieu social qui est celui des idées et des sentiments, mais encore le milieu matériel.

L'œuvre d'art peut-elle servir de document historique ? Oui, comme pis aller. Renfermant différents éléments dont je me suis occupé précédemment, elle représente un genre de document plus instructif que tout autre. Une charte ne relate qu'un fait. Un événement ne nous révèle rien des sentiments qui l'ont préparé ni des sentiments qui l'ont accueilli. Un acte ne nous permet pas de préjuger les volontés ni les mobiles qui ont poussé à l'accomplir. Dans les poèmes, les drames, les récits romanesques, ce sont précisément des sentiments, des mobiles, des volontés qui nous sont exposés avec le plus minutieux détail et les plus complets commentaires. Sentiments, mobiles et volonté sont fictifs dans ces œuvres ; c'est un scribe ou un poète que les ont inventés, mais il est admissible que les récits qu'ils font représentent assez fidèlement les modèles dont ils se sont nécessairement inspirés. Aussi est-il naturel que l'historien aille chercher dans les œuvres littéraires les données dont il a besoin pour interpréter les faits qui se soumettent à son étude. Il ne lui est pas loisible d'agir autrement. Mais il ne faudrait pas que l'historien acceptât d'une façon littérale les renseignements que lui procurent les ouvrages du passé. Ils ne sont pas le produit d'un peuple ou d'une race, comme on s'est plu longtemps à le croire, mais d'un homme. Dans quelle mesure a-t-il exprimé ses propres sentiments et dans quelle mesure fut-il l'interprète des sentiments publics ? Là est le problème. S'en tient-on à des aperçus généraux, il ne se pose même point. Mais si l'on cherche à définir avec exactitude le caractère d'une cité ou d'une classe sociale à une époque déterminée, il est bien nécessaire de savoir dans quel sens il convient de lire les documents que nous avons sur elles. Cette sorte de critique historique doit emprunter les procédés de la critique littéraire, et il me suffit de renvoyer aux pages des *Nouveaux Lundis* que j'ai citées dans mes *Préliminaires*. Pour les époques un peu éloignées, il ne nous reste guère de matériaux qui nous permettent de reconstituer la personnalité des écrivains et des poètes, de savoir quel degré de créance leurs œuvres méritent ni en quoi il faut les corriger pour retrouver en elles une image réelle de l'époque et de ses sentiments. Cependant l'étude des facultés créatrices, la psychologie de l'écrivain en général nous permettent de définir, d'une manière approchante, quelle sorte de rapport il existe entre la réalité et le reflet que nous en donnent les ouvrages littéraires. Ce rapport, nous pouvons nous en servir comme d'un terme de correction pour, en général, apprécier dans quelle mesure sont dignes de foi les tableaux que les poètes nous ont offerts des événements et des états de sentiment qui leur étaient contemporains.

Pour ce qui est de notre époque même, chaque individu est, de la même manière que l'historien, dans la nécessité de recourir aux œuvres d'art et particulièrement aux œuvres littéraires pour élaborer sa personnalité. Dès qu'un homme, sur le terrain politique ou social, se propose d'agir, il comprend que la première exigence pour le faire efficacement est de conformer son acte au milieu où il doit s'accomplir ; d'où nécessité de connaître ce milieu. Si ce milieu est vaste et que l'homme envie de donner une lointaine portée à sa pensée et à ses actes, il lui importe également d'acquérir une connaissance étendue de la société autant dans son histoire passée que dans son état présent.

Encore une fois, comment concevoir une image de ces époques, s'informer des idées qui y furent régnantes, remonter à leurs sources lointaines ; comment s'initier à la vie sans cesse changeante de notre temps? Uniquement par les arts et les littératures, par ces vastes tableaux d'ensemble, tableaux plutôt approchants que fidèles. L'insuffisance de cette ressource ne cause à l'homme aucun dommage, car les autres hommes se trouvent dans le même cas que lui et ne disposent pas de données plus exactes. Il s'efforce donc de s'intégrer dans cette sorte d'être moral qu'on appelle l'humanité. Il s'inculque les doctrines qui régnèrent jadis ; il remonte jusqu'à leur source éloignée les courants d'idées entre lesquels se partagent les esprits d'aujourd'hui. A mesure que son étude se rapproche des temps actuels, elle table sur des lectures plus nombreuses et plus exactement interprétées. Mais les images ainsi procurées ne représentent jamais la réalité vraie. Elles sont même, pour la plus grande part, chimériques et erronées. Peu importe d'ailleurs. L'homme ne se soucie guère de la vérité et il n'a d'autre intérêt que de se figurer le monde et l'univers sous un aspect qui s'accommode avec ses sentiments intérieurs et concorde avec les actes que ces sentiments lui inspirent.

Le hasard me permit de constater un cas, d'où ressort avec évidence quel genre de service rendent les œuvres d'art comme *documents emblématiques* du passé.

Lors de la première conférence de la Paix, Paul Adam vint à La Haye comme correspondant du *Journal*. Dans un de ses articles, s'étant proposé pour tâche de donner à ses lecteurs de Paris une image de l'âme hollandaise, il recourut à l'*Homère* de Rembrandt, qui est au musée du Mauritshuis. Ce tableau est célèbre. Paul Adam profite habilement de l'intérêt que cette toile inspire pour y rattacher, par des liens assez arbitraires, les idées qu'il s'est faites de la race et de la nation hollandaises. Il incarne l'âme entière du pays dans cette figure robuste et pensive que Rembrandt a peinte. Il dégage les idées que la vie a empreintes dans cette face de vieillard et que l'artiste en a su faire rayonner. Il dégage les enseignements qu'en passant les siècles ont inscrits sur ce visage. Mais, quelque riches que soient les idées qu'une telle œuvre renferme, il n'y a pas de doute que, lorsque nous l'interprétons à la façon de Paul Adam, nous lui attribuons beaucoup plus qu'elle ne contient. Il apparaît quelque chose de forcé dans les concordances que nous établissons entre une œuvre et l'époque où elle a été créée et la race qui l'a conçue. Quand Rembrandt peignit l'*Homère*, il fut bien éloigné de se préoccuper de tout ce que Paul Adam découvre dans son tableau. Cependant les historiens des mœurs, tous ceux qui étudient la vie morale du passé agissent de même que Paul Adam à l'égard des œuvres dont ils invoquent devant nous le témoignage. Ainsi, le procédé auquel, pour renseigner en les intéressant ses lecteurs de Paris, recourut Paul Adam est, dans l'éloignement de l'espace, identique à celui que les historiens, les moralistes et les critiques appliquent à l'égard des œuvres et des époques qui sont éloignées de nous dans la durée. Est-ce sciemment que Paul Adam employa ce procédé? En tout cas, lors d'un voyage d'étude en Russie durant les insurrections, il se servit de même d'un tableau de Moscou représentant Ivan le Terrible (l'*Icône et le Croissant*, ch. V) pour faire de cette figure l'emblème du peuple russe et concrétiser en elle les observations qu'il avait rassemblées sur la race slave.

L'amateur qui jouit de l'œuvre d'art assume les sentiments, les pensées que l'homme de génie avait mis en elle. Il y a ici une équivalence entre le contenu de l'acte créateur, l'œuvre, et le sentiment qu'éprouve le lecteur avec cette réserve que les sentiments du lecteur sont suggérés et que lui-même n'eût jamais été capable d'en

avoir l'initiative. Cette même équivalence se constate
entre l'activité de l'homme de génie et l'activité esthétique, d'une bien moindre envergure, d'une bien moindre portée, de l'homme du commun. Tous deux y expriment leur personnalité ; et la différence de l'une activité
à l'autre réside dans l'écart qui sépare la personnalité
nouvelle, originale et puissante du génie de la personnalité banale, toute de reflet de l'homme ordinaire.
Celui-ci la manifeste par ses goûts artistiques, par le
choix de ses plaisirs, de ses parures. Il élit, parmi la multitude des œuvres que lui offrent le passé aussi bien
que son époque, celles où son esprit et sa sensibilité
trouvent une représentation d'eux-mêmes. Aujourd'hui
l'étendue et surtout la diversité de notre culture nous
ont rendu accessibles les arts les plus différents ; néan-
moins nos sentiments ne trouvent jamais à se satisfaire
que dans quelques formes d'art préférées, que la nature
nous a prédestinés à comprendre plus profondément et
plus pleinement que les autres. D'ailleurs il se pourrait
que cette aptitude à saisir la qualité de plaisir particulière à plusieurs arts ou à des formes d'art particulières
à des races étrangères soit le résultat d'un développement professionnel propre seulement à des artistes ou
à des critiques.

Nous exprimons notre personnalité sous des formes
toutes matérielles dans notre costume, nos parures, notre
logis, nos meubles. L'égalité morale qui est sensée régner entre les hommes a aboli ces mises somptueuses où
les chatoyances des satins, des velours, les dentelles et
les boucles permettaient, à qui le pouvait, d'exprimer
ses goûts par la qualité et le genre de son élégance. Cependant, malgré qu'aujourd'hui un œil inattentif n'aper-
çoive dans nos rues que des vêtements d'une triste uniformité, chaque personne s'efforce de se caractériser.
A Paris, l'étranger arbore à sa boutonnière un petit
écusson aux couleurs de son pays. Chaque groupe de

métier, par une entente tacite, adopte quelque détail qui le distingue. Il y a le pantalon à côtes du maçon, la limousine du charretier, le pantalon à pied d'éléphant et les pantoufles du marinier, les favoris du maître d'hôtel, le chapeau à bord plat de l'homme de lettres, le veston de velours de l'artiste peintre. Un regard exercé peut, à des détails tout secondaires, reconnaître à quel métier et à quelle classe le passant appartient.

Mais, si le vêtement n'offre qu'une gamme peu variée, de sorte que l'homme est fort empêché de traduire par là ses goûts, à moins de choir dans l'extravagance, il n'en est pas de même de sa demeure, de son mobilier et des objets familiers dont il s'entoure. La marge laissée aux préférences personnelles est plus large. Aussi l'homme, à son insu, s'exprime-t-il dans le décor où se déroule sa vie avec une sincérité dont, ailleurs, il fait rarement preuve. On ne connaît vraiment quelqu'un qu'après l'avoir observé dans son entourage. Il m'est arrivé de ne comprendre un écrivain, j'entends, par ce mot, pénétrer jusque dans l'intimité de son talent ou de son génie, que du moment seulement que je l'avais vu dans son milieu. C'était là aussi une création de son esprit qui complétait son œuvre, ou du moins aidait à lui donner son sens exact.

Ce décor, dans lequel nous nous plaisons à vivre et en qui s'incorporent nos goûts, est souvent le témoignage de la plus exquise et de la plus rare recherche. De même que l'artiste n'admettra point, dans son style, des formules de langage banales ou des images usagées, l'homme raffiné n'acceptera pas autour de lui des objets d'un aspect déplaisant ou vulgaire. Il fera régner la simplicité, la grâce et les lignes harmonieuses dans lesquelles s'aiment ses pensées.

Élevons-nous encore d'un degré dans la hiérarchie des esprits, et nous arrivons à l'amateur d'art. Le véritable amateur d'art est celui qui découvre des formes

de beauté oubliées ou méconnues. Incapable de créer
et d'avoir les initiatives du véritable artiste, son goût a
cependant le pouvoir d'innover et de découvrir une
grâce nouvelle dans des objets jusqu'alors dédaignés.
Un tel goût personnel finit peu à peu par s'imposer et
ces mêmes objets, pour lesquels un amateur éclairé et
perspicace s'éprit, deviennent un jour à la mode parce
que leur grâce ou leur beauté, qui ne se révélèrent
d'abord qu'aux yeux d'un seul, sont alors visibles à tous.
On pourrait, à propos des écoles de peinture anciennes,
des objets d'ornement, des faïences, rattacher leur vogue
à l'une ou l'autre personne qui la première s'avisa de
leur valeur. Si l'homme de génie représente l'initiative
et l'activité esthétiques dans toute leur plénitude, l'amateur offre l'image la plus complète de la réceptivité
esthétique. Aussi, comme pendant à cette étude sur le
génie, conviendrait-il d'écrire la monographie de l'amateur, d'un Groult par exemple, ou bien de résumer
l'étude d'un grand nombre de personnes en un tableau
général. Ce serait là une des contributions les plus
utiles et les plus importantes qu'il y aurait lieu de faire
à la science esthétique (1).

1. Ce principe de l'art comme expression de la personnalité, de
la personnalité de la race, de la nation aussi bien que de l'individu peut servir de principe explicatif de l'évolution de l'art depuis ses premières apparitions dans les sociétés anciennes jusqu'à
nos jours.

CHAPITRE IV

J'ai insisté, dans le livre précédent, sur le caractère particulier du travail littéraire. L'écrivain, le poète n'a d'autre dessein que de satisfaire les sentiments qui l'animent, de traduire les images harmonieuses ou éclatantes qui obsèdent sa pensée. Un tel travail n'offre d'intérêt que pour celui qui l'entreprend et pour nul autre. L'œuvre ne répond qu'aux besoins personnels de son créateur. C'est en quoi elle diffère du produit industriel qui répond, lui, à un besoin, à une demande du public. L'art a, sans doute, une importance considérable dans la société, cependant il ne correspond à aucune nécessité immédiate. C'est le temps qui lui confère une valeur et qui le consacre. Que ne donnerions-nous pour posséder la symphonie dont parle Berlioz dans ses *Mémoires* et qu'il renonça, sous la dure contrainte de la misère, à composer. Cependant, que lui eût-on répondu s'il se fût adressé à l'État ou à quelque particulier en leur tenant ce discours : « Vous connaissez mon talent, et l'œuvre que je me propose d'écrire promet d'être admirable. L'indigence m'empêche de m'y vouer. Avancez-moi la somme qu'il me faut pour vivre ? Ce n'est pas par paresse que je la sollicite mais dans le désir de me donner tout entier à ma tâche. » On lui aurait répondu qu'on pouvait très aisément se passer de son morceau d'orchestre. Je transcris ici cette page de Berlioz. Je n'en connais pas de plus atrocement douloureuse, de page où se dépeigne mieux le destin absurde de l'artiste dont le seul but dans la vie est de produire, et dont l'œuvre ne se trouve pas rémunérée selon la somme de travail ni le temps qui lui ont été consacrés.

Il y a deux ans, au moment où l'état de santé de ma femme, qui laissait encore alors quelque espoir d'amélioration, m'occasionnait le plus de dépenses, une nuit, j'entendis en songe une symphonie que je rêvais composer. En m'éveillant le lendemain, je me rappelai presque tout le premier morceau qui (c'est la seule chose dont je me souvienne) était à deux temps (allegro) en *la mineur*. Je m'approchais de ma table pour commencer à l'écrire, quand je fis soudain cette réflexion : si j'écris ce morceau, je me laisserai entraîner à composer le reste. L'expansion à laquelle ma pensée tend toujours à se livrer maintenant, peut donner à cette symphonie d'énormes proportions. J'emploierai peut-être trois ou quatre mois exclusivement à ce travail (j'en ai bien mis sept à écrire *Roméo et Juliette*). Je ne ferai plus ou presque plus de feuilletons. Mon revenu diminuera d'autant. Puis, quand la symphonie sera terminée, j'aurai la faiblesse de céder aux sollicitations de mon copiste ; je la laisserai copier, je contracterai ainsi tout de suite une dette de mille ou douze cents francs. Une fois les parties copiées, je serai harcelé par la tentation de faire entendre l'ouvrage. Je donnerai un concert dont la recette couvrira à peine la moitié des frais ; c'est inévitable aujourd'hui. Je perdrai ce que je n'ai pas ; je manquerai du nécessaire pour la pauvre malade, et je n'aurai plus ni de quoi faire face à mes dépenses personnelles ni de quoi payer la pension de mon fils sur le vaisseau où il doit monter prochainement. Ces idées me donnèrent le frisson et je jetai ma plume en disant : Bah ! demain j'aurai oublié la symphonie ! La nuit suivante, l'obstinée symphonie vint se présenter encore et retentir dans mon cerveau ; j'entendais clairement l'allégro en la mineur, bien plus, il me semblait le voir écrit. Je me réveillai plein d'une agitation fiévreuse, je me chantai le thème dont le caractère et la forme me plaisaient ex-

trêmement ; j'allais me lever… mais les réflexions de la
veille me retinrent encore, je me raidis contre la tentation, je me cramponnai à l'espoir d'oublier. Enfin je me
rendormis, et, le lendemain, au réveil, tout souvenir, en
effet, avait disparu pour jamais.

Lâche ! va dire quelque jeune fanatique à qui je pardonne d'avance son injure, il fallait oser ! il fallait écrire !
il fallait te ruiner ! On n'a pas le droit de chasser ainsi la
pensée, de faire rentrer dans le néant une œuvre d'art qui
en veut sortir et qui implore la vie ! Ah ! jeune homme
qui me traites de lâche, tu n'as pas subi le spectacle que
j'avais alors sous les yeux, sans quoi tu serais moins
sévère… !

Qu'on joigne à cette page ce fragment d'une lettre
de Wagner à Liszt (9 nov. 1852).

Quel sera le sort de cette œuvre, qui est l'expression poétique de ma vie et de tout ce que je suis, de tout ce que
je sens ? Il est impossible de le prévoir ; mais ce qui est
certain, c'est que si l'Allemagne tarde à me rouvrir ses
portes, s'il faut que je reste désormais sans aliment, sans
stimulant pour mon existence d'artiste, l'instinct de la
conservation animale me poussera à *renoncer pour jamais
à l'art*.

Les contemporains de Berlioz ne se sont pas souciés
des luttes secrètes qu'en quelque coin perdu de l'immense Paris un homme qu'opprimait la pauvreté livrait
contre son propre génie. Il y avait d'autres objets qui
absorbaient les esprits, des guerres peut-être, des débats
politiques… Quel éclat de rire eût accueilli Berlioz s'il
était venu se plaindre devant ces gens de n'avoir pu réaliser la musique qu'il avait entendue dans son rêve.
Aujourd'hui cinquante années ne se sont pas écoulées,
que les valeurs, que les contemporains eussent attachées
à ces faits, s'ils avaient dû les mettre en comparaison,
sont entièrement renversées. Les événements qui te-

naient alors en suspens tous les cœurs nous laissent indifférents, tandis que la musique de Berlioz acquiert un
prix inestimable. Tout homme d'intelligence et de sentiment, à la lecture de cette page des *Mémoires*, éprouve
des remords et, dans son for intime, entend des reproches comme s'il se jugeait un peu coupable des
tourments que supporta Berlioz et qu'endure sans doute,
à cette heure, quelque autre artiste inconnu et aussi
méritant. Mais ainsi l'exige le dur destin. Psychologiquement l'artiste, sous la contrainte de ses sentiments,
ne peut faire autrement que d'accomplir son œuvre ;
socialement elle a une portée immense, mais, économi-
quement, elle n'a de valeur aucune. Des personnes per-
suadées que le monde est régi par une harmonie parfaite protesteront et, dans ce désaccord entre la valeur
sociale et la valeur économique de l'œuvre, verront la
preuve d'une erreur de jugement. Il n'en est rien. En
effet, aucune valeur matérielle ne peut s'attribuer à
l'œuvre d'art. Devant un meuble, je me dis : il y est
entré autant de planches de chêne ; l'ouvrier a mis
autant de journées à les raboter, à les ajuster ; je sup-
pute l'usure de ses outils puis le bénéfice du marchand
et je puis établir, à quelques francs près, la valeur com-
merciale de cet objet. Lorsqu'il s'agit d'un ouvrage littéraire, le temps mis à le produire n'entre pas en compte,
et non plus la valeur des idées ni du style. Même plus,
la nouveauté des idées et de la langue, qui sont les
deux plus grands mérites au point de vue de l'art,
pourront déprécier l'œuvre aux yeux des acheteurs habituels, qui préfèrent des livres plus accommodés à leurs
aises et à leurs goûts.

En somme, les exigences économiques auxquelles est
assujettie l'œuvre d'art sont, du tout au tout, opposées
aux exigences esthétiques qui ont naturellement le pas.
Un objet commercial est fait sur commande, créé de
manière à satisfaire un besoin. L'industriel tâte d'abord

le marché, cherche à prévoir la vogue. Au contraire, l'artiste doit négliger toute pensée étrangère à l'œuvre elle-même, n'obéir qu'à ses sentiments intimes, tendre en tout premier lieu à l'originalité et patienter jusqu'à ce que ce soit le public qui vienne à lui. Il sait qu'un livre qui n'est que la réplique d'un autre est nul et, perdant son caractère d'œuvre d'art, n'est plus qu'une simple matière marchande.

Le problème n'a point d'issue. Les tentatives pour le résoudre n'ont fait qu'aggraver le cas. Les gouvernements fondent des bourses, encouragent les talents naissants. C'est fort louable. Mais, comme l'art n'a guère de critère et qu'il en faut un cependant pour que les faveurs n'aillent pas à des immérivants, on prend pour gouverne l'observance des règles et l'obéissance aux modèles, qualités qui risquent précisément de constituer les pires défauts. De là, les résultats si décevants des concours qui n'aboutissent qu'à la mise en lumière passagère des médiocrités. Il faut la lutte pour qu'un artiste s'affirme; comme il faut l'aisance pour qu'il puisse s'épanouir.

Alfred de Vigny admettait une sorte de conflit naturel et fatal entre la société quelle qu'elle fût et le poète. Les dons de sa naissance faisaient de lui une victime. Dans son entourage, il ne devait rencontrer que des adversaires acharnés à l'accabler d'avanies; et le pouvoir, jaloux de cette puissance rivale qui se dressait en face de lui, ne s'efforçait qu'à abaisser le poète et à le persécuter. Vigny, en les exagérant, érigea ces vues en système. Il est exact que toute société exige de ses membres un assujettissement à ses coutumes. Dans les asiles de vieillards, quand un nouveau membre y est reçu, il subit un temps d'épreuves jusqu'au moment où il ait adopté, dans les plus petits détails, les manières de vivre de la communauté, et se soit imbu de l'esprit qui y règne, sinon il n'y a de tracas qu'on lui épargne.

Le poète, dans la société, est un intrus qui vit sa propre
existence, au lieu de s'accommoder aux mœurs du milieu
dans lequel le hasard l'a placé. Il est, dans l'ordre des
choses, qu'on lui fasse subir ces mêmes épreuves que
celles dont je parlais plus haut. Le poète, sa vie durant,
risque d'être brimé, à moins qu'il ait cette sagesse
qu'avait Montaigne de cacher sa vie intérieure et de
témoigner à la coutume une déférence apparente. A
l'égard du pouvoir, le poète est nécessairement suspect
comme porte-voix des idées nouvelles. Platon bannit
les poètes de sa r épublique et Richelieu fonda l'Académie française, deux mesures différentes mais qui tendaient au même résultat: rendre inoffensifs les poètes.

Telle est la part de vérité générale que comporte
Stello d'Alfred de Vigny. Placé dans la nécessité d'illustrer ces idées par des exemples particuliers, dont l'un,
Chatterton, vécut dans la libre société anglaise, l'autre,
Gilbert, sous la royauté absolue et enfin Chénier, sous
un gouvernement populaire, il trouva cependant difficilement, dans les faits restreints auxquels il était obligé
de recourir comme exemples, des arguments valables
pour exposer une vérité qui ne se manifeste que lorsqu'on envisage la vie générale.

Le problème que pose Alfred de Vigny est insoluble.
A la sortie de la Comédie française où le drame de
Chatterton se jouait avec un grand succès, une personne
généreuse fit don d'une forte somme pour aider les
poètes pauvres, bel acte sans doute mais qui demeura
sans imitateurs, et qui n'eut guère d'effet.

Pour remédier aux circonstances désavantageuses où
se trouve l'art, l'État a pris sur soi de défendre et de
protéger les lettres, parce qu'il est persuadé que leur
éclat est un des éléments principaux de sa puissance. Il
a raison. La France, à l'étranger, doit la plus grande
partie de son ascendant au rayonnement de sa littérature. Il y a, dans son art, un charme qui subjugue les

esprits même les plus prévenus contre elle. Il n'est donc pas indifférent à l'État de veiller à la prospérité des lettres. Le tout est de savoir à quels moyens il doit recourir.

Le procédé qui consisterait à protéger directement l'artiste est peu pratique d'abord, matériellement inefficace et, artistiquement, plus funeste que bienfaisant. Si l'on s'avisait de contrôler à qui vont les secours que les ministères accordent aux hommes de lettres, aux artistes on serait stupéfait des résultats d'une telle enquête. L'intrigue et les quémandages sont seuls à profiter de ces encouragements. D'autre part, de tels errements font toujours tort à l'indépendance morale de l'artiste, qui est, parmi toutes les conditions indispensables au travail, la plus essentielle. Y porter la moindre atteinte, c'est pervertir et avilir ce travail et c'est le rendre médiocre. Voilà donc un procédé qu'il faut rejeter, car il est seulement de nature à favoriser le pullulement des médiocrités, à créer de fausses apparences, à tuer dans son germe le vrai talent, ou bien à l'empêcher de vaincre et de s'imposer dans une lutte où toutes les circonstances avantageraient ses indignes rivaux.

Il faut donc repousser l'encouragement direct de l'art; mais l'État doit s'efforcer de modifier en faveur de l'art les circonstances économiques. L'artiste écrit pour soi, travaille pour soi, c'est vrai; mais, son œuvre accomplie, il l'adresse au public. Que l'État lui facilite l'accès du public; ou plutôt que les éditeurs et les libraires, qui ont tout intérêt à ce que l'artiste et le public entrent en contact, organisent une puissante entremise. C'est leur propre intérêt, et l'intérêt personnel est le seul mobile qui fasse agir énergiquement. La librairie, servant d'intermédiaire, n'a que des bénéfices à retirer en propageant la littérature, en répandant les goûts littéraires, en informant la clientèle par des bulletins critiques, en facilitant l'achat et la connaissance des livres et des revues, en créant, comme en Hollande, des bibliothèques itinérantes et des sociétés de lecture. Je trouverais même naturel et avisé qu'elle organisât des cours et des conférences littéraires. Un libraire ayant un goût éclairé peut agir par une lente et constante influence sur sa clientèle. Je me ressouviens toujours avec un certain plaisir du libraire, à Liège, chez qui, comme collégien, je louais assidûment des livres et qui, un jour que je rapportais les *Fleurs du Mal* que j'avais emprunté la veille, m'adressa une violente semonce pour avoir lu si rapidement une œuvre si capitale. Ce libraire, quand il prenait dans ses rayons un roman de Flaubert ou de Goncourt, avait, dans son geste, une sorte de respect pieux. Je ne doute pas qu'il n'ait amené à la grande littérature beaucoup de personnes qui, au début peut-être, n'avaient aucun penchant pour elle. On m'objectera que le développement de la librairie aura pour effet d'accroître dans une mesure beaucoup plus grande l'écoulement de la littérature industrielle que de la littérature d'art. Peut-être ; mais je crois aussi que, chez beaucoup d'esprits, la littérature industrielle n'a d'autre effet que de donner l'éveil à des goûts plus délicats qui n'attendaient qu'à se révéler. On commence par lire des livres mauvais ; l'on est amené bientôt à n'en plus lire que de bons, car le sentiment littéraire peu à peu s'éduque. Rien n'est, au fond, plus insipide, plus froid que ces ouvrages construits d'après les recettes du métier et il suffit que le lecteur n'ait en lui qu'une étincelle d'intelligence littéraire pour que, par un penchant naturel, ses préférences aillent à ces œuvres-là qu'ont inspirées des sentiments sincères.

Que la librairie s'organise puissamment ne suffit pas à soi seul. Il faut en outre que le public soit doué d'une capacité d'achat ou, pour parler exactement, qu'il ressente un besoin d'achat. C'est à l'État qu'il incombe, par ses programmes d'enseignement, de développer jusqu'à leur plus haut degré les ressources intellectuelles des individus et, parmi elles, en premier lieu, la compréhension et le goût des œuvres d'art. La force de l'État réside dans la somme de toutes les énergies personnelles. Il doit les armer, les rendre conscientes d'elles-mêmes. Le caractère, les connaissances et la promptitude de la volonté sont des moyens de richesse que l'État, à son propre bénéfice, doit développer. Or la culture intellectuelle n'est achevée et elle ne peut donner tous ses fruits sans culture littéraire. C'est un fait sans doute que beaucoup, qui n'ont qu'une vue un peu courte des choses, contesteront, et pourtant c'est un fait avéré. L'intelligence a besoin de se développer sous ses aspects les plus divers, sans quoi sa culture est insuffisante. Une culture uniquement utilitaire a le tort de rétrécir le cercle de la pensée au point que l'homme, dans la vie, devient incapable de concevoir aucune vue dépassant ses intérêts immédiats. Son esprit, qui ne s'est jamais élevé jusqu'au maniement des idées, manque de souplesse et, par un retour assez imprévu, c'est cet homme-là qui, dans la lutte, aura le désavantage. Les armes formidables dont il se croit muni l'alourdissent, surchargent inutilement ses membres; sa cuirasse l'enserre comme une carapace et, s'il engage le combat avec un adversaire dépourvu mais plus agile, il en recevra des coups qu'il ne saura parer et auxquels il succombera. Et ceci se manifeste avec d'autant plus d'évidence qu'il s'agit de personnes à qui incombent de plus nombreuses initiatives et de plus lourdes responsabilités. En donnant donc un essor plus vif aux études littéraires, en prescrivant aux écoles des programmes où il soit tenu compte des œuvres modernes et contemporaines, surtout en recrutant le personnel enseignant parmi les personnes qui témoignent de véritables goûts littéraires et ont des habitudes de lecture, ainsi seulement se créera un pu-

blic capable de procurer à la littérature le soutien dont
elle a besoin pour être — commercialement — florissante,
et l'État, en même temps, augmentera, ce qui est son intérêt le plus immédiat, les ressources mentales de ses
membres.

C'est, pour ainsi parler, de plain pied que j'aborde
chacun des problèmes que m'offre ma matière. Du rôle
de l'art dans la société, j'étais amené, par une voie toute
naturelle, à parler de la place que l'écrivain y occupe
et des rapports que la société, à son tour, peut avoir avec
lui. Maintenant se présente le problème de l'art pour
l'art, qui offre avec le précédent des attaches nombreuses ; ensuite, nous passerons aux rapports entre l'art et
la morale, et à la morale de l'écrivain. Il s'agit toujours
de savoir quel est le genre d'utilité que l'art comporte
et, quoique différents par leurs aspects, tous ces problèmes sont étroitement apparentés ; et, invariablement,
la psychologie du génie procure les données nécessaires
pour les résoudre.

Dans son travail, l'écrivain doit-il uniquement se
préoccuper de la beauté de son œuvre ou doit-il, avant
tout, avoir en vue quelque but humanitaire, moral ou
religieux ?

L'unanimité des poètes et des romanciers est du premier avis ; les savants penchent généralement pour le
second. Aussi le litige serait-il tranché depuis longtemps en faveur de l'art pour l'art, si l'influence regrettable qu'ont eue diverses doctrines savantes n'avaient
eu pour effet de porter ce sujet de débat dans le sein
même du monde littéraire et d'y susciter deux camps
hostiles, dont l'un affirme que l'œuvre d'art doit édifier
les esprits, et l'autre qu'elle n'a à se soucier que d'être
belle. Cette controverse n'intéresse que la littérature ;
nul n'est allé jusqu'à réclamer que les tableaux, les

statues et les morceaux d'orchestre eussent une influence didactique.

Les savants ont reproché à la doctrine de l'art pour
l'art de choir dans des excès et d'aboutir à une vaine
recherche de forme, vaine jusqu'à ne plus voir dans un
mot que la caresse ou le frémissement d'un son et de
dédaigner l'idée; même on l'accusa de prôner l'immoralité. C'est faire à l'art pour l'art un procès de tendance.
Chaque école d'art aboutit à une période de décadence
où les procédés purement verbaux s'exagèrent au dépens
de l'idée. La doctrine de l'art pour l'art n'y a que faire.
Quant au problème de la moralité de l'art, il ne faut pas
le mêler à celui-ci. Malgré leurs contacts nombreux, ils
sont étrangers l'un à l'autre.

J'ai montré, dans la dernière partie du livre précédent, que le désintéressement était un des caractères
prédominants des modes naturels (1) et j'ai avancé,
comme témoignages, l'exemple de Diderot qui n'écrivit
ses œuvres que pour son propre plaisir; j'ai cité ces
mots de Wagner à Liszt : « Dans ma situation, ce n'est
plus l'ambition mais le désir de faire plaisir à mes amis
en me révélant à eux qui fait naître en moi le désir de
produire : dès que j'ai contenté ce désir, je suis heureux
et complètement satisfait. « D'autres témoignages sui-
vaient encore, empruntés à Flaubert et à Élémir Bourges. Ce désintéressement est une des conditions essentielles du travail littéraire. Certes le romancier sait que
son œuvre est destinée à paraître (2) en librairie et

1. C'est donc une erreur capitale, de la part de Groos, d'avoir
prétendu (*Die Sp. d. Thiere*, p. 300). « Das Kunstwerk ist immer
ein Mittel, um durch Suggestion die Mitmenschen under die geistige
Herrschaft seines Schœpfers zu bringen. » L'orgueil n'a pour effet
que d'élever la personnalité à son plus haut degré de puissance ;
mais, lorsque l'artiste produit, il n'est qu'artiste et son travail n'a
d'autre but que de créer une œuvre de beauté.

2. « J'ai laissé la *Bovary* dormir six mois après sa terminaison, et

l'homme de théâtre, que sa pièce sera mise en scène;
mais, tandis qu'ils conçoivent leur œuvre et qu'ils la
rédigent, ce ne sont là que des circonstances lointaines
et accessoires; rien d'autre ne les préoccupe, en ce moment, ou plutôt ne doit les préoccuper, que d'exprimer
intégralement leurs sentiments et leur pensée. « Avant
de songer à produire mes ouvrages, disait Émile Fabre
dans une interview au lendemain de la représentation
de la *Maison d'argile*, dans tel ou tel théâtre, je commence toujours par travailler comme pour moi-même,
pour ma récréation personnelle. A cette condition seulement, je me sens capable d'éprouver de grands élans
de mon être vers ces autres êtres, issus de mon imagination, auxquels mes obstinations de dramatiste veulent
insuffler la vie. » Ceci résulte d'ailleurs de la prédominance de l'élément émotionnel ou affectif dans la genèse
de l'œuvre, et du fait que toute œuvre, pour qu'elle ait
des chances d'être belle, doit enfermer en soi l'image
la plus intacte, la plus complète et la plus sincère de la
personnalité de l'écrivain. Or, toute pensée étrangère
à l'œuvre proprement dite risque de porter atteinte à
une de ces qualités et, par conséquent, à entacher d'un
vice capital l'œuvre elle-même.

Ceux là professent donc la doctrine de l'art pour l'art
qui prétendent n'être que des artistes et repoussent tous
les assujettissements qu'on voudrait leur imposer. Si
l'on s'avisait d'astreindre la science à des disciplines
qui lui seraient étrangères et, par là, contraires aux seules méthodes auxquelles les savants soient tenus, ces

quand j'ai eu gagné mon procès, sans ma mère et Bouilhet je m'en
serais tenu là, et n'aurais pas publié en volume. Lorsqu'une œuvre
est finie il faut songer à en faire une autre. Quant à celle qui
lient d'être faite, elle me devient absolument indifférente et si je
va fais voir au public, c'est par bêtise et en vertu d'une idée reçue
qu'il faut publier, chose dont je ne sens pas pour moi le besoin.
Je ne dis même pas là-dessus tout ce que je pense dans la crainte
d'avoir l'air d'un poseur.» (*Corr.* 3ᵉ sér. 226.)

derniers protesteraient avec véhémence et affirmeraient
que la science n'a aucun autre but que la recherche im-
partiale de la vérité. Or, pourquoi les savants, les moralistes prétendent-ils astreindre l'art à un tel régime ?
Le cas est le même de part et d'autre et on peut appliquer à l'art, en en modifiant non pas le sens mais seulement
quelques termes, les belles paroles que prononça Gaston
Paris dans son discours de réception à l'Académie française : « Celui qui, pour un motif patriotique, religieux
et même moral se permet, dans les faits qu'il décrit, l'al-
tération la plus légère, n'est pas digne d'avoir sa place
dans le grand laboratoire de l'art, où la probité est un
titre d'admission plus indispensable encore que l'habileté. »

Mais, objectera-t-on, le savant n'est pas libre de travestir les faits ou les lois qu'il a découverts. Si ses recherches révèlent à un historien que tel ou tel événement
eut telle ou telle origine ou cause, et qu'en publiant ces
résultats de ses études il offense certains préjugés ou
certains partis, il n'a aucun moyen de travestir les faits;
il est contraint de les exposer tels qu'ils lui sont apparus.
Au contraire, le poète est libre de modifier, selon son bon
plaisir, la trame de son roman. Les faits sont inventés
et, aventures pour aventures, dirait un contradicteur,
celles-là ont, pour moi, le plus de prix qui non seulement me divertissent mais élèvent mon esprit. Je
veux que l'art me récrée, se plie à mes goûts, qu'il ré-
pande aussi dans le peuple des doctrines saines et morales, en un mot, qu'il soit utile.

Ce raisonnement, qui a toutes les apparences de la
justesse, est erroné. L'écrivain n'est pas libre de changer à sa guise l'ordonnance et les fins de son œuvre (1).

_____

1. Un bon sujet de roman est celui qui vient tout d'une pièce,
d'un seul jet. C'est une idée mère d'où toutes les autres découlent.
On n'est pas du tout libre d'écrire telle ou telle chose. On ne choi-

Pas plus qu'on n'est maître d'élaborer sa propre personnalité ni de se prescrire ses sentiments, l'écrivain n'est
le maître de composer son œuvre à son gré. Les matériaux lui en sont imposés tout comme au savant. L'artiste les puise dans l'étude de sa propre âme qui est une
image de l'âme humaine tout entière. Poètes et savants
sont astreints à la même probité. La valeur de l'œuvre
d'art dépend de la fidélité scrupuleuse avec laquelle le
poète a exprimé sa personnalité et elle seule.

Certains écrivains, à un moment de leur carrière, se
dirent : « Je dispose d'un pouvoir sur la foule. Je donne
aux idées une forme qui les imprime dans les esprits et
les cœurs. N'est-il de mon devoir de ne modeler dans
les âmes qu'une image du bien ? « Alexandre Dumas
fils eut cette préoccupation très louable en soi quand il
dit dans la préface du *Fils naturel.* « Il faut... nous
faire plus que moraliste, nous faire législateur. Pourquoi pas, puisque nous avons charge d'âmes. » Morali-
ser, c'est corriger un défaut. Si une œuvre est conçue
dans un tel dessein et si elle y aboutit, une fois le
défaut amendé, l'œuvre n'a plus de raison d'être. « Les
lois font les mœurs, si je modifie les lois, je régenterai
les mœurs » raisonnait Alexandre Dumas. Il se trom-
pait. Ce sont les mœurs qui font les lois; et les œuvres
de Dumas qui se fondèrent sur une doctrine si chance-
lante portèrent à faux.

L'œuvre littéraire renferme un élément social. J'y ai

sit pas son sujet. Voilà ce que le public et les critiques ne com-
prennent pas. Le secret des chefs-d'œuvre est là, dans la concordance du sujet et du tempérament de l'auteur. Flaubert *Corr.*, 3ᵉ
série, 220.

On ne fait pas les livres qu'on veut. Il y a une sorte de fatalité
dans le premier hasard qui vous en dicte l'idée. Puis c'est une
force inconsciente, une volonté supérieure, une sorte de nécessité
d'écrire qui vous commandent l'œuvre et vous mènent la plume.
Goncourt, *Journal* I, 364.

trop insisté pour qu'il me faille encore le redire. En exposant comment la personnalité de l'écrivain se forme, j'ai montré quels matériaux il emprunte à son entourage et à son époque, quel remaniement il leur fait subir, quelles synthèses nouvelles il crée. Mais, pour que les idées qu'il exprime aient une influence efficace, il faut tout d'abord que les œuvres qui leur servent de véhicule plaisent au public, conquièrent les esprits et les cœurs. Dans ce but, il importe que l'œuvre d'art soit une œuvre d'art et rien d'autre. Toute tendance politique ou morale y met un germe de mort, parce qu'elle diminue l'intérêt humain qui doit être prépondérant. Qu'un roman se propose de réformer un abus, c'est à quoi applaudiront des esprits imbus de préjugés utilitaires ; mais quel résultat aura-t-il atteint s'il ne réussit qu'à lasser le lecteur ?

« Under the sun there neither exists nor *can* exist any work more thouroughly dignified, more supremely noble than this very poem, this poem *per se*, there poem which is a poem and nothing more, this poem written for the poem's sake », a dit Poe ; et Baudelaire a presque traduit littéralement ce passage dans ces lignes: « La poésie pour peu qu'on veuille descendre en soi-même, interroger son âme, rappeler ses souvenirs d'enthousiasme, n'a pas d'autre but qu'elle-même ; elle ne peut pas en avoir d'autre et aucun poème ne sera si grand, si noble, si véritablement digne du nom de poème que celui qui aura été écrit uniquement pour le plaisir d'écrire un poème. »

Une œuvre de Victor Hugo offre de ces faits le plus édifiant des exemples. Il s'agit de la *Fin de Satan*. Un lien assez lâche le relie à la *Légende des siècles*. Victor Hugo se proposait de montrer le mal ou Satan succombant et renonçant à sa tâche. Le poème débute par des pages grandioses et légendaires et finit par des épisodes de la Révolution française, ou plutôt eût dû finir par

là. Victor Hugo, abusé par des préjugés politiques, pro-
jetait de représenter la Révolution comme le triomphe
définitif du bien, comme l'aboutissement de cette lutte
millénaire qui s'était révélée dès les commencements
du monde. C'était là une idée fausse et incongrue, une
méconnaissance des rapports réels que les événements
eurent entre eux, et l'apologétique finale aurait fait, avec
les premiers poèmes, la disparate la plus criarde. Victor
Hugo le sentit peut-être. En tous cas, la gêne qu'il
éprouva est manifeste dans le poème qui a pour titre la
Prison.

Une analyse des *Misérables* relèverait aussi la disparate de ce roman, laquelle provient non seulement du
manque d'unité dans la conception, mais encore des
thèses politiques et sociales qui y ont été surajoutées ;
de sorte que, par là, l'œuvre manque absolument d'harmonie, et peut s'assimiler à un véritable monstre mor-
phologique.

Malgré les allures de paradoxe que revêt ma pensée,
j'affirme que seul l'art pour l'art permet à l'œuvre
d'atteindre sa véritable destination sociale. Ne faut-il
pas qu'une œuvre soit belle pour qu'elle vive? Et n'est-
il pas inévitable qu'une œuvre qui s'efforce d'être
morale autrement que par la peinture sincère et désintéressée de la vie est défectueuse? « De tout tableau qui
procure une impression morale, on peut dire que c'est
un mauvais tableau », ont dit les Goncourt dans leur
Journal. Et, dans cette maxime-ci de Gœthe, se résume
ma pensée tout entière: « Une bonne œuvre d'art peut
avoir et aura sans doute des suites morales, mais imposer à l'artiste un but moral, c'est proprement gâter son
métier. » Schiller exposa et démontra la même idée
dans ses *Lettres sur l'éducation esthétique.*

Donc tout conseil autre que celui, pour l'artiste, d'être
sincère est néfaste. Certes la page d'Élisabeth Browning
où se trouve défendu l'art social, page qu'a cité Guyau

(l'*Art*, etc., p. 100) en l'approuvant, est magnifique en
elle-même. Mais elle est fausse pour cette seule raison
que Mme Élisabeth Browning y dicte aux poètes leurs
devoirs. A cet égard, ils ne sont redevables que de leur
conscience intime et de leurs sentiments. Mme Browning
suppose que le mont Athos a été, sur les ordres d'Alexandre, taillé dans la forme d'une colossale statue humaine.
« Les paysans qui eussent ramassé les broussailles dans
son oreille n'eussent pas plus songé que les boucs qui
y broutaient à chercher là une forme aux traits humains;
et je mets en fait qu'il leur eût fallu aller à cinq milles
de là pour que l'image géante éclatât à leurs regards...
Il en est de même pour les temps où nous vivons; ils
sont trop grands pour qu'on puisse les voir de près.
Mais les poètes doivent déployer une double vision: avoir
des yeux pour voir les choses rapprochées avec autant
de largeur que s'ils prenaient leur point de vue de loin,
et les choses distantes d'une façon aussi intime et profonde que s'ils les touchaient. »

Si tous les poètes étaient des Gœthe, ces conseils
seraient excellents peut-être. Quoique, dans ce cas, ils
risqueraient cependant d'être inutiles, un Gœthe n'en
ayant que faire. Mais allez donc imposer de pareilles
visées à un Verlaine ou à un Musset. Ils ne feraient
plus désormais que des œuvres boursouflées et fausses.
Il se peut que, sur ce mont imaginaire, il y ait un poète
tressant humblement sa guirlande et dont la bouche
ingénue dit des chansons divines. Il ne voit que les
fleurs champêtres qu'il a sous ses pas, au-dessus de son
front les ciels ensoleillés ou parés d'étoiles, et nullement
la forme humaine de la montagne dont il habite une des
vallées. Si sa pensée pouvait s'élever jusqu'à considérer
cette forme, elle n'éprouverait qu'un vertige. Sa faiblesse cependant ne l'empêche pas d'être poète, grand
poète même dans sa sphère, car ses lèvres ont le don
des paroles harmonieuses et immortelles. D'ailleurs si

chaque écrivain d'une époque, dans le cercle où l'a placé
sa naissance, décrit *sincèrement* les spectacles qu'il voit
et ses sentiments, il en résultera que toutes les œuvres,
en se complétant, formeront un tableau de l'époque.
Ainsi en sera-t-il aussi si chaque aspect de ce mont Athos
a son poète qui le dépeint avec tout le souci d'exactitude
et de franchise dont il est capable. Ces peintures réu-
nies représenteront la plus fidèle image de la montagne
qu'il se puisse souhaiter. La comparaison si belle de
Mᵐᵉ Browning peut ainsi servir à défendre un point de
vue tout opposé au sien.

Qu'on ne voie pas dans ma thèse une coupable étroitesse de pensée. Si je repousse de toute mon énergie un
art délibérément social, c'est que je vois dans cette
doctrine un attentat à l'indépendance littéraire. L'art
social est la rosse de bataille de tous ceux qui, étrangers
à l'art, veulent le faire aider au triomphe de leurs mes-
quines visées. L'art social, ce sera l'art socialiste, l'art
politique, l'art religieux, l'art moralisateur des masses à
la manière des images d'Épinal. L'art social, tel que l'a
prôné Tolstoï, dans une aberration d'esprit qui est
presque incompréhensible chez l'écrivain d'*Anna Karé-
nine*, est la pire, la plus déplorable et la plus néfaste
des hérésies.

Les mêmes arguments valent pour le point, plus con-
troversé encore, de la morale dans l'art. La sincérité est
ici comme ailleurs la seule loi à laquelle l'écrivain soit
obligé de se tenir. Il n'a pas à se préoccuper des effets
qu'aura l'œuvre qu'il a conçue. Il lui est interdit de
poursuivre aucun autre résultat sinon d'exprimer sa
pensée et son sentiment dans leur intégrale beauté. En
cela, réside l'honnêteté et la vertu morale de l'artiste
ou de l'écrivain.

J'entendais, un jour, Camille Lemonnier dire que Ver-

laine avait été, comme artiste, le plus grand honnête
homme depuis Jean-Jacques. Il entendait par là qu'il
avait été le plus sincère. Et ce n'est pas la seule fois
que j'ai rencontré, en art, le mot d'honnêteté (1) pris
dans ce sens. Voici, sur ce point si important, toute une
série de documents. G. Geffroy, dans un de ses salons
du *Journal* (17 oct. 1905), citait l'anecdote suivante :
« C'était quelques mois avant la mort d'Ingres, qui eut
lieu en janvier 1867. Édouard Manet, qui peignait depuis
1855 et qui était déjà refusé aux salons, était certainement inconnu du vieux maître qui ne pouvait avoir vu
ni l'*Enfant aux cerises* ni le *Buveur d'absinthe*... Bref,
ce fut dans un atelier ami où se trouvaient quelques
jeunes artistes parmi lesquels Bracquemond et Manet.
Ingres demanda quelles sont les personnes présentes, on
lui répond : « Ce sont de jeunes artistes qui cherchent
leur voie. » Alors Ingres, avec cette passion qu'il eut jus-

---

1. Cette notion de l'honnêteté littéraire se fonde sur un sentiment moral d'une nature toute particulière. A preuve ces lignes
de Flaubert : « Comme chaque chose a sa raison, et que la fantaisie d'un individu me paraît tout aussi légitime que l'appétit d'un
million d'hommes et qu'elle peut tenir autant de place dans le
monde, il faut, abstraction faite des choses et indépendamment de
l'humanité qui nous renie, vivre pour sa vocation, monter dans
sa tour d'ivoire, et là, comme une bayadère dans ses parfums,
rester seuls dans nos rêves. J'ai parfois de grands ennuis, de
grands vides, des doutes qui me ricanent à la figure au milieu de
mes satisfactions les plus naïves : eh bien ! je n'échangerais tout
cela pour rien, parce qu'il me semble en ma conscience *que j'accomplis mon devoir, que j'obéis à une fatalité supérieure, que je
fais le bien, que je suis dans le juste.* » (*Corr.*, 2ᵉ sér., 92.) Et ailleurs : « Non, ce qui me soutient, *c'est la conviction que je suis
dans le vrai,* et si je suis dans le vrai, je suis dans le bien, j'accomplis un devoir, j'exécute la justice. Est-ce que j'ai choisi ? est-ce
que c'est ma faute ? qui me pousse ? est-ce que je n'ai pas été
puni cruellement d'avoir lutté contre cet entraînement ? Il faut
donc écrire comme on sent, être sûr qu'on sent bien, et se f... de
tout le reste sur la terre. » (2ᵉ sér., 204.)

qu'à la fin : « Vous cherchez, messieurs, eh bien ! permet-
tez à un vieux peintre de vous donner une leçon au passage. » Et il s'approche d'un tableau: « Tenez, dit-il,
voilà un Van Dyck admirable.» Il en expliqua la beauté
d'ensemble et il ajouta : « C'est donc un merveilleux
chef-d'œuvre... mais savez-vous pourquoi encore c'est
un chef-d'œuvre? C'est que voyez... découpez cette peinture en petits morceaux, supposez ces morceaux disper-
sés... aujourd'hui comme dans un siècle, comme dans
dix siècles, l'artiste qui retrouvera un de ces fragments
s'écriera : « Que c'est beau ! » Il dit encore: « Voilà l'œuvre d'un peintre honnête ! Voyez ces mains, ces étoffes,
ces perles. Voilà qui est honnête. C'est ce qui nous frappe
devant un fragment de statuaire antique... C'est beau et
c'est honnête !... Vous cherchez, messieurs ?... Si vous
ne pouvez forcer l'admiration, tâchez au moins qu'on
dise en voyant votre peinture, comme de celle-ci:
« Voilà l'œuvre d'un peintre honnête ! » André Hallays
disait, à propos de César Franck, dans la *Revue de Paris*
(15 déc. 1903) : « Pour tous ces jeunes gens, l'auteur
des *Béatitudes* n'était pas un simple professeur de contre-point. Il leur offrait l'exemple de sa propre existence,
le spectacle de sa sainteté. Ce mot n'est pas trop fort.
Il les prêchait non pas par des paroles, mais par des
actes. Il les détournait de l'égoïsme et de la superstiti-
tion du succès. Il leur apprenait le mépris de l'applau-
dissement public, la modestie, le désintéressement,
l'oubli de soi-même, le respect des maîtres du passé, le
culte de la sincérité... » Et ce dernier mot résume tout
ce qui précède. Gustave Geffroy écrivait, dans un article du *Journal* du 18 août 1905 : « On a enguirlandé
ces deux œuvres (de Constantin Meunier) de fleurs et
de voiles de crêpes, en hommage d'admiration à ce grand
artiste et à ce grand honnête homme.» Dans une chronique du *Journal* (23 déc. 1903), Catulle Mendès s'exprimait de la sorte : « Il a travaillé (Jean Jullien), il tra-

vaille en silence, hors des coteries, pour la satisfaction de soi. Oui certes, il vaut infiniment par la probité du labeur, par ce qu'on pourrait appeler la vertu littéraire. » Voilà suffisamment de témoignages pour établir la notion de l'honnêteté ou de la probité littéraire. Elle est analogue à la probité scientifique ou philosophique et, à mes yeux, l'une et l'autre se fondent sur des principes identiques.

Avant d'entreprendre son œuvre, l'écrivain doit faire sa vie, se placer dans des circonstances telles qu'il n'ait ni à travailler pour un salaire qui risquerait de le faire déchoir, ni de comptes à rendre à aucune autorité quelle qu'elle soit. Il doit se soustraire à toute influence qui pourrait altérer l'image que la nature et la vie réfléchissent dans son âme.

Je ne prétends nullement placer, par là, l'homme de lettres au-dessus de l'État, lui imposer des devoirs ni lui accorder des droits qui, dans leur essence, soient contraires aux lois qui régissent le corps social. Tout comme l'art est un des facteurs les plus importants du progrès, de même l'artiste est un des individus dont le rôle est le plus considérable dans la communauté ; mais il ne remplit ce rôle que dans la mesure où il se conforme, en tant qu'artiste, à la morale particulière qui est la condition foncière de l'art. En tant qu'homme, il relève de cet ensemble de règles morales auxquelles les codes et la justice servent de sanction ; en tant qu'écrivain ou artiste, il est soumis à des lois d'un autre ordre et tout aussi rigoureuses. Le médecin, le prêtre, l'avocat, le soldat à la guerre ont aussi une morale professionnelle différente de la morale commune. C'est une grave erreur de l'école kantienne que d'avoir établi un dogme moral applicable seulement à une sorte d'individu abstrait, mais n'ayant qu'une portée sociale et pratique restreinte. L'uniformité du devoir social dissoudrait la société, parce qu'en elle se sont fédérées une multitude

d'activités sans lesquelles elle ne saurait subsister, et
qui sont régies par des disciplines différentes et même,
dans certains cas, opposées. Une même personne peut
participer à la fois à plusieurs de ces genres d'activité
et avoir, par conséquent, des obligations diférentes et
parfois contradictoires. De là, résultent de pénibles conflits. Alfred de Vigny s'est occupé, dans *Grandeur et
servitude militaires*, des incompatibilités entre les devoirs du soldat et du citoyen. Ne réussissant pas à les
concilier, le soldat est contraint de sacrifier ses sentiments que j'appellerais civils à ses devoirs militaires,
qui ont la prééminence. La vie crée, chaque jour, de
ces antagonismes intimes pour lesquels nous trouvons
assez aisément des compromis. Il y en a, de ces conflits, qui atteignent au tragique. Un homme, par exemple, découvre que l'auteur d'un crime n'est autre que
son ami le plus cher. Quel sera son devoir? Devra-t-il
rompre le pacte d'amitié et dénoncer son ami ou bien
violer ses devoirs de solidarité sociale en aidant le criminel à se soustraire à la justice? Le drame et le
roman n'ont d'autre matière que de décrire les luttes
intestines que de tels conflits déchaînent dans l'âme des
personnages. La seule conclusion à tirer de ces faits,
c'est qu'il importe que l'artiste ne contracte aucun engagement social de nature à lui imposer des devoirs
particuliers incompatibles avec ses devoirs d'artiste, qui
ont le pas. A lire la *Correspondance* de Flaubert, on constate que sa vie entière a été dominée par le souci de
sauvegarder précieusement ses devoirs d'écrivain.

Les personnes qui parlent de l'immoralité de l'art ont
en vue généralement la peinture de l'amour charnel et
des actes de sensualité. L'écrivain s'est-il complu à de
pareils tableaux pour favoriser la vente de ses livres et
flatter la curiosité vicieuse d'une certaine classe de lecteurs, dans ce cas, il s'est laissé influencer par des fins
étrangères à son œuvre. Il se rend coupable de la même

faute que commettent ceux qui, de propos délibéré,
ont voulu donner à leur œuvre une tendance morale,
religieuse ou politique. Car, au point de vue de l'art, il
n'y a aucune différence entre le romancier qui met de la
cantharide dans son encre pour aguicher l'acheteur, et
tel autre qui, pour faire accueillir son manuscrit dans
quelque revue bien pensante, y verse de l'eau bénite.
C'est donc encore une fois et toujours la sincérité qui
est l'unique et seul critère. Un romancier qui, du fait
de son tempérament et de la vision particulière qu'il a
des choses, ne verrait dans le monde qu'une lutte d'appétits charnels, pour qui la sensualité serait l'unique
mobile des actes humains et qui le dirait, sans voiler au
cun tableau ni atténuer aucun mot, ne pourrait, au point
de vue de l'art, encourir aucun reproche. L'esprit de
l'écrivain est un miroir qui doit rendre, sans les défor-
mer, les images que le monde y reflète ; je pense que
la comparaison est de Stendhal et elle est juste.

Il est évident qu'aucune loi ne saurait déterminer les cas
où une œuvre d'art est répréhensible ou non. Des juges
jamais n'ont la compétence nécessaire pour apprécier
quand une œuvre est vraiment licencieuse. D'autre part,
nul ne peut dire si tels éléments, qui apparaissent aujourd'hui d'une immoralité flagrante, n'auront pas pour
effet de coopérer à la formation d'une nouvelle conception de la vie plus exacte que l'actuelle et, partant, plus
morale. Il y avait beaucoup de vérité dans ce qu'affir-
maient les naturalistes, que la peinture fidèle et rigoureuse des faits est salutaire et que rien n'est plus da
gereux que les voiles et les embellissements sous lesquels
les romanciers sentimentaux ont travesti la vie. L'art
requérant la sincérité, il est certain qu'il tend sans cesse
à instaurer une image plus vraie de la vie. L'art comporte une vue universelle des choses ; que cette vue devienne plus limpide, plus claire, c'est à quoi il s'efforce,
malgré ses écarts passagers qui ne sont jamais que des

détours pour revenir à sa véritable voie. Mais cette
œuvre immense et séculaire, à laquelle les plus grands
jusqu'aux plus humbles artistes participent dans la
mesure de leur génie ou de leur talent, ils ne peuvent l'accomplir que s'ils disposent de la plus complète
des libertés. C'est ce qu'a dit Camille Lemonnier, dans
un discours d'une superbe envolée en réponse à un
projet de loi qu'un membre de droite du Parlement belge
proposait dans le but inavoué d'atteindre l'Idée jusque
dans son expression littéraire : « Elle (la morale) est
moins, en tout cas, dans tels écrits qui tendent à rétrécir le cercle des libertés que dans ceux qui exaltent en
nous la faculté de ne nous en rapporter qu'à notre conscience, à notre sens personnel, de ce qu'il faut faire ou
ne pas faire. Au fond de la plupart des immoralités actuelles ou réputées telles, comme au fond de toutes les con-
tre-vérités apparentes, se dénonce l'élaboration de la
conscience de demain. N'apparaît-il pas ridicule, à
quelques années de distance, que des parquets auraient
pu poursuivre des poètes, des romanciers, des magni-
ficateurs de vie et de pensées, qui, depuis, furent intro-
nisés comme les Pères de l'Église intellectuelle ? »

1903 — nov. 1909.

FIN

TABLE DES MATIÈRES

LIVRE DEUXIÈME

LE GÉNIE, SA PSYCHOLOGIE ET SES MODES DE CRÉATION

Première partie : Le Génie.

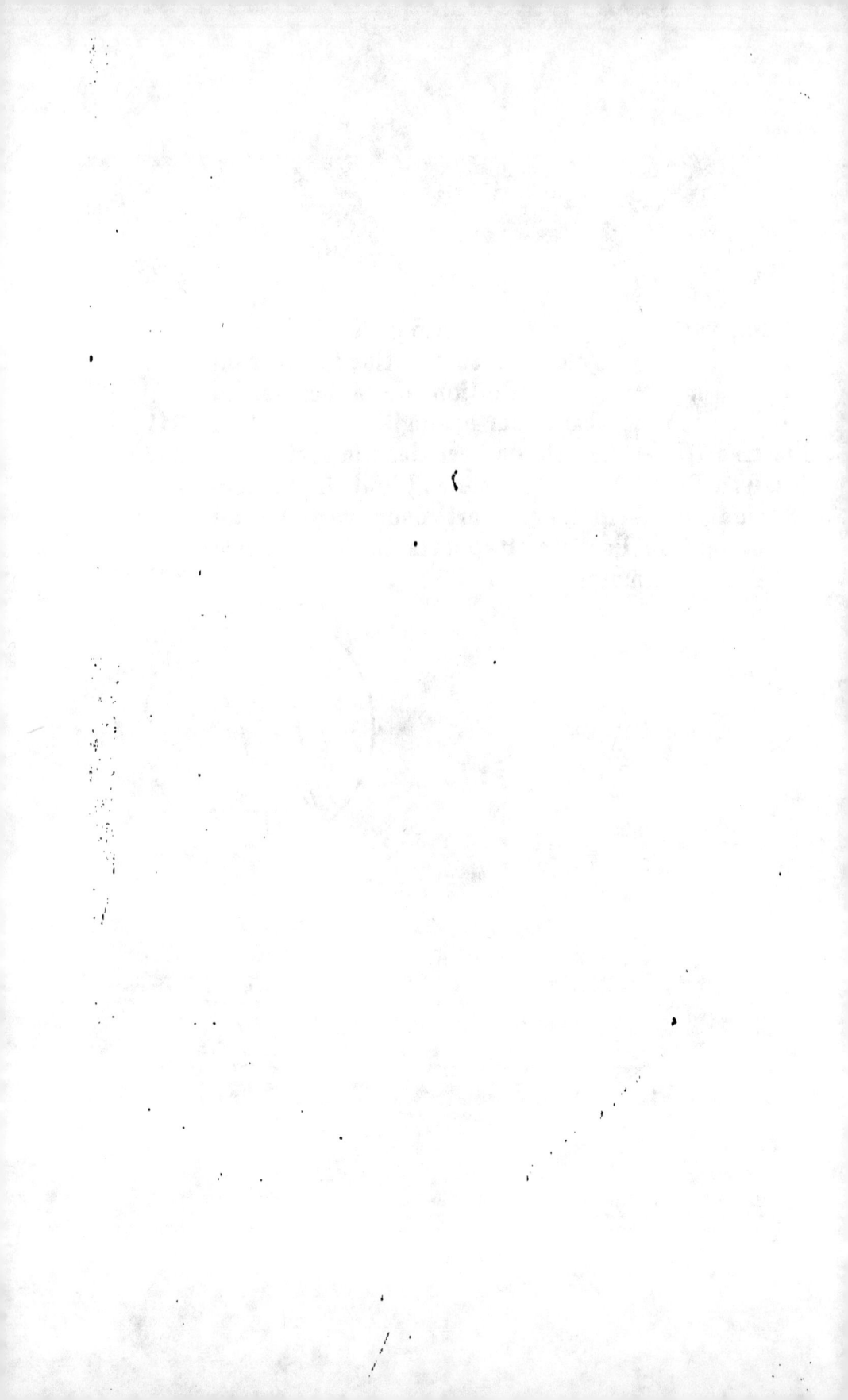

MERCVRE DE FRANCE

XXVI, RVE DE CONDÉ — PARIS-VI°

Paraît le 1ᵉʳ et le 16 de chaque mois, et forme dans l'année six volumes

Littérature, Poésie, Théâtre, Musique, Peinture, Sculpture
Philosophie, Histoire, Sociologie, Sciences, Voyages
Bibliophilie, Sciences occultes
Critique, Littératures étrangères, Revue de la Quinzaine

La Revue de la Quinzaine s'alimente à l'étranger autant qu'en France: elle offre un nombre considérable de documents, et constitue une sorte d'« encyclopédie au jour le jour » du mouvement universel des idées. Elle se compose des rubriques suivantes :

Epilogues (actualité) : Remy de Gourmont.
Les Poèmes : Pierre Quillard.
Les Romans : Rachilde.
Littérature : Jean de Gourmont.
Littérature dramatique : Georges Polti.
Littératures antiques : A.-Ferdinand Herold.
Histoire : Edmond Barthélemy.
Philosophie : Jules de Gaultier.
Psychologie : Gaston Danville.
Le Mouvement scientifique : Georges Bohn.
Psychiatrie et Sciences médicales : Docteur Albert Prieur.
Science sociale : Henri Mazel.
Ethnographie, Folklore : A. van Gennep.
Archéologie, Voyages : Ch. Merki.
Questions juridiques : José Théry.
Questions militaires et maritimes : Jean Norel.
Questions coloniales : Carl Siger.
Questions morales et religieuses : Louis Le Cardonnel.
Eso... sme et Sciences Psychiques : Jacques Brieu.
Les Revues : Charles-Henry Hirsch.
Les Journaux : R. de Bury.
Les Théâtres : André Fontainas.
Musique : Jean Marnold.
Art moderne : Charles Morice.

Art ancien : Tristan Leclère.
Musées et Collections : Auguste Marguillier.
Chronique du Midi : Paul Souchon.
Chronique de Bruxelles : G. Eekhoud.
Lettres allemandes : Henri Albert.
Lettres anglaises : Henry-D. Davray.
Lettres italiennes : Ricciotto Canudo.
Lettres espagnoles : Marcel Robin.
Lettres portugaises : Ph. Lebesgue.
Lettres hispano-américaines : Eugenio Diaz Romero.
Lettres brésiliennes : Tristão da Cunha.
Lettres néo-grecques : Démétrius Astériotis.
Lettres roumaines : Marcel Montandon.
Lettres russes : E. Séménoff.
Lettres polonaises : Michel Mutermilch.
Lettres néerlandaises : H. Messet.
Lettres scandinaves : P.-G. La Chesnais, Fritiof Palmér.
Lettres hongroises : F. de Gerando.
Lettres tchèques : William Ritter.
La France jugée à l'Etranger : Lucile Dubois.
Variétés : X...
La Curiosité : Jacques Daurelle.
Publications récentes : Mercure.
Echos : Mercure.

Les abonnements partent du premier de mois de janvier, avril, juillet et octobre.

	France		Étranger	
Un numéro	1fr.25	Un numéro	1fr.50	
Un an	25 »	Un an	30 »	
Six mois	14 »	Six mois	17 »	
Trois mois	8 »	Trois mois	10 »	

RAVENNE, IMPRIMERIE DE CHARLES COLIN

www.ingramcontent.com/pod-product-compliance
Lightning Source LLC
Chambersburg PA
CBHW072009270326

41928CB00009B/1595